穿越时空隧道，与名人同行，与名人对话。

亲近名人，亲历世界历史；品味名人，欣赏名人智慧；学习名人，创造辉煌人生。

世界名人传记速读

大全集

雅 瑟 培 培◎编著

新世界出版社
NEW WORLD PRESS

图书在版编目(CIP)数据

世界名人传记速读大全集/雅瑟，培培编著. —北京：新世界出版社，2011.10
ISBN 978-7-5104-2047-4

Ⅰ.①世… Ⅱ. ①雅… ②培… Ⅲ.①名人-传记-世界 Ⅳ.①K811

中国版本图书馆CIP数据核字(2011)第162730号

世界名人传记速读大全集

作　　者：雅　瑟　培　培
责任编辑：任延军　鲍翠芳
排版设计：赵　雪　张巧利
责任印制：李一鸣　黄厚清
出版发行：新世界出版社
社　　址：北京市西城区百万庄大街24号(100037)
发 行 部：(010)6899 5968　(010)6899 8733(传真)
总 编 室：(010)6899 5424　(010)6832 6679(传真)
http://www.nwp.cn
http://www.newworld-press.com
版 权 部：+8610 6899 6306
版权部电子信箱：frank@nwp.com.cn
印　　刷：廊坊市华北石油华星印务有限公司
经　　销：新华书店
开　　本：787×1092　1/16
字　　数：480千字
印　　张：24.5
版　　次：2011年10月第1版　2013年3月第3次印刷
书　　号：ISBN 978-7-5104-2047-4
定　　价：29.00元

前言

任何一个时代，都会涌现出一批出类拔萃的人物。他们创建了不朽的业绩，引领着时代的潮流。这些伟大的人们，有的是留下光辉巨著的先贤圣哲，有的是拼战沙场、鞍马裹尸的古代英雄，有的是叱咤风云、创建伟业的伟大帝王，有的是抛头颅、洒热血的革命英烈，有的是运筹帷幄、决胜千里的良臣谋士，有的是白手起家、终成富豪的商界奇才。他们运用自己的智慧，通过不屈的奋斗，改变了自己的命运，并为人类作出了杰出的贡献。

他们或以其深邃的思想推动了世界文明的进步，或以其叱咤风云的政治生涯影响了历史的进程，或以其在自然科学领域中的巨大成就造福于人类。了解他们的生平、思想、智慧以及人格魅力，必然会对我们的人生产生重大的影响。

本书介绍的这些从古到今上百位外国名人的生平事迹和思想贡献，可以让我们透彻地了解每一位名人，以及当时的历史背景，更加丰富我们的生活阅历和知识。无疑，这是一本不可多得的好书。闲暇之余，我们可以拿起来阅读，可以让我们通晓古今外国名人的生活轨迹。

本书分为七个篇章，第一篇思想圣哲，让我们领略古今的思想家带给世人的伟大思想；第二篇政治领袖，让我们感受政治伟人的领导风度和统治策略；第三篇军事统帅，让我们了解他们的军事战略和无穷智慧；第四篇文学大师，让我们知道博大精深的文学艺术成就和作家的生活轨迹及他们的爱情故事；第五篇艺术名流，让我们欣赏一幅幅美丽的画作和灵动的音符；第六篇科学巨人，让我们感叹他们的聪明才智和永不放弃的坚毅品质；第七篇经济英才，让我们惊叹他们的传奇经历和财富智商。

在思想圣哲篇里，我们可以领略到古希腊伟大哲学家们的智慧，通过古希腊三大哲学家——苏格拉底、柏拉图和亚里士多德，认知全部西方哲学乃至整个西方哲学思想的形成与发展。

在政治领袖篇里，我们可以感受到林肯的风度，他是一位达到了伟大境界而仍然保持自己优良品质的罕有人物。这位出类拔萃并且道德高尚的美国总统竟是那样谦虚，以致只有在他成为殉道者倒下去之后，全世界才发现他是一位英雄。走近这位伟大的异国传奇“平民”总统，了解他的伟大功绩的同时，更会被他的坚强意志所感染。

在军事统帅篇里，我们可以了解北非古国迦太基著名军事家汉尼拔。他生长的时代正逢古罗马共和国势力的崛起时期，少时随父亲哈米尔卡·巴卡进军西班牙，并在父亲面前发下一生的誓言，要终身与罗马为敌，自小接受严格而艰苦的军事训练，在军事及外交活动上有卓越表现。他的重要军事战略思想至今仍为许多军事学家所研究。

在文学大师篇里，我们会看到人道主义的代表人物雨果。他是19世纪前期积极浪漫主义文学运动的代表作家、法国文学史上卓越的资产阶级民主作家，被人们称为“法兰西的莎士比亚”。他的文学巨著《巴黎圣母院》《悲惨世界》《九三年》等，已成为世界文学宝库中的珍贵财富。

在艺术名流篇，我们会认识创作了《蒙娜丽莎》《最后的晚餐》《岩间圣母》等巧夺天工的传世名画的一代艺术巨匠达·芬奇。他是文艺复兴时期人文主义、科学精神的总代表和最高体现者，他不仅是天才的艺术家，还是杰出的工程师和著名的自然科学家。

在科学巨人篇，我们能看到被称为“整个世纪的大脑”的天才物理学家爱因斯坦。他提出的质能公式$E=MC^2$，被誉为“改变世界的方程式”。他26岁时登上了科学生涯的顶峰，他最负盛名的相对论成为一个神话。他有着坎坷的人生，经历了两次世界大战，但他热爱自由与平等，关注人类命运，从未向强权低过头，做到了生命不息、奋斗不止。

在经济英才篇，我们会看到一位传奇人物，他就是原微软公司主席和首席软件设计师比尔·盖茨。他是一位商业奇才，13岁开始编程，独特的眼光使他总是能准确看到信息产业的未来；他的财富更是一个神话，39岁便成为世界首富，并连续13年登上福布斯榜首的位置，这个神话就像夜空中耀眼的星辰，指引了亿万人审视定位自己的坐标。然而，就在他退休之际，却将他自己的全部财产捐赠出来，用于社会的慈善事业。

在这本书里，我们可以结识到许多伟大的人物。在与这些伟人的“交往”中，会进一步认清我们自己的思想品格，提高自己的修养，并以这些伟人的典范品行来衡量自己的行为，激励自己不断去追求更理想的目标。

目录

第一篇　思想圣哲

第二篇　政治领袖

目录

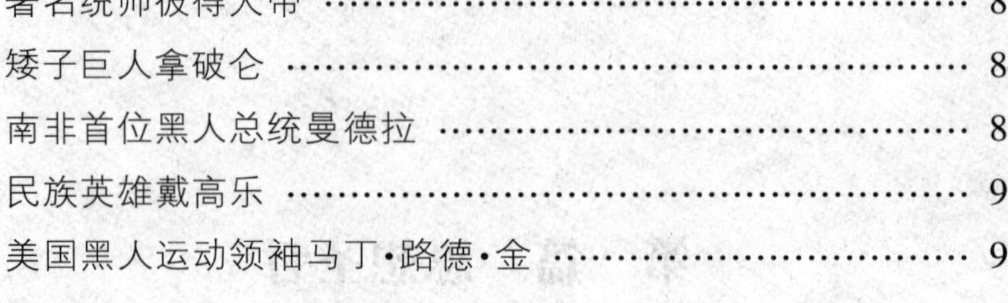

第三篇 军事统帅

第四篇 文学大师

第五篇 艺术名流

目
录

目录

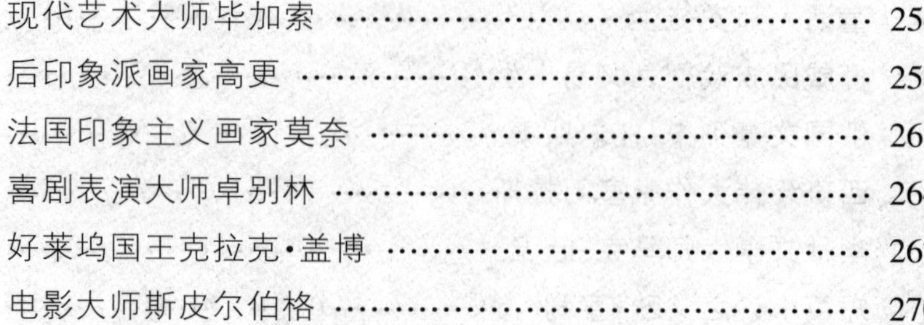

第六篇　科学巨人

第七篇　经济英才

目录

第一篇

思想圣哲

圣哲苏格拉底

苏格拉底（Socrates，约前470—前399），古希腊著名的思想家、哲学家，他是一位个性鲜明、从古至今被人毁誉不一的著名历史人物。他的父亲是石匠和雕刻匠，母亲是接生婆。

青少年时代，苏格拉底曾跟父亲学过手艺，熟读《荷马史诗》及其他著名诗人的作品，靠自学成了一名很有学问的人。他以传授知识为生，30多岁时做了一名不取报酬也不设馆的社会道德教师。许多有钱人家和穷人家的子弟常常聚集在他周围，跟他学习，向他请教。苏格拉底却常说："我只知道自己一无所知。"

他的一生大部分是在室外度过的。他喜欢在市场、运动场、街头等公众场合与各方面的人谈论各种各样的问题，如战争、政治、友谊、艺术、伦理道德等等。他曾三次参战，当过重装步兵，不止一次在战斗中救助受了伤的士兵。40岁左右，他成了雅典远近闻名的人物。

苏格拉底一生过着艰苦的生活。无论酷暑严寒，他都穿着一件普通的单衣，经常不穿鞋，对吃饭也不讲究。但他似乎没有注意到这些，只是专心致志地做学问。

苏格拉底的学说具有神秘主义色彩。他认为，天上和地上各种事物的生存、发展和毁灭都是神安排的，神是世界的主宰。他反对研究自然界，认为那是亵渎神灵的。他提倡人们认识做人的道理，过有道德的生活。他的哲学主要研究探讨的是伦理道德问题。

苏格拉底经常和人辩论。辩论中他通过问答形式使对方纠正、放弃原来的错误观念并帮助人产生新思想。他从个别现象抽象出普遍的东西，采取讥讽、助产术、归纳、定义四个步骤。"讥讽"即通过不断追问，使对方自相矛盾，承认对此问题无知；"助产术"即帮助对方抛弃谬见，找到正确、普遍的东西，帮助真理问世；"归纳"即从个别事物中找出共性，通过对个别的分析比较来寻找一般规律；"定义"即把单一的概念归到一般中去。

苏格拉底

公元前404年，雅典在伯罗奔尼撒战争中失败，"三十僭主的统治取代了民主政体"。三十僭主的头目克利提阿斯是苏格拉底的学生。据说，一次克利提阿斯把苏格拉底叫去，命令他带领四个人去逮捕一个富人，要霸占富人的财产。苏格拉底拒不从命，拂袖而去。他不但敢于抵制克利提阿斯的非法命令，而且公开谴责其暴行。克利提阿斯恼怒地把他叫去，不准他再接近青年，警告他说："你小心点，不要叫我们不得不再减少羊群中的一只羊。"苏格拉底对他根本就不予理睬，依旧我行我素。

后来，三十僭王的统治被推翻了，民主派重掌政权。有人控告苏格拉底与克利提阿斯关系密切，反对民主政治，用邪说毒害青年，因此被捕入狱。按照雅典的法律，在法庭对被告叛决以前，被告有权提出一种不同于原告所要求的刑罚，以便法庭二者选其一。苏格拉底借此机会发表了慷慨激昂的演说，他自称无罪，认为自己的言行不仅无罪可言，而且是有利于社会进步的。结果，他被叛了死刑。在监狱关押期间，他的朋友们拼命劝他逃走，并买通了狱卒，制订了越狱计划，但他宁可死，也不肯违背自己的信仰。就这样，这位70岁的老人平静地离开了人间。

苏格拉底无论是生前还是死后，都有一大批狂热的崇拜者和一大批激烈的反对者。他一生没留下任何著作，但他的影响却是巨大的。哲学史家往往把他作为古希腊哲学发展史的分水岭，将他之前的哲学称为前苏格拉底哲学。作为一个伟大的哲学家，苏格拉底对后世的西方哲学产生了极大的影响。

苏格拉底的影响是广泛的，他的言论在当时的雅典思想领域内有着广泛的教化作用。众多狂热的追随者们聆听他的言论并加以整理，发扬光大，从而产生出各种各样的思想学派和哲学原则。他的许多朋友都虔诚地记载下他的言论，并且如实地描述他那种方式的谈话，这些谈话或者是他们亲身经历的，或者是他们听来的，有时候他们甚至捏造出这种谈话，因而有许多人变成了著作家。此外，这种谈话的记述中还包含着思辩的研究，并且有着实践的目的，尽他们的义务，即坚定地、忠实地、安静地和满意地保持他们的身份和立场。

色诺芬则是这些人中间最有名、最杰出的一个。如果要问究竟是他还是柏拉图给我们留下的苏格拉底智慧更多，那我们可以说，在个性和魅力方面，在谈话的方式方面，我们的确可以从柏拉图那里得到一个忠实的苏格拉底的形象，但是在他的言论内容和思想方面，我们则主要是在色诺芬那里得知的。

苏格拉底教学生也从不给他们现成的答案，而是用反问和反驳的方法使学生在不知不觉中接受他的思想影响。请看一个他和学生问答的有趣的例子。

学生：苏格拉底，请问什么是善行？

苏格拉底：盗窃、欺骗、把人当奴隶贩卖，这几种行为是善行还是恶行？

学生：是恶行。

苏格拉底：欺骗敌人是恶行吗？把俘虏来的敌人卖作奴隶是恶行吗？

学生：这是善行。不过，我说的是朋友而不是敌人。

苏格拉底：照你说，盗窃对朋友是恶行。但是，如果朋友要自杀，你盗窃了他准备用来自杀的工具，这是恶行吗？

学生：是善行。

苏格拉底：你说对朋友行骗是恶行，可是在战争中，军队的统帅为了鼓舞士气，对士兵说“援军就要到了”，但实际上并无援军，这种欺骗是恶行吗？

学生：这是善行。

这种教学方法有其可取之处，它可以启发人的思想，使人主动地去分析、思考问题，他用辩证的方法证明真理是具体的，具有相对性，在一定条件下可以向自己的反面转化。这一认识论在欧洲思想史上具有巨大的意义。

在苏格拉底死后，他的追随者们热情不减，以至于形成了一个苏格拉底派。那些严格遵守苏格拉底的教训的学生和哲人们，从他的学说中产生了各色各样的哲学。除了色诺芬以外，也还有许多别的苏格拉底派写过对话，这些对话有一部分是以与苏格拉底的真实谈话为根据，有一部分是他们依照他的方式制造出来的。艾斯其纳、斐多、安底斯泰纳和许多别的人都有过记述，此外还有一个由鞋匠西门所记述的，苏格拉底常常在作坊里和他交谈，以后他小心翼翼地把苏格拉底同他说的话写了下来。他的章节的题目，和另外一些留下对话的人的一样，都可以在第欧根尼·拉尔修的记述中找到。

苏格拉底死后，他的一群学友都离开雅典，奔往麦加拉，柏拉图也往那里去了。欧几里德原来住在那里，他很好地接待了他们。当苏格拉底的罪名被取消而原告受到惩罚之后，苏格拉底派有一部分人回去了，一切又恢复宁静了。

柏拉图潜心研究老师的思想精髓，后来成为西方最伟大的哲学家，被称为西方哲学之父。

一直到18世纪，尼采仍然认为，苏格拉底影响了世世代代，直至今日。

名人名言

金钱并不能带来美德，美德却可以带来金钱。

——苏格拉底

对哲学家来说，死是最后的自我实现。是求之不得的事，因为它打开了通向真正知识的门。灵魂从肉体的羁绊中解脱出来，终于实现了光明的天国的视觉境界。

——苏格拉底

思想家西塞罗

马库斯·图留斯·西塞罗（Marcus Tullius Cicero，前106—前43），古罗马最杰出的演说家、教育家，古典共和思想最优秀的代表，罗马文学黄金时代的天才作家。他的典雅的拉丁文体促进了拉丁文学的发展，从而影响了罗马以及后来欧洲的教育。

西塞罗出身于富裕的骑士家庭，从小受到良好的教育。曾赴希腊求学，受柏拉图、亚里士多德和斯多葛派思想的影响颇深。他先后在著名的修辞学家、法学家和斯多噶派哲学家所办的学校接受教育。公元前77年，回罗马担任律师。公元前63年当选为古罗马执政官，后为元老院元老。公元前51年赴小亚细亚任奇里乞亚总督。他反对独裁，维护贵族共和制。在第二次“三头同盟”成立后，他被三头之一的M.安东尼的部下于公元前43年12月7日杀害。他一生著述甚丰，在政治方面主要有《论国家》《论法律》等。另外，《论雄辩家》是西塞罗论述教育的主要著作，发表于公元前55年。在此书中，他谈论一个演说家所必需的学问和应该具有的品格。

西塞罗一生有不少著作，而最能反映他的政治思想的，同时也最为人们重视的，就是《国家篇》和《法律篇》。这两篇著作集中体现了他关于国家和法律思想的精髓。

西塞罗是古罗马第一个依据斯多葛派观点系统阐发自然法思想的人。他认为自然法是真正的法律，亦即正确的理性，是衡量是非的准则；上帝是这种法律的“起草者、解释者和监护者”；成文法必须符合自然法，否则就称不上是法律。在他看来，自然法、上帝与理性是同一的，正义、善、成文法均为它们的体现。所有的人在这永恒不变、普遍适用的自然法面前都是平等的，但不是财产的均等，而是理性的共有。

西塞罗

我们今日赞赏的是西塞罗对法律和法治异乎寻常的推崇。他认为法律是根据正义的原则制定的，是永恒的、普遍的，是国家和人民的最高行为准则。他说："法律是最高理性，从自然产生出来的，指导应当做的事，禁止不应当做的事。"法律统辖权力，全体公民，包括执政官，在法律面前一律平等，不允许任何人享有法律之外的特权。

这不正是两千年之后的现代社会同样呼唤的法治精神吗？

西塞罗生活在共和国民主制向帝制过渡时期，因此他的政治思想也深深地打上了这一时期的印迹。他一方面坚持共和制，然而当贵族共和制行将解体的时候，他又转而主张君主制。尽管他曾严厉地抨击民主制，但是主张共和制在他的思想中占着主导地位，所以在宪政民主思想史中，他仍占有一席之地。西塞罗给国家下了一个定义："共和国是人民的财产。"（西塞罗：《论共和国》）他还给人民下了一个定义："人民并非是人们随意组成的群体，而是由许多人一致同意尊奉正义所结成的集合体，是为互利而彼此合作的共同体。"按照西塞罗的共和国定义，其公共权力属于人民即公民集体，而人民公正与合法地行使权力才真正体现正义，且须以谋求公益为目的，也就是说正义和公益是共和国的本质特性，离开了这两个要素，共和国就不成其为共和国。

与古希腊思想家波里比阿一样，西塞罗认为君主、贵族、民主三种政体都有积极因素，也都有趋于腐败的因素，因而理想的政体应该是一种均衡的政体。不过西塞罗的共和政体理论在一些方面已经比波里比阿有所发展。比如在分权制衡思想方面，波里比阿只是提出了一些描述性的观点，而西塞罗却设计了具体的方案。根据他的方案，在元老院、执政官和平民大会三种权力之间，在立法、行政、司法、监察机关之间都应存在严格的制约关系，彼此牵制，保持一种平衡状态。

这一权力制衡思想的重要意义已经为历史所证明。千年之后，法国的孟德斯鸠提出"三权分立"的伟大思想，然后美国人托玛斯·杰斐逊在《独立宣言》里正式把这一思想定格为不可侵犯的最高法律——宪法。

我们今天已经很难估量西塞罗法律与宪政思想的意义。两千多年来，加在他身上的赞誉从未断过。

西塞罗受到16世纪荷兰哲学家伊拉斯谟的尊崇，提倡捍卫个人自由和人格尊严；到了17世纪，诚如一位评论家所说，"学校中流行的时尚"是把西塞罗的大作作为伦理学课本；哲学家洛克推荐过西塞罗的著作；主张权力分立的法国的孟德斯鸠认为西塞罗是"最伟大的人物"之一；伏尔泰则说西塞罗"教导我们如何思考"。法国大革命时期，正是受西塞罗的启发，记者金·班布泰斯勇敢地批评罗伯斯庇尔的恐怖统治。

作为宪政学说的古代先驱，西塞罗在西方思想史中的地位是无可替代的。

名人名言

无知是智慧的黑夜,没有月亮、没有星星的黑夜。

——西塞罗

没有书籍的屋子,就像没有灵魂的躯体。

——西塞罗

哲学之父柏拉图

柏拉图（Plato，约前427—前347），古希腊伟大的哲学家，也是全部西方哲学乃至整个西方文化最伟大的哲学家和思想家之一，他和老师苏格拉底、学生亚里士多德并称为古希腊三大哲学家。

柏拉图出生在雅典城里的一个奴隶主贵族家庭里，家庭非常富有，从小就受到良好的教育，父亲给他请了三位启蒙老师，一位教文学，一位教美术和音乐，一位教体育。

柏拉图的文学老师经常给他讲故事，有时让他模仿着讲，渐渐地，柏拉图对写作产生了浓厚的兴趣。

柏拉图除了写作外，在美术老师的培养下，对美学也产生了浓厚的兴趣。

当时在雅典最有学问的人是苏格拉底，柏拉图非常崇拜他，决心拜他为师。

一天，柏拉图来到苏格拉底的家里，恭恭敬敬地说："苏格拉底先生，我想拜您为老师，请您收下我这个学生吧！"

苏格拉底说："据我所知，你已经很有学问了，为什么还要拜我为师呢？"

柏拉图说："因为您有一句话，我牢记在心，那就是'认识自己'，我觉得我对自己的认识还不够。"

苏格拉底："那么，我还要告诉你一句话，'我所知道的是，我始终一无所知'，这是我对自己的评价。"

"大家都认为你最聪明，可是您还这样谦虚，您真是伟大的人，这正是我学习的地方，请您收下我吧。"

经过一段时间的考察，苏格拉底终于收

柏拉图

下了柏拉图这个学生。

从公元前407年开始，柏拉图在苏格拉底身边学习了8年，成了他最好的学生。

公元前399年，他的老师苏格拉底以“传播异端”和“腐蚀青年”罪被判处死刑，苏格拉底在法庭上慷慨陈词，锋芒毕露。或自辩无罪，或反驳原告，或抨击当局，或直抒人生哲学。老师死后，柏拉图把老师的辩词编写成文。

苏格拉底受审并被判死刑，柏拉图对现存的政体完全失望，于是开始游遍意大利、西西里岛、埃及、昔兰尼等地以寻求知识。在40岁时（约前387年）他结束旅行返回雅典，并在雅典城外西北郊的圣城阿卡德米创立了自己的学校——阿卡德米学园，学院成为西方文明最早的有完整组织的高等学府之一，后世的高等学术机构也因此而得名，也是中世纪时在西方发展起来的大学的前身。阿卡德米坐落于一处曾为希腊传奇英雄阿卡德摩斯住所的土地上，因而以此命名。学院存在了900多年，直到公元529年被查士丁尼大帝关闭为止。

公元前386年，他回到雅典，在近郊开办了一所学园，一边从事教学，一边著书立说，力图按照自己的政治哲学，培养从政的人才。

柏拉图的理念是善，他认为世界由“理念世界”和“现象世界”所组成。理念的世界是真实的存在，永恒不变，而人类感官所接触到的这个现实世界，只不过是理念世界的微弱的影子，它由现象所组成，而每种现象是因时、空等因素而表现出暂时变动等特征。由此出发，柏拉图提出了一种理念论和回忆说的认识论，并将它作为其教学理论的哲学基础。

柏拉图认为人的一切知识都是由天赋而来，它以潜在的方式存在于人的灵魂之中。因此认识不是对世界物质的感受，而是对理念世界的回忆。教学目的是为了恢复人的固有知识。教学过程即是“回忆”理念的过程。在教学中，柏拉图重视对普遍、一般的认识，特别重视学生思维能力的培养，他特别强调早期教育和环境对儿童的作用。认为在幼年时期儿童所接触到的事物对他有着永久的影响，教学过程要通过具体事物的感性启发，引起学生的回忆，经过反省和思维，再现出灵魂中固有的理念知识。后来，他吸收和发展了智者的“三艺”及斯巴达的军事体育课程，也总结了雅典的教学实践经验，在教育史上第一次提出了“四科”（算术、几何、天文、音乐），其后便成了古希腊课程体系的主干和导源，支配了欧洲的中等与高等教育年达1500年之久。

柏拉图认为，每门学科均有其独特的功能，凡有所学皆会促成性格的发展。在17岁之前，广泛而全面的学科内容是为了培养公民的一般素养，而对于未来的哲学家来讲，前面所述的各门学科都是学习辩证法必不可少的知识准备。文法和修辞是研究哲学的基础；算术是为了锻炼人的分析与思考能力；学习几何、天文，对于航海、行军作战、观测气候、探索宇宙十分重要；学习音乐则是为了培养军人的勇敢和高尚的道德情操。同时，他还很重视选择和净化各种教材，如语言、故事、神话、史诗等，使其符合道德要求，以促进儿童心智之发展。

就教学方法而言，柏拉图师承苏格拉底的问答法，把回忆已有知识的过程视为一种教学和启发的过程。他反对用强制性手段灌输知识，提倡通过问答形式，提出问题，揭露矛盾，然后进行分析、归纳、综合、判断，最后得出结论。

柏拉图的教学思想几乎涉及到教学领域中的所有重要方法，这些都给了后世教育家们以巨大的影响和启迪。

但是，柏拉图夸大了理性发展在教学中的意义。他主张的通过回忆和沉思冥想以致知的教学过程，反映了其对掌握知识理解中的唯心主义倾向。特别是他把理性绝对化、孤立化，使感觉和理性之间对立起来的思想，以致成了中世纪经院派教条主义教学方法的理论基础。他有一句名言：不知道自己的无知，乃是双倍的无知。

后来，柏拉图建立的学园由他的弟子们代代相传，一直持续了9个世纪，为古代的西方培养了大批学者。

柏拉图认为，任何一种哲学要能具有普遍性，必须包括一个关于自然和宇宙的学说在内。柏拉图试图掌握有关个人和大自然永恒不变的真理，因此发展一种适合并从属于他的政治见解和神学见解的自然哲学。

柏拉图认为，自然界中有形的东西是流动的，但是构成这些有形物质的“形式”或“理念”却是永恒不变的。柏拉图指出，当我们说到“马”时，我们没有指任何一匹马，而是称任何一种马。而“马”的含义本身独立于各种马（“有形的”），它不存在于空间和时间中，因此是永恒的。但是某一匹特定的、有形的、存在于感官世界的马，却是“流动”的，会死亡，会腐烂。这可以作为柏拉图的“理念论”的一个初步的解说。

柏拉图认为，我们对那些变换的、流动的事物不可能有真正的认识，我们对它们只有意见或看法，我们唯一能够真正了解的，只有那些我们能够运用我们的理智来了解的“形式”或者“理念”。因此柏拉图认为，知识是固定的和肯定的，不可能有错误的知识，但是意见是有可能错误的。

在柏拉图的《理想国》中，有一个著名的洞穴比喻来解释理念论：有一群囚犯在一个洞穴中，他们手脚都被捆绑，也无法转身，只能背对着洞口。他们面前有一堵白墙，他们身后燃烧着一堆火。在那面白墙上他们看到了自己以及身后到火堆之间事物的影子，由于他们看不到任何其他东西，这群囚犯会以为影子就是真实的东西。最后，有一个人挣脱了枷锁，并且摸索出了洞口。他第一次看到了真实的事物。他返回洞穴并试图向其他人解释那些影子其实只是虚幻的事物，并向他们指明光明的道路。但是对于那些囚犯来说，那个人似乎比他逃出去之前更加愚蠢，并向他宣称，除了墙上的影子之外，世界上没有其他东西了。

柏拉图还是西方教育史上第一个提出完整的学前教育思想并建立了完整的教育体系的人。柏拉图中年开始从事教育研究活动，他从理念先于物质而存在的哲学思想出发，在其教育体系中强调理性的锻炼。他要求3~6岁的儿童都要受到保姆的监护，汇集在村庄的神庙里，进行游戏、听故事和童话。柏拉图认为这些都具有很大的教育意义。7岁以后，儿童就要开始学习军人所需的各种知识和技能，包括读、写、算、骑马、投枪、射箭等。从20~30岁，那些对抽象思维表现特殊兴趣的学生就要继续深造，学习算术、几何、天文学与和声学等学科，以锻炼他的思考能力，让他开始探索宇宙的奥妙。柏拉图指出了每门学科对于发展抽象思维的意义。他主张未来的统治者在30岁以后，要进一步学习辩证法，以洞察理念世界。经过5年后，他就可以成为统治国家的哲学王了。

在今天的人们看来，柏拉图的爱情观让人不可思议。而有一位美国学者却对今人所理解的这种柏拉图的爱情观，提出了新的见解。美国东西部社会学会主席、《美国家庭体制》一书的作者伊拉·瑞斯经研究后认为，柏拉图推崇的精神恋爱，实际上指的是同性之间的一种爱，也就是“同性恋”。古希腊人认为，同性恋的过程更多地是灵交、神交，而非形交。而在女性很少受教育的古希腊社会，男人很难从女人中找到精神对手。这就是柏拉图偏重男性之间的爱情的原因。柏拉图坚信“真正”的爱情是一种持之以恒的情感，而唯有时间才是爱情的试金石，唯有超凡脱俗的爱，才能经得起时间的考验。

而美国的社会学者对“柏拉图式的爱情”是只有神交的“纯爱情”，还是虽有形交却偏重神交的高雅爱情，也众说纷纭。但有一点是可以肯定的，即柏拉图认为爱情能够让人得到升华。他说，对活得高尚的男人来说，指导他行为的不是血缘，不是荣誉，不是财富，而是爱情。世上再也没有一种情感像爱情那样深植人心。一个处在热恋中的人假如作出了不光彩的行为，被他的父亲、朋友或别的什么人看见，都不会像被自己的恋人看见那样，使他顿时苍白失色，失去一切的一切，无力面对自己爱的人和爱自己的人。

名人名言

爱是美好带来的欢欣，智慧创造的奇观，神仙赋予的惊奇。缺乏爱的人渴望得到它，拥有爱的人万般珍惜它。

——柏拉图

爱情，只有爱情，可以使人敢于为所爱的人献出生命。这一点，不但男人能做到，而且女人也能做到。

——柏拉图

博学大师亚里士多德

亚里士多德（Aristotle，前384—前322），生于富拉基亚的斯塔基尔希腊移民区，这座城市是希腊的一个殖民地，与正在兴起的马其顿相邻。他的父亲是马其顿国王腓力二世的宫廷侍医。从他的家庭情况看，他属于奴隶主阶级中的中产阶层。他于公元前367年迁居到雅典，曾经学过医学，还在雅典柏拉图学院学习过很多年，成为了柏拉图学院的积极参加者。

从18~38岁在雅典跟柏拉图学习哲学的二十年，对亚里士多德来说是个很重要的阶段，这一时期的学习和生活对他一生产生了决定性的影响。苏格拉底是柏拉图的老师，亚里士多德又受教于柏拉图，这三代师徒都是哲学史上赫赫有名的人物。在雅典的柏拉图学园中，亚里士多德表现得很出色，柏拉图称他是“学园之灵”。但亚里士多德可不是个只崇拜权威，在学术上唯唯诺诺而没有自己的想法的人。他同大谈玄理的老师不同，他努力地收集各种图书资料，勤奋钻研，甚至为自己建立了一个图书室。有记载说，柏拉图曾讽刺他是一个书呆子。在学院期间，亚里士多德就在思想上跟老师有了分歧。他曾经隐喻地说过，智慧不会随柏拉图一起死亡。当柏拉图到了晚年，他们师生间的分歧更大了，经常发生争吵。

公元前347年，柏拉图去世，亚里士多德在雅典继续呆了两年。此后，他开始游历各地。公元前343年，他受马其顿国王腓力二世的聘请，担任起太子亚历山大的老师。当时，亚历山大13岁，亚里士多德42岁。公元前338年，马其顿国王腓力二世打败了雅典、底比斯等国组成的反马其顿的联军，从此称霸希腊。次年，腓力二世召开全希腊会议，会议约定希腊各邦停止战争，建立永久同盟，由马其顿担任盟主。在会议上，腓力宣布，他将统帅希腊各邦联军，远征波斯。至此，马其顿实际上掌握了全希腊的军政大权，希腊各邦已经名存实亡，成为马其顿的附庸。

亚里士多德

腓力二世于公元前336年被刺身亡。他的儿子、年仅20岁的亚历山大即位为王。公元前334年，亚历山大率领马其顿军和希腊各邦的联军出征波斯。在不到十年的时间里，他打跨了号称百万的波斯大军，接着摧毁了古老的波斯帝国。一个空前庞大的亚历山大帝国——其领土西起希腊，东到印度河，南到埃及，北抵中亚——建立起来了。公元前323年，亚历山大病故。这个凭着武力征服建立起来的大帝国，经过混战，分裂成几个独立的王国。

就在这个时局动荡的年代里，亚里士多德重返雅典，在那里一住就是二十年，即从亚历山大出发远征的前一年到亚历山大去世的那一年。在这段时间里，虽然马其顿在军事和政治上控制了雅典，但那里的反马其顿的潜力还是很大的。亚里士多德来到雅典，可能肩负有说服雅典人服从马其顿的政治使命。亚里士多德在雅典受到了很多的优待，除了在政治上的显赫地位以外，他还得到了亚历山大和各级马其顿官僚大量的金钱、物资和土地资助。他所创办的吕克昂学园，占有阿波罗吕克昂神庙附近广大的运动场和园林地区。在学园里，有当时第一流的图书馆和动植物园等。他在这里创立了自己的学派，这个学派的老师和学生们习惯在花园中边散步边讨论问题，因而得名为“逍遥派”。据说，亚历山大为他的老师提供的研究费用，为八百金塔兰（每塔兰重合黄金六十磅）。亚历山大还为他的老师提供了大量的人力，他命令他的部下为亚里士多德收集动植物标本和其他资料。

事实上，亚里士多德浩瀚的著作，实非一人之力所能完成。譬如，他曾对158种政治制度作了概述和分析，这项工作所需要涉及的大量搜集整理工作，如果没有一批助手的协助，是不可能做完的。当亚历山大去世的消息传到雅典时，那里立刻掀起了反马其顿的狂潮，雅典人攻击亚里士多德，并判他为不敬神罪，当年苏格拉底就是因不敬神罪而被判处死刑的。但亚里士多德最终逃出了雅典，第二年，他就去世了，终年63岁。

在哲学上，亚里士多德可以称得上是古代最伟大的思想家。他不仅是形式逻辑的创始人，而且研究了辩证思维的最基本形式，成为第一个专门而又系统地研究思维和其规律的人。

亚里士多德批判了柏拉图的唯心主义的理念论，主要指出了一般不能离开个别而存在，事物的本质，即“形式”在事物之内。他提出四因说，认为具体的事物是由于四种原因而构成，即质料因、形式因、动力因和目的因。他主张认识的对象是外在的事物，强调感觉在认识中的重要性，思维依赖于感觉。这里紧密地接近了唯物主义。但他又认为，理性的知识是“高贵的”知识，纯思辩的生活是最幸福的生活，是人生最高的理想，理性的发展是教育的最终目的。

亚里士多德在自然科学的发展中作出了很大贡献，对天文学、物理学、生物学、医学等方面都有深入的研究。

在天文学方面，亚里士多德创立了运行的天体是物质实体的学说。他认为最外层的恒星球层是由处于宇宙边缘的原动天或者不动的推动者推动的。原动天或不动的推动者统率着一切天体和整个宇宙。亚里士多德设想，天体和地球由各种不同的材料组成。一切处于月层下面的东西都是由四种元素土、水、气、火组成，天体则由第五种——更纯洁的元素“精英”组成。

在生物学方面，亚里士多德考察过小鸡和其他动物在胚胎成长期中形成的发展，动物初生的成熟程度，是他的动物分类法的一个重要标准。亚里士多德曾指出鲸鱼是胎生的。他还认为，各种生物形成一个连续的序次，从植物到人，逐渐完善起来。

在物理学方面，亚里士多德认为，各物体只有在一个不断作用着的推动者直接接触下，才能保持运动，否则物体就会停止。这种推动者或在物体内部，如生物；或在物体外面，如物体受到外力推动或拉引那样。均匀的物体，只能靠外来的推动而运动，因此，任何运动，都是通过接触而产生的。如石头抛在空中运动，是因为为了防止石头后面的真空，空气流到石头后面，以维持石头的运动。因此真空也是不能存在的，因为空间必须装满物质，这样才能通过直接接触传递物理作用。因此亚里士多德反对原子论的“世界是由真空和原子组成”的观点。他认为，空间必须是一个物质的连续体。

亚里士多德在政治上主张由中等奴隶主来统治国家。在美学方面，曾为悲剧下过一个著名的定义，并且指出艺术作品在“摹仿”个别事物时，目的在于使事物的一般特征得以表现出来。在教育上，他认为，理性的发展是教育的最终目的，主张国家应对奴隶的子弟进行公共教育，使他们的身体、德行和智慧得以“和谐地发展”。

亚里士多德显示了希腊科学的一个转折点。在他以前，科学家和哲学家都力求提出一个完整的世界体系，来解释自然现象。他是最后一个提出完整世界体系的人。在他以后，许多科学家放弃提出完整体系的企图，转入研究具体问题。

亚里士多德集中古知识于一身，在他死后几百年中，没有一个人像他那样对知识有过系统考察和全面掌握。他的著作是古代的百科全书。恩格斯称他是“最博学的人”。

他还认为，生命和世界都在运动，没有运动就没有时间、空间和物质。这些都具有一定的辩证法观点。但是，亚里士多德碰到一些解释不了的现象，还是要把老师的一些唯心论的观点搬出来帮忙，常常弄得自相矛盾，在唯物论和唯心论这两种观点中摇来摆去。

亚里士多德的另一句名言也是令人称道的，那就是：“柏拉图是可敬的，但真理更加可敬。”

名人名言

对于美德，我们仅止于认识是不够的，我们还必须努力培养它，运用它，或是采取种种方法，以使我们成为良善之人。

——亚里士多德

习惯实际上已成为天性的一部分。事实上，习惯有些像天性，因为“经常”和“总是”之间的差别是不大的，天性属于“总是”的范畴，而习惯则属于“经常”的范畴。

——亚里士多德

实证大师培根

弗朗西斯·培根（Francis Bacon，1561—1626），英国哲学家、思想家。父亲尼古拉·培根是伊丽莎白女王的掌玺大臣，曾在剑桥大学攻读法律，他思想倾向进步，信奉英国国教，反对教皇干涉英国内部事物。母亲安妮是一位颇有名气的才女，她娴熟地掌握希腊文和拉丁文，是加尔文教派的信徒。良好的家庭教育使培根成熟较早，各方面都表现出异乎寻常的才智。12岁时，培根被送入剑桥大学三一学院深造。在校学习期间，他对传统的观念和信仰产生了怀疑，开始独自思考社会和人生的真谛。

培根

在剑桥大学学习三年后，培根作为英国驻法大使埃米阿斯·鲍莱爵士的随员来到了法国，在旅居巴黎两年半的时间里，他几乎走遍了整个法国，接触到不少的新鲜事物，汲取了许多新的思想，这对他的世界观的形成起到了很大的作用。1579年，培根的父亲突然病逝，他要为培根准备日后赡养之资的计划破灭，培根的生活开始陷入贫困。在回国奔父丧之后，培根住进了葛莱法学院，一面攻读法律，一面四处谋求职位。1582年，他终于取得了律师资格，1584年当选为国会议员，1589年成为法院出缺后的书记，然而这一职位竟长达20年之久没有出现空缺。他四处奔波，却始终没有得到任何职位。此时，培根在思想上更为成熟了，他决心要把脱离实际，脱离自然的一切知识加以改革，把经验观察、事实依据、实践效果引人认识论。这一伟大抱负是他“伟大复兴”的主要目标，是他为之奋斗一生的志向。

1602年，伊丽莎白去世，詹姆士一世继位。由于培根曾力主苏格兰与英格兰的合并，受到詹姆士的大力赞赏，培根因此平步青云，扶摇直上。1602年受封为爵士，1604年被任命为詹姆士的顾问，1607年被任命为副检察官，1613年被委任为首席检察官，1616年被任命为枢密院顾问，1617年提升为掌玺大臣，1618年晋升为英格兰的大陆官，授封为维鲁兰男爵，1621年又授封为奥尔本斯子爵。但培根的才能和志趣不在国务活动上，而存在与对科学真理的探求上。这一时期，他在学术研究上取得了巨大的成果，并出版了多部著作。

1621年，培根被国会指控贪污受贿，被高级法庭判处罚金四万英磅，监禁于伦敦塔内，终生逐出宫廷，不得担任议员和官职。虽然后来罚金和监禁皆被豁免，但培根却因此而身败名裂。从此培根不理政事，开始专心从事理论著述。

1626年3月底，培根坐车经过伦敦北郊。当时他正在潜心研究冷热理论及其实际应用问题。当路过一片雪地时，他突然想做一次实验，他宰了一只鸡，把雪填进鸡肚，以便观察冷冻在防腐上的作用。但由于他身体孱弱，经受不住风寒的侵袭，支气管炎复发，病情恶化，于1626年4月9日清晨病逝。

培根为世界思想史和科学史作出卓越贡献，也因此赢得了不朽的荣耀。马克思、恩格斯称培根是“英国唯物主义的第一个创始人”，是“整个实验科学的真正始祖”，这是对培根哲学特点的科学概括。

而黑格尔是这样评价培根的：“培根真正关心的是现实，而不是理论。在这一点上，培根可以说是他的民族的典范。”

培根有一句名言：知识就是力量。他的思想影响着一代又一代的后来人，人类的历史，可以说就是不断探求知识的历史。

在我国的唐宋时代，我国的科学文化领域成就辉煌。四大发明中，除造纸术外，其余三项都是在这个时期产生。因此，中国能够在相当长的一段历史时期雄居世界之首。以瓦特为代表的发明家，将牛顿力学等科学成果应用于生产，以蒸汽机为核心的近代第一次技术革命，使英国率先成为工业强国。以爱迪生为代表的科学家在电力工业技术等重要领域的创新和突破，掀起了第二次工业革命，科学技术的迅猛发展，使美国跻身头号经济强国。

知识的张力巨大无比，当今的知识经济时代，使人类社会正处于“电子空间”之中，因特网在一夜之间占领一座城市不是天方夜谭，精确制导导弹在数千里之外准确打击一个目标不是神话幻景，远程服务使巴黎的医生足不出户为印度病人会诊也不再是新闻……知识正如一个神奇的魔方创造着无数个人间奇迹。美国的微软公司，其企业的固定资产为5亿美元，但该公司的股票市场价值高达1020亿美元，其中包含的知识的价值令人瞠目。

微软、惠普、通用等国际巨头早已成为知识管理的最大受益者，而国内的联想、金碟等企业亦已将知识管理摆上了重要的议事日程……在人类的世界里，知识管理作为一场管理的革命正改变着我们的生活，使我们有了更加广阔的视野，更丰富的经验，还有更科学的知识。

在这个信息爆炸的知识经济时代，所有的改变，都将说明“知识就是力量”！

“知识像烛光，能照亮一个人，也能照亮无数的人。”这同样是培根的一句话。知识是杠杆，用一点点力就可以产生强大的力量。知识带动人类前进，没有它，人类历史注定将与蒙昧同行。

名人名言

在人类历史的长河中，真理因为像黄金一样重，总是沉于河底而很难被人发现，相反地，那些牛粪一样轻的谬误倒漂浮在上面到处泛滥。

——培根

使人们宁愿相信谬误，而不愿热爱真理的原因，不仅由于探索真理是艰苦的，而且是由于谬误更能迎合人类某些恶劣的天性。

——培根

启蒙思想家卢梭

让·雅克·卢梭（Jean-Jacques Rousseau，1712—1778），法国伟大的启蒙思想家、哲学家、教育家、文学家。他出生于瑞士日内瓦，他的父亲是个钟表匠。卢梭刚出生时，他的母亲便因难产死去，是姑母费尽心力抚养他。卢梭从小聪明机灵，虽然他没有像富家子弟那样受过系统教育，但特别爱读书的习惯使他成了一个知识丰富的人。

母亲去世后，父亲郁郁寡欢，幸好母亲留下了不少的书，有哲学的、历史的，更多的是小说。父亲常和卢梭晚饭后相对朗读，有时他们甚至忘记了时间，以至于通宵达旦沉醉在书的世界里。这使卢梭无形中养成了读书的习惯，也充实滋养了卢梭年幼的心灵。7岁时他已把家中所有的书都读完了。

然而不久，一次意外事件中断了他的正常生活。父亲因与一个法国军官发生冲突而不得不离开了他，远赴他乡，卢梭只好到舅舅家居住。舅舅把卢梭和自己的儿

卢梭

子，一起寄宿在包塞一个牧师家里读书、学习。清静、柔和又美丽的乡村景色使卢梭对大自然的美景产生了浓厚的兴趣。生活的曲折使他受到了磨炼，也使他形成了坚定不移的性格。

卢梭13岁时，舅舅将他送到马斯隆先生那里学做律师书记，希望他能赚点生活费。可他却十分讨厌这个工作，马斯隆先生也不喜欢他，常骂他懒惰、愚蠢。不久，他又跑到一位雕刻家手下当学徒，虽然他爱好绘画，工作起来也很认真，可他师傅是个脾气粗暴的人，卢梭常常无故受到责难。1728年卢梭再也不愿在师父家呆下去，便离城出走，开始了流浪生活。此间，他给人雕刻过盘碟上的图案，替一位身患绝症的贵妇人写过文稿。颠沛流离的人生路上，他寻找一切可能学习知识的机会，因为他知道，只有知识才能改变自己的命运，才能改变贫苦平民的生活。也是在这段时间，他到过欧洲的许多地方，广泛接触了社会，并对现实产生了深刻的见解。

卢梭一生漂泊不定，生活在社会的最底层，饱尝人间的冷暖与辛酸。他对社会的不平等有很深的体会，对人类社会的发展史也做过深入的研究。1749年夏季的一天，卢梭看到一则征文广告，题目是《科学和艺术的进步对改良风俗是否有益》。他当时就感到有许多富于生气的思想不断地从心中涌现出来，冲击着自己的头脑，非得一吐而后快。他便兴奋地跑去与启蒙思想家狄德罗交换想法，狄德罗鼓励他写文章应征。卢梭便从研究人类发展史着手，论述了人类社会所经历的变化等，没想到第二年他的应征论文获得了头等奖，卢梭的名气因之大震。后来，他又发表了《论人类不平等的起源与基础》，他在这篇文章中指出："自然界中很少有不平等的现象。当今流行的不平等现象是人类在求生存和进步的过程中，人为地逐渐衍生而成的。"1750年，他这篇论文获得了头等奖。他在这篇文章中否定艺术和科学的价值，从反面进行了论证，表露了他对巴黎社会的不信任和憎恶，并反对这种社会中所隐藏着的欺诈。他斥责科学、文学和艺术，认为这些东西被权力主宰了。

1756年，44岁的卢梭接受朋友的馈赠——一座环境优美的乡村小房子，开始了他的隐居生活。卢梭的个性适合于在乡下居住，他在巴黎住了15年，早已厌倦了城市生活。隐居之后，他便决定不再回巴黎。这时的卢梭已有点名气，不用为生活费用发愁，他继续抄乐谱，虽然不能赚大钱，但是靠得住，自给有余。他的歌剧《乡村卜者》和其他作品的收入还剩下两千法朗，其他的著作也正在整理之中，这样，生活就不至于贫困了。他的文笔和天赋已使他成为知名的文人，只要他稍微愿意把作家的手腕和出好书的努力结合起来，他的作品就可以使他生活得很富裕。但是，卢梭觉得为面包而写作，不久就会窒息他的天才，毁灭他的才华。他的才华不是在笔上，而是在心里，完全是由一种超逸而豪迈的思维方式而产生出来的。他始终认为作家的地位只有在它不是一个行业的时候才能保持。当一个人只为维持生计而思维的时候，他的思想就难以高尚。为了能够和敢于说出伟大的真理，就绝不能屈从于对成功的追求。

卢梭隐居6年之中，写了许多著名的著作，有政治学名著《社会契约论》（又译《民约论》），这是世界政治学史上著名的经典著作之一。他的政治观点，对后来的法国革命产生了很大影响。教育学论著《爱弥尔》，简述了他那独特而自由的教育思想，这是一部儿童教育的经典著作。虽然卢梭在世时，曾因此书而遭受攻击，但其独到的教育思想，不但对后来的教育学说产生了深远的影响，而且其民主自由的思想也成为法国大革命的动力。自传体小说《新爱洛绮丝》出版后，成为人人争看的畅销书，并被翻译成多种语言，风靡全欧。

卢梭一生经历的社会底层的生活，是他与其他启蒙思想家们生活经历不同的地方，这也使得他能更加关注人的“自由、平等、人权”问题。人类为什么不平等？如何克服不平等？卢梭认为：“每一个人都生而自由、平等。”“不平等”并不是与生俱来的，而是后天形成的。世界的巨著《社会契约论》震动了法国、欧洲。卢梭在这本巨著中强调，为了防止不平等的发生，“集体”权力和立法权、行政权等的运用，必须交由全体公民，即“主权属于人民”。主权既不可转让，也不可分割。政府只不过是据法律使用国家的力量而已，政府官员决不是人民的主人，而只是人民的官吏，只要人民愿意就可以委任他们，也可以随时要求撤换他们。据此，卢梭反对君权神授的观点，反对专制制度。他认为专制必然造就暴君，暴君就是人民的公敌。他号召人民用暴力推翻暴君，夺回属于自己的“主权”，为捍卫自己的“天赋权利”，应该不惜流血、坐牢，乃至砍头。

卢梭大胆的主张引起了政府极大的恐慌，他们到处通缉卢梭，卢梭被迫四处流浪。然而卢梭的“革命”主张，已经深入到法兰西人民心中：只有革命，才能争回人权，才能维护人的尊严。后来在1789年，法兰西人民终于掀起了推翻暴君、争取民主、争取平等的大革命。因而，卢梭被后人称为18世纪法国大革命的思想先驱。

1757年卢梭撰写的教育学名著《爱弥尔》出版，书中阐述了以自然主义为基础的教育思想，尤其是儿童期教育。他那具有独创性的教育理论对后世产生了很大影响，他强调，以儿童为本位，按年龄组对儿童进行教育。这部被誉为儿童教育经典著作的书，一经出版便震惊世界，卢梭因此又受到当局的围攻。他们视这本书为异端邪说，因为当局害怕卢梭著作中的新思想，便查禁这本书，他们甚至废除了卢梭的永久性公民权。卢梭只得在国外到处躲藏。

为什么卢梭的《爱弥尔》会遭到法国反动当局如此仇视呢？原因在于，卢梭以他的《爱弥尔》在教育上掀起的是一场哥白尼式的革命。教育从来是以成人的能力和需要为标准的，卢梭却大声疾呼，要打破这个传统。“出自造物主之手的东西，都是好的，而一到了人的手里就全变坏了……”他不愿意事物天然的那个样子，甚至对人也是如此，必须把人像练马场的马那样加以训练；必须把人像花园中的树木那样，照他喜爱的样子弄得歪歪扭扭。

卢梭的“性善论”虽然并不科学，但它在历史上是有积极的进步意义的。因为若把人像基督教那样视为先天罪犯，则会诉之严酷惩戒的倾向，迫使人们盲目顺从而摧毁人权；不如强调人们向善发展的可能性，更有助于提高人的政治地位和保障人的社会权力。变抑制天性的教育为尊重天性的教育，是教育上的巨大变革。在这个历史转折点上，卢梭是关键性的人物。由“归于自然”的理论出发，卢梭主张教育要根据受教育者的年龄特征而实施，他说：“处理儿童应因其年龄之不同而不同。”又说：“在万物中，人类有人类的地位，在人生中，儿童期有儿童期的地位，所以必须把人当人看待，把儿童当儿童看待。”他批评封建教育不顾儿童的天性发展，抹杀了儿童与成人的区别，以致不根据儿童的特点施教，硬把对成人适用的教育强加于儿童。这种教育，在他看来，无异于使儿童成为教育的牺牲品。因此，他竭力主张根据受教育者不同阶段的身心特征来规定教育任务。

在卢梭短短66年的生命中，《论人类不平等的起源与基础》《社会契约论》《爱弥尔》《新爱洛绮丝》《忏悔录》《对话录》《孤独散步者的梦想》等一部部经典巨著的发表，接二连三地震动法国、欧洲、甚至整个世界。

名人名言

人是生而自由的，但却无往不在枷锁之中。自以为是其他一切的主人的人，反而比其他一切更是奴隶。

——卢梭

我既然找不到一个完全献身于我的朋友，我就必须有些能以其推动力克服我的惰性的朋友。人们说生命是很短促的，我认为是他们自己使生命那样短促的。由于他们不善于利用生命，所以他们反过来抱怨说时间过得太快；可是我认为，就他们那种生活来说，时间倒是过得太慢了。

——卢梭

哲学奠基人康德

伊曼努尔·康德（Immanuel Kant，1724—1804），德国哲学家、天文学家、星云说的创立者之一，德国古典哲学的创始人，唯心主义、不可知论者，德国古典美学的奠定者。

1724年4月22日清晨，康德诞生在东普鲁士的首府哥尼斯堡的一个虔诚的新教徒家庭，因而康德幼年的精神世界受新教影响很深。直到上小学，学校的人文主义教育才改变了其宗教态度。

1740年，康德进了科尼斯堡大学。人们现在无法考证他当时注册了什么专业，但可以肯定的是他经常听哲学课。1748年，24岁的康德大学毕业，因为他的父亲已经去世两年，他衣食无托，前途渺茫。由于大学没有他的位置，他决定到科尼斯堡附近的小城镇去做家庭教师。

康德曾说再也没有哪个家庭教师比他还差，但是实际上他这是谦虚，因为他教过的学生对他的口碑都不错。在做家庭教师期间，他发表了第一本著作《关于生命力的真实估计之思考》，五年的家庭教师生涯后康德重返科尼斯堡，从此他再也没有离开过家乡。返回家乡后，康德再次进入大学学习。1755年，康德以论文《自然通史和天体论》获得硕士学位，三个月后获得大学私人助教资格，开始教授哲学。在私人助教这个教职上，康德一干就是15年，学生的听课费就成了他的生活来源。因为康德的课很受欢迎，愿意听他的课的学生也多，因此他在生活上也做到了衣食无忧。

康德

在任助教期间，康德开始经常发表著作。他的论题包罗万象，从自然科学、美学、神学甚至到巫术应有尽有，但贯穿其中的问题只有一个，那就是哲学研究应该如何进行：是从理性的观点出发，从普遍真理中推导出有关事物的真理，还是从经验出发，通过观察得出普遍的结论？

康德的著述和讲课使他成为一个受人

尊敬的哲学家，他的影响使他开始走出科尼斯堡，很多学生慕名而来成为他的弟子，其中最著名的便是与哥德和席勒一起成为魏玛古典派顶梁柱的赫尔德。尽管如此，康德很长的时间里没有得到教授职位，期间他拒绝了科尼斯堡提供给他的诗学艺术教授聘书。他还拒绝了来自埃尔朗根大学和耶拿大学的教授聘书，他只愿意在科尼斯堡大学担任哲学教授，因为他不愿意离开家乡，而且身体状况也不允许他迁居他乡。康德在给友人的信中说："我胸腔狭窄，心脏和肺的活动余地很小，天生就有疑病症倾向，小时候甚至十分厌世。"

1770年，46岁的康德终于获得了科尼斯堡大学逻辑学与形而上学教授一职，他的就任报告题目是《感性与知性世界的形式与根据》。当上教授以后，康德沉寂于潜心研究他的批判哲学，十年没有发表一篇文章。1781年，他发表了《纯粹理性批判》，仅凭这一部著作，康德就可以奠定他在哲学史上的不朽地位。

康德深居浅出，终身未娶，一辈子过着单调刻板的学者生活，直到1804年去世为止，从未踏出过出生地半步。因此诗人海涅说，康德是没有什么生平可说的。

康德生活中的每一项活动，如起床、喝咖啡、写作、讲学、进餐、散步，时间几乎从未有过变化，就像机器那么准确。每天下午3点半，工作了一天的康德先生便会踱出家门，开始他那著名的散步，邻居们纷纷以此来校对时间，而教堂的钟声也同时响起。唯一的一次例外是，当他读到法国浪漫主义作家卢梭的名著《爱弥尔》时，深为所动，为了能一口气看完它，不得不放弃每天例行的散步。这使得他的邻居们竟一时搞不清是否该以教堂的钟声来对自己的表。

和许多伟大的德国学者一样，康德家境也很贫寒，以至在金钱观念方面给后人留下笑料。据说这位大学者经常声称，他最大的优点是不欠任何人的一文钱。他曾说："当任何人敲我的门时，我可以永远怀着平静愉快的心情说：'请进。'因为我肯定，门外站着的不是我的债主。"

康德思想的发展，以1770年他提出教授就职论文为界，分为"前批判时期"和"批判时期"。在"前批判时期"，他埋头于自然科学研究，提出了"关于潮汐延缓地球自转的假说"和"关于天体起源的星云假说"。这两大假说从物质自身的运动和发展来解释自然现象，摒弃了神学创世说和自然界永恒不变的观点。

在"批判时期"，康德发表了《纯粹理性批判》这部哲学名著。恰如康德枯燥乏味的生活一样，这本洋洋数十万言的大作非常晦涩难懂。一位读者对康德抱怨说："读你的书十个指头都不够用，因为你写的句子太长了，我用一个手指按住一个从句，十个指头用完了，一句话还没有读完！"但是艰深的语句掩不住思想的光辉，康德哲学真的像他自己所说的那样成了哲学领域内"哥白尼式的革命"。此后他又陆续发表了《实践理性批判》和《判断力批判》这两部著作。三部著作的相继问世，成为康德批判哲学体系诞生的真正标志。

在《纯粹理性批判》中，康德研究了人类感知的形式，即空间和时间。存在于时间和空间里的物质被人类的理解力加工为经验，而康德把人类理解力的形式称为“(绝对）范畴”，这些人类理性的形式中包括人们对灵魂、世界和上帝的设想，康德把它们理解为某种制约原则，人们的经验世界就是通过这些原则得以构造。

如果说《纯粹理性批判》研究的是人类如何认识外部世界的问题，那么康德1788年发表的《实践理性批判》则要回答的问题是伦理学的问题：我们应该怎样做？简单地说，康德告诉我们：我们要尽我们的义务。但什么叫“尽义务”？为了回答这一问题，康德提出了著名的“(绝对）范畴律令”：“要这样做，永远使得你的意志的准则能够同时成为普遍制订法律的原则。”康德认为，人在道德上是自主的，人的行为虽然受客观因果的限制，但是人之所以成为人，就在于人有道德上的自由能力，能超越因果，有能力为自己的行为负责。

《判断力批判》要回答的问题是：我们可以抱有什么希望？康德给出的答案是：如果要真正能做到有道德，我就必须假设有上帝的存在，假设生命结束后并不是一切都结束了。《判断力批判》中，康德关心的问题还有人类精神活动的目的、意义和作用方式，包括人的美学鉴赏能力和幻想能力。

1795年出版的《论永久和平》应该是康德为人类贡献的最后一部有深远影响的著作，书中提出了世界公民、世界联邦、不干涉内政的主权国家原则等至今仍有现实意义的构想。

康德的哲学具有划时代的意义。有人把他的哲学比做蓄水池，前人的思想汇集于此，后人的思想则从中流出来；也有人将他的哲学比作一座桥，想入哲学之门就得通过康德之桥。

这个被誉为人类哲学界的哥白尼，一辈子只崇尚头上的星空和心中的道德律的孤寡老头，这个终生没离开过家乡小镇，却奇迹般地创造出古典哲学大厦的哲学泰斗，同时从不暴露自己科学院院士头衔的高尚的人，其仙逝时，哥尼斯堡全市居民陷入巨大的悲恸中。人们连续16天自发前往瞻仰这位不足1.6米的巨人、伟大哲学家的遗容。直到现在，加里宁格勒的年轻人结婚时，也不忘带上一束花放到康德的墓前。

2004年是康德逝世200周年，也是德国文化界的“康德年”。在德国乃至整个世界，人们都在用各种方式纪念这位思想界的巨人。“康德年”之际，德国多家出版社又不失时机地推出了最新“通俗版”的《康德传》。

书中的康德，被描绘成一个衣着讲究入时的绅士，而非原先人们印象中“清心寡欲”的古板角色。据称，哥尼斯堡的年轻女士们目光一直追逐着穿着雅致的康德硕士。他虽然个子不高，但眼睛炯炯有神，谈话风趣幽默。可他对女性总是保持着一定距离，不管哪个女孩多么狂热地追求他，他都不会越雷池半步。事实上是康德心里已经有意中人了，那就是凯塞林克伯爵夫人。这位中年丧偶的伯爵夫人端庄美丽，气质优雅。康德每天都到伯爵夫人家为她儿子上课，为的是看一眼“心上人”。而在伯爵夫人的私人沙龙，人们也看到在她座位旁一直为康德保留着一个空位子。但由于世俗的禁锢，一个伯爵夫人是不能嫁给平民的。1763年，凯塞林克伯爵夫人只好嫁给了一个贵族，康德不无悲伤地辞去了家庭教师工作。

此外，康德也不是一位“讷于言”而闭门埋头著述的哲学家。

他喜爱参加哲学圈子以外的沙龙，且谈锋甚健、机智幽默、富有魅力。在课堂上，他也颇受学生的欢迎。演讲时的侃侃而谈，自然与“三大批判”中的晦涩语言有着本质的区别。康德对“绝对律令”的遵守也并非不折不扣。据说他规定自己每天清早只能抽一斗烟，可随着时间的推移，他的烟斗却越来越大。

名人名言

羞怯是大自然的某种秘密，用来抑制放纵的欲望。它顺乎自然的召唤，却永远同善、德行和谐抑制。

——康德

有两样东西，越是经常和持久地思考他们，对他们日久弥新和不断增长之魅力以及崇敬之情就越加充实着心灵。

——康德

法兰西思想之王伏尔泰

伏尔泰（Voltaire，1694—1778）原名弗兰索瓦-马利·阿鲁埃（Francois-Marie·Arouet），伏尔泰是他的笔名。他是法国启蒙思想家、文学家、哲学家，是18世纪法国资产阶级启蒙运动的旗手，被誉为“法兰西思想之王”“法兰西最优秀的诗人”“欧洲的良心”。

伏尔泰出生在巴黎一个富裕的中产阶级家庭，自小受过良好的教育。父亲是法律公证人，希望他将来做个法官，但他对文学发生兴趣，后来成了一名文人。伏尔泰经历了路易十四、路易十五、路易十六三个封建王朝的统治，目睹了封建专制主义由盛转衰，亲身感受到了封建专制主义统治的腐朽和反动。他深刻地预见到革命必然到来，他对朋友说：“我周围发生的一切事情，正在撒下革命的种子，尽管我

伏尔泰

自己未必成为革命的见证人，但它是必然要到来的。”

伏尔泰才思敏捷，多才多艺。他的作品以尖刻的语言和讽刺的笔调而闻名。他说：“笑，可以战胜一切。这是最有力的武器。”他曾因辛辣地讽刺封建专制主义而两度被投入巴士底狱。他的书被列为禁书，他本人多次被逐出国门。1725年他被迫流亡英国，对英国资产阶级的政治、文化发生了浓厚的兴趣。他研究英国的资产阶级君主立宪制，研究洛克的唯物主义经验论和牛顿的万有引力理论。

伏尔泰写过大量文学作品，其中著名的有史诗《亨利亚德》《奥尔良少女》，悲剧《欧第伯》、喜剧《放荡的儿子》，哲理小说《老实人》和《天真汉》。他又写过不少历史著作，如《路易十四时代》《论各民族的风俗与精神》等。在哲学方面，他的代表作有《哲学辞典》《形而上学论》等著作，其中最有影响的一本书是《哲学通信》，被人称为“投向旧制度的第一颗炸弹”。

伏尔泰非凡的才智，锐利的思想以及他对黑暗的封建专制主义所作的揭露，使得他在人民中间享有崇高的声望。统治者也想利用他。路易十五请他当过宫廷史官，普鲁士国王腓特烈二世把他待为上宾，俄国女皇叶卡特琳娜二世曾接见过也，但最终都由于他的叛逆思想而不欢而散。痛苦的经历使他决心不再与任何君王往来。

伏尔泰的文学观点和趣味，基本上承袭17世纪古典主义的余风，主要表现在诗歌和悲剧创作上。他的史诗《亨利亚德》（1728年）以法国16世纪宗教战争为题材，写波旁王朝亨利四世在内战中取得胜利后登基为王，颁布南特赦令以保障新教徒的信仰自由。史诗中的亨利四世被当做开明君主的榜样来歌颂。伏尔泰的哲理诗说理透彻，讽刺诗机智冷隽，有独到之处。伏尔泰毕生主要从事戏剧创作，先后写了50多部剧本，其中大部分是悲剧。伏尔泰的文学作品中最有价值的是哲理小说。这是他开创的一种新体裁，用戏谑的笔调讲述荒诞不经的故事，影射和讽刺现实，阐明深刻的哲理。

伏尔泰尖刻地抨击天主教会的黑暗统治。他把教皇比作“两足禽兽”，把教士称作“文明恶棍”，说天主教是“一些狡猾的人布置的一个最可耻的骗人罗网”。他号召“每个人都按照自己的方式同骇人听闻的宗教狂热作斗争，一些人咬住他的耳朵，另一些人踩住他的肚子，还有一些人从远处痛骂他”。不过伏尔泰并不是一个无神论者，而是一个自然神论者。他认为要统治人民，宗教是不可缺少的。他说

“即使没有上帝，也要造出一个上帝来”。

伏尔泰信奉自然权利说，认为“人们本质上是平等的”，要求人人享有“自然权利”。他主张人人在法律面前平等，但又认为财产权利的不平等是不可避免的。他把英国的君主立宪制理想化了，认为最理想的是由“开明”的君主按哲学家的意见来治理国家。伏尔泰在启蒙运动的思想家中，反映上层资产阶级的利益，主张开明君主制。他在哲学上信奉英国唯物主义哲学家洛克的经验论。

在哲学上，他承认物质世界的客观存在，肯定认识来源于感觉经验，但他又认为神是宇宙的“第一推动者”。他对劳动人民是十分鄙视的，认为他们只能干粗活，不能思考，说“当庶民都思考时，那一切都完了”。

他的身上也深深地打上他所处的那个时代和阶级的烙印。不过他在反封建的启蒙运动中作出的巨大贡献，还是值得人们永远纪念的。

伏尔泰不仅在哲学上有卓越成就，也以捍卫公民自由，特别是信仰自由和司法公正而闻名。尽管在他所处的时代审查制度十分严厉，伏尔泰仍然公开支持社会改革。他的论说以讽刺见长，常常抨击基督教会的教条和当时的法国教育制度。雨果曾评价说：“伏尔泰的名字所代表的不是一个人，而是整整一个时代。”他提倡卢梭所倡导的天赋人权，认为人生来就是自由和平等的，一切人都具有追求生存、追求幸福的权利，这种权利是天赋予的，不能被剥夺，这就是天赋人权思想。

名人名言

人类最宝贵的财富是希望，它减轻了生命的负担。

——伏尔泰

书读得多而不思考，你会觉得自己知道的很多。书读得多而思考，你会觉得自己不懂的越多。

——伏尔泰

无产阶级伟大导师马克思

卡尔·马克思（Karl Marx，1818—1883），马克思主义的创始人，第一国际的组织者和领导者，全世界无产阶级和劳动人民的伟大导师。

1818年5月5日，马克思诞生于德国莱茵省特利尔城。父亲亨利希·马克思是一位才能出众的律师，对马克思少年时代的思想成长起到良好的影响。母亲罕丽达·普勒斯堡是个贤慧的妇女，主要操持家务。

马克思

马克思从小勤奋好学，善于独立思考。1830年，他进入特利尔中学，1835年9月毕业。中学时代，他受到法国启蒙思想的影响，已有为人类谋幸福的崇高理想。中学毕业时他写的《青年在选择职业时的考虑》一文说，一个人只有立志为人类劳动，才能成为真正的伟人。

1835年10月，他进波恩大学攻读法学，一年后转入柏林大学法律系。在大学，他除研究法学外，还研究历史、哲学和艺术理论。

1841年，马克思以论文《德谟克利特的自然哲学和伊壁鸠鲁的自然哲学之区别》申请获得耶拿大学哲学博士。毕业后担任《莱茵报》主编，遇到了在马克思思想发展史上颇为有名的“林木盗窃问题”。事情是这样的，在德国西部有大片的森林和草地，原来生活在这里的居民都可以在这些地方砍柴、放牧。可是后来，一些贵族地主把这大片的森林和草地都霸占了，不许居民们靠近一步，不少居民想到山林中去拾些柴草，却被认为是“盗窃”。广大居民不满，德国议会不得不认真审议这些事情。可是，他们只为贵族地主考虑，审议结果是：居民们的行为确为盗窃！如果再持续下去，要用法律手段来解决！

这样一来，引起全国民众对议会的强烈不满，人们愤怒谴责议会的不公平处理。马克思也感到十分气愤，他便在《莱茵报》上写了一系列文章发表自己的看法，文中严厉抨击了普鲁士政府的做法，立场坚定地站在民众一边，维护了农民的利益。

1843年5月，他来到莱茵省的一个小镇克罗茨纳赫。在这里，他与童年时代的女友燕妮·冯·威斯特华伦结婚。从此，燕妮成了马克思的志同道合、患难与共的亲密伴侣和战友。

1843年秋，马克思迁居巴黎，筹备出版《德法年鉴》杂志。在富有革命传统的法国，他积极参加法国工人的集会，了解法国工人阶级的斗争状况，同法国工人运动的领袖和正义者同盟的领导成员建立了密切联系，还结识了流亡在法国的各国革命家。巴黎的斗争生活促进了他向科学共产主义的转变。

在巴黎期间，马克思进行了紧张的理论研究工作。他埋头钻研了资产阶级经济学家，特别是英国古典经济学家亚当·斯密和大卫·李嘉图的劳动价值论，圣西门、博立叶、欧文等人的空想社会主义学说和空想共产主义者的思想。

1844年8月，恩格斯从英国来到巴黎，拜访了马克思，这是一次历史性会见。

从此他们开始了前无古人的伟大合作。

1845年1月，马克思被法国政府驱逐出境，2月到了布鲁塞尔。他开始批判费尔巴哈唯物主义的局限性，写了《关于费尔巴哈的提纲》，这个提纲是“包含着新世界观的天才萌芽的第一个文件”。接着，他又同恩格斯合写了《德意志意识形态》。这部著作第一次系统地阐明了唯物主义历史观，唯物史观是恩格斯肯定的马克思的两个伟大发现之一。

马克思在为无产阶级制定科学世界观的同时，还为创建无产阶级政党而积极作思想准备和组织准备。

1846年初，他和恩格斯一起建立了布鲁塞尔共产主义通讯委员会，在工人中传播科学社会主义理论，而且他们还积极地参加同盟的改组工作。

1847年6月召开的同盟第一次代表大会上，正义者同盟改名为共产主义者同盟。马克思担任了同盟的领导人，并受大会委托与恩格斯共同起草同盟的纲领。这就是1848年2月正式发表的科学共产主义的纲领性文件《共产党宣言》。

1848年，资产阶级革命风暴席卷欧洲大陆。同年6月，马克思创办了《新莱茵报》。它是当时民主运动中唯一代表无产阶级观点的报纸。马克思通过报纸宣传无产阶级在民主革命中的纲领，指导德国人民同封建专制制度作斗争，揭露自由资产阶级的妥协和叛卖行为，还通过报纸同各国民主派建立广泛联系，声援各国人民的革命斗争。

革命失败后，欧洲各国处于专制统治之下。统治者对工人运动严厉镇压，逮捕了许多共产主义者同盟的委员，马克思一家迁居到英国伦敦。这时他们几乎一无所有。

1851年夏天，马克思开始为《纽约每日论坛报》写稿，可是所得的稿酬仍不够一家人的开销。马克思曾经在给恩格斯的信上说：“我不能再出门，因为衣服都在当铺里；我不能再吃肉，因为没有人肯赊给我了。”

1852年，马克思在完成《揭露科伦共产党人案件》这部著作以后，连寄书稿的邮费都没有。他曾十分幽默地说：“小册子的作者因没有裤子和鞋子而被囚禁在家里，他的一家人过去和现在每分钟都受到极端贫困的威胁。”

孩子们缺吃少穿，加上不适应英国潮湿的气候，小亨利·吉多刚满1岁就患肺炎死去。过了1年，小女儿弗兰契斯卡也死了。3年以后，马克思又失去了爱子埃德加尔。1855年4月6日，马克思在信中把自己的悲伤心情告诉了恩格斯：“可怜的穆希已经不在人世了，今天五六点钟的时候，他在我的怀里长眠不醒了。我永远不会忘记，在这个可怕的时刻，你的友谊是怎样地减轻了我们的痛苦。”

恩格斯对马克思一家的困难处境是十分关心的。为了从经济上帮助马克思，使他能有足够的时间和精力撰写理论著作，恩格斯毅然决定重返曼彻斯特，在“欧门·恩格斯”公司当店员，从事他十分厌恶的经商工作。从这时候起，恩格斯就常常寄钱给马克思。恩格斯还常常帮助马克思为《纽约每日论坛报》撰写、修改英文稿件，有时帮助马克思把他用德文写的稿件译成英文。当马克思忙着写《资本论》的时候，恩格斯甚至替马克思为报纸写文章。《德国的革命和反革命》这一组文章就是这样写出来的。因为署的是马克思的名字，所以直到1913年，马克思和恩格斯的通信发表出来的时候，人们才知道文章的真正作者是恩格斯。恩格斯还常常替马克思还债，给马克思的孩子们买礼物和食品，马克思对此深为感动。他曾在给恩格斯的信中这样写道："我的良心经常像被梦魔压着一样感到沉重，因为你的卓越才能是为了我才浪费在经商上面，才让它们荒废，而且还要分担我的一切琐碎的忧患。"

19世纪50年代是马克思一生中最困难的时期。贫困的生活把他压得喘不过气来，他成年累月地在英国博物馆研读政治经济文献，埋头从事经济学研究。

1862年3月，他和恩格斯为《纽约每日论坛报》撰稿，写了500多篇文章。他们在这些文章中评述当时的国际重大政治事件，抨击各国反动政府的内外政策，声援各国人民的革命运动。他们还写了不少论述中国的文章，揭露英国对中国的殖民政策，谴责沙皇俄国对中国领土的侵占，支持中国人民的革命斗争。

马克思一方面关心、指导工人运动，另一方面又加紧了他的巨著《资本论》的写作。恩格斯也常把有关资料寄给马克思，并且不断提出自己的意见和建议。

1867年4月初，当恩格斯得悉《资本论》第一卷写成的消息以后，马上写信说："好啊！我终于看到白纸黑字，知道第一卷已经脱稿了！就禁不住发出了这样的欢呼声。"马克思把《资本论》第一卷的手稿交给出版商以后，曾到曼彻斯特恩格斯家中做客。两个人对下一步工作交换了意见，并且商定要在书的附录中做一点补充。恩格斯自然而然地成了这部巨著的第二个校阅者。

1867年，《资本论》第一卷出版了。它阐述了剩余价值学说，揭示了近代社会的经济法则，是无产阶级革命运动的强有力的武器。

第一国际的成立和《资本论》的发表，对马克思主义的广泛传播，起了推动作用。

由于反动政府的迫害，贫困的物质生活，繁重的理论工作和紧张的战斗，严重损害了马克思的健康，他晚年常被病痛折磨。1883年3月14日，马克思的一颗伟大的心停止了跳动。他安葬在伦敦的海格特公墓，和他的夫人燕妮葬在一起。

马克思的一生是伟大的一生。他和恩格斯共同创立的马克思主义学说，是指引全世界劳动人民为实现社会主义和共产主义伟大理想而进行斗争的理论武器和行动指南。马克思的名字永垂史册，他的学说将永放光芒。

马克思为了把最好的研究成果献给工人阶级，他总是以极其严谨的态度，反复推敲、修改自己的作品。他曾说："我还有这样一个特点：要是隔一个月重看自己所写的一些东西，就会感到不满意，于是又得全部改写。”马克思为写作《资本论》付出了极其艰苦的劳动，曾多次修改手稿。拉法格曾回忆说：“马克思对待著作的责任心，并不下于他对待科学那样严格。他不仅从不引证一件他还未十分确定的事实，而且在他尚未彻底研究好一个问题时，他决不谈论这个问题。他决不出版一本没有经过他仔细加工和认真琢磨过的作品。他不能忍受把未完成的东西公之大众的做法。”

严谨治学精神是人类的崇高品质和优良传统，无论在过去、现在和将来都是需要的。今天我们学习马克思的严谨治学精神，有助于我们在马克思主义理论研究和建设工程中取得更多更好的成果，也有助于我们在各项工作中取得更多更好的成绩，同时也有助于严谨治学精神的继承和发扬。

名人名言

在科学上没有平坦的大道，只有不畏劳苦沿着陡峭山路攀登的人，才有希望达到光辉的顶点。

——马克思

友谊像清晨的雾一样纯洁，奉承并不能得到它，友谊只能用忠实去巩固。

——马克思

无产阶级领袖恩格斯

费里德里希·冯·恩格斯（Friedrich Von Engels，1820—1895），德国社会主义理论家、哲学家，马克思主义的创始人之一，马克思的亲密战友，国际无产阶级运动的领袖，世界无产阶级的伟大导师和领袖。

恩格斯

1820年11月28日，恩格斯出生于普鲁士王国莱茵省巴门市，先祖是犹太人。父亲老弗里得里希是工厂主，虔诚的基督徒。母亲心地善良，遵守礼教，喜爱文学和历史。

恩格斯从小就喜欢思考。有一天，他问妈妈：“为什么有许多人吃不饱？”妈妈对他说：“等你长大了再去研究吧！”恩格斯拿着早餐到学校去了，以后他总要带些食品到学校去，回家就拼命地大吃。妈妈觉得奇怪，一天终于发现了这个秘密，原来他把食物都带给了贫困的同学。恩格斯如实告诉了妈妈，妈妈很感动，以后就多做一份让恩格斯带去。恩格斯的极富观察力与同情心，这些品格都铸就了他日后成为无产阶级革命领袖的高尚情操。

1837年，恩格斯被父亲命令从中学辍学，到营业所学习其厌恶的经商。1838年8月，在父亲的安排下去不来梅当办事员。在这个自由和民主思潮澎湃的城市，成为一个民主主义者，并以弗·奥斯沃特为笔名写下许多激情诗篇。

1841年9月，恩格斯到柏林服兵役，并在柏林大学听课，研究黑格尔哲学，参加青年黑格尔派的活动。这时，恩格斯在政治上和世界观上虽然是一个民主主义者和唯心主义者，但他在实际斗争中，逐步意识到黑格尔唯心主义哲学同德国现实之间的矛盾，再加上受L.A.费尔巴哈《基督教的本质》一书的影响，开始向唯物主义者转变。

1842年，恩格斯到英国曼彻斯特的棉纺厂当职员，接触到真正的产业无产阶级。他和工人交往，参加他们的集会和斗争，并同宪章运动领袖建立联系。为认识资本主义社会的发展规律和无产阶级解放的条件，恩格斯进行大量的科学研究工作。1844年3月，他在《德法年鉴》上发表《政治经济学批判大纲》和《英国状况——评托马斯·卡莱尔的〈过去和现在〉》两篇文章，以社会主义观点考察资本主义经济制度，指明一切弊端都是资本主义私有制统治的结果，论述社会主义革命和消灭私有制的不可避免性，初步论述了无产阶级的历史使命。这清楚地表明恩格斯已经完成由唯心主义向唯物主义、由民主主义向共产主义的转变。

1842年深秋，恩格斯告别家人，来到英国曼彻斯特的欧门——恩格斯纺织厂当总经理。曼彻斯特是英国宪章运动中心，在那里他开始真正深入工人阶级的生活。并且在这段时间，认识了还是《莱茵报》主编的马克思。1843年冬天，恩格斯认识了爱尔兰工人姑娘玛丽·伯恩斯，不久后两人开始同居。1844年8月，恩格斯返回德国巴门老家，途中经过巴黎，和马克思见面。

两人在一起生活了10天，倾心交谈，对一切重大问题的看法完全一致。这次会见为他们终生的战斗友谊和伟大合作奠定了基础。他们在政治风浪中团结战斗，在科学研究中相互切磋，在人生坎坷的道路上彼此激励，共同奋战了40个春秋。他们各自都为自己有志同道合的战友而自豪。恩格斯说："马克思是和我相交40年的最好的、最亲密的朋友，他给我的教益是无法用语言表达的。"马克思说："我们之间存在的友谊是何等的珍贵！"恩格斯为了使马克思有可能从事革命活动和理论研究，心甘情愿做出牺牲，从事自己最不愿干的"该死的生意"，用挣来的钱负担马克思一家的生活。

1846年8月，恩格斯和马克思共同完成了《德意志意识形态》。1847年6月，恩格斯起草了《共产主义信条草案》，后来进一步完善成《共产主义原理》。在第二次代表大会以此为基础，恩格斯与马克思合作拟定《共产党宣言》。1848年4月，和马克思一起创办了《新莱茵报》。

1848年欧洲革命失败后，马克思住在伦敦，恩格斯住在曼彻斯特，他们两人虽然不能“一起生活、一起工作、一起欢笑”，但却保持着密切的书信联系。他们几乎天天都要通信，只要一方回信稍慢一点，另一方就会感到不安。有一次，恩格斯隔了几天没有写信，马克思就写信风趣地问他：“亲爱的恩格斯！你在哭泣还是在欢笑？你睡着了还是醒着？”既是问候，又是关切。他们这种友谊是前无古人的。

1869年7月，恩格斯终于从商人生涯中摆脱。1870年10月，移居伦敦，与马克思再度相聚。1878年，《反杜林论》这部马克思主义百科全书式的著作问世。恩格斯除了是一个文学斗士、哲学家、军事家以外，还是一个强大的战士，几次大革命的成果保卫战上都能看到他的身影。在柏林做志愿兵的一年，培养了他无畏的勇气和军事才干。以致革命失败多年后，曾与他并肩作战的人们对他表现出来的“非凡的镇静和漠视一切危险的气魄”记忆犹新。恩格斯除了从事繁重的理论工作以外，也十分重视和关心国际共产主义的革命实践活动，他和马克思一起领导了第一国际（国际工人协会）。

1883年3月马克思逝世，恩格斯担负了整理和出版马克思文献遗稿工作。1885年和1894年先后出版《资本论》第二卷和第三卷，完成了马克思未竟之业。1884年，恩格斯发表《家庭、私有制和国家的起源》一书，论述原始社会产生、发展和衰落的过程，揭示在私有制基础上形成的阶级对抗和作为阶级统治工具的国家的起源和实质，指明私有制、阶级、国家消亡和社会主义胜利的必然性，批判资产阶级学者、拉萨尔主义者以及无政府主义者关于国家问题的谬论。

1886年，恩格斯发表《路德维希·费尔巴哈和德国古典哲学的终结》一书，系统地批判黑格尔的唯心主义和L.A.费尔巴哈的唯物主义的局限性及唯心史观，精辟地论述哲学的基本问题和唯物史观的基本原理。

和马克思相比，恩格斯更倾向于务实地为工人阶级实现权益。1883年马克思逝世后，恩格斯继续领导国际工人运动达12年之久，并于1889年成立第二国际。恩格斯并不追求暴力革命，而是主张在民主国家里组织无产阶级合法政党社会民主党，在宪法的框架下为工人争取具体的经济利益和政治地位。恩格斯具体指导德国社会民主党进行合法斗争，强调德国社会民主党在德国国会选举中获得成功对整个国际工人运动有很大的意义：“可以设想，在人民代议机关把一切权力集中在自己手里，只要取得大多数人民的支持就能够按宪法随意办事的国家里，旧社会可能和平地进入新社会，比如在法国和美国那样的民主共和国，在英国那样的君主国。”

1895年8月5日，恩格斯因患癌症逝世。10日，在威斯敏斯特桥的滑铁卢车站大厅举行追悼会。根据他生前的意愿，他的骨灰被撒在波涛滚滚的大海里。

有所作为是生活的最高境界。

——恩格斯

一个民族要想登上科学的高峰,究竟是不能离开理论思维的。

——恩格斯

伟大的革命导师列宁

弗拉基米尔·伊里奇·列宁（Ladimir IIich Lenin，1870—1924），本名弗拉基米尔·伊里奇·乌里扬诺夫（Vladimir IIich Ulyanov），列宁是他参加革命后的化名。列宁是著名的马克思主义者、革命家、政治家、理论家、布尔什维克党创立者、苏联建立者和第一位领导人。他发展了马克思主义，形成了列宁主义理论。马克思列宁主义者称他为“全世界无产阶级和劳动人民的伟大导师和领袖”。

列宁小时候是个学习成绩优秀的孩子，在学校里，每门功课都学得很好。老师讲课，他用心听；老师留的作业，他认真做。他还读许多课外书，常常把书里的故事讲给别的小朋友听。他爱书里那些勤劳勇敢的人，拿他们做自己的榜样。

列宁十分爱护书。他从来不把书弄脏，也不把书到处乱扔。除了天资聪明外，他还有一个非常好的不懂就问的好习惯。

列宁

有一次，他和几个小朋友挖到了一个屎克螂的窝，里面有很多圆圆的粪球。有个同学问：“屎克螂为什么要把粪球滚到窝里去呢？”大家都答不上来，这把列宁也给问住了，他答应第二天把答案告诉大家。回家后，先是向哥哥请教，又找来好多书籍查找。

第二天，他带来了答案：原来是屎克螂把卵产在屎球上，幼虫孵出来后，即把屎球当食物。同学们都非常佩服。

长大以后，列宁工作非常认真，他有一个惊人才能，就是能够同时集中注意力于两三件事，每一分钟的时间他都很珍惜。

一次，在莫斯科克里姆林宫，列宁正在主持重要会议，到会的有俄国各省、市的代表。讨论的问题是如何又快又好地恢复被战争破坏了的生产。代表之一彼得罗夫·索罗金同志在发言。

索罗金发言时，不时斜着眼看一看列宁，看列宁是否注意听他讲。突然，他看到列宁从一叠公文中抽出几份文件，放在自己前面就埋头阅读起来。索罗金就停下来不讲了，列宁不听他发言使他觉得很难过。

他停了下来，可列宁突然说："说下去，同志，说下去。你说：'我们在工作中遇到很多困难。我省还存在着许多各种各样的缺点。'那么，你省有哪些缺点？你们遇到了哪些困难？"

索罗金吃了一惊，列宁竟一字不差地重复了他的话。他继续发言，讲了缺点，说了困难。一面发言，一面又不时看看列宁。

列宁在听。过了一分钟，两分钟，索罗金看见列宁伸手拿了一张白纸，放在前面，开始在纸上迅速地写什么东西。

"现在嘛，"索罗金明白了，"列宁当然不在听我的发言了。他是那么聚精会神地写东西。"

于是他又停了下来，造成了间歇。列宁离开了纸，转身对索罗金说："说下去，说下去。你说：'最使我们不安的问题是整顿交通工作。邻省的同志刁难我们。'那么他们在哪方面刁难你们？是哪些省？"

这一次索罗金完全惊呆了，甚至一时讲不出话来，老是吃惊地看着主席台，看着列宁。

"说下去。"列宁说。

索罗金继续发言，可他情不自禁地又看了看列宁，看见秘书走到列宁身边，向他低声说了些什么，列宁回答了。秘书又提出了什么问题，列宁又做回答。

索罗金看得清清楚楚：列宁总不能同时既回答秘书的问题，又听他发言。他又来了一次停顿。

"说下去，说下去，"列宁向他挥着手，"说下去，你说：'我们对人民委员会有一个请求。'那么，是什么请求？"

索罗金"啊"了一声，整个会议厅都几乎听得见。完全正确，他刚才在讲台上讲的正是这几句话。

索罗金结束了自己的发言。他对列宁的惊人才能赞叹不已。

休息时他在会议厅里走来走去："真了不起！真了不起！"

他对这个讲，又对那个讲。

不过大家不知为什么都以责备的眼光看着索罗金，因为他在发言时竟三次打断了列宁的工作。

同志们对索罗金说，他妨碍了列宁的工作。索罗金很难受，他想立刻跑去向列宁道歉。才走了一步，抬起眼来，看见列宁正向会议厅走过来。“好样的，讲得好。”列宁对他说，“我看，你是个倔强的人。”

索罗金不好意思，脸都红了。他觉得，列宁待人非常地温和体贴。

1893年之前，列宁在伏尔加河畔的港口城市萨马拉担任律师，同时积极参加革命宣传，并加入了当地的马克思主义团体。随后移居圣彼得堡，创立了“圣彼得堡工人解放协会”。1895年12月7日再次被捕，被当局判罚14个月监禁，关押在圣彼得堡监狱中。1897年2月，刚刚出狱的列宁被流放到东西伯利亚叶尼塞省米努辛斯克区的舒申斯克村——一个远离公路几百英里的偏僻村庄。在这里，他结识了将马克思主义引入俄国的著名学者普列汉诺夫和一些知名人物。1898年6月，列宁与社会主义活动家娜德斯达·克鲁普斯卡娅结婚。在流放期间，他撰写了30篇以上的理论著作，其中《俄国资本主义的发展》于1899年4月完成并出版发行，本书首次以“弗拉基米尔·列宁”作为他的笔名。

1900年流放期满，列宁曾被允许回到圣彼得堡，随后赴瑞士日内瓦大学留学，然后又到斯图加特、慕尼黑、莱比锡、布拉格、维也纳、曼彻斯特和伦敦，从事反政府的职业政治活动。在德国慕尼黑他与马尔托夫合作创办了第一份俄国社会民主工党的报纸《火星报》，然后先后在莱比锡、伦敦出版。期间他使用过很多别名，最终以“列宁”作为正式名。

不久，列宁撰写了日后在俄国革命中极具影响力的《怎么办》一书。该书明确表示反对伯恩斯坦的修正主义，批评党内的“经济派”路线，认为落后群体应接受先进群体的领导，要求把党建设成一个以“职业革命家”为先锋核心、有着严密组织纪律的机构。1903年，列宁出席了俄国社会民主工党第二次代表大会，会议中列宁的观点遭到马尔托夫、托洛茨基等人的反对，其思想被批评为“雅各宾主义”。由于原则性问题的矛盾，党内逐渐分裂为以他为首的布尔什维克和以马尔托夫为首的孟什维克。

为维护布尔什维克政权打击反对阵营势力，1917年12月20日，列宁决议组建了一个社会主义国家安全机关全俄肃清反革命和怠工特设委员会，任命捷尔任斯基为契卡主席。1918年2月，中央委员会发表了《人民委员会告会俄国劳动人民书》，列宁在《社会主义祖国在危急中》法令中，亲手加入“资产阶级中有劳动能力的男女，均应编入挖壕营，受赤卫队监视，反抗者枪毙。所有敌方奸细、投机商人、暴徒、流氓、反革命煽动者、德国间谍，一律就地枪决”等内容，赋予契卡机关拥有不经审判便可执行枪决的权力。1918年9月，列宁公开声称要制造一场针对资产阶级反革命的“红色恐怖”。

1918年1月14日，列宁在彼得格勒完成一次演讲后，和瑞士共产党人弗里茨·

普拉廷共同乘坐一辆汽车，在经过一座桥上时，突然遭遇12名不明身份的枪手猛烈射击。普拉廷急忙将列宁的头部按在座位下，而他自己掩护列宁的手却被打得鲜血直流。事后契卡人员未能抓获枪击者，也未能确定杀手的身份。据后来移居国外的行刺者透露，组织这一行动的是沙科夫斯基公爵，他为这次行动赞助了50万卢布。

1918年8月30日，列宁在首都莫斯科郊外米赫尔松工厂对工人演讲后刚要踏上汽车，一位女性上前与其交谈，正在列宁回答她时，一支握勃朗宁手枪的手在三步远的近距离伸了出来，接着响起了三声枪响。第一发子弹击中列宁左肩，第二发击中他的左胸并穿颈而过，第三发却打中了正在与他谈话的女性。列宁当即倒地不省人事。恢复意识后他拒绝前往医院治疗，因为他认为可能会有下一次暗杀等待着他，遂被迅速带往克里姆林宫。第二发子弹的位置很危险，医生无法将其取出。子弹没有刺穿左肺，但由于血液流入肺脏，情况仍很紧急。而列宁依然继续工作，身体状况逐渐恢复。但此次暗杀事件给列宁的健康带来严重的影响，很多人相信他晚年的中风与此有关。这次暗杀同时也引发了部分民众对列宁的个人崇拜。

目前多数历史学者认为盲人女杀手范妮·卡普兰是开枪射击列宁的凶手，她是社会革命党成员。事件发生不久后她就被契卡逮捕，卡普兰承认自己刺杀了列宁，并表示幕后无人指使，完全是个人所为，因为列宁是“革命的叛徒”。卡普兰于同年9月3日被枪决，尸体被焚毁。1938年2月，苏联当局曾一度宣称布哈林是幕后主谋，后来又在1988年2月为布哈林平反。由于暗杀过程的资料记载存在诸多疑点，部分学者认为真凶并非卡普兰而是另有其人，其中列宁的副手，全俄中央执行委员会主席斯维尔德洛夫有重大嫌疑。

由于紧张的革命与战争，在暗杀之前列宁的健康已经受到严重损害。子弹留在他的颈部，靠脊柱很近约1cm，当时的医疗条件无法安全取走子弹。直到1922年4月24日，由一位德国医生为列宁实施手术取出了子弹。1922年5月，列宁第一次中风，右侧部分瘫痪，开始减少政务。同年12月第二次发生中风后，他停止政治活动。1923年3月，他第三次中风后，直到去世一直卧床不起，也不能说话。

1924年1月21日莫斯科时间18时50分，列宁在戈尔基村去世，终年53岁。有90余万人出席追悼大会时瞻仰了列宁的遗体并默哀。

列宁主义同马克思主义的其他流派相比，最大的特征就是其“无产阶级专政”的理论。19世纪末20世纪初，国际共产主义运动在“如何取得政权”和“无产阶级政权如何治理国家”两个问题上出现了重大分歧。以考茨基为代表的一派认为，无产阶级政党应当致力于合法斗争，在取得政权之后可以保留民主制度。而列宁为代表的另一派认为，无产阶级政党寻求合法斗争的努力必然使其修正主义化，无产阶级取得政权只能通过暴力革命的手段，而在取得政权之后，不应当保留资产阶级民主制度，而应实施无产阶级专政，在无产阶级获得政权之后，即使一国的资产阶级已经不存在，仍然有必要采取专政的方式保卫无产阶级政权。

名人名言

友谊建立在同志中，巩固在真挚上，发展在批评里，断送在奉承中。

——列宁

不用相当的独立功夫，不论在哪个严重的问题上都不能找出真理；谁怕用功夫，谁就无法找到真理。

——列宁

奥林匹克之父顾拜旦

皮埃尔·德·顾拜旦（Pierre De Coubertin，1863—1937），是法国著名教育家、国际体育活动家、教育学家和历史学家、现代奥林匹克运动的发起人。1896年至1925年，他曾任国际奥林匹克委员会主席，并设计了奥运会会徽、奥运会会旗。由于他对奥林匹克不朽的功绩，被国际上誉为“奥林匹克之父”。

1863年4月6日，顾拜旦出生在法国巴黎一个古老的贵族家庭。他从小聪明好学，成绩优良，在中学时代就对古希腊历史产生了浓厚的兴趣。

他从书上了解到：古代奥林匹克始于公元前776年，古代希腊人在伯罗奔尼撒半岛西南部的奥林匹亚，建立了宙斯的神庙，每隔4年，在那里举行一次以体育竞技活动为主的宗教祭祀活动。其中体育竞技项目有赛跑、跳远、掷铁饼、赛马、角斗等，优胜者可得到橄榄枝编织成的桂冠。古代希腊的奥林匹克延续了1170年，直到公元394年被罗马皇帝禁止。

顾拜旦

这些历史引起了顾拜旦极大的兴趣。由于1870年普法战争中法国战败，顾拜旦深为祖国的失利而伤心，和其他的法国人一样，他极希望祖国强大起来。他自己也一直在思考这个问题。后来，他渡海前往英国学习教育学，并对英国教育家阿诺德在拉格比公学实施的“竞技运动自治”作过研究。留学期间，他发现英国的教育和体育制度比法国先进，他对英国学校的体育课、课外体育活动和郊游十分赞赏。他希望法国向英国学习，在开展体育运动的过程中，培养青少年的刻苦精神、集体责任感和强健的体魄。在古希腊文化的熏陶和当时先进的英国资产阶级教育的影响下，他逐渐萌发了改革法国教育制度和倡导体育的思想，而他自己，也希望成为一名优秀的曲棍球和足球运动员。

顾拜旦回国后，选择了从事教育工作和体育工作的道路，陆续发表了《教育制度的改革》《运动的指导原理》《英国与希腊回忆记》《英国教育学》等一系列著作，提出了许多改革教育、发展体育的建议，产生了一定的国际影响。

1888年，顾拜旦就任法国“学校教育、体育训练筹备委员会”秘书长。次年，顾拜旦代表法国参加了在美国波士顿举行的“国际体育训练大会”，进一步了解了世界体育的动态。他认为，近代体育的发展正在走向国际化，应该借助古希腊体育的经验和传统影响，来推进国际体育。于是，他产生了复兴奥林匹克运动会的想法。

1891年，顾拜旦创办了《体育评论》杂志，并以此为阵地，热情宣传他的主张，这对创办奥运会起了积极的推动作用。

1892年，顾拜旦遍访欧洲，宣传奥林匹克理想。同年11月25日在庆祝法国“体育运动协会联合会”成立3周年大会上，他发表了著名的演说，第一次公开和正式地提出了创办现代奥林匹克运动会的倡议。在演说中，顾拜旦阐明：现代奥林匹克运动会应该像古代奥林匹克运动会那样，以团结、和平和友谊为宗旨，但应该比古代奥运会有所发展和创新，它应该向一切国家、一切地区和一切民族开放，并在世界各地轮流举办。顾拜旦的倡议，使现代奥运会从一开始就冲破了民族和国家的界限，具有突出的国际性。

第二年，他还将自己的倡议写成公开信，寄给许多国家和体育俱乐部，得到了不少国家和体育俱乐部的支持。

1894年初，为了共商复兴奥运会大计，顾拜旦建议于同年6月举行一次国际体育会议，并致函各国体育组织选派代表参加。顾拜旦和他的支持者们还通过各国驻巴黎使馆，同国际社会上的政治家和社会活动家广泛联系。他们的努力收到了成效，一些国家的驻法使节和科教界名流纷纷表示了他们的支持。在国际上各种因素的促进和顾拜旦的不懈努力下，创办现代奥林匹克运动会的各种准备工作就绪了。

1894年6月16日至24日“国际体育运动代表大会”在巴黎索邦神学院举行，到会的正式代表79人，他们是来自美国、英国、俄国、瑞士、西班牙、意大利、比利时、荷兰和希腊等12个国家和49个体育组织的代表。会议期间，又先后有20几个国家致函，向大会表示了支持和祝贺。顾拜旦的精心设计和主持，唤起了与会者对古代奥运会的神往，与会代表一致同意顾拜旦的主张，决定复兴奥林匹克运动会，并通过了《复兴奥运会》的决议。6月23口，大会通过了成立国际奥委会的决议，顾拜旦从79名正式代表中挑选出15人任第1届国际奥林匹克委员会委员，大会还决定由奥运会举办国的国际奥会委员担任国际奥委会主席。由于首届奥运会将于1896年在希腊首都雅典举行，因此希腊委员维凯拉斯当选国际奥委会第一任主席，顾拜旦为秘书长。

1896年4月6日至15日，第1届现代奥运会终于如期在雅典举行。虽然组织尚不很正规，但它却是现代奥林匹克运动正式诞生的重要标志，在世界体育史上占有重要的位置，具有继往开来的意义。至此，现代奥林匹克运动终于登上了历史舞台，它掀开了人类文明史上新的一页。

1896年首届奥运会结束后，顾拜旦接任国际奥委会主席。他担任这个职务一直到1925年，是迄今任期最长的主席。当时，奥委会作为一个国际组织，知名度很小，而奥林匹克运动会，还远没有成为世界性的运动盛会，参赛选手少，成绩平平，新闻界反应冷淡，总之，当时的奥林匹克运动还是一个襁褓中的婴儿，随时都有夭折的危险。1900年在巴黎举行的第2届奥运会结束后，有人挖苦说，奥运会只不过教会了参赛者如何接过奖品。

初期的挫折，促使顾拜旦对奥林匹克运动进行深入地思考，他的“奥运思想”在这一阶段渐趋成熟。他起草了《奥林匹克宪章》，并以历史学家的深邃眼光和文学家的优美笔调，阐述了奥林匹克运动的哲学基础、教育功能和美学意义。

从一开始他就规定了国际奥委会的独立性和中立性，奥委会不受任何政治势力左右，不接受任何组织津贴。顾拜旦认为：“独立性使我们能够做许多事。”他奠定的理论基础，使得奥林匹克运动经受住了百年风雨的考验，发展成为一个持久的以竞技体育为手段的社会文化与和平运动。

每当奥运会来临之际，我们就会想起他。他说：“四年一度的奥运会是为人的精神服务的，这是奥运会的活力所在”，“奥林匹克运动应该体现双重的崇拜，即对力量的崇拜以及对身体及精神的协调一致的崇拜”“它应该体现肌肉、能力、思想三者的一致性”。

奥运会的名言“重要的不是取胜，而是参与”是在第4届奥运会上提出的。1908年7月24日，英国举行第4届奥运会的招待酒会。在酒会上，顾拜旦说：“昨天是星期天，我们在圣保尔市举行了奥运会的开幕仪式。主教用十分美好的语言谈到这个仪式，他说，重要的不是取胜，而是参与。先生们，让我们记住这句强有力的话吧，在人生中，重要的不是胜利而是战斗。是的，这是最根本的一点：不是曾经战胜过，而是曾经战斗过。”

“更快、更高、更强”是奥运会最有名的格言，人们也许不知道它是法国阿尔克伊神学院院长迪东的话，他为学校体育协会写下这句勉励的话。它与顾拜旦一贯的想法相吻合，顾拜旦常常引用迪东的这句名言，以至人们误认为这话是顾拜旦“发明”的，但此话确实是经过顾拜旦的传播而成为奥运格言的。它的意义已经远远超出体育的范围，成为体现人类进取精神、激励人类蓬勃向上的名言。

顾拜旦的奥林匹克运动的哲学思想，后来他都写进《奥林匹克回忆录》这一巨著中，他为后人留下了一份丰富的思想遗产。在奥林匹克运动日益壮大的今天，我们仍然感到他的言论的经典性，感到他思想的光芒，他被称为“现代奥林匹克之父”，实在是人心所向，毫不为过。

1925年的春天，国际奥委会在景色壮美的欧洲名城布拉格举行第23届全会。在这届全会上，担任了两年国际奥运会秘书长、近30年国际奥委会主席的顾拜旦，在完成了复兴奥林匹克的伟业，实现了奥林匹克梦想之后正式退位。

1937年9月2日，顾拜旦在湖边散步时，因心脏病突发跌倒在地，匆匆离开人世。他的遗体安葬在洛桑市郊的“小牛树林公墓”里。根据他的遗愿，他的心脏于1938年安葬在奥林匹克运动的发祥地——奥林匹亚的山下，他希望时刻感受奥林匹克运动发展的脉搏。此后，历届奥运会在希腊点燃圣火之后，持火炬者都首先围绕埋有顾拜旦心脏的墓碑跑一圈，以表示对这位伟大的奥林匹克先驱的无限崇敬。

顾拜旦不但是一个杰出的国际体育活动家，而且还是一个卓有成就的教育学家、历史学家。他一生著有《1870年后的法国史》《教育制度的改革》《英国教育学》《运动的指导原理》《运动心理之理想》《体育颂》等著作。其中，最有名的是他在1912年斯德哥尔摩奥运会期间发表的《体育颂》，并因此而获得该届奥运会金质奖章。

国际奥委会前主席萨马兰奇认为顾拜旦的伟大功绩在于将体育运动提高到具有普遍价值的高度，并赋予奥林匹克运动发展的理论和实践。为了维持奥运会的正常运作，顾拜旦本人无偿投入了大量的资金，到后来他不得不变卖了自己的家产，晚年的顾拜旦过着非常清贫拮据的生活。顾拜旦使原来古希腊各个城邦之间举行的古奥运会变成了今天全世界大部分国家和地区都可以参加的现代奥林匹克运动，同时他一生所倡导的奥林匹克精神和宗旨也在国际交往中发挥着无以替代的作用和影响力，同时他也实现了自己的梦想。

名人名言

古希腊是人类文明的源头，恢复古希腊的光荣传统是雅典的骄傲。奥林匹克运动会能给全世界的青年提供一个兄弟般幸福见面的机会，消除种族间的仇恨，把文明的国家从野蛮的种族奴役中拯救出来，从而促使全人类的和平。

——顾拜旦

我们宣誓我们将参加奥林匹克运动会的忠诚比赛，尊重指导比赛的各项规则，并愿意以真正的体育道德精神，为了国家的荣誉以及体育的光荣参加比赛。

——顾拜旦的奥林匹克宣言

慈善工作者特蕾莎修女

特蕾莎修女（Mother Teresa）原名艾格妮丝·刚察·博加丘（Agnes Gonxha Bojaxhiu，1910—1997），是世界著名的天主教慈善工作者，主要替印度加尔各答的穷人服务。因其一生奉献给解除贫困，而于1979年得到诺贝尔和平奖，并被教皇约翰·保罗二世在2003年10月列入了天主教宣福名单。目前特蕾莎修女的名称也变为真福特蕾莎修女（Blessed Teresa）。

2009年10月4日，诺贝尔基金会评选“1979年和平奖得主特蕾莎修女”为诺贝尔奖百余年历史上最受尊崇的三位获奖者之一。

12岁时，特蕾莎加入了一个天主教的儿童教会；15岁时，在印度接受传教士的训练工作；18岁时，先是在一位耶稣会修道士的辅助下，加入爱尔兰修道会，这使她有机会跨越欧洲，从马其顿来到都柏林，接受为期一年的训练。结业后，特蕾莎被派到印度加尔各答圣玛利亚修道院的学校教书。她在那里讲授地理和历史课长达17年之久，最后成为学校校长。

特蕾莎

她以前不叫特蕾莎，而是叫艾格妮丝。按照教规，成为终身侍奉天主的修女需要经过两次发誓。1931年，在她21岁的时候，她第一次发誓时，就为自己取了这个教名“特蕾莎”，以此纪念被称为传教圣女的法国加尔默罗会修女圣·特蕾莎。

在圣玛利亚修道院所在地加尔各答，一堵高墙隔绝开了两个世界。里面的世界充满蜡烛、鸽子、赞美诗、安宁与祥和，外面的世界则是遍布贫穷、饥饿、疾病和痛苦，那些瘦骨嶙峋、皮肤黝黑、衣不蔽体、臭气薰人的乞丐、孤儿、老弱、病人和穷汉缩在角落，那些行将就木的病人身体发臭，身上布满蛆虫。

当这位在女子学校和修院高墙内过着优雅的欧式生活的欧洲女子第一次走到那个凄惨破败、可怕肮脏的世界中，看到那些乞丐、孤儿、老弱、病人和穷汉，她的伟大命运就开始转折了。

她在决定做这件事之前，一直过着好日子，那是一种悠闲、优雅的欧式生活。在欧洲，以教士和修女为职业的人们从来不愁生计问题，她们有一个庞大而稳固的组织，这个组织有着良好而丰厚的福利制度，在教会这双温暖而安全的羽翼下，她们可以自由成长，做自己喜欢的事情。

现在我们已经无法知道特蕾莎修女是什么时候第一次从那道高墙里走出来的。我们只知道，有一天，她到巴丹医院开会，在路过车站广场的时候，看到了一位老妇人，倒在路上，像是死了一般。特蕾莎停住了脚步，蹲下来仔细观察：破布裹着脚，爬满了蚂蚁，头上好像被老鼠咬了一个洞，残留着血迹，伤口周围满是苍蝇和蛆虫。她赶紧替老妇人测量呼吸及脉搏，似乎还有一口气，她赶走苍蝇，驱走蚂蚁，擦去血迹和蛆虫。特蕾莎心想，如果任她躺在那里，必死无疑。于是她暂时放弃了去巴丹的行程，请人帮忙把老妇人送到附近的医院。医院开始时对这个没有家属的老妇人不予理会，但医师在特蕾莎的再三恳求下，便替老妇人医理，然后对特蕾莎说："必须暂时住院，等脱离危险期后，再需找个地方静养。"

特蕾莎把病人托给医院后，立即到市公所保健课，希望能提供一个让贫困病人休养的场所。市公所保健课的课长是位热心的人，他仔细听完特蕾莎的请求后，便带她来到加尔各答一座有名的卡里寺院，答应将寺庙后面信徒朝拜后的一处地方免费提供给她使用。

他们一开始受到印度教区婆罗门的强烈反对，理由是特蕾莎修女不是印度人。然而特蕾莎修女不畏反对，依然在街头抢救许多临危的病患到收容所来替他们清洗，给他们休息的地方，其中也包括印度教的僧侣，此举感动了许多的印度人，于是反对声浪就渐渐地平息了。

自从找到这个落脚点后，不到一天的时间，修女们就将30多个最贫困痛苦的人安顿了下来。其中有个老人，在搬来的那天傍晚就断了气，临死前，他拉着特蕾莎的手，用孟加拉语低声地说："我一生活得像条狗，而我现在死得像个人，谢谢了。"

这一天过后，她若有所悟，这就是自己真正应该干的事。

于是，在1952年8月，这所名副其实的贫病、垂死者收容院正式成立，当时在入口处挂着一块牌子，上面写著"尼尔玛·刮德"，按孟加拉语的意思，就是"纯洁之心"。

她的故事很快就传了开来，有越来越多的人被她的精神感动，有爱心的女孩子们也加入这为贫苦人献身的事业，掌权者和有钱人因为她的行为而良知触动给予她资金和物质的支持，也有更多的地方有人慕名前来寻求她的帮助。

她把她的事业迅速扩大。她和其他修女一起办起了“儿童之家”，收养从路上拣来的先天残疾的弃婴，把他们抚养成人，告诉他们“你是这个社会重要的一分子”；她建立了“麻风病康复中心”，收治照顾那些甚至被亲人唾弃的麻风病人，让他们感到自己“并没有被天主抛弃”；最著名的是她在贫民区创办的临终关怀院，使流落街头的垂死者得以在呵护中度过生命中最后的时光。她说：“这些人像畜生一样活了一辈子，总该让他们最后像个人样。”那些被背进关怀院的可怜人，有的躯体已经被鼠蚁咬得残缺不全，刚入院洗澡时往往用瓦片才能刮去身上的污垢，最后握着修女的手，嘴角带着微笑“踏上天国之路”。一个原本对特蕾莎修女的善行心存疑虑的印度教法师，当看到她一丝不苟地为一个快死的男人清理布满蛆虫的伤口，惭愧地说：“我在寺庙供奉圣母女神三十年，今天才看见圣母的肉身！”

从那时候开始，罗马教廷准许特蕾莎创设仁爱修女会。从修会创立迄今，不断有人申请加入这个修会。

1986年仁爱修女会回应教宗保罗六世的邀请，在罗马设立（分支）办事处，随即在世界五大洲各处兴建贫苦之家等等。仁爱修女会的扩展迅速，远胜过教会历史上所有的修会。

现今，许多修会正濒临衰弱不振的颓势，唯有特蕾莎创办的修会却不断兴旺、扩展。1995年的统计资料显示，全世界已有137个国家有仁爱修女会的组织，550间慈善机构和场所。有数以百万计的人从中得到了帮助。

尤其值得一提的是，在1982年，当她得知黎巴嫩贝鲁特一所前线医院有60余名巴勒斯坦弱智儿童处在生死关头时，她便冒着生命危险赶到那里，劝说以色列军队和巴勒斯坦游击队暂时停火，让她进入医院，把那些儿童一一抱上车，转移到安全地带。当时有一名随行的西方记者在后来的报道中写道：“她那因为孩子们得救了而显出的自豪神情将永远留在我的记忆里。我曾经和许多国家的总统、女王有所来往，但却从来没有像那天那样对一个人如此敬畏。”

这位瘦小但倔强的修女就是这样惊动整个世界的。

她所帮助的人从来不上教堂，因为衣衫破烂；不会哭泣，因为没有眼泪可流；甚至不会请求，因为一向没有人会理睬他们。但在这位可爱的修女眼中，他们的生命同样值得享有尊严，那是同一个上帝，他们的伤痕就是基督的伤痕。

她实践了耶稣基督所说的：“你们对最小兄弟（姊妹）所做的，就是对我做的。”

回过头来看，她只是一个活在20世纪现代商业社会的普通修女，但她的行为却像圣人耶稣一样。是什么原因让一个衣食无虞的小学校长变成一个圣徒的呢？

特蕾莎自己说道，那是缘于1946年9月10日一列夜班火车上的经历。那晚，她得到了耶稣基督的启示。她这样描述当时的情景：

“我听到一个声音，要求我放弃一切，跟随基督进入贫民窟，以便我能在最穷的穷人当中服侍他。我知道这是他的意思，我要照办。”

伟大出自平凡。特蕾莎修女所做的事，其实每个人都能做。在街头收拾行将就木的穷人，从垃圾堆里抱起弃婴，跪在铺了绿色塑料布的地上清洗病人肮脏发臭的躯体，包扎照料麻疯病人、霍乱病人……一个具有一般护士常识的人就可以做了，问题是有几个人愿意做，有几个人像她那样全心全意地做，有几个人能几十年如一日地做。她的生命给我们的最大启示是：每个人都有机会成为一个伟人，只是看你有没有这个心志，把自己全然地奉献，无私忘我地为他人献上全心全意的爱。

特蕾莎修女说过：“倘若你付出爱时有所保留和计较，你便不在爱里。”

离开修道院后，特蕾莎首先做的第一件事就是脱掉蓝色的修女袍，换上印度平民妇女常穿的白色粗布棉纱丽。为了时刻记住自己的职责，她特意在纱丽的肩上绣了一个十字架，又用三条蓝色的布条缝在廉价的纱丽边上。特蕾莎设计的这种纱丽，后来成为修女们最喜欢也最常穿的制服。特蕾莎就穿着这样一身独具一格的修女服，在加尔各答声名最臭的贫民区开始了她的慈善生涯。

她为了帮助穷人，首先把自己变成穷人。从此以后，在当时被称为噩梦之城的加尔各答的大街小巷，只要有穷人的身影，人们就会看到穿着白色纱丽的特蕾莎出现在他们的身边。

几十年后，她创建的组织有四亿多的资产，世界上最有钱的公司都乐意捐款给她；她的手下有七千多名正式成员，还有数不清的追随者和义务工作者分布在一百多个国家；她认识众多的总统、国王、传媒巨头和企业巨子，并受到他们的仰慕和爱戴……

可是，她住的地方，唯一的电器是一部电话；她穿的衣服一共只有三套，而且自己洗换；她只穿凉鞋没有袜子……

几十年中，她获得了世界上很多国家和教会的80多项荣誉和奖励，她是世界上领取奖金最多的人之一。

她的所有奖金，没有给自己留下一美分，而是全部捐赠给贫民。她说她要用这资金养活穷人，为无家可归的人和麻疯病人建造更多的住所。

1979年12月11日，她荣获世界最著名的“诺贝尔和平奖”。她把19万美元的奖金连同卖掉奖章的钱，以及谢绝了这个委员会例行的发奖后举行的盛大宴会而得到的一笔款项（照她说，这一次宴会的费用，若在加尔各答足够1.5万人的饭费），全部用于为穷人中最穷的人服务上。

1964年，罗马教皇赠给她一辆白色林肯牌轿车，她将车作为抽彩义卖奖品，用所得款项建了一座麻风病医院；1992年，美国哥伦布骑士团将喜乐与希望奖牌授予她，获奖后她立即打听在哪里可以出售奖牌，以便将出售所得和奖金一起交给修女会，用于救助穷人的事业。

1997年9月5日，特蕾莎修女安逝于加尔各答会院中。人们看到修女在这个世界上拥有的全部财产，就是钉在十字架上的耶稣受难像，一双凉鞋和三件滚着蓝边的白色棉花衣服——一件待洗，一件穿在身上，一件要补洗。

已经很难用言语来描述她的品格的伟大。

“彻底地施予，直至我们舍不得为止。”这是特蕾莎修女经常告诫人们的话。

她常常强调耶稣在十字架上临死的一句话“我渴”，对特蕾莎修女而言，耶稣当时代表了古往今来全人类中所有受苦受难的人。所谓渴不仅是生理上的需要水喝，而且也代表人在受苦受难时最需要的是来自人类的爱，来自人类的关怀。

特蕾莎修女成立了一百多个替穷人服务的处所，每个处所都有耶稣被钉在十字架上的苦像，而在十字架旁边，都有“我渴”这两个字。她要提醒大家，任何一个人在痛苦中，我们就应在他的身上看到基督的影子，任何替这位不幸的人所做的，都是替基督所做的。

她说：“我们所过的贫苦生活与我们的事业同样重要。事实上，我们应该感激那些穷人，因为他们帮助我们，更加爱我们的神。”

她又说：“我们感到所做的不过是汪洋中的一滴水，但若欠缺了那一滴水，这汪洋总是少了一滴水。我不赞同做大事，在我看来，个人才是重要的。要爱一个人，我们就必须与他紧密接触。假如我们要凑足一定的人数，才开始工作，我们就会在数目中迷失，无法全面照顾和尊重个人。我只相信个别的接触，每一个人在我而言就是基督，他是那时那刻世上唯一的一个人，因为基督只有一个人。”

这些朴实无华的、只要是认识字的人都能够读懂的句子，深深地嵌入了人们的心中。它们比那些晦涩的哲学著作更接近人生的真相，它们比那些辉煌的领袖语录更接近人类的真理。

1979年，诺贝尔和平奖授奖公报说：“她的事业有一个重要的特点：尊重人的个性，尊重人的天赋价值。那些最孤独的人、处境最悲惨的人，得到了她真诚的关怀和照料。这种情操发自她对人的尊重，完全没有居高临下的姿态。”

这完全表明了特蕾莎对人的态度。尽管她在救助他们，但她并不只是出于强者的同情。

她认为人最大的贫穷不是物质上的缺乏，而是不被需要与没有人爱。在为英国电视台录制《为了神做件美事》节目时，她告诉英国记者说：“感觉自己没有人要，是人类所经验到最糟糕的一种疾病。”因为别的病有药可医，唯独“不被需要”，除了一双愿意服侍的手与一颗充满爱的心肠外，再没有一帖药可医治。加尔各答仁爱传教修女会墙上的海报也写着："天底下最可怕的疾病不是麻疯，也不是肺结核，而是不被需要、被拒绝、被排除在外的感觉。"

特蕾莎更发现，富裕的国家竟和贫穷的国家同样都充满了"不被人需要"的心灵疾病，只是存在的形式不同而已。

因此，她也来到美国这个世界上最富裕的国家，在大城市的贫民窟开办仁爱修女会及相关服务机构，因为美国这种地方存在更大的贫穷，"更大的贫穷存在于现代社会的冷酷、家庭关系的破裂中。"她告诉我们，在美国这样发达的现代国家照样存在着饥饿，这种饥饿不是一片"面包的饥饿，而是寂寞带来的大饥荒，而这种饥饿就在每个人自己的家里"。特蕾莎也以她的言行向我们示范，什么叫做"甘心事奉，好像服侍主，不像服侍人。"她说："我在每个人的身上都看到上帝，当我为麻疯病人清洗伤口时，我觉得是在照料上帝，这种经验何其美妙！"

她关怀生命垂危的穷人，不是为了救活他们（延续生命在那些人而言几乎是绝望），更不是为了要让那些人皈依自己的宗教，她的目的只是出于简简单单的爱，要让穷人也拥有爱与尊严。

对生命的敬畏，使她对穷人没有高高在上的施舍、怜悯与同情的心态，而是尊敬。这一点更是难能可贵。

在特蕾莎修女生前，有不少人去探望她。人们原以为，特蕾莎修女的名气那么大，号召了全球几千名义工来印度工作，她应该是个非常擅长处理公关工作的人，在她忙碌的生活中，应该有人来帮她处理各种事务，包括来自全球各地的捐款、拜访、采访等等。但是人们去了以后才发现，没有，什么都没有，特蕾莎修女就只是她一个人，连赠予荣誉博士"这么重要的事"，都没有人来帮她处理。大部分等着见修女的人，只有在修女唯一有空的时候——早上六点望弥撒之后，排队和她见面几分钟。

特蕾莎修女名气这么大，每天都有许多的拜访和会面，她当然很忙。可是，她忙的原因，是因为她要去亲自照顾穷人，而不是接受采访或拜访，甚至也不是去管理她一手建立的慈善机构。

特蕾莎修女说过一个故事：一个澳洲籍的男士来到修道院，同时奉献了一笔款项，但是他说："这只是一种表面性的奉献，从现在开始，我还要从事内在层面的奉献。"他定期地去探视那些病入膏肓的病人，为他们整理仪容，陪他们聊天，给他们鼓励。他不但奉献了金钱，更可贵的是他奉献了他的心力和时间。这才是最有价值的部分。

这也就是为什么即使特蕾莎修女虽已全球知名，她仍然坚持服侍穷人的原因，这是她的荣幸。

从现代人的眼光来看，特蕾莎修女其实可以用更有效率的方式，用她诺贝尔和平奖得主的崇高声望，轻而易举地募得更庞大的来自全世界的人力与物力的资源，创办更多的慈善机构来帮助更多的需要帮助的人。但她从来不愿意这样做，因为那样的爱心，只是一种施舍。她固然乐意收到人家的捐款，但更高兴看到许多人来做义工。

只有亲身经验，才可能体会真正的爱心，然后变得更善良；只有为爱受伤的心灵，才能真正体会受伤之后的那种平安。

人们见不到特蕾莎修女，但是在她房间里，挂着一块木板，上面刻着的话却永留来访者心中：

人们不讲道理、思想谬误、自我中心，不管怎样，还是爱他们；

如果你做善事，人们说你自私自利、别有用心，不管怎样，还是要做善事；

如果你成功以后，身边尽是假的朋友和真的敌人，不管怎样，还是要成功；

你所做的善事明天就会被遗忘，不管怎样，还是要做善事；

诚实与坦率使你容易受到欺骗和伤害，不管怎样，还是要诚实与坦率；

你耗费数年所建设的可能毁于一旦，不管怎样，还是要建设；

人们确实需要帮助，然而如果你帮助他们，却可能遭到攻击，不管怎样，还是要帮助；

将你所拥有最好的东西献给世界，可能永远都不够，不管怎样，还是要将最好的东西付出！

名人名言

倘若你付出爱时有所保留和计较，你便不在爱里。

——特蕾莎

我听到一个声音，要求我放弃一切，跟随基督进入贫民窟，以便我能在最穷的穷人当中服侍他。我知道这是他的意思，我要照办。

——特蕾莎

成功学大师戴尔·卡耐基

戴尔·卡耐基（Dale Carnegie，1888—1955），美国著名的成功学大师，西方现代人际关系教育的奠基人。其在1936年出版的著作《人性的弱点》，70年来始终被西方世界视为社交技巧的圣经之一。他在1912年创立卡耐基训练，以教导人们人际沟通及处理压力的技巧。

1904年，一个家境不好的农民子弟考上了当地的一所师范大学。这是个资质平

戴尔·卡耐基

庸的师范生，16岁时候的卡耐基，无论头脑与智慧，以及他就读的学校，看不出半点能使他成为一代宗师的迹象来。

那个时候的卡耐基其实很笨。在这所师范大学里，要想成为女生们崇拜的偶像，首先要有派头，其次棒球要玩得好。可是木讷而又寒酸的卡耐基一项都不具备，因为他不仅又瘦又小，而且不敢开口和人说话，以至于同学们都不大和他交往。

那么，在这所师范学院里，唯一能供这种穷小子出人头地的途径就只有一条了：公众演讲。密苏里州瓦伦斯堡的州立师范学院很重视学生的辩论及公众演说能力，获胜者往往被视为学校的领袖人物。公众演说总是吸引着城里及学院的注意，而胜利者的名字也就广为人知。

“我那时是很差劲的。”卡耐基回忆说：“但后来我发现至少自己可以站着，并说出比一般演说者更具活力及热忱的演说。”

在母亲的鼓励下，卡耐基在主日学里做了几场演说。另外他在中学时曾有些舞台经验——曾在《女巫的秘密》中饰演报童史努克斯。

然而，瓦伦斯堡州立师范学院演说优胜者并不是在一夜之间诞生的。首先，与赛者必须先加入一个社区，只有借着赢得社区内的所有比赛，才能合法地参与社区间的竞赛。

卡耐基满怀热诚地参加了12次比赛，结果是屡战屡败。之后，他告诉一名听众说：“在最后一次，我的希望粉碎……筋疲力尽……意志消沉。”他沮丧了，他看不到任何可以改变命运的迹象，他对未来不抱任何希望，并觉得自己是个笑柄。他对自己笨拙的外表及破烂的衣服感到非常自卑，因而无法专心于课业上。他认为自己是社会的遗弃者及女人避之唯恐不及的对象。全校六百名学生中只有五六个住不起市镇宿舍，他是其中之一。每天他从农场里骑马上学，而农场至学院间3英里多的路程，把他与住在城里的学生群阻隔了；贫穷，也阻隔了他与其他人的交往。

也许书读完后，他只能像他父母一样一辈子和庄稼、牲畜打交道了吧？……还有什么比让他的余生成为一个被贫困笼罩的密苏里农人更糟呢？

后来，他凭着一股狠劲儿把演讲练得炉火纯青，终于在瓦伦斯堡州立师范学院抬起了头。

但是，大学念完后，他并没有从一开始就捧起他的演讲金饭碗，而是经历了一系列的曲折。

1908年4月，20岁的卡耐基找到了第一份工作，他的任务是推销国际函授学校丹佛分校的教学课程。应聘的第二天，卡耐基便满怀热情、全身心地投入了他的新工作。

然而，卡耐基不久就意识到自己低估了推销的难度，因为散居在那布斯卡的居民并不是像他想象中那么热衷于等待邮购教学课程。卡耐基在外辛辛苦苦地奔波了一周，但尝到的却是一次又一次重复失败的滋味。不管他怎样热心，怎样运用口才，但是他的种种努力似乎都倾倒进了滚滚东流的密苏里河中，还是一无所获。

偶尔的一次成功并没有带来什么改善，卡耐基觉得在这家公司混不出名堂了，因为少得可怜的收入与太多的失败相较，显得是太不成比例了。在国际函授学校的数周奔波中，除去食宿及旅费，他已一文不名。卡耐基摸摸口袋中仅剩的一顿饭钱，下定了决心：离开丹佛。

卡耐基来到了俄玛哈，这里销售员还是供不应求，工作出色者更是大受欢迎。卡耐基成为这个大军中的一员。

干了一段时间，他没兴趣了，他想到当演员也不错，于是他又跑到纽约，在位于西弗尔提斯的美国戏剧艺术学院呆了一年。一年以后，他感到自己并不具备演戏的天才，又回到推销的行业里，为一家汽车公司当推销员。

但是他并不喜欢推销员工作，在无尽的忧虑中度日如年，精神上遭受着极大的折磨。于是，他又开始考虑从事写作。他想找一份新的工作，一边工作一边写作，他要当一位全世界人民都爱戴的伟大作家……

现在回过头来看，像许多资质平庸而又有点稀里糊涂的大学毕业生一样，他困惑、迷茫，对未来毫无方向。大学毕业后，他只是四处乱撞，混了四年，生活始终不如意。一直到他24岁的时候，他依然没有解决最基本的生存问题。为了糊口，卡耐基决心白天写书，晚间去夜校教书，以赚取生活费。

然而，在勉强凑足钱应付生计的同时，他如何能重新捕捉梦想呢？当结束每日的工作时，他已精疲力竭，几乎是蹒跚走回公寓，全身瘫在床上。绝望已开始产生伴随着头痛、失眠及沮丧等现象。

对卡耐基而言，放弃工作是无望的，除非他有别的事可做。但是他能做什么呢？有哪种天赋与能力能使他赚取生计呢？绝望之中，卡耐基开始反思。到目前为止，他的人生中唯一的成功经历是在瓦伦斯堡州立师范学院的演讲。

我们今天也许会重新估计他那四年毫无成就的工作经历。推销员工作练就了他与人谈话的口舌，使他懂得了人际交往的心理；表演生涯培养了他在众人面前艺术地表达自己的能力；写作迫使他大量研究传记、文学、心理学和哲学；而早先对演讲的刻苦练习则是使他对当众讲课轻驾熟路。他四年茫然的经历似乎都在为他日后拿起课本，走上讲堂做着准备。

1912年的一个夜晚，卡耐基被纽约第125街的一个基督教青年会的灯光吸引，他走进了青年会的大门。这本来是个成人夜校，来者大都是一些商人们，他们利用晚上来充充电，学一些“实际”的商业知识。

卡耐基果断地抓住了这个机会，开始了他辉煌的成人教育生涯。

卡耐基开始授课于青年会并非偶然。回溯至1912年，青年会、女青年会、青年健康组织都是重要的教育机构，以及和男童军、女童军、营火女孩、兄弟会等同样重要的组织如扶轮社、奇万斯（一个群众性服务组织，1915年创建于美国底特律）及狮子会都被视为成人教育的中心。

成人教育于1912年蓬勃发展于美国。美国文化讲堂成立于1831年，这是第一个成人教育中心，其宗旨为襄助公共学校。在文化讲堂成立后的几年内，已有三千所市区文化讲堂成立。

内战后产生了函授课程。宾夕法尼亚的斯克兰顿国际函授学校创立于1891年，卡耐基从事销售工作的第一天就是销售该校课程，该校后来成为全世界最大最有名的营利性函授学校。19世纪90年代早期，大学开始发展推广课程，此类课程便在短期内快速成长。

1910年至1919年间，当卡耐基在纽约及宾夕法尼亚开设了公众演说课程时，大学推广教育也在进展之中。1920年至第二次世界大战期间是卡耐基课程及大学推广课程集中成长的年代，两者成长的原因相似——年轻男子迁入城里找寻工作，就业市场对高层次技能需求的增加。

一方面，是一个广阔的成人教育市场需求；另一方面，大学校园内，严肃、枯燥的理论使得人们难以忍受，一无所得。人们花了钱，可却得不到他们想要的“实际”知识。

卡耐基回忆自己在大学里的成绩，同时加以估计，发现他所受演讲术的训练，比他在大学一年里其它一般所有课程，所供给他的还多。于是他劝说纽约青年会学校，给他一个机会，让他替社会各界人士，开设一门演讲术的讲习班。

卡耐基没有料到他将掀起的教学革命。与青年会一墙之隔的哥伦比亚大学内，那些有名望的教授们也在讲授生存、发展的各项技能，他们把古往今来所有的哲学家、文学家和科学家，所有人类知识的精华滔滔不绝地灌输给课堂下正襟危坐的学生们。卡耐基的课程既无繁冗的知识又无哲学的支持，然而在他推广的课程中没有人是被动地坐上一节课。至少每节课有一次机会，通常是两次，学员们必须离开座位面对全班说话。这绝对是破天荒的一种教育方式！

在这种革命性地形式里，卡耐基制造了一种和善、支持性的学习环境。他在课堂上增添了共同尊重及信任，也促使课程变得更为有趣。如果他不能把4个小时的夜间课程教得趣味盎然，学生可能在终日疲惫的工作下更觉得无聊乏味。

卡耐基起初只是设立一项演讲术的课程，可是去他那里的学生，都是社会工商界人士，其中有很多人已三十年没有见过教室的样子了。大部份去他那里的人，学费都是分期付款的，他们希望很快地获得效果，能在第二天业务接洽上，或是团体谈话上，就运用这项效果，所以他们追求迅速、实用。

因此，卡耐基就发展出一种特殊的训练方式……那是一种演讲术、推销法，人与人之间的关系和实用心理学的惊人组合。

他所设立的讲习班，不受刻板的规则所拘束这一种课程，非常真实而令人感到极其有趣。卡耐基教的课程结束时，班里的学生自己组织起一个俱乐部，每隔一星期集会一次。

卡耐基的青年会讲习班，渐渐火起来了！别处的青年会，和其他的城市也知道这件事，于是卡耐基就成了一位光荣的游行讲师。他往返于纽约、费城、白地玛等地，后来又去了伦敦、巴黎。接着他写了一部书，叫做《演讲术及如何影响商界人士》。卡耐基的这部书，现在是所有青年会，美国银行公会，和全国信用人协会的正式教本。

几年后，每晚去卡耐基那里，接受演讲术训练的人，要比其他演讲术课程的学生多很多。

这事儿有点戏剧性，当卡耐基在不可能成为哥伦比亚大学或纽约大学的教师时，却能以一名独立自主的教师姿态成功的发迹于青年会，这可能是他获得的最佳运道。当然，这也扭转了戴尔·卡耐基课程的命运。在创建了公众演说课程的75年当中，他的课程及教育机构已经从边缘逐渐走向主流。在1938年第23届全美演说教师国家性组织会议上，一名演说教授告诉他的同事们：“今天，美国最佳的公众演说及教学课程实属戴尔·卡耐基组织所创。理由是他们致力于教授公众演说。”

哈佛大学的教授威利姆·贾姆士说，普通人只运用了他潜能的十分之一，而卡耐基帮助社会各界的男女，启发了他们该有的能力，在成人教育中，创造了一次极重要的运动。

名人名言

一般人的心智能力使用率不超过10%，大部分人不太了解自己还有什么才能。一个人最糟的是不能成为自己，并且在身体与心灵中保持自我。

——戴尔·卡耐基

凡不关心别人的人，必会在有生之年遭受重大的困难，并且大大地伤害到其他人。也就是这种人导致了人类的种种错误。

——戴尔·卡耐基

第二篇

政治领袖

罗马大帝恺撒

盖乌斯·尤利乌斯·恺撒（Gaius Julius Caesar，前102—前144），罗马共和国末期杰出的军事统帅、政治家。恺撒出身贵族，历任财务官、祭司长、大法官、执政官、监察官、独裁官等职。他率军占领罗马，打败庞培，集大权于一身，实行独裁统治，制定了《儒略历》。

27岁时，恺撒接替舅舅担任了首席祭司，在斯巴达克暴动时担任了军事保民官，后又任过驻西班牙财务官、罗马市政官、大法官，因不断在演说中为中下层说话而受到众多选民拥戴。

公元前60年他与庞培、克拉苏结成“前三头同盟”。为了开拓疆土并缓和内部矛盾，公元前58年以后的八年间，恺撒出任高卢总督，率军征服了外高卢（如今的法国、比利时），并占领了不列颠岛北部，掠夺财富、奴隶无数，权力和影响迅速扩大。同时，他还拥有一支强大的军队，占有了军事上的优势。

公元前49年初，元老院勾结庞培，企图解除其军权并召其回国。恺撒闻讯，以“保卫人民夙有权利”为理由率先回军罗马。庞培偕大批元老贵族逃奔希腊。恺撒受任为“狄克推多（独裁者之意）”。次年，在法萨罗斯一战，彻底击溃了庞培。庞培在埃及被人杀死，他又借口追到埃及，推翻其国王；又转战小亚西亚，征服庞培的支持者和庞培的两个儿子，经北非重返罗马。这时克拉苏也已死去，前“三头政治”结束。

公元前45年，元老院被迫加给恺撒“终身独裁官”的职位，恺撒集执政官、保民官、独裁官等大权一身，拥有帝王一般的权力。元老院人数增至九百，但实际听命于他。他把罗马公民权授予山南高卢与西班牙人；将省土地分给曾经从征的老兵；惩治贪官污吏，厉行革新；改革历法，制订“儒略历”；制订市政法，提高城市自治地位，下令建筑广场、剧院和神庙等。

恺撒

罗马商人、自由民和军人们也厌恶了只由上层奴隶主发言且议而不决的共和制，拥戴能代表他们利益的恺撒，并公开以“国王”之名相称。

随着恺撒个人独裁和市民自治、财政和文化改革的深入，守旧集团、对改革失望者和宿敌残余结合起来，以保卫“共和”之名密谋采取恐怖袭击。

公元前44年3月15日，恺撒已察觉城内山雨欲来风满楼的迹象并听到暗杀传言，却根本不把许多人仇视的目光放在眼里，傲然昂首漫步进入元老院。当他走到大厅前的庞培雕像旁边时，几名身藏短剑的刺客一拥而上，冲在最前面的竟是他与一个情妇的私生子布鲁图斯。恺撒最后只惊叫了一声："你也这样做？我的儿子！"被连刺了23刀后，56岁的恺撒横尸厅前，成为古代恐怖主义最有代表性的牺牲品之一。在西欧，"3·15"这一天千百年来一直被人视为不祥的刺杀日。

莎士比亚说，"我们之所以地位微贱，错不在我们的星宿，而是源于我们的内心。"只有一个人是你命运的主宰，那就是你自己。你是可以掌握它的，如果你设计它的话。

恺撒一生的成功被他自己归纳成八个字："提前布局，抓住机会。"因为只有事先部署周密了，你才有可能在机会一闪之念，毫不犹豫地抓住它；而周密的计划和机会的获得，是成功的前提。

当机立断的气概、钢铁般的意志和不可动摇的决心是领导这个世界的中坚力量，也是所有伟大领袖人格中的重要一环。

今天的世界需要意志坚定、精力充沛、行动迅速的领袖。这样的领袖不但善于作决定，而且善于执行决定。当面对问题的时候，他会全面考虑自己所面对的情况，果敢地做出选择，然后将它们搁置脑后，转向其他的事情。这样的领袖有超常的管理能力。他不是仅仅制定工作计划，还能够执行工作计划。他不仅做出决定，而且还能够将决定贯彻到底。

每一块手表的表盘里面都有我们看不见的发条，在推动着指针旋转，准确地计时。在每一个伟大团体的背后，在每一个伟大机构中，一定有一个个性坚强的领导者。这个人有着钢铁般的自制力，他发动和运转着一个团体，严谨地管理着这个团体。

他从不会犹豫不决，他轻松地抓住每一个机遇，他的决定果断而明确，而且每一个决定都是最终的决定。其他人可以提出自己的意见和建议，但是他是最终做出决定和监督执行的人。他是起主导作用的力量。任何其他的人和事物都要以他为中心，所有其他的人都从他那儿得到启示，接受命令。如果他退出了或者停止了行动，那么整个机构就像一块断了弦的表，指针仍在，却没有了运转的动力，一切都停止了。钢铁般的意志和决定性的力量消失之后，一切都失去了运转的动力。

恺撒是一个传奇式的人物，他懂得战争是国家实力的全面较量，是整个民族要求革新的奋斗，而不单单是军队之间的竞争。因此，人力、金钱、贸易、政治反应和宣传都十分重要。既然军队是暴力工具，首先必须尽全力改进战争工具，巧妙地组织和运用自己的武装力量，在战术方面也要有过人的技巧。但只靠这些尚不能取胜，还必须注重争取人心。为此，他做到了宽宏大度，在战争进行中常常大量布施粮食和金钱，还对不同阶层的人采取不同的收买方式。对流氓阶级用贿赂手段，对中等阶级用免债手段，对文化阶级则用提倡艺术和科学的手段，取得他们各自的欢心。

恺撒的最大喜悦是法萨卢战役的最后阶段，冲进庞培营地的恺撒军队，曾缴获了庞培的许多信件，这些信件清楚地记载着这位政敌同其拥护者的广泛联系。因此，恺撒的部将们如获至宝，认为依靠这些信件就可以彻底清查并打击庞培的势力。

可是，当恺撒知道这件事后，却下令说："将这些信件统统烧掉，不要追究这些写信人同庞培的联系，对被俘的所有人都给予赦免。"对于恺撒的这个决定，他的许多部将都不赞成，但却无可奈何。信件的烧毁，解除了庞培拥护者们的忧虑和恐惧。

事隔不久，恺撒怀着高兴的心情，写信给罗马的朋友们说："对我来说，没有比赦免本国的公民能给我更大的喜悦。"

恺撒的这一措施，对庞培的营垒起到了分化的作用，但同时也带来了副作用，对其中顽固分子的宽容，为后来埋下了隐患。

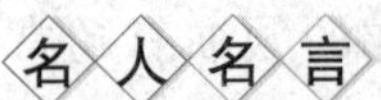

懦夫在未死之前，已身历多次死亡的恐怖了。

——恺撒

战争中最有效的事就是出敌不意。

——恺撒

马其顿征服者亚历山大

亚历山大（Alexander，前356—前323），是欧洲历史上最伟大的军事天才。世界古代史上著名的军事家和政治家。他足智多谋，在担任马其顿国王的短短13年中，以其雄才大略东征西讨，先是确立了在全希腊的统治地位，后又灭亡了波斯帝国。在横跨欧亚的辽阔土地上，建立起了一个西起希腊、马其顿，东到印度河流域，南临尼罗河第一瀑布，北至药杀水的以巴比伦为首都的庞大帝国，创下了前无古人的辉煌业绩，促进了东西方文化的交流和经济的发展，对人类社会的进展产生了重大的影响。

亚历山大是古罗马马其顿国王菲力浦二世的儿子。亚历山大从小兴趣广泛、聪明勇敢，12岁时他曾驯服过许多骑手不能驾驭的烈马。菲力浦二世非常赞赏自己的儿子，他曾对儿子说：“我的孩子，去寻找一个配得上你自己的王国吧。马其顿这个小池盛不下你啊！”

亚历山大

菲力浦王十分重视对儿子的教育，他专门为儿子请来希腊哲学家亚里士多德为其授课。亚历山大13岁起，连续三年有幸得以与这位历史上最伟大的贤哲朝夕相处，他同亚里士多德讨论哲学、政治、伦理等诸方面的学问，同时也涉及许多问题。亚历山大常说，他最尊崇的是亚里士多德，他爱亚里士多德甚至于超过他的父亲，因为后者仅仅生育了他，而前者却教会他怎样做高贵的人。

从外表上看，亚历山大身材适中，相貌英俊，有着竞技者的体形。亚历山大自孩提时代起就野心勃勃，甚至近乎目空一切。因为他腿脚敏捷善于奔跑，有人问他，是否打算在奥林匹克竞技场上较量一番。他答道：“是的，假若我的对手就是国王的话。”

如果把勇敢、骄傲和机智作为亚历山大得以称王的基本条件的话，那么，他完全可以成为一个伟大的君主。但亚历山大自孩提时起还具备第四种品质，即智力上的好奇心，这就尤其使他超凡出众。例如，在某次远征中菲力浦王曾多次不亲自理事。有一次，由亚历山大负责接待波斯使臣，而波斯又是亚历山大一心想征服的亚细亚庞大帝国。亚历山大的友善态度和有节制的提问使来访使臣们心悦诚服。他不去询问如巴比伦的空中花园或波斯国王的服饰等幼稚问题，而是问起该国道路的长度和波斯国王的用兵才能和胆略等等。问到最后，一位使臣惊叹道：“这个孩子才真是一个伟大的君主，而我们的国王只不过徒有钱财而已。”

亚历山大16岁起，就跟随父亲四处征战，这也培养了他好大喜功、一心统治世界的志向。公元前336年菲力浦二世去世，20岁的亚历山大登上王位，并迅速平定了因为父王突然去世而爆发的内乱。为了维持庞大的军队以镇压希腊各城邦的反马其顿运动，为了实现自己征服世界的野心，亚历山大把目光锁定在领土辽阔、资源丰富、财源滚滚的波斯。他以继承父志为名，对东方发动侵略战争，“让我们把战争带给亚洲，把财富带回希腊”。

公元前334年春天，亚历山大率领大军，开始了远征东方的行动。起身前，他把自己的所有地产收入、奴隶和畜群分赠给人。一位大将迷惑地问道：“请问陛下，您把财产分光，给自己留下什么？”“希望。”亚历山大说，“我把希望留给自己，它将给我无穷的财富！”将士们被亚历山大的雄心所激励，他们决心随他到东方去掠夺更多的财富。

亚历山大率领部队首先占领了小亚细亚，消灭了那里少量的波斯军队，然后他又挥师北上，向叙利亚进军。在伊苏城，他打败波斯王大流士三世，并俘获他的母亲、妻子和两个女儿。看着大流士豪华的宫殿，亚历山大赞不绝口：“这样才像个国王！”

在远征以前，亚历山大认为希腊民族是世界上独一无二的民族，只有这个民族才真正具有文明，而其他非希腊民族都是野蛮的民族。随着东征的进展，亚历山大逐渐认识到波斯人和希腊人一样具有杰出的智慧和才能，他们也应该受到尊敬。随后，亚历山大的思想观念发生了改变，他认为各民族应该是平等和睦相处的。他因此产生了一个伟大的计划，想让波斯人、希腊人与马其顿人结为友好的同伴。为了促进马其顿人和波斯人、东方人的融合，亚历山大和大夏贵族罗克珊娜结婚，并鼓励马其顿人和东方女子结婚。在苏萨城，亚历山大举行了一次盛大奢华的结婚典礼，他亲自和波斯国王大流士三世的女儿斯塔提拉结婚。同一天举行婚礼的马其顿将士有1万对之多。

公元前327年，亚历山大率军由里海以南地区继续东进，经安息（帕提亚）、阿里亚、德兰古亚那，北上翻越兴都库什山脉，到达巴克特里亚（大夏）和粟特。前325年侵入印度波拉伐斯王国，波拉伐斯王国虽不及波斯庞大，但在当地也算得上一个强国。国王波拉斯能征善战，手下有步兵30000人，骑兵4000人，战车300辆，此外尚有一支独特兵种——战象200头，论数量，与亚历山大部队不相上下。当时正值夏季，大雨滂沱，河水较深，有真纳河天险可凭，因而波拉斯对于阻止亚历山大进攻信心十足。他听说亚历山大率兵向他的国家开来，就沿河布下军队，严加防守。而在每个徒涉场，除布置哨兵之外，还派大象“把守”。大象那样笨拙，为什么还派它们“把守”？原来马其顿的战马都来自北方，没有同南方这种庞然大物打过交道。它们一见大象就会因为惊惧而从船上跳进水中，这样马其顿的骑兵自然就无法过河了。

亚历山大深知渡河不易，也作了充分准备。他拟订了一个类似我国汉代韩信的“明修栈道，暗渡陈仓”的计划。第一步，白天佯渡，疲惫敌人。亚历山大命令船只、皮筏在营地附近下水，佯装顺河来回航行，似乎在寻找合适的时机和地点，准备抢渡。波拉斯不敢怠慢，在彼岸也随敌舰航行方向，来回奔波，被搞得精疲力竭。第二步，夜间佯渡，迷惑敌人。白天佯渡一停止，马其顿人又开始夜间行动。亚历山大亲率部分骑兵，沿岸来回奔跑，边跑边呼冲锋的口号，似乎要趁夜幕掩护，偷渡过河，于是波拉斯又带着他的军队在对岸来回奔跑起来。这样一连数日，虚张声势。暗地里，却把大部分人马、船只和皮筏偷偷调往河流上游距原来营地约

50里的地方。这里是真纳河转弯的地方，形成一个岬角，岬角上树木茂密。岬角对面的河中有一个岛屿，也长满了树木，人迹罕至。这就形成了一个自然屏障，马其顿人在这里进行紧张而认真地渡河准备工作。

当波拉斯发现敌人的大批骑兵集中在自己的左前方时，就把右翼骑兵也调到左翼，并让全部骑兵一齐向敌人骑兵发起进攻。亚历山大一见敌人骑兵出动，便命1000名马弓手同时放箭，波拉斯的骑兵顿时大乱。趁这机会，亚历山大带领骑兵飞驰而上，两支骑兵战作一团。波拉斯的象倌一见敌人骑兵冲来，就赶着大象前去阻拦，因而自己乱了队形。马其顿方阵步兵一直观战，等待时机，现在看到时机已到，便一涌而上，围攻大象，从四面八方投枪放箭。那些象倌毫无惧色，又驱赶大象向敌人方阵冲去，把马其顿方阵冲了个乱七八糟。波拉斯的骑兵勇敢顽强，乘势再战敌人骑兵，但因经验太少，训练不够，结果又败下阵来，再次退到大象附近。马其顿的骑兵、步兵步步进逼，向敌方的骑兵、战象拼命投枪放箭，波拉斯的骑兵伤亡惨重。特别是那些战象，因受重伤，疼痛难忍，就狂怒起来。它们东奔西跑，横冲直撞，不分敌我，无情践踏。而和大象挤在一起的波拉斯的步兵和骑兵又受敌所迫，无处躲避，很多人受伤，很多人死在象蹄之下。这时，亚历山大让骑兵在对方后面截击，而让步兵把盾牌靠拢，步步进逼。很多波拉斯的战士无法脱身，惨死沙场。这时留在西岸的马其顿的8000名步兵和3000名骑兵直接渡河，同亚历山大亲自率领的部队一起结束了这场战斗。

波拉斯虽然遭到失败，但并没有像大流士三世那样临阵脱逃，而一直勇敢地带领部队在战场拼杀。后来看到自己的战士大部分伤亡而无胜利希望时，才带领军队向后撤退。亚历山大一见此人如此英勇，觉得日后要巩固对这里的统治需要这个难得的人才。因而命令不准伤害他，并且一再派人请他来相见。当波拉斯到来时，亚历山大亲自迎接，问他有什么要求。他说："你要像对待一个国王那样对待我。"亚历山大满足了他的要求，让他仍然管理他的国家，并给了他一块比原来国土还大的土地。于是，波拉斯归顺了亚力山大。经过8个年头，行程5万余里的远征，很多士兵已经伤、残、病、亡。幸存者也不愿再打仗了，他们都想活着回去，看看自己的父老、妻子和儿女，因而牢骚满腹，甚至公开拒绝打仗。亚历山大无可奈何，只好收兵。

经过将近十年的军事远征，亚历山大在辽阔的土地上建立起一个跨有欧、亚、非三洲的亚历山大帝国。他的东征，显然给各地带来很大破坏，激起了各地人民的反抗；但是它对东西方经济、文化的进一步交流，却起了促进作用。亚历山大的东征，还开辟了东西方贸易的通路。他在东方建立的几十座城市，都逐渐发展成为商业中心，如埃及的亚历山大港至今仍是埃及著名的大海港。

公元前323年，年仅33岁的亚历山大突然病死。由于这件事发生的太过突然，亚历山大没有来得及指定他的接班人。他的军队既惊又骇，诸将领开始争权夺利，特别是争要遗体。在混乱激烈的斗争中，他的母亲、妻子与儿女都被反对派杀死。为此，亚历山大的葬礼在整整一年之后才得以举行。灵车从巴比伦长途跋涉一直到大马士革和埃及。最后将这位伟大的征服者安葬在以他自己名字命名的城市——亚历山大城。

名人名言

把希望留给自己！它将给我带来无穷的财富！

——亚历山大

平民总统林肯

亚伯拉罕·林肯（Abraham Lincoln，1809—1865），美国第16任总统。他领导了美国南北战争，颁布了《解放黑人奴隶宣言》，维护了美联邦统一，为美国在19世纪跃居世界头号工业强国开辟了道路，使美国进入经济发展的黄金时代，被称为“伟大的解放者”。

1809年2月12日，在美国肯塔基州开拓地的一间简陋的木屋里，一个伟大的生命呱呱坠地，他就是52年后当选为美国第十六任总统的亚伯拉罕·林肯，一个与其祖父同名的男孩。

林肯

林肯的祖父亚伯拉罕·林肯原系北美弗吉尼亚州罗金汉县的民兵上尉，后举家搬迁到肯塔基州，膝下两女三子。

林肯的父亲托马斯·林肯排行第三，成年后常住肯塔基州的华盛顿县，“给人当雇工，做木匠，在州属民兵队服役，一度担任过坎伯兰县的警察”。林肯9岁丧母，后在贤慧、勤俭的继母的爱抚下成长。多年之后，林肯仍念念不忘她的至真至圣的“母爱”，并高度评价她“对他的无声感染力”。

林肯自幼勤奋好学，单为了写好字，他就不懈地努力。家里“没有钱买纸笔，他就用木炭四处涂画，在沙地和积雪上练，勤练苦练，最终练就了一手好字”。

为生计所迫，林肯一家人都得从事非常艰苦的劳动。这种劳苦经历和生活磨练，铸就了这位伟人的钢筋铁骨，培养了他那过人的勇气、毅力和自信，更赋予了他驾驭自身命运的魄力和体谅民情的爱心。他臂力过人，谦虚谨慎，辩才超群，幽默风趣。他刻苦自学英语文法、数学、丈量和法律等知识，并最终取得律师资格。他善于演说，思路清晰，简洁有力，引人入胜，有“卓越的演说家”之誉。

从1831年起，22岁的林肯开始离家独立，先后定居在伊利诺伊州的梅肯县和塞加蒙县的纽萨勒姆村，当过店员、邮递员、测量员。1837年4月，林肯迁往州府斯普林菲尔德市。从1834年至1842年，他曾连任四届伊利诺伊州议会议员。1841年至1849年，林肯出任国会众议员。

林肯对奴隶制一贯深恶痛绝，但其观点却是“先进而不激进”，他坚决反对奴隶制向北方扩展。

时势造英雄，英雄造时势。

1858年，林肯发表了《一个裂开的房子维系不了多久》的著名演说，在全美风靡一时，声名鹊起。

1860年11月6日，林肯当选为美国第十六任总统。林肯的当选，对南方种植园主的利益构成严重威胁，他们当然不愿意一个主张废除奴隶制的人当总统。为了重新夺回他们长期控制的国家领导权，他们在林肯就职之前就发动了叛乱。

1860年12月，南方的南卡罗来纳州首先宣布脱离联邦而独立，接着密西西比、佛罗里达等蓄奴州也相继脱离联邦。1861年2月，他们宣布成立一个“美利坚邦联”，推举大种植园主杰弗逊·戴维斯为总统，还制定了“宪法”，宣布黑人奴隶制是南方联盟的立国基础：“黑人不能和白人平等，黑人奴隶劳动是自然的、正常的状态。”

1861年3月林肯就职，一个月后，南北战争爆发。4月12日，南方联盟不宣而战，迅速攻占了联邦政府军驻守的萨姆特要塞。林肯不得不宣布对南方作战。林肯本人并不主张用过激的方式废除奴隶制，他认为可以用和平的方式，先限制奴隶制，然后逐步加以废除，而关键是维护联邦的统一。在这种思想的支配下，北方政府根本没有进行战争的准备，只是仓促应战，而南方则是蓄谋已久，有优良的装备和训练有素的军队，所以，尽管北方在多方面都占有优势，还是被南方打得节节败退，连首都华盛顿也险些被叛军攻破。

北方在战场上的失利引起了广大人民的强烈不满，许多城市爆发了示威游行，要求政府采取措施扭转战局。这时林肯才意识到，要想打赢这场战争，就必须调动农民的积极性，废除奴隶制、解放黑奴。

1862年5月，林肯签署了《宅地法》，规定每个美国公民只交纳10美元登记费，便能在西部得160英亩土地，连续耕种5年之后就成为这块土地的合法主人。这一措施从根本上消除了南方奴隶主夺取西部土地的可能性，同时也满足了广大农民的迫切要求，大大激发了农民奋勇参战的积极性。1862年9月，林肯又亲自起草了《解放黑人奴隶宣言》草案。

1863年1月1日，总统颁布《解放黑奴宣言》，宣布即日起废除叛乱各州的奴隶制，解放的黑奴可以应召参加联邦军队。宣布黑奴获得自由，从根本上瓦解了叛军的战斗力，也使北军得到雄厚的兵源。内战期间，直接参战的黑人达到18.6万人，他们作战非常勇敢，平均每三个黑人中就有一人为解放事业献出了生命。战争的群众基础大为增强，保证了战争的胜利。同年11月19日，林肯在宾夕法尼亚州葛提斯堡国家公墓落成典礼上发表了著名的演说，提出了“民有、民治、民享”的民主主义纲领，成为日后美国的立国之本。

1864年11月8日，林肯再次当选为总统。在四年内战期间，林肯作为联邦最高军事统帅有效地控制了战局的发展。

不幸的是，正当林肯着手国家的重建时，在1865年4月11日，一名刺客的枪弹却夺走了他的生命，埋葬了他的伟大理想。连马克思也不无惋惜地称这位“达到了伟大境界而仍然保持其优良品质的罕有人物”，一直到“在他成为殉难者倒下之后，全世界才发现他是一位英雄”。

名人名言

我主要关心的，不是你是不是失败了，而是你对失败是不是甘心。

——林肯

凡是不给别人自由的人，他们自己就不应该得到自由，而且在公正的上帝统治下，他们也是不能够长远地保持住自由的。

——林肯

铁血总统西奥多

西奥多·罗斯福（Theodore Roosevelt，1858—1919）是美国第26任总统，罗斯福继任总统时，不到43岁，所以成为美国历史上最年轻的总统。

罗斯福出生于纽约一个富有的家庭。他是老西奥多·罗斯福与马撒·布洛克的第二个孩子，有兄妹四人，父亲是银行家。罗斯福毕业于哈佛大学。因为他是第32任总统富兰克林·罗斯福的远房堂叔，又是富兰克林·罗斯福夫人的伯父，所以现在人们通常称西奥多·罗斯福为“老罗斯福总统”。23岁参加纽约州议会，并成为共和党领袖之一。罗斯福于1880年与他的第一个妻子，艾丽斯·李·罗斯福结婚，有一女。1886年12月，罗斯福在伦敦与艾迪斯·卡罗结婚，生有四子一女。

西奥多·罗斯福

在美国与西班牙战争期间，罗斯福是拉夫骑手团的陆军中校，他管理关于圣胡安战斗的费用，同时他也是战争中最显著的英雄之一。

19世纪最后10年的美国，正处于黑金政治时期，城市化、工业化是这个国家的主旋律，金钱与政治“荣辱与共”，物质主义之风侵蚀着公民的政治意识，对物质的崇拜、欲望与焦灼困扰着这个国家。也是在这个10年，美国的政治家与民众逐渐发现了对于国家身份认同更为强烈的需求。从1776年以来，美国与其说是一个国家，不如说是一种信仰，几代美国人一直刻意地回避与世界的接触。当他们的物质财富已形成巨大的积累后，却没有在世界获得相应的权力。美国生活极其富裕，它的制造业早已超过英国时，但它却只拥有弱小得可怜的政府与军队，在外交事务中基本没有发言权。

罗斯福对此深恶痛绝，他说：“那些将毁灭美国的东西，是不惜一切代价的繁荣，不惜一切代价的和平，安全第一而非责任第一，对柔软的生活的迷恋，以及迅速致富的生活哲学。”

他并立志改变这一切。罗斯福不仅是一位时势造就的英雄，更是一种不可缺少的历史推动力。

罗斯福的阳刚作风自他从政伊始就鲜明地表现出来。从1882年任纽约州议员开始，每就一职，罗斯福都表现出一个有能量的攻击型政治家风格。在出任立法委员会议员后的48小时内，就一口气提出4个议案，矛头直指特权阶层，几乎在一夜之间就成为了一种清新政治的象征，成为了以古尔德为首的华尔街黑金势力的灾星。

1895~1897年任纽约市警察局局长期间，罗斯福也同样活跃。他写信给姐姐安娜说：“有两次我独自一人整夜在纽约的大街上巡逻，我想看看人们到底在干些什么。”他常在别人家吃饭，他随时会披上衣服出去寻找执勤时开小差的警察。一次他连夜追踪一个懒鬼警察，并将这家伙带回警察局。

由于罗斯福清正廉明、勇于革新吏治，不仅吸引了越来越多的追随者，而且还成为黑金势力的死敌。从24岁开始，罗斯福就成为了古尔德集团的攻击目标，对方知道罗斯福是不可能被收买的，就设下美人计来陷害他，结果却成了提升罗斯福形象的“成功策划”，罗斯福的名字不胫而走，成了纽约州最知名的政治人物。

1898年，罗斯福成为共和党候选人。为了彻底结束罗斯福的政治生命，对手们想出了架空罗斯福的“妙计”，即推举他为副总统的候选人，在他们看来，这也许是让罗斯福闭嘴的最好办法。1901年，罗斯福任副总统。但罗斯福出任副总统后不过半年，当时的总统威谦·麦金莱就被暗杀，而罗斯福也得以接任总统，提前开始了对美国的“大手术”。这是罗斯福的对手万万没有想到的。

罗斯福的到来给白宫一种焕然一新的感觉。在白宫内外，罗斯福的气息无处不在，几乎没有人不受他影响。他执政白宫期间，一位来访者的评论很说明问题：“他的存在充斥着整个房间，四壁都被挤裂了，似乎会向外倾塌……走进白宫，和罗斯福握手，听他讲话，直至回到家中，你的衣服上仍渗透着他的为人和性格。”从他的身上，人们经常会感受到一种激动人心的力量和活力。

在罗斯福的带动下，失去方向、文化沉沦的美国迅速恢复了元气，重新找回了充满活力的感觉。

罗斯福执政期间，对内以“改革家”面貌出现，借助政府权力管理和监督私人经济活动，特别是发起保护自然资源的“社会诊治工业文化综合征”运动，收到明显效果。他的前三任总统已将1600万公顷土地转化为国有，他执政7年，又将7800公顷土地转化为国有，从而为后代保存了大量的国家森林、公园、矿藏、石油、煤田和水力资源，为公共事业预留土地，并且促进农田水利项目。对外，他积极推行扩张主义政策，以扩大美国势力范围。为此，他大力扩充了海军，保证巴拿马运河的建设，采取一些有利于经济建设和资源保护的措施。

罗斯福的后台是摩根财团，也得到与库恩-罗比公司有联系的铁路大王哈里曼的支持，1904年连任。

1905年，这位倍受人们尊敬的阳刚总统竞选连任就职演讲时，把他那鲜明的烙印深深刻在历史中：“世界上没有哪一个民族比我们更有理由感到欣慰了，这样说是谦恭的，绝无夸耀力量之意，是怀着对赐福于我们，使我们能够有条件获得如此巨大的幸福康乐的上帝的感激之情。作为一个民族，我们获得上帝的许可，在新大陆奠定国民生活的基础。我们是时代的继承者，然而我们无须像在古老的国家那样，承受以往文明的遗留影响所强加的惩罚。我们不必为了自己的生存而去同异族抗衡；然而，我们的生活要求活力和勤奋，没有这些，雄健刚毅的美德就会消失殆尽。在这种条件下，倘若我们失败了，那便是我们自己的过错。我们在过去获得的成功，和我们深信未来将带给我们的成功，不应使我们目空一切，而是要深刻地长久地认识到生活为我们提供的一切，充分认识我们肩负的责任，并使我们矢志表明：在自由政府的领导下，一个强大的民族能够繁荣昌盛，物质生活如此，精神生活必也如此。

“我们被赋予的很多，期望于我们的自然也很多。我们对他人负有义务，对自己也负有义务，两者都不能逃避。我们已成为一个伟大的国家，这一事实迫使我们同世界上其他国家交往时，我们的行为举止必须与负有这种责任的民族相称。对于其他一切国家，无论大国还是小国，我们的态度都必须热诚真挚友好。我们不仅需要用语言，而且以行动来表明：我们公正、宽宏地承认他们的一切权利，用这种精神对待他们，我们热切希望能获得他们的善意。但是，一个国家的公正与宽宏，如同一个人的公正与宽宏一样，不是由弱者而是由强者表现出来时，才为人推崇。在我们极审慎地避免损害别人时，我们同样地坚持自己不受伤害。我们希望和平，但是我们希望的是公正的和平，正义的和平。我们这样希望，是因为我们认为这是正确的，而不是因为我们怯懦胆小。行事果决的弱国决无理由畏惧我们，强国则永远不能挑选我们作为蛮横入侵的对象。……我们没有理由畏惧未来，但是有充分的理由认真面对未来，既不对自己隐瞒摆在面前的问题的严重性，也不怕以百折不挠的意志处理这些问题。”

这篇演讲把他的刚毅作风发挥到极致，给国人以巨大的鼓舞和激励。尤其是那句“一个国家的公正与宽宏，如同一个人的公正与宽宏一样，不是由弱者而是由强者表现出来时，才为人推崇”，被后来历届美国总统视为国家政策的坚不可移的原则。

第二任期满后罗斯福没有再谋求连任。卸任后，他曾到非洲和南美洲进行科学探险，到欧洲做了旅行。1912年，他谋求再次出山，但是失败。60岁时，罗斯福在纽约去世。

罗斯福一生博览群书，是博物学家、历史学家、演说家，被认为是美国最多才多艺的总统之一，他的著作和翻译甚多，据说从1877年到他去世为止，总共约有2000~3000件。一生所写书信不下15万封，在尺牍文学中有很高地位，他写的《给孩子们的信》已成名著。他还著有《在西部的胜利》《1912年海战史》等书。他的著作大部分收入《罗斯福文集》，文集有多种版本，有的达24卷。

对生活在20世纪头20年的美国人来说，西奥多·罗斯福不只是一个偶像，更是那个时代的象征。1956年《大英百科全书》评价道：“可以这么说：华盛顿创建了美国；林肯保卫了美国；而罗斯福则恢复了美国的活力。”而格伦·戴维斯则说，“是罗斯福真正揭开了美国阳刚政治时代的序幕。”

名人名言

一个国家的公正与宽容,如同一个人的公正与宽容一样,不是由弱者而是由强者表现出来时,才为人推崇。

——西奥多·罗斯福

真正有价值的人是这样一种人,他勇敢地走出去,进入世界,锐意拼搏,跌倒了爬起来,继续前进,继续尝试,又一次失败了,但毫不气馁;竭力再试,敢于直面困难,历尽千辛万苦,摆脱困难,将困难踩在脚下,最终走向辉煌的胜利。国家如人,也是这样。

——西奥多·罗斯福

胜利化身丘吉尔

英国首相、诺贝尔文学奖获得者温斯顿·伦纳德·斯宾塞·丘吉尔(Winston Leonard Spencer Churchill, 1874—1965),是在第二次世界大战期间带领英国人民取得反法西斯战争伟大胜利的民族英雄,他与斯大林、罗斯福并立的“三巨头”,他是矗立于世界史册上的一代伟人。

丘吉尔1874年11月出生于英格兰牛津郡显赫的马尔巴罗公爵家。祖父马尔巴罗将军是英国历史上的著名军事统帅,是安妮女王统治时期英国政界权倾一时的风云人物;父亲伦道夫勋爵是上世纪末英国的杰出政治家,曾任索尔兹伯里内阁的财政大臣。祖辈的丰功伟绩、父辈的政治成就以及家族的荣耀和政治传统,无疑对丘吉尔的一生产生了十分巨大的影响,在他成长为英国一代名相的过程中具有关键性作用。从小,丘吉尔便被送入寄宿学校学习,后就读于著名的哈罗公学,但他生性执拗,学习成绩不佳,只喜欢历史、文学和军事游戏。

丘吉尔

1893年,丘吉尔勉强考入桑赫斯特陆军军官学校后,对学习兴趣大增,毕业成绩名列前茅,获军官资格。1895年,他以中尉军衔编入皇家第四骑兵团。后因渴望冒险的战斗生活,同年以战地记者身份体验西班牙和古巴当地人民起义的战争。

1896年,丘吉尔随部队调往印度,在那

里他有时间阅读大量的历史、哲学作品。一年后，印度北部部落爆发了反抗英军的武装起义，得知消息的丘吉尔立即请了假，以《加尔各答先驱报》和《每日电讯报》记者的身份采访了英国的军事行动，他在向两张报纸所发出的稿件的基础上再加入自己收集到的其他资料，写出了第一部著作《马拉坎德野战军纪实》。1898年在英国出版。之后，他又相继出版了自己的小说《萨伏罗拉》和有关英国和苏丹战争的《河上的战争》。

1899年，丘吉尔辞去军职，以《晨邮报》随军记者的身份参加英国与荷兰移民后裔布尔人重新瓜分南非的英布战争，被俘，后越狱潜逃。丘吉尔因此以作战英勇、敢于履险犯难闻名。

回国后进入政界，当选为保守党议员。1904年，丘吉尔转入自由党，1906年以自由党身份首次人阁担任殖民副大臣，后出任商务大臣、内政大臣，第一次世界大战前夕担任海军大臣，在战争期间曾任军需大臣、陆军大臣、空军大臣等。

1924年，他又以保守党身份出任财政大臣，直至1929年保守党在选举中惨败而离开政府，赋闲十年之久。这期间他出版了五卷本回忆录《世界危机》、传记著作《我的早年生活》等，获得了较好的反响。

20世纪30年代，由于法西斯势力的崛起，欧洲形势日益紧张，丘吉尔坚决反对英法等国的绥靖政策，成为强硬派领袖。他到处发表演说，揭露战争的危险。他的演说滔滔雄辩，警句迭出，被公认为出类拔萃的大演说家。

1939年，第二次世界大战爆发，丘吉尔出任张伯伦内阁的海军大臣。1940年5月，英国下院向张伯伦政府提出不信任案而下台时，丘吉尔临危受命组建政府并担任首相。三天后他以首相身份出席下院会议，发表了著名的讲话：“我没有别的，只有热血、辛劳、眼泪和汗水献给大家。你们问：我的目的是什么？我可以用一个词来答复：胜利，不惜一切代价的胜利，无论多么恐怖也要争取胜利，无论道路多么遥远艰难，也要争取胜利，因为没有胜利就无法生存。”

在丘吉尔的领导下，英国人民取得了抗击法西斯的伟大胜利，但在1945年7月的大选中，在反法西斯胜利前夕，因保守党在大选中失败，丘吉尔失去首相职位。次年，丘吉尔在美国密苏里州富尔顿发表“铁幕演说”，主张美英联合对抗共产主义，拉开了战后东西方“冷战”的序幕。其后，他用6年时间完成了六卷本《第二次世界大战回忆录》，收录大量政府文件、会议记录、来往函电、个人保存资料，以及200多幅珍贵史料图片，卷帙繁浩，气势磅礴，并因些获得1953年的诺贝尔文学奖。

在1951年的大选中，保守党重夺政权，丘吉尔再度出任首相。1953年伊丽莎白二世即位，授予丘吉尔最高荣誉嘉德勋章，并封为伦敦公爵以表彰其为英国所做出的贡献。

1955年4月丘吉尔因健康原因辞职。

1963年4月9日，丘吉尔在接受美国“荣誉公民”称号时发表书面讲话，他说：“我曾取得过很多成就，但到头来却是一场空。”

1965年1月24日，丘吉尔逝世，享年90岁。英国人为他举行了隆重的国葬！

丘吉尔先生不但是一位伟大的政治家，而且还是一位著名的演说家和作家。他的作品有《马拉坎德远征史》《河上战争》《第二次世界大战回忆录》《英语民族史》《世界危机》《马尔巴罗的生平时代》等。丘吉尔的名字前从没被冠以“英明”二字，但他确实在这个世界上留下了英名。

名人名言

我们将在海滩作战，我们将在登陆处作战，我们将在战场和街上作战，我们将在山地作战。我们绝不投降。

——丘吉尔

我们只有一个目标，一个唯一的、不可变更的目标。我们决心要消灭希特勒，肃清纳粹制度的一切痕迹。什么也不能使我们改变这个决心。

——丘吉尔

中兴总统罗斯福

富兰克林·德拉诺·罗斯福（Franklin Delano Roosevelt，1882—1945），美国历史上唯一蝉联四届（第四届未任满）的总统。罗斯福在20世纪的经济大萧条和第二次世界大战中扮演了重要的角色，被学者评为是美国最伟大的三位总统之一。

罗斯福

富兰克林·罗斯福，1882年1月30日出生于纽约州海德镇的一个富豪家庭。他的父亲詹姆斯·罗斯福前任妻子去世，再婚娶了罗斯福的母亲萨拉·德拉诺。罗斯福是詹姆斯和萨拉的独生子，夫妇俩十分宠爱罗斯福，只让小罗斯福接受家庭私人教育。

1896年，14岁的罗斯福进入美国著名的格罗顿公学。罗斯福自格罗顿公学毕业后，于1900年9月进入哈佛大学就读。在哈佛，他积极地参与了体育、社交等各种活动。罗斯福主修文科，他把精力集中在社会科学上，选修了历史、政治与经济等各种学科。

与在格罗顿公学时一样，罗斯福在哈佛是一名中等学生，成绩平平。在修完毕业学分后，为了编写学校刊物继续留在学校。之后申请进入哥伦比亚法学院研究所，由于未专心于学业，因此未获得学位。

其间，在1902年罗斯福与西奥多·罗斯福总统的侄女埃莉诺·罗斯福相识，之后，不顾亲人的反对，两人于1905年结婚，次年即产下一女，然后又生了五个儿子。

1907年，罗斯福通过纽约律师资格考试，进入华尔街的律师事务所工作。至1910年，参加纽约州参议员竞选获得胜利，从此开始了从政的生涯。随后，在1912年时为伍德罗·威尔逊助选，引起了民众的注意。至威尔逊当选后，罗斯福被任命为助理海军部长，自此任职到1920年，绩效卓著。

在1920年的总统选举中，罗斯福以副手身分与民主党人詹姆斯·考克斯搭档竞选，结果被共和党候选人组合——哈定与柯立芝击败。选战失败后，罗斯福于1921年回到纽约重操律师旧业。此时，处于事业低潮的罗斯福身心疲惫，于是在同年8月离开纽约度假，在度假时不幸患上了脊髓灰质炎（小儿麻痹症）。

罗斯福经过了一段非常灰暗且痛苦的日子，幸得妻子的不断鼓励和精心的心理、生理治疗。1924年，罗斯福终于又在民主党的全国代表大会上露面。

1928年，罗斯福重新再起，首先出马竞选纽约州州长，告捷当选。

1929年10月发生的纽约股灾，是美国历史上影响最大、危害最深的经济事件。1929年10月华尔街股市突然刮起惊人魂魄的抛售风，仅10月28日一天，道·琼斯指数就暴跌了12.82%。

股市危机、银行危机与整个经济体系的危机，是个相互推动的恶性循环，股市暴跌后，投资者损失惨重，消费欲望大减，商品积压更为严重。同时，股市和银行出现危机，使企业找不到融资渠道，生产不景气，反过来又加重了股市和银行的危机，国民经济雪上加霜。大量的企业和银行破产倒闭，工人失业，物价狂跌，通货紧缩，金融瘫痪。由于美国在世界经济中占据着重要地位，其经济危机又引发了遍及整个资本主义世界的大萧条：5000万人失业，无数人流离失所，上千亿美元财富付诸东流，生产停滞，百业凋零。整个西方经济陷入了大萧条的严冬。

这场经济大危机一直持续到1939年第二次世界大战爆发，是西方世界持续时间最长、波及范围最广、经济损失最大、政治后果最严重的一次经济危机。

1932年，在全球经济危机影响下，美国经济跌至谷底，罗斯福遂决定出马竞选总统，并在7月2日的竞选演讲中提出了“新政”的构想，保证解决经济危机，顺利当选总统。

到1933年罗斯福上台执政时，美国依然有1/4的劳动力失业，国民生产总值下降了一半，国内到处都可听见要求变革的抱怨之声。没有人知道情况为什么会变得糟，也没有人知道该如何解决这一问题。

压在罗斯福肩头的是千斤重担，然而历尽沧桑与人世艰辛的罗斯福已经具备了无所畏惧的勇气。他的大无畏的勇气和他过人的智慧使他足以成为时代与国家的中流砥柱。

1933年3月4日，罗斯福的在第一次面对国人的就职演说中给美国民众注入一剂强心针：

"……这个伟大的国家过去历经磨难，今后仍将经受考验，将恢复生机，繁荣兴旺。因此，首先允许我申明自己的坚定信念：我们唯一该恐惧的是恐惧本身——会使我们变后退为前进所需做出的努力瘫痪的那种不可名状，失去理智，毫无根据的恐惧。在我国历史上每一个黑暗的时刻，坦诚而有魄力的领导都曾得到人民的理解和支持，这正是胜利的保证。

"……我和你们都以这样一种精神来面对共同的困难。

"……但是我们的危难并不是源于实质上的失败。我们没有遭受蝗灾。我们的祖先信仰坚定，无所畏惧，因而所向披靡。比起他们遇到的艰难险阻，我们尚可谓万幸。

"……幸福并不是建筑在仅仅拥有金钱上，它建筑在取得成就的欢欣和创造性工作的激动上。切莫在疯狂地追逐瞬息即逝的利润中忘记工作带来的欢乐和精神鼓舞。我们在这些阴暗的日子里付出的代价将是完全值得的，如果这些时日教育我们认识到，我们不该听凭命运摆布，而应让命运为我们自己和我们的同胞服务。……

"对于给予我的信任，我将以顺应时代的勇气和忠诚作为回报。我决不辜负众望……"

然后，罗斯福开始实践他的承诺，进行了大刀阔斧的改革。

在被称为"百日新政"（1933年3月9日至6月16日）期间，罗斯福敦促制订了15项重要立法。

自1933年3月上任后，在短时期内罗斯福展现了他的铁腕作风，在百日内连续且快速地提出一连串的经济复兴与救济法案。

罗斯福于1933年3月4日宣誓就任总统时，全国几乎没有一家银行营业，支票在华盛顿已无法兑现。在罗斯福的要求下，3月9日，国会通过《紧急银行法》，决定对银行采取个别审查颁发许可证制度，对有偿付能力的银行，允许尽快复业。从3月13日至15日，已有14771家银行领到执照重新开业，与1929年危机爆发前的25568家相比，淘汰了10797家。罗斯福采取的整顿金融的非常措施，对收拾残局、稳定人心起了巨大的作用。公众舆论评价，这个行动犹如"黑沉沉的天空出现的一道闪电”。

罗斯福在解决银行问题的同时，还竭力促使议会先后通过了《农业调整法》和《全国工业复兴法》，这两个法律成了整个新政的左膀右臂。罗斯福要求资本家们遵守“公平竞争”的规则，订出各企业生产的规模、价格、销售范围；给工人们订出最低工资和最高工时的规定，从而限制了垄断，减少和缓和了紧张的阶级矛盾。在得到大企业的勉强支持后，罗斯福随之又尽力争取中小企业主的支持。他说，大企业接受工业复兴法固然重要，“而产生丰硕成果的领域还在于小雇主们，他们的贡献将是为1至10人提供新的就业机会。这些小雇主实际上是国家骨干中极重要的部分，而我们的计划的成败在很大程度上取决于他们。”中小企业的发展，为美国社会的稳定、经济的复苏发挥了积极的作用。

新政的另一项重要内容是救济工作。1933年5月，国会通过联邦紧急救济法，成立联邦紧急救济署，将各种救济款物迅速拨往各州，第二年又把单纯救济改为“以工代赈”，给失业者提供从事公共事业的机会，维护了失业者的自力更生精神和自尊心。新政期间，全美国设有名目繁多的工赈机关，综合起来可分成两大系统：以从事长期目标的工程计划为主的公共工程署（政府先后拨额40多亿美元）和民用工程署（投资近10亿美元）。后者在全国范围内兴建了18万个小型工程项目，包括校舍、桥梁、堤坎、下水道系统及邮局和行政机关等公共建筑物，先后吸引了400万人工作，为广大非熟练失业工人找到了用武之地。后来又继续建立了几个新的工赈机构，其中最著名的是国会拨款50亿美元兴办的工程兴办署和专门针对青年人的全国青年总署，二者总计雇佣人员达2300万，占全国劳动力的一半以上。到二战前夕，联邦政府支出的种种工程费用及数目较小的直接救济费用达180亿美元，美国政府藉此修筑了近1000座飞机场、12000多个运动场、800多座校舍与医院，为百万工匠、非熟练工人和建筑业是创造了就业机会，还给成千上万的失业艺术家提供了形形色色的工作。

1935年又乘胜追击，提出了第二轮的新政内容，并于翌年获得连任。

到1939年，罗斯福总统实施的新政取得了巨大的成功。新政几乎涉及美国社会经济生活的各个方面，其中多数措施是针对美国摆脱危机，最大限度减轻危机后果的具体考虑。还有一些则是从资本主义长远发展目标出发的远景规划，它的直接效果是使美国避免了经济大崩溃，有助于美国走出危机。从1935年开始，美国几乎所有的经济指标都稳步回升，国民生产总值从1933年的742亿美元又增至1939年的2049亿美元，失业人数从1700万下降至800万，恢复了国民对国家制度的信心，摆脱了法西斯主义对民主制度的威胁，使危机中的美国避免出现激烈的社会动荡。

总之，他实现了自己对国民的承诺，他带领美国人民战胜了恐惧，美国的民主制度在罗斯福的努力下又复活了。

1939年，第二次世界大战爆发，美国在军事方面协助同盟国。1941年12月7日，日本偷袭美国在太平洋的军事基地珍珠港并对美宣战，美国在次日宣布对日作战。罗斯福针对此事在国会发表演讲，指称该日是“一个耻辱的日子”，美国至此正式加入战局。

1942年，罗斯福建立国际组织的理想终于达成，美、英等二十六国共同签署了《联合国家宣言》。

1944年，罗斯福以“过河时莫换马”的口号和良好的竞选政策打败对手托马斯·杜威，第四度当选为美国总统，并于1945年1月20日宣誓就职。同年的4月12日，一个阳光普照、令人愉悦的温暖春天，罗斯福在他坐落于佐治亚温泉的小别墅中突然感到不适，最终在下午3时35分因脑溢血与世长辞，享年63岁。

名人名言

人经过努力可以改变世界，这种努力可以使人类达到新的、更美好的境界。没有人仅凭闭目、不看社会现实就能割断自己与社会的联系。他必须敏感，随时准备接受新鲜事物；他必须有勇气与能力去面对新的事实，解决新问题。

——罗斯福

幸福不在于拥有金钱，而在于获得成就时的喜悦以及产生创造力的激情。

——罗斯福

魅力总统肯尼迪

约翰·菲茨杰拉德·肯尼迪（John Fitzgerald Kennedy，1917—1963）是祖籍爱尔兰苏格兰地区的姓氏。美国第35任总统，美国著名的肯尼迪家族成员。

肯尼迪，于1917年5月29日在马萨诸塞州波士顿市出生。他的父亲是爱尔兰裔银行家。

肯尼迪毕业于哈佛大学。第一部著作《英国为何酣睡》成为1940年的畅销书。

1943年，他担任海军少尉，并参与第二次世界大战。在战争中，他指挥的鱼雷艇被日本海军击沉，身受重伤，逃上敌后荒岛，后来率领士兵归队。

1852年，肯尼迪在波士顿竞选议员。29岁的他竞选众议员获胜，连任3届。在国会里，他对内重视社会救济和平民福利，对外反对共产主义，支持冷战，对于杜鲁门一度主张与中华人民共和国联合的政策表示不满。

1953年，肯尼迪进入参议院，正值麦卡锡反共运动盛行之时，大批联邦公务人员以同情共产党的罪名遭清洗，肯尼迪对此并无异议。

肯尼迪

1956年，肯尼迪作为民主党的候选人被任命为副总统。1956年他还写成《勇敢者传略》一书出版，获得普利策奖（美国新闻界的一项最高荣誉奖），肯尼迪是唯一获得这个奖的美国总统。

1958年，他进入参议院。

20世纪50年代，美国经济增长缓慢，贫困问题严重，黑人运动逐步高涨；而西欧、日本进入经济迅猛发展时期，苏联的科技发展有迎头赶上和超过美国之势，美国的优势地位逐渐丧失，整个国家显现出一种衰退与迟暮迹象。

1960年，当患有心脏病、满脸皱纹的艾森豪威尔总统任期即将结束的时候，美国民众迫切需要一位生机勃勃的人物来为美国注入活力，他们普遍希望选举一个年轻有为、充满活力的总统。而当时才43岁风华正茂的肯尼迪确实表现得光芒四射、充满魅力，于是，美国历史上最年轻的总统就在此时横空出世了。他身上承载着一代美国人的理想与希望。

1960年9月26日，在芝加哥，美国历史上总统竞选辩论第一次置于电视摄像机的镜头前。观众面前的尼克松穿着一身灰色西服，和灰色的背景混沌成一片。浓密的胡须给人一种气势汹汹和刁钻诡诈的感觉。尼克松由于住医院体重减轻，显得面色苍白，本来很合体的衬衣领子也大了半个号码，更显出一副无精打采的病态。而出身豪门的肯尼迪则生气勃勃、潇洒自如、气度非凡，尼克松的败局就这样确定了。其实当时尼克松已经当了8年的副总统，政治实力强，深得国内保守派拥戴。在大选前一年的时间里，他先后到北美、欧洲、亚洲很多国家做了“政治巡游”，在国际上也有较高的知名度。而当时的肯尼迪不过是个名气不大的参议员。

1960年11月9日，肯尼迪当选美国总统，获得34221355张选票，占49.7%，尼克松获得34019398张选票，占49.6%，美国选举制度规定，总统由获得多数选票区的一方提名。选举结果显示，在美国50个州的537个选区票中，肯尼迪赢得300张，尼克松赢得219张，其余选票由其他候选人获得。超凡的魅力却使肯尼迪赢得了原本不被看好的大选，成为美国历史上最年轻的总统。虽然肯尼迪不是演员出身，但他却是美国公认的最具明星气质的总统。

1961年1月20日那天，华盛顿在经历了数日的风雪交加之后，迎来了一个虽然寒冷却晴朗起来的日子。三千名美国军人开动了七百台扫雪机和卡车，苦干了一整夜，总算把白宫周围厚达8英寸的积雪清扫干净。

这一天，肯尼迪在白宫的草坪上向数千名听众发表了他的就职演说。

他的第一声语言便响彻云霄，他的这个就职演讲可谓振聋发聩：

“我们今天庆祝的并不是一次政党的胜利，而是一次自由的庆典。它象征着结束，也象征着开始；意味着更新，也意味着变革。”

这句开篇词非常鲜明地表达了一种继往开来的理想和胸怀，表现了新政府的自信。

然后他又表现出一种强烈的唤起民众使命感与巨大热情的渴望。“我的同胞们，在我的手里，更在你们的手里决定着我们的事业的最后成败”，这种理念似乎注定了肯尼迪要成为美国新生一代的号角。

现在那号角又再度召唤我们——不是号召我们肩起武器，虽然武器是我们所需要的；不是号召我们去作战，虽然我们准备应战；那是号召我们年复一年肩负起持久和胜败未分的斗争，“在希望中欢乐，在患难中忍耐”；这是一场对抗人类公敌——暴政、贫困、疾病以及战争本身——的斗争。

在肯尼迪穿越历史的眼光中，在他唤醒时代的巨大热情中，肯尼迪努力燃起60年代美国人的信念，那是一种前所未有的责任感与献身精神——

“不要问国家能为你们做些什么，而要问你们能为国家做些什么”。这一句与我国的“天下兴亡，匹夫有责”何其相似。

这是本篇演说辞最具魅力的一句，也是名载史册的一句。这句经典之言也为他赢得了美国人的心。在众多美国人心目中，他们的前总统约翰·肯尼迪是完美和理想主义的化身。

肯尼迪顺应了一个充满激情的时代的要求，也被时代推上了后人无可企及的高度。

作为总统，肯尼迪开始履行他的战役保证再次使美国运转起来的诺言。他上台后并非一切如愿，任职开始就遇到了美国入侵古巴惨败的事实。他为了寻得平等的权利采取有力措施，要求新公民权利立法。他给予民族文化的质量和艺术在一起至关重要的社会中心角色。他希望美国恢复老的任务作为致力于人权的革命的最早的民族。由于发展与和平小组的联盟，他对发展中国家的帮助为美国人带来理想主义。

历史学家们也许会说肯尼迪任职时间实在太短，他还没有来得及创建伟业，但对于全世界很多人来说，他却是美国的最好象征，这大概也说明了为什么那么多美国街道以他的名字命名，而他的照片也成为全世界诸多家庭中的摆设。

如果说个人魅力还不足以说明肯尼迪的对于整个时代的影响力，那么，他的政策则显示出这一点。

“新边疆”政策是肯尼迪的施政纲领。

1960年7月15日，肯尼迪在接受民主党总统候选人提名的演说中，提出了新边疆的口号。肯尼迪在1961年1月宣誓就任前后，着手制订新边疆的施政纲领。在他执政期间，提出了为数众多的计划，包括改善城市住房条件，发展教育事业，为老年人提供良好的医疗保健，反对种族歧视等。

1962年，他又处理了“古巴导弹危机”。除此之外，肯尼迪政府还干涉了刚果事务，派兵越南，开始了长达10年之久的侵越战争。他执政时期，正值国际政治舞台风云变幻，“古巴导弹危机”“柏林危机”等一大堆的麻烦缠绕着他。然而，肯尼迪没有退却，以高昂的情绪给美国民族带来了极大的希望和不顾一切勇往直前的勇气。他推行称霸世界的全球战略，把大规模报复战略转变为灵活反应战略；建立“和平队”；制造侵略古巴的猪湾事件，组织“争取进步联盟”，加强对拉美的控制；提出“宏图计划”，试图将西欧纳入以美国为主体的大西洋共同体之中。

他力图把美国的活力和技术直接带给世界各国人民……

肯尼迪以“新边疆”开拓者的姿态，煞费苦心地力挽国家颓势。他的雷厉风行的手段迅速取得了成效。在他执政的一千天里，他还大力改组白宫，扩大总统权力，并重用一批学者、教授、“智囊人物”。他大幅度增加军费预算，以确保美国在核军备、空间竞赛和非核武器方面的对苏全面优势。在1962年10月举世瞩目的古巴导弹危机中，他又顶回了赫鲁晓夫的恫吓讹诈，在这场苏美军事对抗中占了上风。在国内，他以强硬的手腕压住了美国大公司的钢铁涨价，实行赤字预算和减税等财政措施，使美国经济一度出现了较明显的回升。他执政的时间虽然不长，但他的战略策略思想在美国的政治生活中却有着重要的影响。

尤其值得称道的是阿波罗登月计划。当尼克松与赫鲁晓夫在1957年展开厨房辩论时，他们都希望自己所代表的制度具有更强的优越性，所以当苏联最终将第一颗人造卫星送上轨道时，它令美国人与西方世界紧张不已。阿波罗登月计划除了清洗了美国人在1957年的耻辱，它给因越战而混乱与暗淡的1960年代美国带来了奇迹般的光彩。当亿万美国观众目睹着阿姆斯特朗的一小步时，他们感谢肯尼迪为他们的时代带来灿烂与辉煌。

然而，肯尼迪的事业未竟，1963年11月22日却被暗杀了，这成为美国历史永远的遗憾。

在肯尼迪被暗杀40周年之际，美国总统布什说：“肯尼迪离开我们已经快与他活着的时间差不多了，但肯尼迪的亡灵仍然是美国的骄傲，时间的流逝并没有减轻我们心中那份悲伤感。肯尼迪是一个伟大的男性，更是一位出色的国家领导人，他极具人格魅力而且风度翩翩。他的家人和儿女在他遇刺纪念日上总是强掩心中悲痛，坚强地度过没有他的日子。”

即使是保守派的威廉·F.布克利·吉尔也评述说：“肯尼迪的神话在于他无可挑剔的美貌和气质。他是土生土长的美国人，看起来光彩夺目，他充满自信喜悦的表达方式将永远活在美国人心目中，变得神圣化。”

名人名言

不要问国家能为你做些什么，而要问你们能为国家做些什么。

——肯尼迪

让每一个国家知道，不管它盼我们好或盼我们坏，我们将付出任何代价，忍受任何重负，应付任何艰辛，支持任何朋友，反对任何敌人，以确保自由的存在与实现。

——肯尼迪

美国开国之父华盛顿

乔治·华盛顿（George Washington，1732—1799）是美国独立战争大陆军总司令。1789年，当选为美国第一任总统，1793年连任，在两届任期结束后，他自愿放弃权力不再续任，隐退于弗农山庄园。华盛顿被尊称为美国国父，学者们则将他和亚伯拉罕·林肯并列为美国历史上最伟大的总统。

1732年2月22日，华盛顿出生在美国布里奇斯溪庄园的一间木屋里。华盛顿的祖辈是英国人，远渡大西洋来到北美英国殖民地弗吉尼亚购地定居。他的父亲为人仁厚，是当地很有名的人士，对华盛顿的成长影响很大。从小生活在庄园里的华盛顿，养成了质朴率真的性格。

华盛顿

华盛顿的父母没有受过多少教育，可是他们对孩子的教育却很热心。由于他们住的地方是原始丛林环绕着的一个新开辟地区，附近没有学校，唯一可以接受教育的地方，只是一间孤立在田野间，用数片薄板搭成的小木屋。教会里的一位叫荷比的传教士在小木屋内教导学生，华盛顿在他的指导下，学习识字和数学。

华盛顿弟兄4人，但他最敬重的是同父异母的哥哥劳伦斯·华盛顿。他最喜欢听这位富有军人气质的兄长讲述战斗故事，也是这位兄长，对华盛顿一生的命运起了关键性的影响。华盛顿11岁那年，他的父亲因病去世，在华盛顿的心里，留下了终生不能忘怀的悲痛。“我也要表现得和爸爸同样杰出。”他暗暗地发誓。根据当时的法律，父亲所留下的庞大遗产，大部分都归大儿子劳伦斯继承；老二奥拓斯丁继承了一部分；留给华盛顿母亲的，要等华盛顿的几个兄弟长大后，再分给他们。“现在，你们再也不是地主的小少爷，不能再过那种舒服的日子了！大家要去开垦自己的土地，开辟自己的道路才行。”华盛顿的母亲训诫她的孩子说。

华盛顿喜欢学习切合实际的功课，不肯死啃书本，他非常喜欢测量学，在他的笔记本上，抄满的是关于票据以及土地买卖的契约、证明文件、借据、遗书等文件的格式。他的大哥劳伦斯和二哥奥古斯丁本打算把他送到英国的大学去读书。但华盛顿对此并没兴趣，他对大哥说：“我并不想效仿英国绅士研读拉丁文，只希望做一个拥有独立人格、精神高贵的人。”

华盛顿的哥哥劳伦斯是一位有远大抱负的风云人物，颇富有政治眼光。他敏锐地意识到，他们所处的区域不久的将来会成为英法两国争夺的焦点。在英国的支持下，他和几个朋友成立了俄亥俄公司，后来又担任了这个将决定美洲命运的大公司的董事长，准备做一番事业。

不幸的是，不久之后，劳伦斯染上了结核病并且越来越重。华盛顿陪哥哥到巴贝多岛去治病期间，自己也染上了天花，虽幸运得治，却留下了一脸永远无法抹去的痘痕，成了一个麻子脸。华盛顿的哥哥劳伦斯不久便病逝了。

劳伦斯把遗产都留给了华盛顿，华盛顿还接替了劳伦斯在俄亥俄公司的职位。那时的弗吉尼亚，全州划分为4个军区，华盛顿继承了哥哥的职务，就被任命为陆军少校，不久，又担任起北军司令官的职务来。

这时，英法两国正为争夺北美殖民地而剑拔弩张，双方都把这片富饶的土地看成是自己的领土，并且都抱定寸土必争的决心。1753年秋，华盛顿从报纸上知道法军已南下，并建立了据点，华盛顿感到非常气愤，于是他奉英国总督之命，火速率军北上。战斗中，有4颗子弹穿过他的上衣，两匹战马被打死，但他英勇杀敌，毫无惧色，所幸他并没受伤。

1763年，北美人民和英国的矛盾迅速激化。华盛顿很为北美的前途担忧。他朦胧地预感，北美人民和英国之间会爆发一场战争。不久，爆发了一件震撼北美大陆的事件。1775年4月19日拂晓，英军袭击了位于马萨诸塞的莱克星顿和康科德火药库，引发了北美人民争取民族独立革命战争的开始。

在这民族危亡之际，由于华盛顿在北美人民中享有很高的威望，也由于他已往的英勇事迹，他被推选为大陆军总司令。随着战争形势的发展，华盛顿的思想也起了很大变化。以前他对英国王室尚抱有幻想，但严酷的现实和群众的爱国激情使华盛顿意识到：只有争取民族独立，才会有美利坚民族的光明前途。

华盛顿在1776年进攻波士顿，利用稍早在提康德罗加堡垒所夺取的火炮阵地，得以俯瞰整个波士顿港，最后将英军逐出了波士顿。英军指挥官威廉·何奥下令英军撤回加拿大的哈利法克斯。华盛顿接着率领军队前往纽约市，预期英军将发动攻势。拥有压倒性军力的英军于8月展开了攻势，而华盛顿所率领的撤退行动却相当笨拙，几乎全军覆没。他也在8月22日输掉了长岛战役，不过得以撤退大多数的军队回到大陆。在接下来又输掉了几次战役，使得军队仓卒混乱地撤离了新泽西州，此时美国革命的未来岌岌可危。

在1776年12月25日的晚上，华盛顿杰出的指挥重整旗鼓。在这场特伦顿战役中，他领导美军跨越特拉华河，突袭黑森雇佣军的兵营。并接着在1777年1月2日的晚上向查理斯·康沃利斯率领的英军发动突袭，这次奇袭振奋了支持独立的殖民地阵营的士气。

在1777年夏天，英军发动了三路并进的攻势，一路由约翰·伯戈因率领从加拿大向南进攻，一路由威廉·何奥率领攻击当时殖民地的首都费城。而华盛顿撤往南方，却在9月11日的布兰迪万河战役中遭受惨败。为了击退英军而发动的日耳曼敦战役则因为浓雾和军队的混乱而告失败。华盛顿和他的军队只得撤回环境恶劣的佛吉谷艰难地度过冬天。

在1777年至1778年的冬天，是大陆军战况及士气最恶劣的时刻，大陆军遭受了极大的战损和恶劣的生活环境。但华盛顿依然坚定着指挥军队，并持续向后方的殖民地大会要求更多补给，使大陆军能克服寒冷的冬天，逐渐恢复士气。2月时一名曾服役于普鲁士军参谋部的军官弗里德里希·冯·施托伊本前来佛吉谷，自愿帮忙训练华盛顿军队，以使他们能在战场上能和英军相较量。施托伊本在佛吉谷的训练改进了战术和作战纪律，大幅增进了殖民地军的战力，成为了殖民地军得以摆脱乌合之众状态的分水岭。在佛吉谷的训练告一段落时，华盛顿的军队已经焕然一新了。

华盛顿接着率领军于1778年6月28日的蒙茅斯战役中攻击从费城前往纽约的英军，与英军打成平手，但英军分裂殖民地政府的企图于是失败了。由于这场战役的胜利，加上一年前于萨拉托加战役中击败了伯戈因率领的入侵英军，情势逐渐好转，英军显然无法攻克整个新国家，因此法国决定正式与美国结盟。

1780年在1778年后英军最后一次试着分离殖民地，这次英军集中于南方地区。华盛顿的军队并没有直接攻击他们，而是前往驻扎位于纽约的西点军事基地。在1779年华盛顿命令五分之一的大陆军展开沙利文远征，对那些与英军结了盟且常攻击美军前线堡垒的易洛魁联盟的6个部落的其中4个发动攻势。虽没有战斗发生，不过至少摧毁了40个易洛魁村庄，使这些印地安人被迫永远离开美国，迁徙至加拿大。在1781年美军以及法国陆军和海军一同包围了康沃利斯在约克敦的军队，华盛顿迅速前往南方，于10月17日接掌指挥美军和法军，继续围城战斗直到10月17日康沃利斯投降，10月19日，他接过了康沃利斯的投降宝剑。尽管英军仍在纽约市和其他地点活动直到1783年，这场战役成了独立战争最后一场主要的战斗。

应该指出的是，华盛顿的战术毫无特殊之处，既无开创性，也对军事历史毫无影响，而且他常在许多次战役中都犯下大错。但他仍被捧为战争英雄，因为支持他的人们认为，由于他所主张的革命概念，美军也在战争中存活并持续战斗，使得美国得以维持独立持续至今。华盛顿一直躲开与英军直接的冲突，避免了美军决定性的战败或投降。他相当了解美军的弱点并且也限制了他们进行过于冒险的行动，并利用他勇敢的人格激励军队，使他们能撑过漫长而艰难的战争。

华盛顿在战争中选择了正确的战略，如同古罗马将军费比乌斯·马克西姆斯在第二次布匿战争的战略，持续的拖延敌人将能使英国人如同当年的汉尼拔一样，“攻到了门外”，但却“不得其门而入”。很快英国人将会了解到继续作战只是浪费资源，他们只能追击美军进行混战，却无法彻底捕捉到美军的主力。华盛顿了解到这场战争将会经由外交途径取得胜利，而不是靠着士兵们。

1780年10月，华盛顿领导的美国军队取得了约克顿战役的胜利。这次战役是独立战争中最大一次战役，它标志着美国人民已在军事上取得了最后胜利。1783年9月3日，英国承认美利坚合众国为自由、民主的独立国家。独立战争胜利后，曾有人写信给华盛顿，请求他当国王，华盛顿很生气，义正辞严地断然拒绝了要他当国王的请求。他主动召集大陆军军官开会，满腔热情地回顾了官兵们在战争期间的功绩，恳切希望他们不要玷污昔日的荣誉。

1789年1月，美国举行了历史上第一次总统选举，华盛顿当选为总统。从此，华盛顿为美国建国初期的治理整顿和发展费尽心力。

华盛顿在第二届总统任期期满后，执意要求引退。其原因很复杂，首先，他感到年迈体衰；其次，他所厌恶的党派斗争已在美国形成。华盛顿在1796年9月17日发表了著名的《告别辞》，从此隐居乡间。

华盛顿不再连任总统，为以后的美国总统树立了一个不成文的先例，即美国总统的任期不得超过两届。后来，这一惯例正式成为宪法的规定。

华盛顿在67岁时因病去世。在遗嘱中，他表示死后要让他庄园里的所有奴隶获得自由。为了纪念这位伟大的爱国者和杰出的政治家，美国人民把首都命名为华盛顿。

名人名言

由于剑是维护我们自由的最后手段，一旦这些自由得到确立，就应该首先将它放在一旁。

——华盛顿

先例是危险的东西，因此，政府之缰绳得由一只坚定的手执掌，而对宪法的每一次违背都必须遭到谴责，如果宪法存在什么缺陷，那就加以修正，但不能加以践踏！

——华盛顿

印度圣雄甘地

莫罕达斯·卡拉姆昌德·甘地（Mohandas Karamchand Gandhi，1869—1948）是20世纪最奇特的政治家，他一生致力于和平，独立，平等的政治主张，他使用绝食这一独特方式来进行抗争，实现自己的政治理想，他一个人的作用胜过千军万马。

1869年10月12日，甘地出生在印度西部卡提阿瓦半岛的博尔本德尔，其父母都是虔诚的印度教徒。甘地家族世代经商，甘地的祖父乌塔昌德弃商从政，曾先后担任卡提阿瓦半岛上几个小土邦的首相。由于甘地家庭笃信印度教大神毗湿奴，因而他自幼受到不杀生、素食等思想的熏陶，信仰毗湿奴，对甘地思想影响很深。毗湿奴是印度的守护神、善神，被认为具有保护能力，并能创造与降魔。毗湿奴的行为准则，成为甘地思想最早的渊源。

甘地

印度盛行童婚制度，甘地在8岁时便与同龄的嘉斯杜白订婚。

1876年，甘地7岁时，随父迁居拉杰果德，在当地上小学。1881年，甘地12岁时，在拉杰果德进入阿尔弗雷德中学。拉杰果德位于印度西部距海不远处，是英国殖民势力和资本主义工商业影响较深的地区，这里的中小学校几乎都在英国殖民政府的监护下。因此，甘地较早地接受了殖民地资产阶级学校教育。为此，甘地后来曾一再言及自己未能更深广地精通印度教梵文经典，认为自己只是阅读了《吠陀》的梵文译本。

1882年，13岁时便结婚，妻子嘉斯杜白也是一位虔诚的印度教徒。从此嘉斯杜白成为甘地的终身伴侣，相同的宗教信仰与生活习俗，类似的社会地位与民族待遇，她成了辅助甘地事业的助手。诚然，在甘地成年以后，他是印度童婚制度的反对者。他认为，童婚会导致民族体质衰退乃至于亡国。

1885年，甘地16岁时，父亲去世，他失去了一位保护人，这对他的精神与经济状况是一次重大挫折。1887年，18岁的甘地中学毕业，同年进入巴纳加尔城的萨玛尔达斯学院攻读。第二年，1888年9月4日，甘地被送到英国伦敦大学法学院攻读法律。为此，他违反了毗湿奴教派信徒不能漂洋过海远行的戒律，被开除出吠舍种姓。

1893年，他应南非一家印度富商的邀请，前往南非办理一桩民事纠纷。当时的南非作为英国的殖民地，那里有不少印度侨民，其中多数人从事苦力，这些印侨都在不同程度上受到当地白人的歧视。

为了改善印侨在南非的地位，甘地就在南非积极参加了当地反对种族歧视的运动。在案子了结后，朋友们都希望甘地能留下来为侨胞说话，甘地同意了，他在纳塔尔定居下来并申请到最高法院当律师。

在南非21年的斗争过程中，甘地逐渐形成了他的非暴力思想。他本人印奉耆那教，仁爱、素食、不杀生等教义植根于甘地的思想深处，并把“以善报恶，以德报怨”作为自己的处世格言。来到南非后，甘地进一步研读了印度教、基督教和伊斯兰的经典，结交了不少宗教界人士，他还经常与俄国大作家托尔斯泰通信。托尔斯泰的《天国就在你心中》所倡导的非暴力思想使甘地感触颇深。

1904年，为了寻求自己的理想生活，甘地先后创办了凤凰村和托尔斯泰农场两个非暴力抵抗运动基地。在这里，人们不论种族、国籍、肤色一律平等，男女老幼一律劳动，自食其力。

甘地在南非组织了多次旨在反抗民族歧视的运动，虽屡次遭到了南非政府的镇压，但运动产生的影响却是深远的。为此，甘地本人也曾受过南非当局的逮捕和当地白人的毒打。

甘地在《印度自治》一书中，鲜明地提出了自己的政治见解，他认为印度的文明需要一个高尚的自卫武器——非暴力抵抗，并用它来达到自治的目的。他还在回印度探亲期间，广为宣传南非印度人的遭遇，在印度产生了很大影响。

1914年7月，回到印度的甘地已是一位颇有声望的社会活动家了，他的政治主张和非暴力抵抗的斗争策略为当时印度资产阶级和很多群众所拥护。甘地很快成了国大党（印度国民大会党）的实际领袖。

回到印度的第二年，甘地就在古吉拉特邦建立了一个非暴力抵抗基地——非暴力抵抗学院（也称真理学院或真理修道院），其目的就是为非暴力抵抗运动培养人才。

1920年，国大党在加尔各答召开特别会议，通过了甘地提出的“不合作”运动决议。决定发动全国各阶层人士：辞去公职和爵位，不接受英国人的教育，不向法院起诉，抵制英货，使用土布，不在英国银行存款，不买英国的公债等。随即，印度国内办起了印度人自己的学校、商店，制造了200万架手纺车。1921年7月，甘地带头在孟买焚毁英国布匹。全国各地的人们纷纷效仿，跟着有50万工人参加罢工，把不合作运动推向了高潮。

工农运动的发展，必然会冲破甘地设置的框框。与非暴力不合作运动兴起的同时，一些地区发生了激烈的农民运动以至农民起义。甘地忧心忡忡，感到自己无法控制局面。1922年2月，终于在曹里曹村发生了惨案，农民同来镇压的警察发生冲突，22名警察被烧死。根据甘地的建议，国大党急忙通过了决议，决定停止非暴力不合作运动，甘地也因此被捕入狱，1924年因病获释。

20世纪20年代初印度民族解放运动的发展过程，说明甘地“非暴力抵抗”的斗争策略完全是为了适应印度民族资产阶级需要而制定的。“不合作”是用来向帝国主义施加压力，以实现他们的要求；“非暴力”是用来限制群众，以保护他们的利益。

此后，甘地为了迫使英国让步，又发动了两次不合作运动。1930年3月，他率领信徒举行煮盐运动，掀起了对抗食盐专卖等法令的全国运动，为此，他又一次被捕。1931年3月，甘地和殖民当局签署了甘地——欧文协定，宣布停止不合作运动，国大党参加讨论印度地位的问题，由于英国的阻挠，谈判不欢而散。1942年8月，对战争一直持反对态度的甘地利用英国陷于战争的困境，提出英国应立即退出印度的口号。当时的日本在亚洲的大肆侵略与屠杀，激起了世界各国人民的反对，而且，当时的印度也是日本的侵略目标之一。国大党内部对此意见不一，于是甘地就发动了个人的不合作运动。第二天，甘地就被捕入狱，直到1944年5月才被释放。

甘地除了发动不合作运动之外，他还以大部分的时间和精力，从事反对歧视、消除教派冲突、提倡手纺车和使用土布，以及劝说不要酗酒、吸毒等工作。他把这些称为“建设性纲领”。

甘地主张印度教徒和穆斯林团结合作，他强烈反对任何把印度分成两个国家的提议。提倡社会改良、自我道德完善和精神感化。第二次世界大战之后，甘地希望印度能够独立并成为一个完整的国家，但最后，为了印度独立，甘地接受让印度与巴基斯坦分别独立的方案。在政权交接的那天，甘地没有庆祝印度的独立，而是独自在加尔各答为分治而忧伤。

面对错综复杂的宗教矛盾和教派冲突，甘地呼吁团结。他主张印度教徒和穆斯林是和平相处于一个国家甚至一个民族的概念之内的。不管什么教徒，都是朋友兄弟，同样怀着良好的愿望，大家能够重新修好，重建家园。

为了“打开谅解之心，感化对手的每一根道德神经”，甘地决定再次运用绝食武器，制止印巴两国领导人在克什米尔的争斗。1948年1月13日，他开始绝食。

正当甘地以自己的生命推动印度民众实现宗教和睦时，一场以他为目标的暗杀行动正在悄悄进行。

早在1947年8月，一个名叫纳图拉姆·戈德森的印度教狂热分子在一场小型集会上叫嚣，反对甘地的非暴力学说，主张建立一个印度教徒统治的国家，宣扬印度种族优于其他种族，妄图重新建立大印度帝国。在他们设想的印度社会里，将没有穆斯林的一席之地。

1948年1月30日，甘地在信徒们陪同下，参加一次祈祷会，当他步入会场时，早已隐藏在人群中的纳图拉姆走到甘地面前，一面弯腰向甘地问好，一面迅速地掏出枪，抵住甘地枯瘦赤裸的胸膛连放三枪，殷红的鲜血染红了他洁白的缠身土布。甘地捂着伤口，发出最后的声音："请宽恕这个可怜的人。"

甘地遇刺的噩耗迅速传遍全国，印度全国顿时沉浸在哀痛与悲伤之中。悲伤不已的尼赫鲁（印度独立后的首任总理）向全国发表了演讲："我们生命的光明从此消失了，到处是一片黑暗。我不知道说什么，更不知道怎么表达……"在加尔各答，一位百姓用黑灰涂抹全身和面部，走街串巷，一边不停地悲叹："圣贤业已涅盘，何时才能降临一位像他那样的伟人？"

因为，在第二次世界大战结束后，甘地带领全国同胞争取自由，以绝食的方式向英国施压。最后，在民主思潮的推波助澜下，印度脱离了英国统治，成为一个独立的国家。因此，甘地被印度人尊称为"国父"。

名人名言

生由死而来。麦子为了萌芽，它的种子必须要死了才行。

——甘地

如果我们能发展意志力，我们就会发现我们不再需要武装力量了。

——甘地

著名统帅彼得大帝

彼得大帝（Peter the great）是后世对沙皇彼得一世的尊称。彼得一世，原名彼得·阿列克谢耶维奇·罗曼诺夫（1672—1725），俄国沙皇、俄罗斯帝国皇帝著名统帅，1682年即位，1689年掌握实权。作为罗曼诺夫朝仅有的两位"大帝"之一，彼得大帝一般被认为是俄国最杰出的沙皇。他制定的西方化政策是使俄国变成一个强

彼得大帝

国的主要因素。

1682年，一个刚满10岁的小沙皇登基了。作为俄国罗曼诺夫王朝的第四代沙皇，彼得即位不久，他的同父异母姐姐索菲娅借助射击军兵变，上台执政，彼得被迫和母亲住在莫斯科郊外。他从小就喜欢军事游戏，把自己的小伙伴编成两个“游戏”兵团，整天在绿荫环绕的村庄中，建筑土堡，进行军事演习及防战游戏。

7年以后，彼得长大了，他的游戏兵成了两支训练有素的近卫军。索菲娅意识到彼得是个危险的对手。1689年8月，她发动兵变，企图废掉彼得，但是阴谋失败，索菲娅被送进修道院。

彼得开始亲自执政。这时的俄国基本上是个内陆国家，经济也很落后，要改变这种状况，彼得认为首先要有出海口，他宣称“水域，这就是俄国所需要的。”有了出海口，就等于打开了通向西欧的窗口。

1695年1月，彼得亲率3万大军进攻土耳其，企图占领亚速海。由于没有海军，彼得不能从海上包围亚速城堡，而土耳其舰队却可以经常提供援助，这次远征失败了。他并不灰心，用一年多时间建立了一支舰队。1696年春天，30艘俄国战舰出现在亚速海上，俄军水陆并进，围攻亚速城堡，土耳其战败求和，亚速海落到了俄国人手中。

占领亚速后，俄国并没有打通南方的出海口。因为土耳奇不仅占领着亚速海的门户——刻赤，而且它拥有一支强大的海军，统治着黑海。彼得觉得应该向西欧学习，他决定派一个使团到西欧各国考察。

彼得的交友颇广，这就使他有可能网罗一些有才干的助手。“国王造就不了伟大的大臣，但大臣却能造就伟大的国王。”彼得曾经这样说过。对挑选能人智士他的确独具慧眼。他经常吸收那些在事业上有一技之长的人，不管他们是不是出身寒微。

著名的乌拉尔工业建筑师尼基塔·杰米多夫也就是沙皇的一大发现。

有人从国外给沙皇带来一支非常漂亮的手枪，但扳机坏了。人们劝他去找图拉的锻工尼基塔·杰米多夫。

两个月后，杰米多夫把修好的手枪交给他。彼得仔细看了以后，表示满意，夸奖了锻工，说道：“手枪真好啊！但愿我能活到俄国人都能干这种漂亮活儿，那该有多好！”

“没准儿咱们还可以和德国人比比高低哩！”杰米多夫回答说。

彼得认为他瞎吹牛，便气冲冲顺手给了他一下子，说道：“干起来再吹牛吧，骗子！”

“可是，皇上，”杰米多夫不慌不忙地反驳道，“你得先弄清是怎么一回事再发火也不迟呀！你手里那支手枪，是我的手艺，你那个外国货在这儿哩。”杰米多夫从口袋里取出外国造手枪交给沙皇。

“我向你赔个不是，看来，你还是一个小行家。”

沙皇委托杰米多夫在图拉建造一座兵工厂，并下令拨给他五千卢布的经费。沙皇下令把乌拉尔国营冶金厂转交给杰米多夫。以这座工厂为基础，他搞起了强大的工业企业。

1697~1698年间，彼得到西欧作了一次长途旅行，一次为他随后的统治定下了基调的旅行。他以一个下士彼得·米哈伊洛夫的身份，率领了一个大约由250人组成的“庞大的使团”。由于彼得使用了一个假名（鲁尤特尔·米海伊洛夫），因而他看到了许多原本无法看到的事物。在这次旅行期间，他为荷兰的荷兰东印度公司当了一个时期的船长，还在英国造船厂工作过，在普鲁士学过射击。他走访工厂、学校、博物馆、军火库，考察英国的国家制度，甚至还参加了英国议会举行的一届会议。总之，他尽了最大的努力学习西方的文化、科学、工业及行政管理方法。

正当彼得在国外考察时，国内射击军发动兵变，要求立索菲娅为沙皇。彼得闻讯后，急忙赶回国内，镇压了叛乱。平息叛乱后，彼得开始在俄国进行全面改革。在经济方面，彼得大力鼓励工商业的发展，允许企业主买进整村的农奴到工厂做工，批准外国人在俄国开办工厂。为了鼓励西方工艺和技术的引进，他把许多西方技术人员带入俄国，还派遣许多年轻的俄国人到东欧去学习。

改革之后，俄国富强了。彼得又开始为俄国寻取出海口，南方不行，就把眼光投向北方，首要的进攻目标就是瑞典。瑞典是北欧最强大的国家，也是欧洲强国之一，它拥有一支强大的军队。彼得要和瑞典争夺波罗地海是一个非常大胆的决定，是对俄国的一次严重考验。

1700年秋天，彼得率3万大军包围了瑞典的城堡纳尔瓦。18岁的瑞典国王查理十二世，先击败了俄国的盟友丹麦，接着带领1万多精兵向俄军发动猛攻。俄军全线崩溃，几乎全军覆没，彼得只身逃回了莫斯科。

惨重的失败没使彼得丧失信心，他利用查理十二世进攻波兰的有利时机，以最大的努力重建军队。

彼得从全国各地征集新兵，加紧训练。没有大炮，他命令每三个教堂交出一口铜钟来铸炮，一年之后，俄国铸出了300门大炮。1703年，俄军再次进攻瑞典在波罗的海沿岸的要塞，占领了尼恩尚茨·纳尔瓦。然后在涅瓦河口附近的科特林岛上修建要塞卡朗施塔特，在叶尼萨利岛上建立彼得——保罗要塞。彼得——保罗要塞地处大涅瓦河、小涅瓦河的汇合点，控制着通向波罗的海的水路。彼得选中这块地方作为未来的首都，使它成为真正的通向欧洲的商口。

彼得一世时期，俄国的国号首次定为“俄罗斯帝国”。这位身高2米多的皇帝是俄罗斯历史上思想最开放、最富有改革精神的帝王。在军事和对外方面，他赢得了为期20年的“北方战争”，从瑞典手中夺得了芬兰湾和里加湾沿海一带以及波罗的海出海口。在南方，他夺取了亚速堡和巴库，控制了亚速海和里海的门户。在国内，他对政治、经济、军事、教育和文化进行了大刀阔斧的改革。正如俄罗斯哲学家别尔嘉耶夫所说：“彼得大帝的改革完全是不可避免的，以前的进程为其作了准备，同时，它又是带强制性的上层革命……彼得大帝的改革对人民是如此巨大的痛苦，但没有彼得的强制性改革，俄罗斯就不能完成自己在世界历史中的使命，也不能在世界历史上获得自己的发言权。”

彼得一世身体力行，开始了俄罗斯的“欧化”，不仅在科学技术和教育领域，而且在服饰和社会风尚等许多方面也学习西欧。他剪掉贵族的大胡子，剪掉客人的长衣袖，把莫斯科公国时代的长袍改为欧洲式的短装，举办“大舞会”，提倡文明交际。

1709年6月27日，俄国和瑞典的波尔塔瓦展开了规模空前的激战。彼得亲临前线指挥。最后，瑞典溃败。后来俄军又多次在波罗地海打败瑞典。

1712年，彼得大帝从莫斯科迁都圣彼得堡，使之成为全国政治、经济和文化的中心。

1721年，俄国和瑞典签订和约，俄国从瑞典手中夺得了芬兰湾、里加湾沿岸的土地，从而解决了北方出海口问题。同年10月，俄国枢密院尊称彼得为“大帝”和“祖国之父”，俄国也正式改称“俄罗斯帝国”。

沉默意味着胆怯。

——彼得大帝

矮子巨人拿破仑

拿破仑·波拿马（Napoléon Bonaparte，1769—1821），一个身材矮小的法国人。他曾经五次打败由半个世界组成的反法联军，被誉为“欧洲第一名将”。他曾经征服过半个欧洲，造就了盛极一时的法兰西第一帝国，颁布了《拿破仑法典》，使欧洲历史向前推进了一大步。

拿破仑

1769年8月15日，拿破仑出生在法国科西嘉岛一个没落的贵族家庭。他排行老二，还有一个哥哥和6个弟妹。拿破仑小时候十分淘气、任性，虽然长得瘦小，却很爱打架，打起架来又抓又咬又不要命。比他大一岁的哥哥约瑟夫比较老实，拿破仑常常先凑了他，然后一溜烟地跑到母亲那儿哭鼻子告状。于是，挨骂的反而总是倒霉的约瑟夫。

由于家境贫困，少年拿破仑在未满10岁时，便进入了纪律严明而且等级制度非常明显的布里埃纳军校，在此5年间，他为自己奠定了较好的教育基础。他是一位聪颖、勤奋的学生，数学、历史和地理方面的成绩尤为突出。但由于他沉默寡言加之清高自负，他的人缘不好，又加他的父亲穷困潦倒又爱挥霍，同学们更是经常拿他取乐。

拿破仑毕业之后，被任命为拉费尔炮兵团中慰军官，该团驻地在瓦朗斯。拿破仑全家对此非常欣慰，因为他是从军事学校毕业的第一个科百嘉人。

1793年9月，拿破仑被派往参加围攻土伦的战役。土伦城防十分坚固，港内还停泊着强大的英国航队。拿破仑经过周密的实地考察后，向南方面军特派员萨利切蒂提出了新的作战方案：首先夺取制高点小直布罗陀高地，然后居高临下，以强大炮火轰击英舰；敌人势必害怕被切断退路而弃城保舰，逃入大海；如此，土伦将不攻自破。果然，在这次战役中，英军损失惨重，仓皇撤离，逃入地中海。

由于拿破仑在土伦之战中表现出杰出的军事才能，围城军总司令杜高米埃将军，在给巴黎的报告中写道："请你们奖励并提拔这个年轻人，因为如果不酬谢他，他也会靠自己出人头地的。"1794年1月，共和国救国委员会破格将拿破仑提升为少将旅长。

1799年，拿破仑发动"雾月政变"，他得到了社会各阶层，尤其是新兴的资产阶级的支持。他在政变中夺取了政权，发布公告宣布自己就任共和国执政，也宣告了雾月政变的成功。"雾月政变"，使这位年仅30岁的年轻人成了法兰西的第一主席，他在推翻共和制度时信心百倍并一举成功。他清楚地知道夺取政权仅是他统治法兰西的第一步，而巩固政权，繁荣法国则更重要。

拿破仑在执政期间，对法兰西共和国的行政和法律体制进行了重大的改革。他改革了法兰西共和国的金融结构和司法制度；创办了法兰西银行和法兰西大学；实行了法兰西共和国行政的中央集权制。虽然其中每项改革对法兰西共和国本身产生了重要且在某些方面是持久的影响，但是对世界上的其他国家没有什么影响。

但是拿破仑所进行的改革中有一项肯定远远地超过了法兰西共和国国界，这就是创编了法兰西共和国公民法典，著名的《拿破仑法典》。这部法典在很多方面体现了法兰西共和国革命的理想。例如，在法典面前人人无血统特权，在法典面前人人平等。与此同时法典还与过去的法兰西共和国法律和风俗相近到足以使法兰西共和国大众和法律界接受得了的程度。总之，法典稳健适度，条理清晰，简洁明了，令人夸口称颂，因而法典不仅在法兰西共和国一直得到实施（今日法兰西共和国的民法与原版的《拿破仑法典》明显相似），而且经过局部的修正也为许多其他国家所采用。拿破仑一贯主张的方针就是做革命的保卫者。但是1804年拿破仑却正式宣布自己为法兰西帝国皇帝，而且还让他的三个兄弟在欧洲的其他国家登极。他的这些行为无疑引起了一些法兰西共和国共和党人的忿恨——他们认为这样的行为是对法兰西共和国革命理想的彻底背叛——但是拿破仑所面临的唯一严重的困难却是来自对外战争。

1802年拿破仑与英国签订了一项和平条约，目的是使法国在历经十多年连绵的战争后有个喘息之机。但是翌年和平条约就被撕毁，法兰西帝国与大不列颠及爱尔兰联合王国及其同盟国之间发生了一系列长期的战争。虽然拿破仑的军队在陆地上不断地赢得胜利，但是不打败大不列颠及爱尔兰联合王国的海军就无法征服大不列颠及爱尔兰联合王国。1805年拿破仑时运不济，在特法拉加海角上一场决定性的战役中，大不列颠及爱尔兰联合王国海军势如破竹，取得了彻底胜利，此后大不列颠及爱尔兰联合王国基本上取得了海上的控制。虽然拿破仑仅在特拉法加海角战六周后大破奥俄联军，取得了极其辉煌的胜利，但是也未能真正补偿他那海军的重大惨败。

1808年拿破仑使法兰西帝国卷入了在伊比利亚半岛上的一场长期而无目的的战争，使法军多年陷入困境，但是拿破仑铸成的致命大错是他的征俄之战。1807年拿破仑会见俄国沙皇，签订了提尔西特协议，发誓要建立永久性的友谊。但是亚历山大一世拒绝接受大陆政策，使这种联盟却逐渐出现了恶性分裂，1812年拿破仑率大军入侵俄国。

随着军事冒险的不断成功，拿破仑对权利与胜利的崇拜已到了登峰造极的程度，他说：“要主宰世界只有一个诀窍，那就是要强大，因为力量强大就无所谓错误，也没有幻想可言。这是赤裸裸的真理。”在这种思想的驱使下，拿破仑对自己的驻俄大使力劝他不去征讨俄国的科古兰不屑一顾地说：“一场漂亮仗会使亚历山大（俄皇）清醒过来。”即使是在他从俄罗斯铩羽而归之时，还是拒绝了奥地利首相梅特涅的调停建议。我们回顾拿破仑帝国的历史，不难发现，在1812年以前，法国与欧洲国家签定的《亚眠和约》与《提尔西特和约》，都承认了法国在欧陆的特权和优势，如果他在那时收手，做一个“仁慈的霸主”，就有可能保持住这种地位。

但他欲壑难填，要做与中世纪查理曼大帝相当的皇帝，最终把欧洲几乎所有的国家都推到了自己的对立面，失败也就不难理解了。

战争的结局为人所共知。俄国部队在一般情况下避免与拿破仑进行对阵战。于是他得以迅速出击，到9月份就已经占领了莫斯科。但是俄国人点然起漫天大火，几乎使全城化为灰烬。拿破仑在莫斯科等待五个星期，求和的希望也化为泡影，于是终于决定撤军，然而为时已晚。俄国的军队以逸待劳，俄国的冬天残酷无情，法军供给短缺，这一切立刻使法兰西帝国士兵心惊胆颤，乱作一团，相互践踏。结果能活着逃命者还不足百分之十，面对如此情况，拿破仑又一次离开了自己的军队，只身返回法国本土，即刻组建军队，准备迎击那些随时有可能背叛法国的人。

不出所料，奥地利和普鲁士都认识到现在是他们摆脱法兰西帝国的妙时良机，他们共同会师攻打拿破仑。1813年拿破仑在莱比锡战役中又遭到了一次毁灭性的失败。翌年他宣告辞职，被放逐到意大利沿海的一个小岛——厄尔巴岛上，这里不应该是他人生的终点，作为一个影响了整个欧洲半个世纪的领袖，这样离开自己的舞台并不光彩。他要与命运抗争，要与他的人民在一起。

拿破仑的戎马生涯矛盾重重，变化莫测。他在战术上的指挥天才令人拍手叫绝，如果仅从这方面来判断，也许可以把他看作是最伟大的将军。但是从重大的战略上来看，他却犯下令人瞠目的错误，如对阿拉伯埃及共和国和俄国的入侵。拿破仑的战略错误非常严重，因而他算不上第一流的将军。这一评价有失公允吗？毫无疑问，评价一位将军是否伟大的一个标准，要看他是否有能力避免造成重大伤亡。因此评价像亚历山大大帝、成吉思汗和帖木儿这样最伟大的将军就不会引起争论，因为他们的军队从未打过败仗。拿破仑最终被打败了，因而他在国外征服的领土也如漫天浮云，随风飘散。1815年他最终失败后，法兰西共和国占据的领土比1789年革命爆发时还要少些。

1821年3月，拿破仑身体状况迅速恶化，他躺在床上，沮丧地说：“我怎么啦？我这个脑子从来不知道休息的人，现在竟坠入茫然昏睡，必须用力才能睁开眼皮。”1821年5月5日，他的心脏停止了跳动，终年52岁，临终前，他已昏迷了好几个小时，人们听到他断断续续吐出的最后几个词是：“法兰西……军队……先锋……”

不想当元帅的士兵不是好士兵。

——拿破仑

我成功，因为志在要成功，未尝踌躇。

——拿破仑

南非首位黑人总统曼德拉

纳尔逊·罗利赫拉赫拉·曼德拉（Nelson Rolihlahla Mandela，1918—），南非首位黑人总统，被尊称为南非国父，南非终身名誉总统。为了消除种族隔离和歧视制度，他曾领导南非人民经过了几十年艰苦卓绝的斗争。其间，他被妄加以非法组织罪、判国罪判为终身监禁，为此，他成为世界上囚禁时间最长、最著名的英勇不屈的政治犯。因其在废除南非种族歧视政策方面作出了巨大贡献，而于1993年荣获诺贝尔和平奖。

曼德拉于1918年6月18日出生于南非姆巴色河略小村姆韦索。当酋长的父亲给他起名为“罗利赫拉赫拉”，意为捣蛋鬼。他的母亲是位富有个性而高贵的女人。“捣蛋鬼”刚学会说话时，父亲因顶撞白人地方官，一夜之间失去名利，结束了家庭世袭酋长的历史，迁往别处过起了普通黑人家庭的生活。

曼德拉9岁时，他的父亲不幸去世。父亲临死前把他托付给大酋长大卫·达林戴波。因他父亲生前对大酋长有恩，大酋长又有权有势，便收留了曼德拉。曼德拉生活在大酋长的大皇宫里，耳濡目染，慢慢地从那里了解了自己国家的历史，知道了是白人霸占了黑人的土地，造成了黑人各族纷争的现状。这时候，曼德拉就暗暗立志要拯救自己的国家。

16岁时曼德拉考入克拉克伯里学校，3年之后，他来到南非最大的学校——希尔德敦学校读书。1939年，他又如愿成为黑尔堡大学的学生。黑尔堡大学是南非唯一的高等教育中心，也是整个非洲黑人学者们的学术圣地。但曼德拉的学士梦不久便因违抗校长的旨意而破碎了——他被学校开除了。

曼德拉

回到大酋长皇宫的曼德拉，为了逃避酋长为他包办的婚姻，并逃避酋长为他准备的成为酋长的政治命运而不得不无奈地出走，开始独闯黄金之城——约翰内斯堡。他希望自己成为一名富裕且有地位的律师，于是通过半工半读，他获得了南非大学文学学士学位。

1943年他又考入了南非第一流的威特沃

斯兰德大学法律系。不久，他在非洲人国民大会活跃分子西苏鲁的帮助下，开始在一家法律公司当学徒。可以说，结识西苏鲁是曼德拉一生中最重要的转折点，是他使世界观正在形成阶段的曼德拉拨开眼前迷雾，开始直面一个残酷无情的事实：身为南非黑人，意味着从出生那一刻起就永远离不开政治。处在黑人遭受着非人待遇的大环境下，种族隔离迫害的残酷现实，终于激起了曼德拉满腔的革命热情，自此他决心要改变这个世界。这意味着，他将放弃悠闲的乡村生活，放弃他当律师的梦想，他将在一个世代由白人垄断政治、军事和教育的殖民统治下，受尽痛苦与磨难，甚至牺牲自己的生命。那时，进行一场革命成功的基本条件几乎完全没有：一无所有的百姓们表现得异常谦卑和顺从；广阔的地理条件阻碍了信息沟通；期望进行一场种族战争不仅是不切实际的，而且是令人厌恶的。

在这种情况下，曼德拉采取了非暴力抵抗的策略。1944年，他加入了非洲国民大会（非国大）青年团，开始投向消极抵抗运动中，他坚持反对迫使黑人永远处于奴役地位的法令。1948年，曼德拉当选为非国大青年联盟全国书记，1950年任非国大青年联盟全国主席。1952年先后任非国大执委、德兰士瓦省主席、全国副主席。同年年底，他成功地组织并领导了“蔑视不公正法令运动”，赢得了全体黑人的尊敬。为此，南非当局曾两次发出不准他参加公众集会的禁令。

在“叛国罪”预审期间，曼德拉与温妮这位社会活动积极分子结婚，曼德拉十分感激温妮在他身陷法庭和感情纠纷时给予他“甘露似的爱”。因为这已是曼德拉的第二次婚姻，他的前妻因不堪忍受颠沛流离的生活与曼德拉离了婚。

1960年3月21日，南非发生了震惊世界的“沙佩维尔惨案”。政府对手无寸铁的黑人群众进行了大屠杀，他们打算对所有的反叛者进行残酷镇压，包括非国大在内的大部分黑人自由组织都被取缔了合法地位。被禁止的非国大，在曼德拉的倡议下，经过内部讨论，最后决定由曼德拉承担起“民族之矛”的组织任务。它打响了南非黑人武装反抗白人种族主义暴行的第一枪。

1964年，曼德拉被法庭审判犯有叛国罪，于是他被宣判为终身监禁，这时的他只有46岁。对于任何一位政治家来说，这个年龄无疑是黄金时代的开始，而曼德拉却身陷囹圄，在素有“死亡岛”之称的罗本岛开始了漫长而又艰辛的牢狱生活。

几十年单调无望的日子，肉体上的鞭挞，生理上的痛苦，乃至心灵上的压抑与摧残，都没有压垮这位钢铁战士。在狱中，他战胜了自己内心的黑暗和怯弱，他坚信，总有一天会成为一个自由人，重新在蓝天下，昂然踏步于青草地上。曼德拉对付监狱迫害的主要方式，就是把这座冷酷的监狱，变成了一所坚持政治斗争的“岛上大学”。曼德拉带领狱友们以不同的方式继续抗争着，把狱中斗争视为整个民族解放运动的缩影。为了维护人性的尊严，事无大小，包括穿长裤和开矿时戴墨镜，以及学习的权利和伙食平等，他都努力争取。结果，当时光的长河悄悄地流进70年代时，南非当局惊诧地发现，曼德拉没有在罗本岛这个地狱中沉寂，相反地，这座地狱却在曼德拉等政治犯的手中变得有生气了，许多白人看守被软化了。为此，狱方不得不频繁更换看守。曼德拉和战友们经历狱中生活的洗礼，变得更加成熟、坚强、沉着了。

当曼德拉被封锁在铁栅高墙、昏灯如豆的罗本岛时，狱外要求释放曼德拉给他的自由的呼声已响彻全球，他被树立为反种族主义斗争的国际英雄。从他被捕那天起，他当时的妻子温妮就为丈夫的获释不停地奔波。

即使在狱中，曼德拉也多次成为全球焦点，他的号召力和影响力遍及全世界。1981年，1万余名法国人联名向南非驻法使馆发出请愿书，要求释放曼德拉；1982年，全球53个国家的2000名市长又为曼德拉的获释而签名请愿；1983年，英国78名议员发表联合声明，50多个城市市长在伦敦盛装游行，要求英国首相向南非施加压力，恢复曼德拉自由。如此人缘无人能及，难怪有人称曼德拉为“全球总统”。

1990年2月，德克勒克总统宣布取消了对非国大等组织的取缔命令，宣布无罪释放曼德拉。这位曾首先倡导开展武装斗争，担任“民族之矛”首任总司令的非国大军事家和战略家，自由后首先向白人伸出橄榄枝，要求面对面的政治谈判，使南非通过和平方式完成了一场最伟大的社会变革。

从传奇中走到世人面前的曼德拉，没有令众人失望。他继续以超人的毅力为新南非的诞生不知疲倦地工作着。

1991年底的民主南非大会揭开了多党制宪谈判的帷幕，南非终于走上政治解决之途。1992年南非政治民主进程进入了实质性谈判阶段。

1993年，多党制宪谈判终于取得了决定性突破——《过渡宪法草案》被各派领导人签署通过！南非开始向一个没有种族隔离和歧视的新时代过渡。为此，曼德拉与德克勒克两人共享了1993年度的诺贝尔和平奖。

1994年的全国大选中，曼德拉以绝对优势战胜了前总统，当选为南非历史上首位黑人总统。这位坚定的黑人反种族主义者，与仇视了半个世纪之久的白人政敌携手共理国政。

离开总统府后，人们并没有因为曼德拉的卸任而降低对他的期望，而他本身闲不住的个性也使他无法停下忙碌的脚步。曼德拉基金会成立后，他将工作重点放在了改善农村儿童受教育条件和帮助解决艾滋病问题这两个项目上。

曼德拉的努力已经硕果累累。在南非最贫困的东开普省，基金会和当地教育部门合作，改造和新建了15所“曼德拉学校”，学校有了新教室、新办公室、新厕所，孩子们有了教材，空荡荡的图书馆有了书籍，而且，那些穷人的孩子第一次在学校里看到了电脑，接触了因特网。

学校落成之际，也是曼德拉最高兴的时候。每当他不辞劳苦乘坐几个小时的直升机到达这些新落成的偏远学校时，通常已经有无数远道而来的人们等在学校外面迎接他们的马迪巴（人们对曼德拉的爱称）。目前这种模范学校已经超过100所，而曼德拉基金会的计划是从2002年开始，在3年内使这类学校的数目达到300所，范围扩大到整个南非。整个计划所需资金都是曼德拉从国内外的各个大公司“化缘”而来。曼德拉不止一次地在开幕典礼上说：“我只不过是个无权无势的退休老人，但你们对我的热爱和朋友对我的支持使我能继续为大家做点事。”

古人言，“宰相肚里能撑船”，作为一位当代伟人，曼德拉博大宽广的胸怀备受世人敬仰。2000年，南非全国警察总署发生了这样一件严重的种族歧视事件：在总部大楼的一间办公室里，当工作人员开启电脑时，电脑屏幕上的曼德拉头像竟逐渐变成了“大猩猩”，全国警察总监和公安部长闻之勃然大怒，南非人民也因之义愤填膺。消息传到曼德拉的耳朵里，他反而非常平静，对这件事并不“过分在意”，“我的尊严并不会因此而受到损害”，并表示警察总署出现了这类问题，看来需要整肃纪律了。几天后，在参加南非地方选举投票时，当投票站的工作人员例行公事地看着曼德拉身份证上的照片与其本人对照时，曼德拉慈祥地一笑：“你看我像大猩猩吗？”逗得在场的人笑得合不拢嘴。还有一次，在南非东部农村地区一所新建学校的竣工典礼上，曼德拉无不幽默地对孩子们说：“看到你们有这样的好学校，连大猩猩都十分高兴。”话音刚落，数百名孩子笑得前仰后合，曼德拉也会心地笑了。巧用别人对自己的恶作剧，反用幽默活跃气氛，在这里，幽默成为曼德拉博大胸怀的自然写照，书写着一个坦荡而豁达的胸襟，体现着一种包容万事万物的海量。

名人名言

在那漫长而孤独的岁月中，我对自己的人民获得自由的渴望变成了一种对所有人，包括白人和黑人，都获得自由的渴望。

——曼德拉

压迫者和被压迫者一样需要获得解放。夺走别人自由的人是仇恨的囚徒，他被偏见和短视的铁栅囚禁着。

——曼德拉

民族英雄戴高乐

夏尔·戴高乐（Charles de Gaulle，1890—1970），法国将军、政治家，曾在第二

戴高乐

次世界大战期间领导自由法国运动并在战后成立法兰西第五共和国并担任第一任总统。戴高乐支持发展核武器，制定泛欧洲外交政策，努力减少美国和英国的影响，促使法国退出北约，反对英国加入欧洲共同体，承认中华人民共和国，这一系列思想政策被称为“戴高乐主义”。

戴高乐，1890年11月出生于法国一个贵族家庭。1912年毕业于圣西尔军事学校，1924年毕业于巴黎高等军事学院。参加过第一次世界大战，一战后任军队指挥官和参谋职务，并担任军事教员。

1932年至1936年，戴高乐任国防常设委员会最高军事会议秘书。此间，他出版了几部军事理论著作，阐述在法国建立能实施积极进攻行动的、职业的机械化军队的必要性。

第二次世界大战开始时，戴高乐在阿尔萨斯指挥第5集团军的坦克部队，建议组建强大的坦克预备队，以便消灭可能在正面突破的德军，可惜未被法国统帅部采纳。

1940年5月，戴高乐在索姆河战役中指挥坦克第4师。在法国军队已经明显要遭到失败的情况下，于6月5日就任国防部次长。6月14日德军进入巴黎，当时的法国总理亨利·菲利浦·贝当向德国投降议和，贝当政府于6月16日上台，戴高乐离法赴英。

6月18日，戴高乐在英国通过广播，号召法国人民继续进行反抗德国法西斯的斗争，并在伦敦发起“自由法国”运动。贝当政府指责戴高乐叛国，法国第17军区军事法庭缺席判决他死刑。

戴高乐着手组建“自由法国”武装力量，并以司令的名义宣称接受英国统帅部的统一命令。到1940年11月，“自由法国”的军队已颇具规模。戴高乐努力使法国各殖民地参加“自由法国”运动，以便提高运动的声望，扩大补充兵员和物质保障的基地。

1940年至1942年，“自由法国”部队在近东和非洲对法西斯德国和意大利部队作战。英美国部队在北非登陆后，驻阿尔及利亚、摩洛哥、突尼斯的法国部队与盟国军队会合。这些部队统一由法兰西民族解放委员会领导，戴高乐于1943年7月出任该委员会第二主席，同年11月任主席。

1944年6月，法国坦克师和英美军队一起在诺曼底登陆，同月，戴高乐担任法兰西共和国临时政府主席。1944年8月，法国第1集团军在法国南部登陆，解放了法国。

1946年1月，戴高乐由于未能在法国建立总统制而离职。从1947年起，戴高乐领导他所建立的“法兰西人民联盟”的活动。1953年5月该组织宣布解散后，他暂时停止了自己的一切政治活动，隐居于故乡。

1958年5月，由于阿尔及利亚的军事叛乱而引起法国强烈的政治危机，国民会议要求戴高乐出来执政。1958年6月1日，戴高乐担任法国总理，1959年1月8日任法国总统。

1965年12月19日，戴高乐再次当选为总统，任期7年。戴高乐在国内力求振兴法国经济，对外则力求恢复法国做为一个大国的威望，力图在解决欧洲和世界政治的重大问题时，维护法国的独立性。

1966年，戴高乐宣布法国退出“北大西洋公约军事组织”，并撤除美国在法国领土上的一切军事基地。在对待一系列重大国际问题上，戴高乐都采取了现实主义的态度，主张缓和国际紧张局势，谴责美国对东南亚及以色列对阿拉伯国家的侵略，赞成与苏联、中国等社会主义国家扩大接触。

戴高乐将军自始至终坚持绝不妥协的民族独立的信念，不仅在战时起到集聚民心的作用，而且在战后坚决地捍卫了法兰西的民族尊严。战后，美国成为世界霸主，对欧洲事物指手画脚，说一不二，其余欧洲国家唯命是从，只有戴高乐将军不以为然。他把独立精神融合到国家的外交政策中，力争维护法国的大国地位，避免沦为美国的二流伙计。

他设定的法国外交战略是：维护民族独立，力争大国地位；对美既联盟又独立，对苏既坚定又对话，打破美苏两极格局，推动世界多极化；建立以法国为核心的“欧洲人的欧洲”；主动向中东、拉美等地出击，树立法国在世界事务中的大国形象。

这就是被大名鼎鼎的戴高乐主义。戴高乐推行的法兰西民族主义，它维护和追求民族利益的目的和手段是赤裸裸的，任何有损于法兰西民族利益的事，戴高乐都敢于说“不”字，因此戴高乐主义有声有色，有花有果。

1969年4月28日，戴高乐因在改组参议院个改革法国行政体制问题的公民投票中失败，辞去了法国总统职务。1970年11月9日逝世，享年80岁。去世后，许多人都以为戴高乐主义会在社会政治生活中销声匿迹。但几十年过去了，事实并非如此，他的独立自主的民族精神被很好的传承了下来。

戴高乐之后，从1969年至今，法兰西第五共和国又经历了四位总统：蓬皮杜、德斯坦、密特朗、希拉克。可以说，不管他们派别如何，风格如何，他们在法国政坛上都执行了一条没有戴高乐的戴高乐主义。

作为戴高乐之后戴高乐主义的首位继承人，蓬皮杜执政的时间相对短了一些。在继承戴高乐主义的过程中，可以看出他的某些风格，但并没有体现出他的完整风格。他执行的实际是"紧缩的戴高乐主义"。

德斯坦，在蓬皮杜之后，继续戴高乐主义的路线。尽管德斯坦也曾提出过"世界主义"，但其维护法兰西民族独立和国家主权，争取法国大国地位的主旨并没有改变。

"二战"结束后，密特朗就一直是戴高乐的政敌。1981年竞选总统时他曾宣称，将以法国式社会主义取代戴高乐主义。但在执政以后，密特朗又公开说自己"继承了戴高乐将军的政策"，事实也是如此。担任了14年总统的密特朗，虽然时时不忘法国式社会主义，但终究没有脱离戴高乐主义的轨道。戴高乐主义的精神实质，是为法国制定的"维护民族独立和国家主权，争取恢复法国大国地位"的对外战略。密特朗追求的仍然是法国的"世界作用"和"全球责任"，这与戴高乐没有多大区别。

在东西方关系中，戴高乐主义坚持独立自主，反对霸权，周旋于美苏之间。密特朗与美苏两国也保持若即若离的关系。他从法国式社会主义出发，提出了"两个帝国主义"的看法，认为"苏联军事帝国主义"和"美国经济帝国主义"对法国都构成威胁。在欧洲，密特朗像戴高乐那样倚重"法德轴心"推进欧洲联合，不同的是，密特朗强调的是联邦主义，戴高乐强调的是邦联主义；在第三世界，密特朗像戴高乐一样要充当"代言人"。不过，戴高乐主义打的是"民族独立"这面旗帜，密特朗喊的是法国式社会主义的"正义""平等"与"人权"。

至于希拉克，在青年时代他就是戴高乐主义的热情崇拜者。他是继蓬皮杜之后，作为戴高乐主义的继承人，法国新戴高乐派的领袖一直活跃在法国政坛上。1995年希拉克当选总统，2002年连任。希拉克在首任总统的前两年，在波黑、非洲和中东，在北约、核试验、欧亚会议、加利连任和美国"治外法权"等问题上，有着一连串的不俗表现，使其像戴高乐时期一样，把法国推向了国际舞台的前沿。

谁说败局已定。

——戴高乐

无论发生什么事，法国抵抗的火焰不能熄灭，也绝不会熄灭！

——戴高乐

美国黑人运动领袖马丁·路德·金

马丁·路德·金（Martin Luther King，1929—1968），1963年晋见了肯尼迪总统，要求通过新的民权法，给黑人以平等的权利。1963年8月28日在林肯纪念堂前发表《我有一个梦想》的演说。1964年，获得诺贝尔和平奖。

1929年1月15日，马丁·路德·金出生在美国亚特兰大市奥本街501号，一幢维多利亚式的小楼里。他的父亲是牧师，母亲是教师。他从母亲那里学会了怎样去爱、同情和理解他人；从父亲那里学到了果敢、坚强、率直和坦诚。但他在黑人区生活，也感受到人格的尊严和作为黑人的痛苦。15岁时，聪颖好学的金以优异成绩进入摩尔豪斯学院攻读社会学，后获得文学学士学位。

尽管美国战后经济发展很快，强大的政治、军事力量使它登上了“自由世界”盟主的交椅，可国内黑人却在经济和政治上受到歧视与压迫。面对丑恶的现实，金立志为争取社会平等与正义作一名牧师。他先后就读于克拉泽神学院和波士顿大学，于1955年获神学博士学位后，到亚拉巴马州蒙哥马利市得克斯基督教浸礼会教堂作牧师。

1955年12月，蒙哥马利节警察当局以违反公共汽车座位隔离条令为由，逮捕了黑人妇女罗莎·帕克斯。金遂同几位黑人积极分子组织起“蒙哥马利市政改进协会”，号召全市近5万名黑人对公共法与公司进行长达1年的抵制，迫使法院判决取消地方运输工具上的座位隔离。这是美国南部黑人第一次以自己的力量取得斗争胜利，从而揭开了持续10余年的民权运动的序幕，也使金博士锻炼成民权运动的领袖。

马丁·路德·金

金认为，人人生而平等。不论男人女人、黑人白人、老人小孩和智者愚者，也不管人的爱好、资历和财产是否相同，都是人，是能够思维的人类大家庭中的一员，都应该受到尊重。

金主张公正无私的爱、普遍的爱，爱一切人，甚至要爱敌人。“敌人不爱你，因为敌人不懂得什么是爱；我们爱敌人，是对一切人的救赎性的善良态度。”

信仰人的尊严和价值、基督教的普遍

仁爱、甘地的不合作精神，构成了金的思想基础和行动准则。

1957年金被推举为“南部基督教领袖联合会”主席。为了正义与和平，他四处奔走呼号。

1963年，为了使世界人民关注美国种族隔离问题，金会同其他民权运动领袖组织发起了历史性的“向首都华盛顿进军”的运动，要求职业和自由。就是在这次斗争中，金发表了他著名的演讲《我有一个梦想》。这一斗争终于使国会通过了1964年民权法案，授权联邦政府取消公共膳宿方面的种族隔离，宣布在公营设备方面和就业方面的种族歧视为非法。他由此获得了1964年诺贝尔和平奖。

然而，谁也没有料到，正在金竭尽全力、孜孜不倦地为实现伟大的梦想而努力奋斗、奔走呼吁的时候，1968年4月4日下午，一声罪恶的枪响顷刻间残酷地击碎了他和黑人兄弟姐妹们的所有美妙的、伟大的梦想——金被谋杀了。这个事件引起全世界的指责，美国国内也群情激昂。为了平息民愤，约翰逊总统下令将金牧师受害的那天定为全国悼念日，并将凶手判处99年监禁。

马丁·路德·金虽死，但他号召反种族主义的非暴力斗争却取得了彻底的胜利。在大游行结束后不到一年，林登·约翰逊总统签署了1964年《民权法案》，这项法律正式生效。该法案禁止在旅馆和餐馆等公共设施进行歧视并禁止就业歧视。

在随后的一年中，《投票权法》颁布，保证非洲裔美国人名副其实享有选举权。1968年，国会通过了《公平住房法》，以消除在出售和出租住房时的歧视行为。这项具有里程碑意义的立法与平权法案等新政策相辅相成，这些新政策的目的在于铲除歧视的遗患，促进非洲裔美国人的权益。

这些20世纪60年代通过的立法被视为民权运动的光辉成就。《民权法案》禁止公然进行隔离和歧视，取缔了历时几个世纪之久的侮辱性行为。《投票权法》使数百万非洲裔美国人获得政治权利，此后担任公职的黑人人数激增。通过的法律即刻生效。更重大的进步则是人们态度的转变，《新闻周刊》在1963年进行的民意调查显示，有74%的白人认为种族融合“进展太快了”。

1983年，美国总统里根签署一项法令，并于1984年底获国会批准。法令规定，从1986年起，每年1月的第3个星期一为马丁·路德·金纪念日。在此之前，以个人诞辰作为全国纪念日的美国公民，只有“美国国父”华盛顿总统1人。1986年1月15日，美国各地群众降重举行了马丁·路德·金纪念活动周；1月20日，联合国秘书长德奎利亚尔宣布，从1987年起，马丁·路德·金诞辰也将成为联合国纪念日之一。

据《纽约时报》在2000年进行的一次民意调查，93%的白人表示愿意投票给符合条件的黑人总统候选人，认可种族通婚的人占60%以上，80%的人表示不在乎他们的邻居是白人还是黑人。但这次民意调查也显示，40%的非洲裔美国人怀疑白人的诚意，他们认为歧视问题仍然存在。不过也有80%的非洲裔美国人认为，他们现在比他们父母那个时代有更多的机会。可以肯定的是，许多非洲裔美国人都取得了重大成就，黑人中产阶级也已大大扩展。2008年，奥巴马击败共和党候选人约翰·麦凯恩，正式当选为美国第44任总统。从而成为了美国历史上首个非洲裔总统。这在50多年前是不可想象的。

如果马丁·路德·金博士今天仍然在世，他很可能会为1963年大游行争取达到的大部份目标得到实现而高兴。他在华盛顿大游行期间所述说的梦如今已成了政治主流的一部分，他的生日已成为全国性的节日，美国人民在这一天纪念他的思想，缅怀他的事迹。近来，两大政党的政治领导人一致支持在美国首都为他建造一座纪念堂，与美国历史上的三位伟人——林肯、杰弗逊和罗斯福并列。马丁·路德·金的梦想已作为不可辩驳的真理被绝大多数美国人所接受，这也许是可以成为衡量一个国家可以有多大空间成长与变化的尺度。

其实，马丁·路德·金的影响不仅限于美国人。在他39年短暂的一生中，他为普天下的种族公正而奋斗。为了达到这个目标，他周游世界宣扬他提出的“友爱社区”的设想，号召根除种族主义这个世界性的邪恶。他强调：“我们这个时代肩负着各种道德使命，我们面临的挑战之一，即是以不可动摇的决心，努力在全世界扫除种族主义的最后残余。这种现象不仅仅存在后美国，其恶劣影响已超越国界的樊篱。”

名人名言

我有一个梦想，有一天我的四个孩子会生活在这样的一个国度里，他们不再因肤色而因他们的品格受到评判。

——马丁·路德·金

我梦想有一天，在佐治亚州的红色山岗上，昔日奴隶的儿子能够同昔日奴隶主的儿子同席而坐，亲如手足。

——马丁·路德·金

第三篇

军事统帅

军事战略家汉尼拔

汉尼拔·巴卡（Hannibal Barca，前247—约前182），北非古国迦太基著名军事家。生长的时代正逢古罗马共和国势力的崛起。少时随父亲哈米尔卡·巴卡进军西班牙，并在父亲面前发下一生的誓言，要终身与罗马为敌，自小接受严格艰苦的军事锻炼，在军事及外交活动上有卓越表现。现今仍为许多军事学家所研究之重要军事战略家之一。

迦太基在第一次布匿战争落败给罗马之后，汉尼拔之父哈米尔卡·巴卡为了改善迦太基的前景，出兵征服伊比利亚半岛。根据历史学家李维的记载，当汉尼拔央求与父亲同行时，哈米尔卡要汉尼拔在神殿内发下了终生与罗马势不两立的重誓。当哈米尔卡在战争中阵亡之后，其婿哈斯德鲁巴继任为统帅。

哈斯德鲁巴采用以外交为轴心的策略，以巩固迦太基在伊比利亚的经贸基础为重，建立新迦太基城，并与罗马定下条约，以埃布罗河为双方界线，不将其势力扩展至该河之北。伊比利亚半岛丰富的矿产资源使迦太基不但有能力偿还对罗马的战争赔款，并再次逐渐壮盛起来。

哈斯德鲁巴于公元前221年被凯尔特人刺杀身亡，汉尼拔在军队拥护之下接管军权，并随后获得迦太基政府的正式任命。

汉尼拔

接下来，两年内汉尼拔除了巩固自己的声势之外，并完成了对伊比利亚半岛埃布罗河以南的征服战。顾虑到汉尼拔日渐壮大的势力，罗马人与西班牙城市萨贡托结盟，宣布此城为罗马保护地。因为萨贡托远处埃布罗河之南，汉尼拔认定此举违反了双方的条约，因此出兵将其包围，并在8个月之后攻陷此城。对此罗马向迦太基发出通牒，要其将汉尼拔交付与罗马受审。面对汉尼拔此时如日中天的声望，迦太基政府不但拒绝了罗马的要求，并随后向其宣战，揭开了第二次布匿战争的序幕。于是汉尼拔决定率军攻打意大利半岛，将战争带到敌人的领土上。

罗马在第一次布匿战争后完全掌握了地

中海内的制海权，战败的迦太基受条款所限无法建立能与其抗衡的海军。因此汉尼拔计划了一条前所未有的策略，他在公元前218年春天从新迦太基出发，率军翻越比利牛斯山，穿过敌对高卢人的领土，在9月率领38000步兵，8000骑兵，及37只战象，渡过隆河，避开罗马派进高卢军队的拦截，于秋天抵达阿尔卑斯山脉边缘。

面对坎坷的气候，险峻的地形，统帅一支种族语言混杂的军队，对抗山地部落不断的骚扰攻击，汉尼拔完成了在罗马人眼中绝不可能达成的任务，在冬季成功跨过阿尔卑斯山，进入意大利北部。据估计，在整个过程中汉尼拔损失了将近半数的兵力。

46岁的汉尼拔在此时开始了他的政治生涯，并证明他在内政上的能力不亚于他的军事才华。战后他先低调行事了一阵子，但迦太基政局的腐败使他不久之后便出头予以整治。他被选为行政官后恢复了这个职位的威信，并进行了一系列成效显彰的改革，使得迦太基可望在不大幅增加税收的情况下分期付清对罗马的战争赔款。

公元前190年，汉尼拔受命指挥安条克的舰队，但在西底被罗马的盟军击败。安条克在连串战役中败给罗马之后，有意向罗马人求和并交出汉尼拔，因此汉尼拔逃至克里特岛，但不久便再次返回小亚细亚，投靠当时正与罗马盟国帕加马交战的比提尼亚国王普鲁西亚斯一世。汉尼拔在这场战争中为普鲁西亚斯立下战功，再次让罗马人决心使其就擒。在罗马的要求下，普鲁西亚斯同意将其交出，但决心不落入罗马人手下的汉尼拔至此服毒自尽。

其死亡的正确年代仍受到争议，但历史学家李维的著作似乎暗示汉尼拔与小其12岁的大西庇阿同于公元前183年过世，享年64岁。

如果在扎马我没有被你击败，那我将把自己列在亚历山大之上。

——汉尼拔

“游击战之父”加里波第

朱塞佩·加里波第（Giuseppe Garibai，1807—1882）是意大利爱国志士及军人。他献身于意大利统一运动，亲自领导了许多军事战役，是意大利建国三杰之一（另两位是撒丁王国的首相加富尔和创立青年意大利党的马志尼）。而由于在南美洲及欧洲对军事冒险的贡献，他也赢得了“两个世界的英雄”的美称。

加里波第

1807年7月4日，朱塞佩·加里波第诞生在撒丁王国的古城尼斯，父亲乔瓦尼·加里波第是一个船长，母亲罗萨·雷蒙迪是普通居民。幼年的加里波第虽然家境并不宽裕，但他勤奋好学，酷爱罗马史，喜欢冒险和狩猎。1821年起他在俄国两桅帆船“康斯坦察”号上实习，游历了大半个欧洲，他的思想则受到意大利革命党人埃德阿尔多·穆特鲁的影响，一心要把祖国从奥地利手中解放出来。加里波第参加了意大利海军，准备组织起义，但被萨沃纳的奥地利总督破获，加里波第被迫流亡南美洲避难。

1835年，加里波第抵达巴西，那儿的意大利移民把他当英雄来欢迎，也就是在这里，加里波第积累了丰富的军事经验。当时，巴西由一个叫迭戈·安东尼奥·费由的神父掌权，此人奉行独裁但很注意维护国家统一。南里奥格兰德州是巴西最南部的一个州，面积大约28万平方公里，移民很多，经济比较发达，一向有分离倾向。加里波第到达巴西时，正值该州以反独裁为由，在大地主本多·孔卡维斯·席尔瓦·平托的领导下宣布独立。

1841年的乌拉圭与阿根廷正处于战争状态。1843年2月16日，阿根廷军队包围了乌拉圭首都蒙得维地亚，城中仅有42000多居民，其中绝大多数是欧洲移民，意大利人约有4200人。由于谣传阿根廷军队会杀光城内居民，所以各国侨民都武装自卫。

4月1日，法国志愿军首先成立，意大利人也不示弱，成立了由戴维·瓦卡雷扎指挥的700人的志愿军团，下设4个师，加里波第也是创始人之一。起初，意大利军团表现欠佳，蒙得维地亚当局不得不请加里波第出山来指挥这支军队。加里波第走马上任后对军团进行了彻底改组，重新设计了黑色军旗，绣上正在喷发的维苏威火山图案，以激发战士们为自由而战的决心。军团没有统一制服，不得不从一家肉类加工厂搞来屠夫工作服充数，加里波第最初很讨厌这种红制服，但很快就喜欢上了它，“绯红色的上衣，配上一条色彩鲜艳的小领巾，显得十分潇洒”。当地居民亲切地称呼意大利军团为“红衫军”，这也就是后来威震欧洲的正义之师——意大利红衫军团的雏形。

意大利是古罗马帝国的核心，文艺复兴运动的发源地，欧洲资本主义的摇篮。但是，自从中世纪以来，它曾长期陷入四分五裂、内乱不息的局面。从16世纪起，西班牙、奥地利和法国先后入侵意大利。意大利人民为争取民族独立和国家统一，经历了几个世纪的英勇斗争。到19世纪中叶，席卷意大利全境的民族解放战争即将来临。

第一次独立战争。这次战争是1848年欧洲资产阶级革命的重要组成部分。1848年1月，西西里岛首府首先爆发人民起义，揭开意大利独立战争序幕。3月，米兰人民发动起义，解放米兰；威尼斯人民起义，宣布建立独立的威尼斯共和国。在各地人民起义浪潮冲击下，各邦君主被迫对奥作战。但是，战至4月底，罗马教皇呼吁停止反奥战争，并从前线撤回军队。西西里起义被镇压，各邦君主的叛变使奥地利获得了喘息之机。6月，奥军得到增援后转入反攻。7月，奥军重占米兰，并围攻威尼斯城。8月9日，撒丁王国同奥地利签订停战协定，将伦巴底、威尼斯、帕尔马和莫德纳等地割让给奥地利。1848年1~8月，革命形势不断高涨，各邦国在人民运动推动下被迫对奥地利宣战。但是各邦国君主作战不坚决，甚至千方百计阻挠和破坏，导致对奥战争失败。

至此，首次意大利独立战争失败。

第二次独立战争。意大利王国成立后，企图通过第二次独立战争夺取威尼斯。

进入19世纪50年代后，意大利民族解放运动再度高涨，大资产阶级和自由派贵族企图借助法国收复被奥占领的领土，以实现国家统一。对奥战争推动了意大利民族解放运动，人民起义浪潮席卷意大利北部和中部。加里波第率“阿尔卑斯猎人兵团”在敌后开展游击战，寻机打击奥军。奥地利同意将伦巴第交由法国转让给撒丁，但仍占威尼斯，并从法国得到恢复托斯卡纳等邦君主政权的保证。撒丁迫于法国压力与奥地利签订和约，承认法奥协定条款。意大利人民对此极为愤慨，意大利中部诸邦人民纷纷开展武装斗争，抵制君主政权复辟，推进国家统一。1860年3月，中部各邦举行公民投票，正式并入撒丁王国。4月，西西里首府巴勒莫爆发起义。加里波第率红衫军增援西西里，至7月解放全岛，8月回师意大利本土，9月解放那不勒斯。10月，南意大利举行公民投票，并入撒丁王国。1861年3月，意大利王国宣布成立。至此，除威尼斯仍由奥地利统治、罗马处于依附法国的教皇统治之下外，意大利基本实现了统一。自此，第二次独立战争告一段落。

1866年4月，时值普鲁士和奥地利争夺德意志统一的领导权而发生尖锐矛盾。1866年4月，普意结成反奥军事同盟，6月，普奥战争爆发，意大利乘机对奥宣战，第三次独立战争爆发。6月24日，奥意两军在库斯托扎进行大规模会战，意军遭重创，被迫撤至明乔河。

意大利的独立和统一，经历了长期、艰苦而又曲折的斗争过程，唤起了意大利民族的觉醒。1848~1870年的独立战争最终获得了胜利，使意大利摆脱长期受外族压迫和分裂割据的局面，为资本主义发展扫除了障碍，大大推动了历史的进步。

在意大利独立战争中，资产阶级民主派和自由派之间始终存在着矛盾和斗争。民主派主张“自下而上”的道路，自由派主张“自上而下”的道路。由于民主派势单力薄，加之内部不团结，“自下而上”道路行不通。然而，自由派力量雄厚，政治上比较成熟，因而成为独立战争的领导力量。

意大利独立战争造就了杰出代表人物，其中首推加里波第。加里波第在战前通过一系列军事实践活动，获得了丰富的经验。在三次独立战争中，他指挥若定，多次打败兵力上占优势的敌军，取得辉煌战绩。他善于发扬革命军队的政治优势，深入敌后开展游击战，积小胜为大胜，为意大利统一作出了巨大的贡献，后人称他为“现代游击战之父”是当之无愧的。他在军事实践中创立的一整套战略战术，是意大利乃至全世界人民宝贵的精神财富。

名人名言

在我们那页灿烂的历史中，将添上更加光荣的一页，而且奴隶们最后将会用自己身上的镣铐锻冶成锋利的宝剑，把宝剑亮给他们自由的兄弟们看。

——加里波第

“西方兵圣”克劳塞维茨

卡尔·菲利普·戈特弗里德·冯·克劳塞维茨（Karl Von Clausewitz，1780—1831），德国军事理论家和军事历史学家，普鲁士军队少将。著有《战争论》一书。

1780年6月克劳塞维茨出生于普鲁士马格德堡附近布尔格镇的一个小贵族家庭。12岁时在波茨坦的尤金亲王步兵团中充当士官生。1792年，参加了普鲁士军队。1793年，当普鲁士同革命后的法国作战时，他曾参加围攻美因兹城等战斗，1795年升为少尉。

克劳塞维茨

1801年秋，克劳塞维茨被送入柏林军官学校，因学习成绩优异，深得校长香霍斯特的赏识。香霍斯特是以后普鲁士军事改革的倡导者，克劳塞维茨的思想和以后的活动受他的影响很大。在一次谈话中，香霍斯特敏锐地发现眼前这位和自己有着相近之处的朴实青年，头脑中潜存着非凡的天资。克劳塞维茨向香霍斯特坦率地承认了自己知识的不足，香霍斯特给了他巨大的精神鼓励。两位地位、年龄悬殊的人开始建立起牢不可破的纯真友谊，并在事业上互相给予坚强的支持。克劳塞维茨在后来谈起香霍斯特时满怀深情地说：“他是我精神上的父亲和朋友。”

1803年春，克劳塞维茨在学校毕业后，被香霍斯特推荐为奥古斯特亲王的副官，香霍斯特的举荐和克劳塞维茨的才华使王子毫不犹豫地选中克劳塞维茨。1803年8月8日，克劳塞维茨被任命为副宫。国王弗里德里希·威廉三世开始注意到他。他写信给这位年轻的军官说：“应普鲁士斐迪南亲王的请求，朕决定，你今后留在奥古斯特亲王身边……朕望你兢兢业业，在这一职务中不辜负对你的信任。”根据这一任命，克劳塞维茨成为亲王副官，进入宫廷社会。

1806年10月，普鲁士同法国作战时，克劳塞维茨随奥古斯特亲王所率的步兵营参加了奥尔施塔特会战，退却时在普伦次劳被法军俘虏。1807年10月释放回国后，根据亲身的体验，力主改革普鲁士的军事制度。

1808年，克劳塞维茨到科尼斯堡积极参加香霍斯特主持的军事改革工作，结识了军事改革委员会成员格乃泽瑙、博因等人。1809年秋回到柏林，后来进总参谋部，在香霍斯特属下工作。1810年升为少校。

1812年4月，克劳塞维茨因反对普王威廉三世同拿破仑结成同盟，而辞去普鲁士军职，去俄国准备参加反拿破仑的战争。先在俄军参谋部任职，领中校衔，后任军参谋长等职。当拿破仑进攻俄国时，他曾参加斯摩棱斯克争夺战和博罗迪诺会战等。以后随维特根施坦军团参加了对拿破仑的追击。同年12月，作为俄军联络官，同普鲁士军队的指挥官约克谈判，说服他反对拿破仑。1813年3月，克劳塞维茨随维特根施坦军团回到柏林。9月，格尔德战斗获胜后，克劳塞维茨升为上校。

1814年，克劳塞维茨回到普鲁士军队，由于曾辞去军职，并说服约克倒戈，他始终没有得到国王的原谅，并遭到冷落。1815年任布留赫尔军团第三军参谋长，参加过林尼会战等战斗。

1818年，克劳塞维茨任柏林军官学校校长，9月升为少将。在任校长的12年间，致力于《战争论》的著述工作。他先后研究过130多个战例，写了许多评论战史的文章，并整理了亲身经历的几次战争的经验。1830年春调到炮兵部门工作，当时，《战争论》尚未修订完毕，他将手稿3000多页分别包封起来，并在各个包上贴上标签，准备以后修改，但一直没有得到机会。

1830年8月，克劳塞维茨去布勒斯劳任第二炮兵监察部总监，同年12月调任格乃泽瑙军团的参谋长。1831年11月16日患霍乱逝世。死后，他的妻子玛丽整理出版了《卡尔·冯·克劳塞维茨将军遗著》，共分十卷，《战争论》是其中的第一、二、三卷。

克劳塞维茨之所以能够成就令人瞩目的《战争论》，成为西方军事理论巨匠，与18世纪震撼整个欧洲大陆的法国革命和拿破仑战争有直接的关系。他的著作让我们走进历史的时光隧道中，重新认识、了解克劳塞维茨充满智慧的一生及他所创造兵学巨著《战争论》的时代背景。160多年过去了，克劳塞维茨熔铸在《战争论》中不朽的灵魂，一直活跃在世界触事舞台上。其军事思想精华在新时代的军事革命中仍将具有旺盛的生命力。

名人名言

即使得不到绝对优势，也应该通过对战术的巧妙应用和对时机的把握形成相对优势。

——克劳塞维茨

消灭敌人军队和保存自己军队这两种企图是相辅相成的，因为它们是相互影响的,它们是同一意图的不可缺少的两个方面。

——克劳塞维茨

虎胆将军巴顿

乔治·史密斯·巴顿（George Smith Patton，1885—1945），美国陆军四星上将，第二次世界大战中著名的美国军事统帅。

1885年11月11日，巴顿出生在美国加利福尼亚州圣加夫列尔的一个军人家庭里。1909年6月，他毕业于西点军校，成为职业军人，开始在骑兵团中服役，任少尉。1916年，他作为约翰·潘兴将军的副官，参加了美军对墨西哥的武装干涉，因机智勇敢而得到潘兴的赏识，称赞他是一个“真正的斗士”。

巴顿

1917年美国参加第一次世界大战，巴顿又随美国远征军总司令潘兴到了法国。

1917年11月巴顿受命去组建美国第一支坦克部队。到1918年7月巴顿已组建了6个坦克连，而他本人则在远征军以“最残酷的军纪森严的教官”而声名远扬。

1918年8~9月，巴顿率领自己组建不久的坦克旅参加了第一次世界大战中的两个战役。第一次世界大战结束后，巴顿由于组训坦克旅和作战有功，晋升为上校，还获得了“优异服役十字勋章”。

1919年10月巴顿回到美国。此后20余年里，等待战争召唤。

1920年陆军司令部分散坦克到其他兵种，巴顿就到了骑兵部队。

1935年他在夏威夷担任情报处长时写了一份展望美国太平洋地位的报告，表现了他远见卓识的观察家才能。1938年10月，马歇尔被提升为美国陆军副参谋长，这成为巴顿军事生涯的转折点。1940年7月，奉马歇尔之命巴顿去组建装甲师的一个旅。1941年巴顿晋升为少将，指挥第二装甲师。

1942年3月，巴顿被调往因迪奥沙漠训练中心，负责坦克部队干部的培训工作。1942年7月30日，陆军参谋长马歇尔在华盛顿紧急召见巴顿，命令他去执行英美联军去清属北非登陆的“火炬”战役计划，指挥这个战役中的美国特遣部队。

在1942年1月开始的北非登陆作战中，巴顿部队迎着巨浪按期在摩洛哥西海岸登陆，制服了当地法军，为盟军控制这一地区和完成北非的战役部署创造了有利条件。

1943年2月，美军在卡塞林山口战役中惨败，巴顿临危受命接管第二军，仅用11天时间，他就把战斗精神输入了部队，使这支新败之旅重振旗鼓，每战必胜，夺回了失地，为全面解放北非奠定了基础。在1943年7月开始的西西里战役中，巴顿的装甲部队把大范围机动和两栖作战相结合，向敌人的防线长途快速迂回，攻克巴勒莫，夺取墨西拿，把德军全部驱逐出该岛。

诺曼底登陆后，在近乎疯狂般的推进中，巴顿注意抓住一切战机，迅速果断地围歼敌军。在281天的战斗中，巴顿部队保持了直线距离100多英里宽的作战正面，向前推进了1000多英里，解放了13000座城镇和村落，歼敌140余万，为解放法国和捷克斯洛伐克等国家以及最终击败纳粹德国立下了汗马功劳。巴顿创造的战绩是巨大的，也是十分惊人的。

对德战争结束后，巴顿被委任为巴伐利亚军事行政长官，因执行战后的欧洲政策与盟军司令艾森豪威尔的意见有分歧被解职。1945年12月21日，巴顿驱车出外打猎，遇车祸身亡，享年60岁。他在功成名就之时逝去，成为美国人民心目中的英雄，也赢得了世界的赞誉。

战争的本质是什么？人们长期以来争论不休。其实，它可以从不同的层面去了解。比方从宏观方面去了解，战争在本质上是一种政治行为；若从武装对抗这个侧面了解，战争则从根本上是一种暴力。当然，这两个方面不是并列的，是反映了同一事物属性的不同层次，前者是高一级层次，往往为政治家和战略家所关注，后者是低一级层次，为战术家们所关注。应当说，战略和战术也是密切联系的，只是不妨碍将它们相对地加以分割。对这些，巴顿并不持有异议。

巴顿作为一名职业军人，对战争的直接目的更为关注。他对战争手段打垮对方有独到的解释。他曾宣言不讳地说：“战争就是杀人。”在第二次世界大战前夕，他屡次把德国军国主义作为假想敌人，并告诉士兵们：“你们必须要杀死他们，否则他们就会杀死你们。戳穿他们的肚皮，或者击中他们的内脏。”

1941年，他指挥美国装甲师进行实战演习中，用以下格言作为战斗要领：

“用火力牵住敌人的鼻子，在运动中把敌人打得屁滚尿流。”

“抓紧时间狠狠地打……”

“你的力量越大越好……”

“镇住敌人就可打胜仗。给敌人造成伤亡就会使它感到恐惧。火力能造成伤亡。”

只有一条战术原则是永恒不变的。这就是：“用手中的一切手段，在最短时间内给敌人造成最大的伤亡和破坏。”

实践效果的大与小究竟取决于什么？巴顿认为，这常常取决于运动的速度。正因为如此，在每一次战争中，他都以炽烈的热情和无穷的精力去追求冒险的高速度，并力求在行进中做到勇猛和果敢。

有人把巴顿提倡消灭对方和快速致胜解释为倡导和培养青年的军国主义精神，甚至把他说的“战争就是杀人”解释成不计伤亡的乱杀无辜，其实是不公正的。战争的直接目的是消灭对方和保存自己，这是人们的共识。巴顿不过是用通俗的语言说出它来罢了。至于战争中付出代价的大小，他也并非不屑一顾。他的主导思想也和其他军事家观点一样，仍然是以最少的牺牲换取最大的胜利。为了战时减少损失，他主张在平时严格训练。他的名言是：“一品脱的汗水可挽救一加仑的鲜血。”还说，为了在战争中取胜，应当讲究方法，只是方法应当服从于目的。他时常风趣地说：“赢得战争的胜利可能有许多方法，正如剥一个猫皮有很多的方法一样，但人们往往忘记，剥猫皮的方法再多也是去掉它的皮，赢得战争的方法就是打败敌人。”

正因为巴顿对战争目的有如此透彻的认识，他常常能在战争关键时刻鼓舞和调动士兵的参战热忱，使他们无一例外地有“勇气”和“使敌人鲜血飞溅的愿望”。人们形容他的鼓动词像“火山发出来的溶岩”，而他自己，则被恰当地誉为是有“赤胆铁心的人”。

也许他的这句战前动员表现他的战斗精神最为合适不过了——“真正的英雄，是即使胆怯，也照样勇敢作战的男子汉。有的战士在火线上不到一分钟，便会克服恐惧，有的要一小时，还有的大概要几天工夫。但是，真正的男子汉，不会让对死亡的恐惧战胜荣誉感、责任感和雄风。战斗是不甘居人下的男子汉最能表现自己胆量的竞争。战斗会逼出伟大，剔除渺小。美国人以能成为雄中之雄而自豪，而且他们也正是雄中之雄。”

他的无与伦比的战斗精神为他赢得了一切荣誉。

正如驻欧洲盟军总司令艾森豪威尔将军在战后所指出的：“在巴顿面前，没有不可克服的困难和不可战胜的重负。在第二次世界大战的历次战役中，没有任何一位高级将领有过像巴顿那样神奇的经历和惊人的战绩。”他在西点军校，与艾森豪威尔和麦克阿瑟共享殊荣，被立一座雕像。

《纽约时报》则给予巴顿这样的评价：“历史已经伸出双手拥抱了巴顿将军。他的地位是牢固的。他在美国伟大的军事将领中将名列前茅……远在战争结束之前，巴顿就是一个传奇人物。他是一个奇妙的火与冰的混合体。他在战斗中炽热勇猛而残酷无情，他对目标的追求坚定不移。他决不是一个只知拼命的坦克指挥官，而是一个深谋远虑的军事家。他不是一位和平人物。也许他宁愿在他所热爱的部下都在忠诚地跟随着他的时刻死去。他的祖国会以同样的忠诚怀念着他。”

名人名言

战斗是不甘居人下的男子汉最能表现自己胆量的竞争。战斗会逼出伟大,剔除渺小。

——巴顿

真正的英雄,是即使胆怯,也照样勇敢作战的男子汉。有的战士在火线上不到一分钟,便会克服恐惧。有的要一小时。还有的,大概要几天工夫。但是,真正的男子汉,不会让对死亡的恐惧战胜荣誉感、责任感和雄风。

——巴顿

“沙漠跳鼠”蒙哥马利

伯纳德·劳·蒙哥马利（Bernard Law Montgomery，1887—1976），英国陆军元帅，战略家，军事家，第二次世界大战中盟军杰出的指挥官之一。著名的阿拉曼战役、诺曼底登陆为其军事生涯的两大杰作。

1887年11月17日，蒙哥马利出生于伦敦肯宁敦区圣马克教区的一牧师家庭。1901年14岁时才正式上学，文化成绩低劣，但体育成绩极棒。1907年考入了桑德赫斯特英国皇家军官学校。1908年12月任英国驻印度的皇家沃里克郡团少尉排长。

蒙哥马利

第一次世界大战期间，蒙哥马利曾负重伤，大战结束时任师司令部中校参谋。1920年1月进入坎伯利参谋学院深造。1926年1月调回参谋学院任教官。1930年陆军部选派他担任步兵教令的重编工作。1934年任奎达参谋学院的首席教官。1937年调任第9步兵旅旅长。1938年12月任驻巴勒斯坦第8师师长，参与镇压巴勒斯坦人的武装暴动，被晋升为少将。1939年8月，回国接任以“钢铁师”著称的英国远征军第3师师长。

第二次世界大战爆发时，蒙哥马利率远征军第3师横渡英吉利海峡，参加了在法国和比利时的战斗。1940年5月德军闪击西欧时，被迫随英远征军从敦刻尔克撤回英国，因在敦刻尔克大撤退中表现优异，受到丘吉尔的高度重视。1941年先后任第5军、第12军军长。12月又奉命调任对德军入侵威胁最大的英格兰东南地区担任司令官，负责选拔，调整，培养各级指挥官，严格训练部队，提高英军军事素质。

1943年7月，蒙哥马利率英军在西西里登陆，9月至12月，协同美军实施意大利战役，进军意大利半岛。1944年1月，他被调任为盟军第21集团军群司令，参与诺曼底登陆战役的计划制定工作，负责指挥盟军全部地面登陆部队。1944年6月率领第21集团军在诺曼底登陆，取得了诺曼底登陆战役的胜利。此后转战西北欧，参与指挥了阿纳姆战役和阿登战役。1944年9月1日，蒙哥马利被晋升为元帅。

1945年3月，他指挥第21集团军横渡莱茵河进入德国本土，之后便日夜兼程，向波罗的海岸进发。5月，驻荷兰、德意志西北部和丹麦的150万德军向蒙哥马利投降。

第二次世界大战结束后，蒙哥马利担任驻德英国占领军司令和盟国对德管制委员会英方代表。

1946~1948年蒙哥马利担任大英帝国总参谋长，受封阿拉曼子爵。1948年10月出任西欧联盟各国陆海空军总司令委员会常任主席。1949年4月，美国与西欧11国签订了北大西洋公约，12国共同结成防务联盟，就是著名的“北约”。1951年4月2日，北大西洋公约组织最高司令部成立，美国的艾森豪威尔将军任最高司令部司令，蒙哥马利任最高副司令。

1958年，蒙哥马利结束了50年的军旅生涯而退休。他是英国历史上服役最久的将领。

蒙哥马利始终是一位谨慎、彻底的战略家。他坚持在每次出击以前，在人力、物力上都做好充分准备，虽然对于战争来讲，延缓了进程，但却稳妥可靠。蒙哥马利治军严格，注重从实战出发训练部队；强调鼓舞部队士气，认为发挥人的积极性是取得胜利的重要因素；主张做好战前准备，制订周密的作战计划，尽量减少人员伤亡。蒙哥马利著有《蒙哥马利元帅回忆录》《通向领导的道路》《战争史》《从阿拉曼到桑格罗河》《从诺曼底到波罗的海》等书。

1976年3月25日，一代名将蒙哥马利病逝在英国伦敦汉普郡奥尔顿，享年89岁。

名人名言

对于我们来说，生活中必须有，也应该有某种人生信仰。它偶尔用一句话、一场梦、一种表情或一个事件向我们传递一种令人振奋的消息。

——蒙哥马利

五星上将艾森豪威尔

德怀特·戴维·艾森豪威尔（Dwight David Eisenhower，1890—1969），美国第34任总统，陆军五星上将。在美军历史上，艾森豪威尔是一个充满戏剧性的传奇人物，他曾获得很多个第一。美军共授予10名五星上将，他是晋升得“第一快”；他出身“第一穷”；他是美军统率最大战役行动的第一人；他是第一个担任北大西洋公约组织盟军最高统帅；他是美军退役高级将领担任哥伦比亚大学校长的第一人；他是美国唯一的一个当上总统的五星上将。

1890年10月14日，艾森豪威尔出生于美国德克萨斯州的丹尼森。他选择军人职业，并非完全出于个人爱好，也不是父母的意志，而是与家境有关。他家境贫寒，其他的6个兄弟都没有受高等教育，艾森豪威尔也只能免费进入西点军校。他的母亲是一个和平主义者，不愿自己的儿子从军，但又不便阻拦，加之19世纪末期美洲的战事不断，从军对于年轻人来说也是一件神圣而新鲜的事。

1911年，艾森豪威尔考取美国海军学院，却因超龄而未被录取，后经该州参议员推荐，考入美国西点军校。西点军校这一届毕业生将星闪耀，168名毕业生中有56人晋升为将军，因此被称为“将星云集之班”。1915年艾森豪威尔从西点军校毕业并获得少尉军衔。

艾森豪威尔

由于战争，许多同学都去法国参战，艾森豪威尔却被留在国内从事训练工作，赴得克萨斯州圣安东尼奥任职。1916年晋升为少校。他创办了美国陆军的第一所战车训练营。

1922年调任驻巴拿马的第20步兵旅参谋。旅长福克斯·康纳将军认为他很有发展前途，遂不惜时间和精力加以培养，1923年，经康纳帮助而进入陆军指挥与参谋学校学习。1926年，以第一名的成绩毕业后又经康纳介绍而赴法国进行战场考察。1927~1928年，艾森豪威尔在陆军军事学院深造。1929年，艾森豪威尔赴陆军部助理部长办公室任职。

在艾森豪威尔的早期军事生涯中，他有幸结识了潘兴和麦克阿瑟这两位美国陆军的名将。他对这两人极为崇拜并拼命追随，特别是对麦克阿瑟的追随竟长达6年之久。1933年，艾森豪威尔担任陆军参谋长麦克阿瑟的助理。1935~1940年，他担任菲律宾军事顾问麦克阿瑟的高级助理。1936年，艾森豪威尔晋升为中校。

1939年9月，德军入侵波兰，艾森豪威尔不顾麦克阿瑟等人的劝阻和挽留，坚决要求回国。年底回国后，任美国西部军区司令部的后勤计划官。1940年2月调到驻加利福尼亚的第15步兵团任职，11月升任第3师参谋长。1941年3月，升任第9军参谋长。1941年6月出任第3集团军参谋长，就在25年前开始任少尉的地方晋升为准将。在集团军参谋长任内，艾森豪威尔成功地组织实施大规模军事演习，受到陆军参谋长马歇尔的重视。

1941年12月7日，日本偷袭珍珠港美军基地；12月8日，美国对日本宣战。在珍珠港事件发生后第5天，马歇尔电召艾森豪威尔速回华盛顿。这固然与艾森豪威尔熟悉菲律宾和太平洋地区军事问题有关，但更主要的是他有丰富的参谋工作经验。他先任战争计划处副处长，不久计划处升格为作战厅，又被任命为作战厅长，几星期后便升为少将。这是他步入统帅部与马歇尔长期合作的开始。

艾森豪威尔注意到，当美国朝野的注意力都集中在太平洋战场的时候，罗斯福和马歇尔却把欧洲战场放在优先的地位。他赞同这种战略观点，在1942年3月就和作战厅的参谋们一起提出了如何进行战争的基本设想：把大量美军集中在英国，而且拒绝将他们化整为零地用在任何周边性的攻击之中，在欧洲上空应获得空中优势，然后从英国渡过海峡，直指法国和德国。对这一基本设想，英国人虽然原则上同意，但在许多具体问题上存在着分歧意见。5月，马歇尔又命令艾森豪威尔前往英国作实地考察，并在英国设立了一个美军指挥所，为日后实施计划提出建议。6月，他返回华盛顿提出考察报告《给欧洲战区司令的指令》之后，罗斯福总统接受马歇尔的意见，已经任命艾森豪威尔为驻伦敦的美军欧洲战区总司令了。7月，艾森豪威尔晋升为中将。

第二次世界大战结束后，艾森豪威尔曾任美国驻德占领军司令。1945年回国，任美国陆军参谋长。1948年一度退出现役，任哥伦比亚大学校长。1950年，去法国任北约武装部队最高司令。

1952年，艾森豪威尔退出军界，参加总统竞选，以压倒多数当选。1953~1960年任美国总统。竞选时他提出结束朝鲜战争，1953年就职后，签定了《朝鲜停战协定》。1957年提出“艾森豪威尔主义”，企图控制中东地区。1957年1

月，艾森豪威尔在致国会的《对中东政策特别咨文》中提出：由国会授权总统在中东实行“军事援助和合作计划”，并可借口对付“共产主义侵略”，在中东地区使用美国武装部队；两年内额外拨款4亿美元向中东国家提供经济“援助”。这个决议案于3月7日被美国国会通过。3月9日，艾森豪威尔签署了“艾森豪威尔主义”的决议案。

从1953年到1960年，艾森豪威尔连任两届美国总统。为了使白宫办公厅成为有效的总统行政机构，艾森豪威尔仿参谋长制度而设办公厅主任。艾森豪威尔在任内签订朝鲜停战协定，但继续奉行冷战政策，并先后提出艾森豪威尔主义、大规模报复战略和战争边缘政策。

他在任期间，与前苏联部长会议主席赫鲁晓夫在美国戴维营举行了美苏高级会谈。“戴维营会谈”开创了冷战年代及以后的日子里美苏首脑会晤的先例。

1969年3月28日，艾森豪威尔在华盛顿病逝，终年79岁。其主要著作有《远征欧陆》《白宫岁月》和《艾森豪威尔的战争经历》。

名人名言

我不能容忍那些把一切与他们见解不同的人都称作共产党的极右分子，我也不能容忍那些高呼我们其余的人都是残酷的贪财牟利之徒的极左分子。

——艾森豪威尔

“沙漠之狐”隆美尔

埃尔温·约翰尼斯·欧根·隆美尔（Erwin Johannes Eugen Rommel，1891—1944），纳粹德国陆军元帅、军事家，第二次世界大战期间纳粹德国的三大名将之一。从政治角度来说，他绝对是助纣为虐的法西斯帮凶，对别国犯下了不可饶恕的战争罪行，是希特勒祸害天下的杀手。而从军事角度来看，他过人的军事素质，出色的军事指挥艺术，对世界军事历史产生了重大影响，确实值得后人研究。由于他在第二次世界大战的北非战场中，军事行动迅速、风格果断，能以寡胜多，遂获“沙漠之狐”的称号。

1891年11月15日，隆美尔出生在德国南部海登姆市的一个家庭。1910年，隆美尔中学毕业后从军，入但泽皇家军官候补学校学习。第一次世界大战期间任连长，先后获得3枚十字勋章。

隆美尔

隆美尔一生奉行禁欲主义原则，不喝酒，不吸烟。上军校时，他结识了一位名叫露西的少女。1916年两人结婚，婚后12年有了独生子曼弗里德。隆美尔同许多军事家一样，对军事的酷爱和对战争的钟情，远远超过对小家庭生活的迷恋。第一次世界大战爆发时，隆美尔是一名步兵排长，随部队转战于西线、罗马尼亚和阿尔卑斯山地。他意志坚强，勇猛过人，刻苦耐劳，善用计谋。第一次参加战斗时，他率领3名士兵击败了20名左右法军的进攻。1917年他任上尉连长，在喀尔巴阡山地的一次战斗中，隆美尔率领部队沿着一条罕为人知的山路，连续运动50小时，俘获敌人5000多人，火炮30门。这次大战虽然没有给他更多的参加战斗的机会，但隆美尔两次负伤，四次获得军功勋章，并获得了普鲁士功勋勋章（蓝马克斯勋章），他对战争的高度热情和出色的战斗素质已经显露出来了。

第一次世界大战后，隆美尔历任德累斯顿步兵学校战术教员、戈斯拉尔市猎骑兵营营长、波茨坦军事学校教员、维也纳新城军事学校校长等职，因著有《步兵进攻》一书引起希特勒的重视。1938年，他被调任希特勒大本营卫队长，曾陪同希特勒巡视捷克斯洛伐克。

第二次世界大战爆发后，隆美尔作为德国最高统帅部的指挥官之一，受到希特勒的器重。1940年2月，希特勒任命他为第7装甲师师长。5~6月间，在德军闪击西欧的侵略战争中，隆美尔指挥装甲第7师冲在最前面，先克比利时，接着是阿拉斯、索姆，最后直捣法国西海岸，被法国人称之为“魔鬼之师”。

1941年2月，希特勒又任命隆美尔为“德国非洲军团”司令，前往北非援救被英军打得一败涂地的意大利军队。他到达北非的黎波里前线后，立即做了一次侦察飞行，得出了“最好的防御就是进攻”的结论。于是他便改变“固守防线”的命令，指挥他的装甲部队冒着沙漠风暴勇猛穿插，全速前进。英军猝不及防，节节败退，德军直逼亚历山大和苏伊士。隆美尔因此名声大振，赢得了“沙漠之狐”的美名，并被晋升为陆军元帅。后来，德军主力被牵制在苏德战场，希特勒不肯抽兵援助北非前线，致使隆美尔不得不停止进攻而在阿拉曼进行消极防御。

1942年11月，隆美尔以其仅有的5万军队和550辆坦克在阿莱曼地区抗击蒙哥马利的19.5万军队和1029辆坦克，终因寡不敌众而惨遭失败，被迫撤军。1943年3月，隆美尔奉命召回德国大本营，同年7月，调任驻北意大利的陆军“B”集团军群司令。1943年12月至1944年7月，隆美尔率陆军“B”集团军群在法国组织防御，指挥抵抗诺曼底登陆战役。随后，德国发生了行刺希特勒未遂事件，隆美尔受到株连。1944年10月14日，由于希特勒派人逼迫，他在一辆小轿车中服毒自尽，而对外宣布的消息，则是“隆美尔陆军元帅在途中中风去世”。

隆美尔在生前就已经是传奇人物，有关他的书籍比任何一位德国国防军将军都多，希特勒的宣传部长约瑟夫·戈培尔把他塑成“人民元帅”；英国首相温斯顿·丘吉尔十分崇敬地评价隆美尔说：“你是个冷静狡猾的敌人，一位伟大的将军。”

隆美尔在历史上的形象一直熠熠发光。第三帝国初期，他还充满激情地赞扬希特勒的“旷世奇功”，然而从1943年起，他就成了德国国防军中敢于就不断恶化的形势向元首直言的少数高级军官之一。1944年6月6日，盟军攻入法国后，隆美尔成了希特勒最危险的反对者。

1944年9月末，希特勒最信任的心腹马丁·鲍曼在从元首大本营发出的一份印有“帝国秘密事务”字样的呈文中报告：“隆美尔曾说，暗杀成功后他将领导新政府。”这份文件意味着对希特勒最喜欢的隆美尔将军作了死刑判决。

在博尔曼的报告发出后，马丁·鲍曼来到隆美尔在黑尔林根的住所，并强迫这位被英军轰炸机炸成重伤的元帅吞服了毒药丸。连希特勒也不敢像对待“7·20密谋者”那样，到人民法院控告、绞死这位最高勇敢荣誉勋章的获得者。考虑到他的妻子露西和时年16岁的儿子曼弗雷德，隆美尔服从了——这也是他生命中的最后一次服从。

名人名言

不管武器口径多么小，也不管武器数量多么少，要始终用火力支援步兵进攻。

——隆美尔

数量居劣势之军，可以采取更多地使用自动武器或者更加迅速地发扬火力的方式压倒数量居优势之敌。

——隆美尔

美国名将麦克阿瑟

这是一个具有狼一般性格的人：在战争中，他打的胜仗如同狼的捕获量一样多；尽管他也打过败仗，然而，他却把失败的捕猎当作磨练自己技能、增添对成功渴望的手段。有人说他是一名笑对失败、超然前进的将军。他忠于自己的国家，但反对这个国家的总统（杜鲁门）。他就是美国名将道格拉斯·麦克阿瑟（Douglas MacArthur，1880—1964）。

1880年1月26日，麦克阿瑟出生在美国阿肯色州小石城的军人家庭。其父小阿瑟·麦克阿瑟是美国将军，他可谓是启发麦克阿瑟成为军人的人。麦克阿瑟晚年曾说："我最早的记忆就是军号声，而这一切，都是我的父亲给我的。我的父亲不仅给予我生命，而且给予我一生的职业道路。"

1899年，麦克阿瑟考入美国军事学院（西点军校）。在校期间既刻苦攻读，又注重体育锻炼。4年之后以98.43分的成绩毕业，创下该军校25年的分数记录；破格晋升少尉。后赴菲律宾任美军第3工兵营少尉。

1905年，麦克阿瑟追随其父从事情报工作。1906年，成为美国陆军工兵学校学员，兼任西奥多·罗斯福总统的军事副官。1908年，调任工兵营连长，因训练有方而晋升为营部副官，稍后成为骑兵学校教官。1911年晋升为上尉，次年调入陆军参谋部任职。1915年晋升为少校。1916年，调任陆军部长贝克的副官，负责与新闻界的联络事务。

麦克阿瑟

1917年，美国参加第一次世界大战后，从各州国民警卫队抽调人员组成第42步兵师。麦克阿瑟出任第42步兵师参谋长，晋升为上校，赴法国参加世界大战。他声称该师人员来自美国各地，犹如跨越长空的彩虹，故该师亦称"彩虹师"。1918年，因作战勇敢和指挥有方，数次获得勋章并升任第84旅准将旅长。同年11月，在大战结束之后担任彩虹师代师长。战争时期，他与远征军总司令部人员结有怨恨。

1922年2月，与路易丝·布鲁克斯结婚，但因妻子威胁到麦克阿瑟钟爱的军事事业，所以，他毅然离婚，年底赴菲律宾任马尼拉军区司令。

1927年秋，麦克阿瑟出任美国奥林匹克委员会主席，率美国代表队参加1928年在阿姆斯特丹举行的奥林匹克运动会，并获得冠军。陆军参谋长为此致电祝贺："你不仅获得了美国人决不撤退的美誉，而且获得了美国人深知如何获胜的光荣。"此后，麦克阿瑟调任驻菲律宾美军司令。

1930年8月，麦克阿瑟收到陆军部长来电，得知胡佛总统决定让他出任陆军参谋长。麦克阿瑟考虑到当时处于世界经济危机之际，和平主义思潮高涨，军费开支必将缩减，唯恐出力不讨好，遂有推辞之意。其母则力劝他接受该职，声称："如果你表现出怯懦，你父亲在九泉之下也会为此感到羞耻。"

1930年11月，麦克阿瑟接受上将临时军衔，宣誓就任美国陆军参谋长。任内用机械化装备代替马匹，提高了部队的机动能力和速度，制定战争总动员计划；为诸兵种建立统一的采购制度以减少浪费，建立航空队司令部以提高地空部队的协调效率；反对国会因经济原因而欲裁减陆军机构的企图；反对削减军官队伍，声称"一支陆军可以缺乏口粮，可以衣住简陋，甚至可以装备破旧，但如缺少训练有素及指挥有方的军官，则在战时注定会被歼灭。胜利与失败的不同，全在于有无干练而有效率的军官队伍"；每年均成功地阻止削减陆军员额的议案，并为陆军的战备辩护。需要特别指出的是，作为陆军参谋长的麦克阿瑟于1932年不惜亲自披挂出马，镇压华盛顿的美国退伍军人"退伍金进军"。

1933年罗斯福出任总统之后，麦克阿瑟继续担任陆军参谋长。1935年，麦克阿瑟的陆军参谋长任期届满，以少将军衔调任菲律宾政府总统奎松的军事顾问。

1941年6月，美国军方采纳"彩虹5号"计划，决定一开始与轴心国作战就把重点放在欧洲。7月，华盛顿下令将菲律宾陆军与驻菲美军合并，将麦克阿瑟转服现役，晋升为中将，任美国远东军司令部司令，下辖温赖特指挥的第1军和帕克指挥的第2军。12月8日，日军继偷袭珍珠港之后，对菲律宾发动进攻。由于麦克阿瑟判断错误和处置失当，驻菲律宾的美军轰炸机和战斗机大部被毁，空中防御能力丧失殆尽，再加上美菲军兵力有限，装备低劣而缺乏训练，无法抵挡日军的进攻，麦克阿瑟几乎要拿父亲留下的手枪自杀，与菲律宾人民共存亡。

1950年6月，朝鲜战争爆发之后，美国操纵联合国进行干涉。麦克阿瑟出任远东美军总司令和"联合国军"总司令，指挥侵朝战争。在美国第24步兵师被歼之后，麦克阿瑟组织指挥仁川登陆获得成功，进而指挥"联合国军"越过三八线，疯狂地向鸭绿江推进。1951年4月，麦克阿瑟因战争失利和所谓"未能全力支持美国和联合国的政策"而被解除一切职务。

麦克阿瑟返回美国后曾在国会发表演讲，但他在非正式场合的谈话绘声绘色，扼要而中肯，从不停顿以选择词句或组织思路，但是在公开场合的讲话，则总是要精心撰稿，格外冗长，夸夸其谈，华而不实，语句结构复杂而显得杂乱无章，单调乏味而枯燥无趣，给人以没有幽默感的印象。

1952年，麦克阿瑟企图获得共和党总统候选人提名，但未能成功。此后任兰德打字机公司董事长，著有回忆录《往事的回忆》。

1964年4月3日，麦克阿瑟在沃尔特·里德陆军医院因病去逝。

名人名言

你有信仰就年轻，有疑惑就年老；有自信就年轻，有畏惧就年老；有希望就年轻，有绝望就年老。岁月刻蚀的不过是你的皮肤，但如果失去了热忱，你的灵魂就不再年轻。

——麦克阿瑟

人才有用不好用，奴才好用没有用。

——麦克阿瑟

民族英雄朱可夫

格奥尔吉·康斯坦丁诺维奇·朱可夫（Georgy Konstantinovich Zhukov，1896—1974），前苏联军事家、元帅，因其在苏德战争中的卓越功勋，被认为是第二次世界大战中最优秀的将领之一，也因此成为仅有的四次荣膺苏联英雄荣誉称号的两人之一。他被俄罗斯人民尊称为“苏沃洛夫式”的民族英雄。

朱可夫

1896年12月2日，朱可夫生于卡卢加州斯特列尔科夫卡村一贫苦家庭。朱可夫曾在莫斯科学徒，并于1915年应召进入沙俄军队骑兵团。第一次世界大战之中，朱可夫曾因作战勇敢，两次获得圣乔治十字勋章，并被提升为军士。十月革命后他加入了布尔什维克。在一次遭遇战中，他们100人对2000人并且坚守了阵地7个小时，得到斯大林的赏识。1918~1920年他参加了苏俄国内战争。1923年朱可夫成为团长，1930年升为旅长。他是新的装甲战争理论的热心支持者，并且他详细的作战计划和对纪律的严格要求也给他带来了名气。

1938年日本军队在有前苏联驻军的蒙古国和日本扶植建立的伪满洲国边境制造摩擦，朱可夫被派往边境，组织对日军事部署。1939年5月诺门坎战役爆发，在朱可夫指挥下，前苏联军队大量使用装甲兵，进行闪电成的立体机动作战，最终合围日军，取得胜利。这一战役由于远离欧洲主战场，所以不被人注意，但是这一战役在一定程度上使得日本放弃了北进的意图，而将主要用兵方向定在东南亚，使得苏联在第二次世界大战中避免腹背受敌的局面。朱可夫因在这次战役中的杰出指挥被授予苏联英雄称号。1940年朱可夫上将晋升大将军衔，随后被任命为苏军总参谋长。

在总参谋长任上，朱可夫主要任务是提出防御德国攻击的计划。随着前苏联的秘密档案的解密，某些历史学家认为朱可夫曾在1941年5月提出先发制人的进攻德国的方案，但是被斯大林否决了。1941年6月22日德军入侵苏联，苏德战争爆发，战争初期苏军溃败。朱可夫签署了要求苏联红军立即组织反击的命令，但没有效果。

而朱可夫在担任预备队方面军司令员后，率领该方面军在叶利尼亚地区成功实施了叶利尼亚反击战，粉碎了德军的先头部队，稳定了当地的战线。9月列宁格勒告急，朱可夫被召回莫斯科，被任命为大本营代表，前往列宁格勒，从此开始了他各地协调指挥的序幕，也因此被称为“消防队长”。朱可夫到达列宁格勒之后，当即中止了正在研究撤退方案的会议，毫不留情地撤换了两个集团军司令，逮捕和处决了一些擅自撤退的军官，并迅速拟订了守城计划。通过自己坚强的意志带动下属，合理利用了有效的兵力进行重点防御与反击，稳定住了防线。10月德军大举进攻莫斯科，朱可夫调回莫斯科代替铁木辛哥组织莫斯科保卫战。12月保卫战结束，德军退出莫斯科周边地区。

1942年夏季，斯大林、铁木辛哥不顾朱可夫反对，强行发起哈尔科夫进攻战役，结果损失惨重，约50万名官兵被俘，德军前出至顿河河曲和高加索山南麓，朱可夫因此出任最高副统帅，并作为最高统帅部代表被派往斯大林格勒前线。一般认为，他和华西列夫斯基共同策划了斯大林格勒战役，但也有研究者认为，这段时间朱可夫主要策划维亚济马方向的无果的攻击行动。1943年初，与伏罗希洛夫元帅一起作为最高统帅部代表，协调列宁格勒方面军和沃尔霍夫方面军，突破德军对列宁格勒的封锁，战役胜利后，军衔晋升为前苏联元帅。

由于战功显赫和自身性格的缺点，朱可夫遭到斯大林的猜忌。1946年，索科洛夫斯基接替朱可夫任驻德苏军司令，他就任前苏联陆军总司令。1947年，朱可夫遭到斯大林指责，被派到远离莫斯科的敖德萨军区任司令员，后来又贬到战略位置更加次要的乌拉尔二级军区任司令员。1953年，朱可夫被召回莫斯科，但斯大林随即去世，所以无从证实朱可夫被召回的原因。1953年，朱可夫参与逮捕贝利亚的行动，因此成为国防部第一副部长。

1956年朱可夫负责制订了入侵匈牙利的计划。1957年赫鲁晓夫与莫洛托夫、布尔加宁等人发生矛盾，后者在主席团会议上要求赫鲁晓夫辞职，赫鲁晓夫要求召开党中央全体会议。朱可夫支持赫鲁晓夫，派军用飞机将所有中央委员接到莫斯科，并做了有力的发言，指责莫洛托夫等人参与斯大林的清洗运动，从而巩固了赫鲁晓夫的位置。但朱可夫在帮助赫鲁晓夫的过程中，因骄傲地表示："没有我的命令，一辆坦克也别想从原地移动。"赫鲁晓夫随之感觉朱可夫的威胁，趁朱可夫出访之机将他架空，在他回国后以"波拿巴主义者"的罪名解除了朱可夫的国防部长职务。

1974年，朱可夫在莫斯科逝世。

朱可夫在苏联卫国战争中的杰出贡献，使他作为与苏沃洛夫、库图佐夫相提并论的俄罗斯民族英雄载入史册。今天，他已成为战场上胜利的象征。

正如艾森豪威尔所赞颂的那样："有一天肯定会有另一种俄国勋章，那就是朱可夫勋章。这种勋章将被每一个赞赏军人的勇敢、眼光、坚毅和决心的人所珍视。"

不是列宁格勒惧怕死亡，而是死亡惧怕列宁格勒！

——朱可夫

第四篇

文学大师

文艺复兴巨匠但丁

13世纪末，意大利文艺复兴的前夜，佛罗伦萨诞生了一位伟大的诗人，这就是被恩格斯誉为“中世纪的最后一位诗人，同时也是新时代的最初一位诗人”的阿利盖利·但丁（ALighjeri Dante，1265—1321）。

但丁生于佛罗伦萨一个城市贵族之家，其父因家道中落，长期经商。当时该城有代表封建贵族利益、支持罗马教皇的基白林党和支持神圣罗马帝国皇帝、代表资产阶级利益的贵尔夫党。但丁的父亲自然拥戴贵尔夫党，而但丁本人后来则成为该党的领袖之一。

但丁早年曾师从著名学者布鲁内托·拉蒂尼，系统学习拉丁文、修辞学、诗学和古典文学，对罗马诗人维吉尔推崇备至。在绘画、音乐领域，但丁也造诣不凡。此外，但丁精心研究神学和哲学，古代教父圣·奥古斯丁的思想对他影响尤深。

但丁有过一次刻骨铭心的爱情，在其文学创作中留下了不可磨灭的烙印。那是在他的少年时代，他随父亲参加友人聚会，遇上一位名叫贝阿特丽齐的少女。少女的端庄、贞淑与优雅的气质令但丁对她一见钟情，再不能忘。遗憾的是贝阿特丽齐后来遵从父命嫁与他人，婚后数年竟因病夭亡。哀伤不已的但丁将自己几年来陆续写给贝阿特丽齐的31首抒情诗以散文相连缀，取名《新生》（1292~1293）结集出版。诗中抒发了诗人对少女深挚的感情，纯真的爱恋和绵绵无尽的思念，风格清新自然，细腻委婉。

但丁

这部诗集是当时意大利文坛上“温柔的新体”诗派的重要作品之一，也是西欧文学史上第一部剖露心迹，公开隐秘情感的自传性诗作。

早在青年时期，但丁就以激昂的政治热情加入了贵尔夫党，投身反对封建贵族的斗争，并参加了粉碎基白林党的战斗。贵尔夫党在佛罗伦萨掌权后，但丁被选为该城行政官。

该党后又分裂为黑白两党，但丁属于白党，反对罗马教皇对佛罗伦萨的干涉。教皇伙同法国军队支持黑党于1302年击败白党，掌握了政权，开始清洗白党成员。但丁被没收全部家产，判处终身流放，自此再未回到故乡。

1321年，但丁前去威尼斯办理外交事物，不幸染上疟疾，从此一病不起。

1321年9月14日夜间，在拉文纳，在妻儿朋友的环绕中，但丁刚刚写完不朽诗篇《神曲》，不久就永远闭上了他疲惫的眼睛。

时代是催生艺术的催化剂。一般来说，什么样的时代产生什么样的作品，伟大的时代产生伟大的作品，平庸的时代产生平庸的作品，革命的时代产生革命的作品，消闲的时代产生消闲的作品。

具体地说，时代因素又包含多方面的内容，既包括世界性的大趋势，也包括一个国家、民族甚至某个地区的小环境，这种趋势和环境更是包含了人类社会生活政治经济文化各方面的内容。一般来说，一个处于极端变动的时代，或者变革发展繁荣昌盛，或者社会动荡极端萧条，最容易产生划时代的作品。历史地看，一个极度黑暗压抑的时代，和一个非常开明自由的时代一样产生了许多传世之作。因为在这样的时代，不仅社会本身发生了天翻地覆的变化，为文学艺术提供了丰富的创作素材；人的思想观念和情感世界也经受着巨大的考验，人性的巨变直接影响和刺激着艺术家的创作。

作为新旧交替时期的诗人，但丁不可能不接受中世纪文化的洗礼，但《神曲》中表现出的深刻批判精神和新思想的萌芽，则使诗人成为文艺复兴新时期既将到来的预言者。但丁对古希腊、罗马的先贤如柏拉图、亚里士多德、荷马、维吉尔等人由衷地赞佩，肯定这些异教时期灿烂文化的代表者，肯定知识和理性精神，客观上批判了中世纪的文化专制主义和蒙昧主义。诗人继承了先知文学和启示文学的传统，将澎湃的激情与匪夷所思的幻想相结合，将对现实的评判与对“天国”诚挚的信仰相结合，展示出诗人惊人的想象力，把以梦幻、寓意、象征为特点的中世纪文学艺术推向了高峰。

这种历史地位是任何人都难以取代的。就如恩格斯的评价那样，“封建中世纪的终结和现代资本主义新纪元的开端，是以一位伟大人物为标志的。这位伟大人物就是意大利的但丁，他是中世纪的最后一位诗人，同时又是新时代的最初一位诗人。”

名人名言

走自己的路，让别人说去吧！

——但丁

容易发怒，是品格上最为显著的弱点。

——但丁

道德常常能填补智慧的缺陷，而智慧却远填补不了道德的缺陷。

——但丁

人文主义之父彼特拉克

弗朗西斯克·彼特拉克（Francesco Petrarca，1304—1374）是意大利学者、诗人早期的人文主义者，被认为是人文主义之父。他以其14行诗著称于世，为欧洲抒情诗的发展开辟了道路，后世人尊他为“诗圣”。他与但丁、薄伽丘齐名，文学史上称他们为“三颗巨星”。

彼特拉克出生在意大利佛罗伦萨附近的阿雷佐，是一个公证人的儿子。他的童年是在一个靠近佛罗伦萨的乡村中度过的。他的父亲，瑟·彼特拉克，和但丁一起于1302年被黑党政权从佛罗伦萨放逐。他与其家人追随从1309年教会分裂中迁居亚维农的教宗克莱孟五世迁至亚维农居住，他的早年生活就在那里度过。

1316~1320年，他在法国的蒙彼利埃就学，1320~1326年在意大利北部的博洛尼亚学习。尽管他父亲希望彼特拉克学习法律和宗教，但是他的主要兴趣却在于写作和古罗马文学，常与他的朋友薄伽丘分享他的创作激情。为了搜寻拉丁语写成的经典和手稿，他不惜穿梭于法国、德国、意大利和西班牙。随着他的第一个大型作品《阿非利加》的出炉，彼特拉克成为了欧洲的一个名人。

1326年，彼特拉克的父亲过世后，他又回到了亚维农。在那里，他在无数个不同事务所工作。作为一个学者和诗人，他很快就变得非常出名。

1327年，23岁的彼特拉克已是精力旺盛、才华横溢的青年。在这一年，发生了一件使彼特拉克终生难忘的事情。有一天，他在阿维农的一所教堂与一位骑士的妻子邂逅相识。这位年方20岁的少妇，仪态端庄，妩媚动人，彼特拉克一见钟情，深深坠入情网之中。从此之后，虽然岁月不断流逝，可是彼特拉克却一往情深，对劳拉的爱恋之情有增无减。

彼特拉克

他把他的感情全部倾注到作品中，他的诗是感叹的，不是劝诱的。他的散文表现出他对男人追逐妇女的蔑视。在1348年劳拉离世时，诗人的哀伤和他以前的绝望一样难以忍受。后来，在《给后人的信》中，诗人写道：“我年轻时，我曾一直同那无法抵抗的，但是纯洁的，我唯一的爱，斗争。如果不是她的早逝，我会继续斗争下去，斗争很痛苦，但是对我是有益的。斗争把那团火熄灭。我常常希望我能说我完全自由于肉体的欲望了，但是我知道，那样我是在说谎。”

意大利式14行诗一名即来源于他。浪漫作曲家李斯特给他的3首14行诗加谱为歌，名为“彼特拉克的3首14行诗”。后来作曲家把它作为组曲《旅游岁月》第二集“意大利”，共七首钢琴独奏曲的其中第四、第五和第六首。

彼特拉克的抒情诗是在继承普罗旺斯骑士诗歌和意大利“温柔的新体”诗派爱情诗传统的基础上创造出来的，并形成了自己的风格。其特点是格调轻快，韵味隽永，善于借景抒情，达到了情景交融的境地。他曾写过这样的诗句：

我像往常一样在悲思中写作，
鸟儿的轻诉和树叶的微语
在我耳边缭绕，
一条小河，傍依着两岸鲜花
在和风细浪中畅怀欢笑……。

这里，诗人通过“花”“鸟”“河”“风”的描写表达了自己肯定人生、热爱生活的思想感情。如果说诗人是借景抒情，那么读者则可以从诗景中领会其中的人文主义之情了。

彼特拉克的爱情诗收集在他的代表作《歌集》中，《歌集》中的诗人多都是即兴而作的诗体日记，共366首，其中14行诗317首，抒情诗29首，六行诗9首，叙事诗7首，短诗4首。全部诗集分上下两部分：《圣母劳拉之生》和《圣母劳拉之死》。

彼特拉克的爱情诗冲破了禁欲主义的藩篱，一扫中世纪诗歌中隐晦寓意、神秘象征的写法，直接描写现实生活中的人。他向人们公开袒露自己向往幸福生活的内心活动。在他的笔下，劳拉已不是中世纪那种矫揉造作、高不可攀的贵妇人，而是单纯开朗、平易可亲的新时代女性。由于彼特拉克从人性的角度出发，用写实的手法描写劳拉的美貌，因此他的诗歌格调清新，令人百读不厌，具有很强的艺术感染力。

这里有一段佳话，当他的爱情诗传开后，引起了广大读者的共鸣。有不少人甚至也对劳拉产生了爱慕之情，他们不辞劳苦，从很远的地方来到阿维农，以求一饱眼福，欣赏一下这位绝代佳人。但这时的劳拉已是中年开外的妇女，早已失去了昔日的丰采，使这些远道而来的人乘兴而来，扫兴而归。

彼特拉克知识渊博，他不仅是一位著名诗人，而且还是一位历史学家，著有《名人列传》一书。该书用拉丁文写成，书中列有21位古罗马时期的历史名人（从罗慕洛起一直写到恺撒为止）和皮鲁斯、马其顿国王亚历山大、汉尼拔的传记。作者写作此书的目的，在于以人物传记形式给意大利人展现一部宏伟壮丽的罗马史，让他们了解意大利的过去就是历史上横跨欧亚非三大洲的罗马帝国，从而激起他们的民族自豪感和民族自信心，走上民族独立统一的道路。《名人列传》中所贯穿的爱国主义和民族主义思想，是彼特拉克作为人文主义者的又一重要特征。

彼特拉克在史学领域中还有一个重要的贡献，就是提出了一个全新的历史时期概念。在他看来，在他所崇拜的古代和寄予无限希望的新时代之间，存在着一个使人深恶痛绝的时代。这个时代既毁灭了古代文化的精华，又毁灭了“公共美德”，因而是个黑暗、愚昧、倒退的时代。

彼特拉克的后半生是在自己的祖国度过的。他行踪不定，时而出现在这个城市，时而出现在那个城市，常常为各个城邦做些外交方面的事情，希望他们能够团结起来。

彼特拉克是处于新旧时代交替时期的人物，因此表现出很大的时代和阶级的局限性。他鞭挞教廷的虚伪，但又长期在教廷担任要职；大胆追求爱情和幸福，但有时又认为这是邪恶；热爱祖国和人民，但又轻视和脱离群众；主张人类之爱，但又有浓厚的个人主义色彩。这些都是早期资产阶级人文主义者的特征。

1374年7月18日夜幕降临后，彼特拉克与世长辞，享年70岁。当人们来到他的房间时，发现他的头还埋在维吉尔的手稿中。然而，彼特拉克的历史功绩是永远也抹煞不了的，在他死后不久，人类文明史上伟大的文艺复兴运动蓬勃兴起，尊称他为“文艺复兴之父”，就是最好的证明。英国著名诗人拜伦在游历意大利时，留下了光辉的诗篇，赞美彼特拉克的名声传遍各国。

你知道很多，但如果你不把你的知识用于你的需要，那就没什么用处。

——彼特拉克

书籍使一些人博学多识，但也使一些食而不化的人疯疯癫癫。

——彼特拉克

人文主义杰出代表薄伽丘

意大利文艺复兴运动的杰出代表，人文主义者乔万尼·薄伽丘（Giovanni Boccaccio，1313—1375）。其代表作《十日谈》批判宗教守旧思想，主张“幸福在人间”，被视为文艺复兴的宣言。他与但丁、彼特拉克合称“文学三杰”。

薄伽丘是佛罗伦萨商人凯利诺·薄伽丘和一个法国女人的私生子。关于他的诞生地，缺少确切的资料予以论断。据说他生于佛罗伦萨附近的契塔尔多，一说生于巴黎。幼年时生母去世，随父亲来到佛罗伦萨。不久，父亲再婚，他在严父和后母的冷酷中度过了童年。

薄伽丘

后来，他被父亲送到那波利，在父亲入股的一家商社不情愿地学习经商，毫无收获。父亲又让他改学法律和宗教法规，但无论是商业还是法律，都引不起他的兴趣。他自幼喜爱文学，便开始自学诗学，阅读经典作家的作品。这段生活使他亲身体验到市民和商人的生活以及思想情感，融入到他日后写成的《十日谈》中。

在那波利生活期间，薄伽丘有机会出入安杰奥的罗伯特国王的宫廷。在这里，他被压抑的个性和才智得以充分地施展。他同许多人文主义诗人、学者、神学家、法学家广泛交游，并接触到贵族骑士的生活。这丰富了他的生活阅历，扩大了文化艺术视野，进一步焕发了他对古典文化和文学的兴趣。他在宫廷里又认识了罗伯特的私生女玛丽娅，对她产生了爱情。这一段富于浪漫情调的经历，也在他的文学创作中留下了很深的印痕，他日后在文学作品中塑造的一些女性形象，可以见出玛丽娅的影子。

传奇小说《菲洛柯洛》是薄伽丘的第一部作品，也是欧洲较早出现的长篇小说，大约写于1336年左右。它以西班牙宫廷为背景，从中世纪传说中吸取素材，叙述一个信仰基督教的少妇和一个青年异教徒的爱情故事，他们冲破种种阻挠，有情人终成眷属。《十日谈》中有两则故事就取材于这部作品。

1348年，意大利的佛罗伦萨发生了一场可怕的瘟疫。每天，甚至每小时，都有大批大批的尸体运到城外。从3月到7月，病死的人达10万以上，昔日美丽繁华的佛罗伦萨城，变得坟场遍地，尸骨满野，惨不忍睹。这件事给薄伽丘以深刻影响，为了记下人类这场灾难，他以这场瘟疫为背景，写下了一部当时意大利最著名的短篇小说集《十日谈》。当时，《十日谈》被称为“人曲”，是和但丁的《神曲》齐名的文学作品，也被称为《神曲》的姊妹篇。

薄伽丘以丰富的生活知识和巨大的艺术力量，刻画了数百个不同阶层、三教九流、具有鲜明个性和性格的人物形象，展示出意大利广阔的社会生活画面，抒发了文艺复兴初期的自由思想。他采用框形结构，把100个故事巧妙串连起来，使之成为一部思想上、艺术上都异常完整的作品。这些故事吸取了民间口语的特点，语言精练、流畅，又俏皮、生动，开创了欧洲短篇小说这一独特的艺术形式。《十日谈》对欧洲文学发生了深远的影响。英、法、西班牙和德国不少作家的作品都模仿《十日谈》，或从它的故事中吸取创作素材。

叙事长诗《菲洛斯特拉托》和《苔塞伊达》，分别从《特洛伊传奇》和维吉尔的《埃涅阿斯纪》中撷取题材，它们赞颂纯洁的爱情、高尚的友谊，展示人世间生活的美和友情的欢乐，在古典的题材中注入了现代的情感。这两部作品开了8行体诗的先河。

牧歌式传奇《亚美托的女神们》（又称《佛罗伦萨女神们的喜剧》），在形式上仿效但丁的《新生》，用散文连缀三韵句诗歌。薄伽丘借用神话题材，抒写亚美托在爱情的陶冶下，由一个粗野的牧羊青年转变为品格高尚的人，其间穿插了7位女神向亚美托讲述自己的爱情经历。

长诗《爱情的幻影》受到但丁《神曲》的影响，用三韵句写成，具有隐喻诗的特点。薄伽丘叙述自己一次寓意性的旅行，把歌颂德行和赞美纯洁的爱情结合起来。

1340年冬，薄伽丘父亲的商业活动受到挫折，经济状况恶化，一蹶不振。薄伽丘无法维持原先悠闲自在的生活，便回到佛罗伦萨。在佛罗伦萨尖锐激烈的政治斗争中，他始终坚定地站在共和政府一边，反对封建贵族势力。他参加了行会，曾担任管理财务的职务，多次受共和政府的委托，作为特使去意大利其他城邦和教廷执行外交使命。

1350年，薄伽丘和诗人彼特拉克相识。翌年，他受委托去邀请被放逐的彼特拉克回佛罗伦萨主持学术讨论。从此，这两位卓越的人文主义者建立了亲密无间的友谊。

薄伽丘潜心研究古典文学，成为博学的人文主义者。他翻译了荷马的作品，在搜集、翻译和注释古代典籍上作出了重要贡献。

晚年，薄伽丘一心钻研古典文化，埋头著述《异教诸神谱系》（1350~1375）和《但丁传》这两部最重要的作品。前者以丰富的史料叙述神和英雄的起源，展示神话的基础，后者则是意大利研究但丁的最早学术著作之一。薄伽丘在他的理论著述中，批判教会对诗歌的诋毁，提出“诗歌即神学”的观点；他阐述诗歌应当模仿自然，反映生活，强调文学的启迪和教育的巨大作用；要求诗人从古希腊古罗马文化中吸取营养，并讲求虚构、想象。薄伽丘虽然还没有完全摆脱中世纪神学的观念，但他的文艺理论为文艺复兴时期诗学的发展奠定了基础。

1373年10月23日，薄伽丘抱病在佛罗伦萨大学《神曲》讨论会上作了最后一次演讲。第二年，契友彼特拉克的逝世，给他精神上造成了很大的打击。1375年12月21日，薄伽丘在契塔尔多逝世。

名人名言

经过费力才得到的东西要比不费力就得到的东西能叫人更喜爱。一目了然的真理不费力就可以懂，懂了也感到暂时的愉快，但是很快就被遗忘了。

——薄伽丘

一代诗哲歌德

约翰·沃尔夫冈·冯·歌德（Johann Wolfgang Von Gathe，1749—1832）是德国民族文学的最杰出的代表，他的创作把德国文学提高到全欧的先进水平，并对欧洲文学的发展作出了巨大的贡献，他的《少年维特之烦恼》《浮士德》等成为传世的不朽之作。

歌德一生跨两个世纪，正当欧洲社会大动荡、大变革的年代。封建制度的日趋崩溃，革命力量的不断高涨，促使歌德不断接受先进思潮的影响，从而加深了自己对于社会的认识，创作出了当代最优秀的文艺作品。

1749年8月28日，歌德出生于德国商业城市法兰克福一个富裕的市民家庭。他的父亲毕业于莱比锡大学法律系，获得博士学位。母亲是一名市长的女儿，乐观，说话和蔼，特别善于讲故事，是一位贤妻良母。小歌德很早就接受了来自家族的启蒙教育。人们很快就发现，这位少年天分很高，对知识吸收得非常快，而且很小就喜欢幻想，常常陶醉于一些小说的情节之中。然而，资产阶级的道德通病和死水一般的生活，常常使少年歌德疑虑重重，他自发产生了一种危机。他也在迷惑中开始尝试独立批判地去探索周围的世界。

当少年歌德将父亲收藏的两千多卷文学著作悉数阅览之后，他诗人的灵感渐渐多了起来。他曾刻画过一位天才青年的故事，这个人不顾一切危险去为自己和他人带来幸福。他明白：没有一个历史上的英雄，没有一个同时代的现实人物可以成为自己的榜样，因而他要用神话寄托理想，使人物富有人道主义精神。

歌德

当然，小歌德仍不是文学神童，事实上，他最早的诗篇并无惊人之处。而他也深信：天才创作源于对现实的深刻理解，植根于刻苦勤奋，而决不能仰赖于所谓的灵感。

1765年，16岁的歌德告别了家乡，遵照父亲的旨意来到莱比锡大学学习法律，莱比锡繁荣的科学与艺术使初到的歌德大开眼界，他对文学与现实的理解更加深刻。他为了抒发自己欢欣和痛苦的情怀，写了大量抒情诗。就这样，他的文学生涯就此开始了。

19岁那年，歌德不幸染上重病，并离开了大学，回到了故乡法兰克福。由于歌德未完成学业，父亲很不高兴。

1770年春天，恢复了健康的歌德再次离开父母，前往斯特拉斯堡大学继续学习，他喜欢社交，在那里，他结识了许多朋友。这些人中对歌德影响最大的是一位比他年长5岁的赫尔德，当时赫尔德已经因他的文学作品而知名，更重要的是，他是一位坚持用历史眼光观察世界的人，他的毫不妥协为歌德指明了怎样去全面认识时代的根本方向。这使正在觉醒的歌德大开眼界，并对他的文学生涯产生了极大的影响。歌德还积极地投身生活，并接触到了法国启蒙运动先驱伏尔泰、卢梭等人的著作。这一切都为他后来投身于“狂飚突进”的运动作好了思想准备。

1771年8月，歌德获得博士学位，同年10月，他在一次著名的演讲会上，热情歌颂了莎士比亚。歌德逐渐成长为一名反封建新文化运动的鼓手，他的笔触总是直刺腐朽、阴暗的封建统治，后来他便投身于欧洲文学史上叱咤风云的“狂飚突进”运动。这场运动宣传民族觉醒，呼吁德国民族统一，它提倡民族文学，重视民歌的发掘。

歌德还以戏剧的形式创作了一部具有德意志民族内容的作品，让一个勇敢人的形象留在了人们的记忆中，这就是《葛兹》。

1774年，歌德写了第一部闻名世界的小说《少年维特之烦恼》。歌德在这里记述了一个判逆者在突破时代一切束缚的必然的生活感情经历，它使进步的年轻知识分子受到了很大的鼓舞。

1786年，在一段不愉快的政治文人的经历后，歌德决心改名换姓，只身前往意大利。在这里，他遍览名胜，接触人民，既亲身感受到丰富多彩的社会生活，又接触到了古典文学艺术。歌德认为：艺术应当挖掘人的内心世界，从那里去寻找美、善和真正的理想。

歌德用毕业精力写完的《浮士德》反映了文艺复兴后直到19世纪初德国和欧洲的历史，描写了由封建社会向资本主义过渡的发展过程。他笔下的浮士德一心向往光明，追求真理，浮士德代表新兴、进步的力量，他正在一步步走向胜利。这是一部含意极其深刻且影响至今的德国诗剧。

《浮士德》这部巨著，前后曾用了60年之久。《浮士德》的第一部完成于1808年法军入侵的时候，第二部则完成于1831年8月31日，此时他已83岁高龄。这部不朽的诗剧以德国民间传说为题材，以文艺复兴以来的德国和欧洲社会为背景，写一个新兴资产阶级先进知识分子不满现实，竭力探索人生意义和社会理想的生活道路，是一部现实主义和浪漫主义结合得十分完好的诗剧。

歌德晚年的创作极其丰富，重要的如自传性作品《诗与真》《意大利游记》长篇小说《亲和力》和《威廉·麦斯特的漫游时代》，抒情诗集《西方和东方的合集》，逝世前不久，又完成了《浮士德》第二部。这些作品表现了歌德重视实践、肯定为人类幸福而劳动的思想，说明他思想中的积极因素比前一时期有所增长。《浮士德》第二部的完成，尤其突出地表现了歌德晚年思想上和艺术上的新发展。

长篇小说《威廉·麦斯特的漫游时代》虽然不如《威廉·麦斯特的学习时代》那样引人注目，然而它以探求理想的社会制度为中心，认为人们只有在为集体福利而积极劳动中才能获得人生的意义，思想比较开阔、积极。歌德晚年的许多抒情诗中闪烁着唯物主义、乐观主义思想的光芒，在当时消极浪漫主义文学风行一时的德国文坛上独放异彩。

1832年3月22日，伟大的文学家、一代诗哲歌德与世长辞。他的艺术之光却永远和他的名字一起闪烁着耀眼的光芒。

名人名言

任何人都不笨，但如果你不利用你的大脑，你会发觉你很笨！

——歌德

谁是最幸福的人？乃是能感到他人的功绩、视他人之乐如自己之乐的人。

——歌德

伟大的戏剧天才莎士比亚

威廉·莎士比亚（W.William Shakespeare，1564—1616）是英国文艺复兴时期伟大的剧作家、诗人，欧洲文艺复兴时期人文主义文学的集大成者。他的许多作品，比如《罗密欧与朱丽叶》《仲夏夜之梦》《威尼斯商人》《亨利四世》《第十二夜》《裘力斯·恺撒》《哈姆雷特》《奥赛罗》《李尔王》等，到现在仍深刻地影响着世人。

1564年4月23日，莎士比亚出生在英国中部埃文河上的斯特拉特福镇一个富裕的市民家庭。

幼年的莎士比亚在家乡的文法学校受过基础教育。7岁时，进入当地圣十字文法学校，学习拉丁语、文学和修辞学，并有机会接触戏剧和许多剧团。他从小就对戏剧产生了浓厚的兴趣，当外地剧团、马戏班到镇上巡回演出时，莎士比亚每场都

莎士比亚

是热情的观众。有时，他甚至徒步跋涉十几公里到外乡观看演出。

在莎士比亚十五六岁时，由于家道中落，他只得辍学在家。18岁时，他便结了婚，几年后，他们便有了三个孩子，他们本不富裕的生活更加举步维艰。但莎士比亚“对童年时代家庭幸福生活的向往”时时促使自己重振家业，建功立名。

1587年，莎士比亚怀着对未来幸福生活的向往，抛妻别子、背井离乡，只身到伦敦谋生，摆在他面前的却是一条荆棘丛生、环境险恶的谋生之道。当时的伦敦，已是一个物华天宝、人才荟萃的大都市。政府苦于初兴的资本主义手工工场难以吸纳这些闲散人员，屡屡颁布一系列惩治“流浪汉”的“血腥立法”，尽管收效甚微，却使“流浪汉”的生活处境更加艰难。这一切，对人地生疏、从外乡农村初涉伦敦谋求职业的莎士比亚来说，无疑是雪上加霜。然而，莎士比亚硬是靠着他的坚强、勤奋刻苦、聪明和才智，在这荆棘丛生的险恶生活道路上，开辟了一条自己的成功之道。

初到伦敦的莎士比亚，一直苦于找不到合适的工作。他常常是饥寒交迫，百无聊赖，只好到剧院门口当马夫，靠伺候那些骑马前来看戏的富人挣得一点收入，路人的闲言碎语和冷嘲热讽常常深深刺痛莎士比亚的心。由于莎士比亚做事勤快，人缘也好，加上自己对戏剧产生的浓厚兴趣，他终于寻得机会结识了更多的剧院人士。他慢慢由勤杂工变成了临时替身演员，在个别演员缺席或因故迟到时，客串一些小角色，到最后，由于他对了解戏剧的逐渐深入，他甚至开始担任导演，并尝试改编与创作新剧本，慢慢地，他成了剧团离不了的大红人。

1588年前后，他创作出了自己最早的历史剧《亨利六世》，该剧热情歌颂了英勇殉国的英军将领。

1592年伦敦鼠疫流行，莎士比亚在此期间读了很多书，以提高自己的文学素养。他还同各阶层的人士交往，丰富社会活动经验，勤奋写作，对戏剧的各种体裁都进行了尝试。

《罗密欧与朱丽叶》是莎士比亚早期的一部悲剧作品，该剧被称为是具有强烈的反封建意识的爱情悲剧。莎士比亚是位多产的戏剧创作艺术家，他的许多作品如《仲夏夜之梦》《威尼斯商人》《亨利四世》《第十二夜》《裘力斯·恺撒》《哈姆雷特》《奥瑟罗》《李尔王》《麦克白》《雅典的泰门》《暴风雨》等剧作，成功塑造了像哈姆雷特、夏洛克、奥赛罗、麦克白、罗密欧、朱丽叶等一批栩栩如生的艺术典型。

莎士比亚的戏剧多取材于历史记载、小说、民间传说和老戏等已有的材料，反映了封建社会向资本主义社会过渡的历史现实，宣扬了新兴资产阶级的人道主义思想和人性论观点。由于一方面广泛借鉴古代戏剧、英国中世纪戏剧以及欧洲新兴的文化艺术，一方面深刻观察人生，了解社会，掌握时代的脉搏，故莎士比亚得以描绘广阔的、五光十色的社会生活图景，并使之以悲喜交融、富于诗意和想象、寓统一于矛盾变化之中以及富有人生哲理和批判精神等特点著称。

莎士比亚的作品从生活真实出发，深刻地反映了时代风貌和社会本质。他认为，戏剧“仿佛要给自然照一面镜子：给德行看一看自己的面貌，给荒唐看一看自己的姿态，给时代和社会看一看自己的形象和印记”。马克思、恩格斯将莎士比亚推崇为现实主义的经典作家，提出戏剧创作应该更加“莎士比亚化”。这是针对戏剧创作中存在的“把个人变成时代精神的单纯的传声筒”的缺点而提出的创作原则。所谓“莎士比亚化”，就是要求作家像莎士比亚那样，善于从生活真实出发，展示广阔的社会背景，给作品中的人物和事件提供富有时代特点的典型环境；作品的情节应该生动、丰富，人物应该有鲜明个性，同时具有典型意义；作品中现实主义的刻画和浪漫主义的氛围要巧妙结合；语言要丰富，富有表现力；作家的倾向要在情节和人物的描述中隐蔽而自然地流露出来。

莎士比亚的戏剧大都取材于旧有剧本、小说、编年史或民间传说，但在改写中注入了自己的思想，给旧题材赋予新颖、丰富、深刻的内容。在艺术表现上，他继承古代希腊罗马、中世纪英国和文艺复兴时期欧洲戏剧的三大传统并加以发展，从内容到形式进行了创造性革新。他的戏剧不受三一律束缚，突破悲剧、喜剧界限，努力反映生活的本来面目，深入探索人物内心奥秘，从而能够塑造出众多性格复杂多样、形象真实生动的人物典型，描绘了广阔的、五光十色的社会生活图景，并以其博大、深刻、富于诗意和哲理著称。

莎士比亚的戏剧是为当时英国的舞台和观众写作的大众化的戏剧。因而，它的悲喜交融、雅俗共赏以及时空自由、极力调动观众想象来弥补舞台的简陋等特点，曾在18世纪遭到以伏尔泰为代表的古典主义者的指责，并在演出时被任意删改。莎剧的真正价值，直到19世纪初，在柯尔律治和哈兹里特等批评家的阐发下，才开始为人们所认识，然而当时的莎剧演出仍常被纳入5幕结构剧的模式。19世纪末，W.波埃尔和H.格兰威尔·巴克强烈反对当时莎剧演出的壮观传统，提倡按伊丽莎白时代剧场不用布景的方式演出，以恢复其固有特点。

17世纪始，莎士比亚戏剧传入德、法、意、俄以及北欧诸国，然后渐及美国乃至世界各地，对各国戏剧发展产生了巨大、深远的影响，并已成为世界文化发展、交流的重要纽带和灵感源泉。中国从20世纪初开始介绍和翻译莎剧，到1978年出版了在朱生豪译本基础上经全面校订、补译的11卷《莎士比亚全集》。1902年，上海圣约翰书院学生最早用英语演出《威尼斯商人》。据不完全统计，中国先后有65个职业和业余演出团体，以英、汉、藏、蒙、粤5种语言，文明戏、现代话剧、戏曲、广播剧、芭蕾舞剧、木偶剧等形式演出莎剧，包括了莎剧大部分重要作品。莎剧已成为中国中学、大学特别是戏剧院校的教材。莎剧的重要角色为中国演员的培养和提高开辟了广阔天地。

莎士比亚给世人留下了37部戏剧，其中包括一些他与别人合写的一般剧作。此外，他还写有154首14行诗和3~4首长诗等。

在艺术上，莎士比亚的戏剧结构严谨，情节丰富绚丽，人物塑造个性化和多重性结合紧密，人物性格鲜明、丰满。他善于把文学语言和民间语言巧妙地融合在一起，显得特别生动和精炼。他首先打破了悲剧与喜剧的界线，“使崇高与卑贱、恐怖和滑稽、豪迈和诙谐离奇古怪的融合在一起。”他善于深刻体察和描述人性，并通过他笔下的一些活生生的人物形象，向我们提出了社会生活中存在的最深刻、最根本的问题。所有这一切都是莎士比亚文学戏剧生命力不断延续的永恒魅力所在。

4月23日，对于世界文学领域是一个具有象征性的日子，因为塞万提斯、莎士比亚和加尔西拉索·德·拉·维加都在1616年的这一天去世。此外，4月23日也是另一些著名作家出生或去世的日子，如莫里斯·德律恩、拉克斯内斯、佛拉吉米尔·纳博科夫、约瑟·普拉和曼努埃尔·梅希亚·巴列霍等。

很自然地，1995年在巴黎召开的联合国教科文组织大会选择这一天，向全世界的书籍和作者表示敬意；鼓励每个人，尤其是年轻人，去发现阅读的快乐，并再度对那些为促进人类的社会和文化进步做出无以替代的贡献的人表示尊敬。

名人名言

放弃时间的人，时间也会放弃他。

——莎士比亚

成功的骗子，不必再以说谎为生，因为被骗的人已经成为他的拥护者，我再说什么也是枉然。

——莎士比亚

绝代文豪巴尔扎克

巴尔扎克，法国19世纪伟大的批判现实主义作家，欧洲批判现实主义文学的奠基人和杰出代表，法国现实主义文学成就最高者之一。他创作的《人间喜剧》共91部小说，写了2400多个人物，充分展示了19世纪上半叶法国社会生活，是人类文学史上罕见的文学丰碑，被称为法国社会的“百科全书”。

1799年5月2日，在法国卢瓦尔河畔的小城图尔市意大利军队大街，诞生了一位至今仍被法兰西民族引以为自豪的伟大人物，他的名字叫奥诺雷·德·巴尔扎克(Honoré De Balzac，1799—1850)。

巴尔扎克刚入旺多姆学校读初级班的时候，是一名脸色红润、腮帮鼓鼓、神情忧郁而又不失文静的小男孩。由于在他刚出生不久，小巴尔扎克就被送人抚养，在此间一直缺乏家庭的温暖和母亲的照顾，使他在多年以后仍对这段生活保留有痛苦的回忆。进学校时他还怀着一种苦涩的不信任感。

幼小的巴尔扎克在这群小学生中毫无声望。他很少参加游戏，也没有零花钱买东西，其他孩子的父母都来参加学校的颁奖仪式，只有他的父母从不参加。也许，正因为如此，沉默而无奈的小巴尔扎克更多地选择了思考、观察与阅读。他从小就如饥似渴地读书，不加选择地涉猎各种学科的各种作品，包括宗教、历史、哲学、物理等等。

1816年，巴尔扎克被送进一所中学，不久又转了一次学。不论到哪里，他的父母和教师们都没有抱什么太大希望，更不要说发现他是什么天才了。这也难怪，在一次只有35名学生参加的拉丁文考试中，他竟名列第32位。

巴尔扎克

巴尔扎克中学毕业后，进入大学攻读法律。正当巴尔扎克的父母在为这个平庸的孩子走上正道而庆幸时，巴尔扎克竟突然宣布，他讨厌这一切，他要当作家！他的父母顿时目瞪口呆。

的确，巴尔扎克在大学期间依然痴迷于文学，并且有了自己做实习律师的一段经历，他便决定创作一部反映上流社会腐败与黑暗的诗剧《克伦威尔》。由于生活积累所限，他的第一部处女作未经发表便宣告失败了。

由于生活总处于穷困的包围之中，巴尔扎克的苦恼和烦闷就可想而知。而在苦恼和烦闷的时候，巴尔扎克便常以幻想来充实自己，以求摆脱那种苦恼和烦闷。

巴尔扎克幻想得最多的，便是自己也有钱了，而且还有很多很多的钱。一次，在幻想中，巴尔扎克见自己的面前站着一个爱读小说的大富翁，只听那个爱读小说的大富翁在慷慨地对他说："你要多少钱，请打开我的钱柜尽量拿吧！你就用这些钱去还清你的债务，摆脱一切束缚吧！我相信你的文采，我要拯救一个伟大的人物！"

于是，巴尔扎克便把幻想当做事实，立刻从坐着的凳子上跳起来，兴奋得又是唱又是笑的，他还进一步把自己幻想成了全世界的第一号大人物……

当然，等到从幻想中清醒过来后，他就会自嘲地摇摇头，然后立刻跑进自己的工作室，埋头写作起来了。巴尔扎克有个创作时间表：从半夜到第二天中午工作，也就是说在椅子上坐12个小时，专心修改稿件和写作。然后，从中午到下午四点阅读各种报刊杂志，五点用餐，五点半才上床睡觉，到半夜又起床继续工作。法国一位传记作家介绍时说："每三天巴尔扎克的墨水瓶就得重新装满一次，并且得用掉十个笔头。"

巴尔扎克自然也有不少的朋友，朋友之间，自然免不了要聚在一起东拉西扯说起闲话。一次，有几个朋友到巴尔扎克的住处，围坐在一起，你一言我一语地闲谈起来。可就在巴尔扎克说话时——而且有时候他还显得兴致很高——却又突然中止了话头，紧接着便恶狠狠地咒骂起来："你这个荒唐鬼！你这个二流子！你这个该死的家伙！你竟敢在这儿胡说八道！"

这当然叫朋友们很是莫名其妙：他这是在骂谁啊？他又为什么要骂人呢？他是不是犯了神经病哇？

也就在朋友如丈二和尚——摸不着头脑的时候，巴尔扎克给了他们问题的答案："对不起各位了，我该去抄我的小说了，我早该去抄我的小说了，你们接着聊吧。"

说完，巴尔扎克便一头钻进自己的工作室。哦，原来他是在骂自己呢。

巴尔扎克开始探索现实主义的创作方法。1829年3月《朱安党人》的问世，标志着一个伟大的文学家的诞生，他的创作进入了一个全新的时期。这是他以现实主义的手法写作的第一部成功作品，作品无论从结构、表现技巧以及军事细节方面都显示出伟大小说家的才华，为巴尔扎克向现实主义道路的发展奠定了坚实的基础。此后，1830~1832年，作为文坛新秀，他接连创作了17个中短篇小说，显示出惊人的创作速度与才华。以后的岁月，佳作迭出，特别是《高利贷者》《高老头》《欧也妮·葛朗台》《塞拉菲达》等大量作品，并成功刻画出了葛朗台、皮罗多、于洛等人物形象。巴尔扎克以其对现实观察之仔细，对社会本质揭露之深刻，塑造人物形象之生动，艺术手法之高超，使他无可争议地列入世界文学史一流作家之林。

通过《人间喜剧》，巴尔扎克“提供了一部法国‘社会’特别是巴黎‘上流社会’的卓越的现实主义历史”。他的作品“是对上流社会必然崩溃的一曲无尽的挽歌”“他看到了他心爱的贵族们灭亡的必然性”。

巴尔扎克是个天才，他创作的速度和数量在世界文坛上几乎找不到能与之媲美的人。他创造了几千个人物形象，可列入不朽性质的就达数百人。对于巴尔扎克来说，世界的黑夜就是他的白天，常人的白天就是他的黑夜，他这种颠倒的作息时间，吓跑了他仅有的几个伙伴。他是个疯狂的暴君。在夜里，他像拿破仑那样野心勃勃地创造、征服和统治着他的第二世界。早年的巴尔扎克怀着对荣誉与金钱的渴望，写了许多让他一生都脸红的东西：《论长子长女的权利》《结婚生理学》《系领结之术》……我们几乎搞不清还有什么东西他没写过。

巴尔扎克的声名远播为他赢得了自己真正的倾慕者，一位俄国贵妇韩斯卡夫人和巴尔扎克陷入了一场“最炽热、最持久”的“永久相爱”中，巴尔扎克因这场“神圣纯洁”的爱情产生了难以遏止的创作灵感。

巴尔扎克风尘仆仆地将俄国的德·韩斯迦夫人娶回家的时候，他的生命终结了，带着许多未圆的梦想，永远没有人再惊扰他了。经商的失败、情场的失意、高额的债务……一切都不再惊扰他了。作家雨果在他的葬礼上说：“众人的目光现在不是仰望统治者的面孔，而是仰望思想家的面孔。”雨果的悼词是所有人献给这位大英雄的心声。

巴尔扎克的作品里展现了一个个真实的世界。时至今日人们还在无数次地为他的这些作品而感动。他创作的91部作品，像一座座里程碑，让世人为之景仰。

名人名言

时间是人的财富、全部财富，正如时间是国家的财富一样，因为任何财富都是时间与行动化合之后的成果。

——巴尔扎克

挫折和不幸，是天才的晋身之阶，信徒的洗礼之水，能人的无价之宝，弱者的无底之渊。

——巴尔扎克

“新小说”鼻祖卡夫卡

弗兰茨·卡夫卡（Franz Kafka，1883—1924），奥地利小说家。他常采用寓言体，背后的寓意人言人殊，其作品很有深意地抒发了他愤世嫉俗的决心和勇气，别开生面的手法，令20世纪各个写作流派纷纷追认其为先驱。长篇小说有《美国》《审判》《城堡》，短篇小说《中国长城建造时》《判决》《饥饿艺术家》等。生前共出版7本小说的单行本和集子，死后好友马克斯·勃罗德违背他的遗言，替他整理遗稿，出版三部长篇小说（均未定稿），以及书信、日记，并替他立传。

1883年7月3日，卡夫卡生于捷克首都布拉格一个犹太商人家庭，是家中长子，有三个妹妹和两个弟弟，不过两个弟弟相继夭折。卡夫卡自幼爱好文学、戏剧，18岁进入布拉格大学，初习化学、文学，后习法律，获博士学位。毕业后，在保险公司任职。三次订婚，又三次退婚，因而终生未娶。

1904年，卡夫卡开始发表小说，早期的作品颇受表现主义的影响。1910~1924年以德国为中心的欧洲表现主义运动方兴未艾，强调“内向转”，即关注内心主观世界，卡夫卡深受弗洛伊德和尼采的影响，把哲学溶入文学，他从“文学外走向文学内”。1912年的一个晚上，通宵写出短篇《教父》，从此建立自己独特的风格。

卡夫卡不把创作看做纯美学的事，而看作一种生存方式，一种生命燃烧的过程。他在日记中写道“我内心有个庞大的世界，不通过文学途径把它引发出来，我就要撕裂了”！

卡夫卡

他的小说揭示了一种荒诞的充满非理性色彩的景象，个人式的、忧郁的、孤独的情绪，运用的是象征式的手法。后世的许多现代主义文学流派如“荒诞派戏剧”、法国的“新小说”等都把卡夫卡奉为自己的鼻祖。

卡夫卡还是一位用德语写作的作家，他与法国作家马赛尔·普鲁斯特，爱尔兰作家詹姆斯·乔伊斯并称为西方现代主义文学的先驱和大师。卡夫卡生前默默无闻，孤独地奋斗，随着时间的流逝，他的价值才逐渐为人们所认识，作品引起了世界的震动，并在世界范围内形成一股“卡夫卡”热，经久不衰。受卡夫卡影响的作家有萨特、加缪、昆德拉等。

卡夫卡一生都生活在强暴的父亲的阴影之下，生活在一个陌生的世界里，形成了孤独忧郁的性格。他害怕生活，害怕与人交往，甚至害怕结婚成家，曾先后三次解除婚约。德国文艺批评家龚特尔·安德尔这样评价卡夫卡：“作为犹太人，他在创作《变形记》中，由于沉重的肉体和精神上的压迫，使人失去了自己的本质，异化为非人。它描述了人与人之间的这种孤独感与陌生感，即人与人之间，竞争激化、感情淡化、关系恶化，也就是说这种关系既荒谬又难以沟通。”推销员一觉醒来发现自己变成甲虫，尽管它还有人的情感与心理，但虫的外形使他逐渐化为异类，变形后被世界遗弃使他的心境极度悲凉。三次努力试图与亲人以及外界交流失败后，等待他的只有死亡。由此看出人类人性的不完善。

另一部短篇小说《饥饿艺术家》描述了经理把绝食表演者关在铁笼内进行表演，时间长达四十天。表演结束时，绝食者已经骨瘦如柴，不能支持。后来他被一个马戏团聘去，把关他的笼子放在离兽场很近的通道口，为的是游客去看野兽时能顺便看到他。可是人们忘了更换记日牌，绝食者无限期地绝食下去，终于饿死。这里的饥饿艺术家实际上已经异化为动物了。

卡夫卡的长篇小说《美国》和《洞穴》等揭示的是人类现实生活中的困境和困惑感；而《审判》《在流放地》以及《中国长城建造时》则揭示了现代国家机器的残酷和其中的腐朽。长篇小说《城堡》可以说是《审判》的延续，不仅主人公的遭遇继续下去，主要精髓也是一脉相承。

卡夫卡还留下了大量的书信作品，这些书信作品掺杂了卡夫卡个人大量思想性的东西，文学、艺术价值丝毫不亚于其正规的文学作品。保留较多的有《致菲利斯·鲍威尔》（菲利斯鲍威尔系卡夫卡定、退婚多次的情人）《致马克思·勃罗德》以及超级长信《致父亲》。其中《致父亲》虽然是一封信，但在文学、教育学、心理学、伦理学等方面均极有价值。

卡夫卡不是要制造出这个世界里的东西，而是要造出从未有过的东西，他不是要讲巧妙的故事，而是要讲不可能出现的奇迹。他的作品里有一条界限，那就是凡是已有的，全不是他感兴趣的，他的兴趣仅仅只在那种混沌的、孕育着“有”的“无”当中，处在有与无之间的迷雾后面的城堡和可以将他们的新世界邪恶地增殖的镜子，就是这种创造物——一种说不清道不明的存在。这是一种斩断了记忆的创造，艺术家要获取的，是仅仅属于他自己的纯粹的时间，这种时间同外界无关，只能从生命本体的最深处以自力更生的方式生发出来，其过程也许很神秘，其形式却是可以把握的。

1921年卡夫卡肺结核复发，咳血。1922年6月辞职。养病期间除继续创作外，游历欧洲，后在基尔灵疗养院。1924年去世。

名人名言

人们是永远不可能坦白一切的。甚至往昔那些看上去似乎彻底坦白出来的事情，后来也显示出还有根子留在内心深处。

——卡夫卡

我们清醒地穿过梦境：我们自己只不过是过去的岁月的一个幽灵。

——卡夫卡

俄国文学之父普希金

亚历山大·谢尔盖耶维奇·普希金（Aleksandr Sergeyevich Pushkin，1799—1837），俄国浪漫主义文学的杰出代表，现实主义文学的奠基人，被称为俄罗斯文学之父，也是现代标准俄语的创始人。正是由于他的创作对俄罗斯现实主义文学及世界文学的发展都有重要的影响，高尔基称之为“一切开端的开端”。

1799年6月6日，普希金诞生在莫斯科一个家道中落的贵族世家。他父亲当过近卫军军官，自幼爱好文学，善于写诗，有一间私人藏书室，里面收藏着大量的名著。他的叔父是当时彼得堡的知名诗人，他也想把侄儿培养成伟大的诗人。

普希金

普希金的家里经常有许多文学名流来往，在这种环境的熏陶下，8岁的普希金就开始用法文写诗，他已能背诵许多法国和希腊的古典长诗了，同时他又从保姆那里学到丰富的俄罗斯人民语言。他也非常热爱民间文学和诗歌。

1811年，12岁的普希金跟着叔父来到彼得堡的皇村中学。校长是一位具有进步启蒙思想的学者，政治教师还有其他一些教师对普希金世界观的形成有很大影响。这期间爆发了反法卫国战争，这场战争唤醒了俄罗斯民族，也对普希金童年时代的思想发展及世界观的形成产生了重大影响。他在爱国思想的激励下，诗兴大发，激情澎湃。他和同学们一起创办手抄刊物，并写出了优秀的爱国诗篇《皇村回忆》，当他的诗陆续在报刊上发表时，他那渊博的知识和非凡的作诗天才使得老师和同学都感到惊讶，他也越来越受到整个诗坛的瞩目。著名诗人卡拉姆在读过他的诗后叮嘱普希金："你要像一头鹰似的翱翔呀，但不要在中途停止飞行。"普希金没有辜负他的希望，他展开雄鹰的翅膀，勇敢地向文学高峰飞去。

普希金毕业后到彼得堡外交部供职，在此期间，他深深地被十二月党人及其民主自由思想所感染，参与了与十二月党人秘密组织有联系的文学团体"绿灯社"，创作了许多反对农奴制、讴歌自由的诗歌，如《自由颂》（1817）、《致恰达耶夫》（1818）、《乡村》（1819），1820年普希金创作童话叙事长诗《鲁斯兰与柳德米拉》。故事取材于俄罗斯民间传说，描写骑士鲁斯兰克服艰难险阻战胜敌人，终于找回了新娘柳德米拉。普希金在诗中运用了生动的民间语言，从内容到形式都不同于古典主义诗歌，向贵族传统文学提出挑战。

普希金的这些作品引起了沙皇政府的不安，1820年他被外派到俄国南部任职，这其实是一次变相的流放。在此期间，他与十二月党人的交往更加频繁，参加了一些十二月党的秘密会议。他追求自由的思想更明确、更强烈了。普希金写下《短剑》（1821）、《囚徒》（1822）、《致大海》（1824）等名篇，还写了一组"南方诗篇"，包括《高加索的俘虏》（1822）、《强盗兄弟》（1822）、《巴赫切萨拉依的泪泉》（1824）、《茨冈》（1824）四篇浪漫主义叙事长诗等，表达了诗人对自由的强烈憧憬。从这一时期起，普希金完全展示了自己独特的风格。

1824~1825年，普希金又被沙皇当局送回了普斯科夫省的他父母的领地米哈伊洛夫斯克村，在这里他度过了两年。幽禁期间，他创作了近百首诗歌，他搜集民歌、故事，钻研俄罗斯历史，思想更加成熟，创作上的现实主义倾向也愈发明显。1825年他完成了俄罗斯文学史上第一部现实主义悲剧《鲍里斯·戈都诺夫》的创作。

1826年，沙皇尼古拉一世登基，为了笼络人心，把普希金召回莫斯科，但仍处于沙皇警察的秘密监视之下。普希金没有改变对十二月党人的态度，他曾对新沙皇抱有幻想，希望尼古拉一世能赦免被流放在西伯利亚的十二月党人，但幻想很快破灭，于是创作政治抒情诗《致西伯利亚的囚徒》，表达自己对十二月党理想的忠贞不渝。

1830年秋，普希金在他父亲的领地度过了三个月，这是他一生创作的丰收时期，在文学史上被称为"波尔金诺的秋天"。他完成了自1823年开始动笔的诗体小说《叶甫盖尼·奥涅金》，塑造了俄罗斯文学中第一个"多余人"的形象，这成为他最重要的作品。还写了《别尔金小说集》和四部诗体小说《吝啬的骑士》《莫扎特与沙莱里》《瘟疫流行的宴会》《石客》，以及近30首抒情诗。《别尔金小说集》中的《驿站长》一篇是俄罗斯短篇小说的典范，开启了塑造"小人物"的传统，他的现实主义创作炉火纯青。

1831年普希金迁居彼得堡，仍然在外交部供职。他继续创作了许多作品，主要有叙事长诗《青铜骑士》（1833）、童话诗《渔夫和金鱼的故事》（1833）、短篇小说《黑桃皇后》（1834）等。他还写了两部有关农民问题的小说《杜布洛夫斯基》（1832—1833）、《上尉的女儿》（1836）。

人们也许不知道，俄国大诗人普希金还是一位美术家。只要翻阅普希金的手稿，就能发现稿纸上面画有许多草图和速写，令人眼花缭乱。这些图画的线条轻盈、急速、飞舞，完全符合诗人的气质和性格。

普希金的绘画有肖像、风景、奔马和花卉等，还有为自己作品所配的插图。普希金尤其擅长的是肖像画。他只需寥寥几笔就能勾画出人物典型的特征，往往比一些专业画家的肖像画还要真实。他的一系列肖像画中，有伟大的法国启蒙哲学家伏尔泰和狄德罗、英国诗人拜伦、俄国作家格里鲍耶陀夫、俄国诗人雷列耶夫等，肖像传神，栩栩如生。

从普希金画的另一些素描中，可以看到许多精巧优雅的妇女侧面像。公爵夫人叶·克·佛隆卓娃是当时非常迷人的女性之一，她的侧面像常在普希金的笔下出现。普希金用淡淡的几笔就表现出美貌少妇安·彼·凯恩妩媚的形象。他画的年轻的卡坚卡·维里亚舍娃的肖像，仿佛是一首肖像诗，描写出这位美丽少女的“碧蓝的眼睛”和“可爱的面庞”。

在普希金的一大批手稿、札记和书籍的空白处，留下了他的许多自画像。尽管许多画家都曾试图准确、生动地描绘出普希金的外部形象和神情，但现在看来，能够引起人们长久品味的还是诗人为自己作的自画像。

1836年普希金创办了文学杂志《现代人》。该刊物后来由别林斯基、涅克拉索夫、车尔尼雪夫斯基、杜勃罗留波夫等编辑，一直办到19世纪60年代，不仅培养了一大批优秀的作家，而且成为俄罗斯进步人士的喉舌。

1828年，在莫斯科上流社会的一次舞会上，普希金与被称为俄罗斯第一美人、16岁的纳塔利娅初次相遇，她的美貌强烈震撼了普希金。同样，诗人的才华和气质也深深打动了纳塔利娅的心。1831年，他们在莫斯科结婚。在7年的婚姻生活中，他们养育了四个子女。普希金曾在信中告诉他的朋友：“我生活非常幸福，我希望这一切不会改变。”然而，由于诗人的妻子纳塔利娅是莫斯科第一美人，沙皇对她垂涎三尺。1837年，沙皇政府收买了一位法国亡命之徒丹特士，策划了一场阴谋，让丹特士借一切机会追求普希金的妻子，随时向这位诗人的妻子倾诉衷情，此事引得整个社交界和诗人的政敌议论纷纷，大家都关注着事态的发展。这位亡命徒的卑劣手段奏效了，气愤之极的诗人答应和他角斗来了结此事。可是角斗时，普希金刚刚准备停当，狡猾的丹特士却提前开了枪。这狠毒的一枪打中了普希金的腹部，诗人最后倒在了血泊之中，俄罗斯大平原上一颗巨星坠落了，长期受害的诗坛盟主的心脏停止了跳动。普希金被杀时年仅37岁，普希金虽然死了，可他创造的业绩却无法抹杀，他的作品将和他的名字一样流传后世！他的早逝令俄国进步文人曾经这样感叹："俄国诗歌的太阳沉落了。"

名人名言

不论是多情的诗句、漂亮的文章，还是闲暇的欢乐，什么都不能代替无比亲密的友谊。

——普希金

读书和学习是在别人思想和知识的帮助下，建立起自己的思想和知识。

——普希金

英国天才诗人拜伦

乔治·戈登·拜伦（George Gordon Byron，1788—1824）是一位伟大的英国天才诗人，是举世公认的19世纪浪漫主义文学的最重要的代表人物。他的诗歌作品比如《恰尔德·哈罗德游记》《唐璜》等挥洒豪迈，波澜壮阔，不仅在整个英国文学史上乃至世界文学史上都具有举足轻重的地位。

1788年1月22日，拜伦出生于英国伦敦一个没落的贵族家庭。拜伦生下来就是个美男子，卷曲的头发，白净的脸庞，清澈明亮的大眼睛，可是美中不足的是，小拜伦的脚是跛的，这一缺陷给他后来的生活带来了不少痛苦。有一次他在街上散步时，一个妇人经过他旁边，看着拜伦说："呀！多么漂亮的孩子！可惜是个瘸子！"这句话深深刺痛了拜伦的心，虽然他很年幼，但他很懂世俗的偏颇和对残疾者的歧视，每当让别人看到自己的残疾，他的心就会像受刀割一样的痛苦。

拜伦

更不幸的是，他父母的关系很糟，彼此都对婚姻感到失望。拜伦就是在这种失望的深渊里出生的。拜伦2岁时，父母开始分居，拜伦由母亲抚养，他父亲为了躲债逃到法国，第二年便在贫困交加中死去。由于家庭的不幸，使得他母亲的性情变得非常暴躁，常无缘无故地大发脾气，而拜伦便成了母亲发泄愤怒和不满的对象。母亲有时候把他当作掌上明珠一样地爱抚，有时候发起神经来，便顺手拿起盘子、杯子等就向拜伦投去。年幼的拜伦每天都被喝骂，到后来，连碟子、茶杯都在屋子里飞舞，新衣裳也在愤怒的情绪下唏哩哗啦地撕破。尽管拜伦在默默地忍耐着，但是燃烧的愤怒却沸腾在他的脑里，到后来，默默地发怒的习惯已经成为他的癖性。

拜伦在将近5岁时，被母亲送进学校。他是个记忆力很好的学生，但脸上经常一副忧郁的表情。拜伦以善谈吐和多读书为人所知，因为他从自己的家庭教师那里学了不少历史和拉丁语，自己还常常随手翻读各种书籍。不过使他出名的倒是他打架的本领，因为他的残疾，常受到同学的嘲笑、揶揄甚至苛责，为了维护自己的尊严，他常以非凡的勇气打败对手：如果他挨了一下打，他必定要回敬两下的，不仅如此，他还常常保护更年少弱小的同学，为此他身上常留下疤痕。不过他的这种勇气和毅力却是他一生的最大特色，他那好胜的精神不久就博得全校的叹赏，结果以后便没人敢轻辱他了。

拜伦10岁时成了第六代拜伦男爵，因为他是伯父唯一的继承人，继承了他伯父的爵位和庄园的拜伦，一下子脱离了贫困，变成了身价百倍，名副其实的贵族了。在学校里原先看不起他的同学也改变了对他的态度，大家都巴结地叫他“拜伦男爵”，尽管这些同学开始对他好起来，但是拜伦仍然没有改变自己原先的忧郁和孤僻。此时，他对学校设置的正规的课目不大用功，而对课外阅读却显得难以置信的热心。他一生“懒惰而博学”的特点，在中学就已初露端倪了。

1805年，拜伦进入剑桥大学，学习他喜欢的文学和历史。他在学习上特别用功，但学校死板的教学方法却让拜伦十分失望。他开始不去上课了，经常躲在图书馆里看课外书籍，在这里阅读了大量的文学、历史、哲学的书籍。爱好体育的他还经常去射击、游泳，有时到郊外打猎和旅行。他把自己的学习和生活安排得井井有条。也是从这期间起，他开始尽力使自己瘦下来，方法是节食和运动。

1807年，阅读了大量文学作品的拜伦开始出版他的第一部诗集《闲散的时光》。这些诗主要反映了拜伦对上流社会的蔑视，对现实社会的不满和对底层人民的关爱和同情。此时的拜伦在同学中已颇具声望，他的诗集给他带来了很好的声誉，大家都很尊敬他。可是后来他看到一篇发表在英国文坛权威杂志《爱丁堡评论》上面针对他的匿名批评，使他大为愤怒。他隐忍着，做着一切准备，决心把那个卑劣的家伙狠狠教训一番。他怎样去做呢？创作和发表比以前更多更好的名篇，叫天下的批评家大为失色！

1808年，拜伦被授予文学士的学位，在剑桥大学毕业了。半年之后拜伦就进入了成年，到那时，他在贵族院就也会有议席，他的财产也比较自由了，这样他能更多地踏入广大的社会。

在生活中拜伦从来不巴结上流社会的人物。1809年3月13日，他作为世袭的贵族，进入了英国的贵族院，当了一名议员。那天拜伦就职宣誓仪式结束后，议长上前来跟他握手，但是拜伦只冷淡地用指头碰一下他而没有握手，议长非常不高兴地回到自己的位上。当仪式结束，他的朋友责问他为什么对议长那么不礼貌，拜伦却说："要是我认真握了他的手，他会把我拉进政府党里去的。讨厌！我什么政党也不参加。"

不久，拜伦由于受到匿名记者痛骂而激起的讽刺诗《英格兰诗人和苏格兰评论家》出版了，这首诗一问世，立即轰动了文坛的视听。他那敢于向当时名家挑战的勇气，使世人莫不惊诧。不过拜伦的诗人地位由于这首诗而被稳固地确立了。

接下来，他开始了出国游历生活，并开始写作著名长诗《恰尔德·哈罗德游记》，这是一首情意奔腾的浪漫诗，它一出版，立即成为伦敦人谈话的中心。它是以拿破仑战争旋涡中的欧洲各国为背景的生动泼辣的崭新的诗篇，文章思想是对专制政治的勇敢的挑战，而内容是一个青年贵族的纵横万里的旅行与天马行空的情思。这卷诗恰恰适应了倦怠已久期望着展开一个新局面的英国文坛的要求。他用这本书完全征服了英国，"我一朝醒来，发现自己已经成名。"拜伦当时这么说。他恰如一轮红日，升在英国的社会中。

《恰尔德·哈洛尔德游记》的问世，轰动了文坛，使拜伦一跃成为伦敦社交界的明星，然而这并没有使他和英国的贵族资产阶级妥协。他自早年就知道这个社会及其统治阶级的顽固、虚伪、邪恶及偏见，他的诗一直是对这一切的抗议。

那时候，在伦敦的社交界，如果不谈论恰尔德·哈罗德，不谈论拜伦，差不多要被当作时代的落伍者。这位被评为英国第一美男子的诗人征服了伦敦的社交界，那些贵妇们赞美、景仰拜伦，向他顶礼膜拜，大家争着邀请他，甚至有位姑娘女扮男装，想去做他的仆人，可是拜伦依然被无尽的寂寞包围着，他至今也无法从痛心酸楚的过去挣脱开来。他在怀疑着自己诗篇成功的永久性，而且他还没有完全摆脱少年时期害羞的性情。他俯视着一切女性，而又依然低着头很少说话，他的内心十分烦闷。

他虽然总是存在着精神上的苦闷，可他却一天也没放下诗笔，也许正因为他有着啮骨的苦恼和忧伤，他那敏锐的头脑才能在纸上刻出灿烂的奇文吧。

由于不堪忍受不幸婚姻和政治上迫害的双重压力，1816年拜伦毅然离开英国先到瑞士转而到意大利，最后奔赴希腊，投身于火热的革命之中。这时期的痛苦感受，也使他写出像《普罗米修斯》那样的诗，表示向他的压迫者反抗到底的决心。

在此期间，他认识了英国诗人雪莱，并且和他结下了深厚的友谊。在雪莱的支持下，他开始创作他一生中最重要的作品《唐璜》，它是一部诗体长篇小说，诗人通过主人公的爱情和生活中的一些遭遇反映了整个欧洲的历史。歌德评价它是彻底的天才作品，愤世到了不顾一切的辛辣程度，温柔到了最纤细动人的地步。

在他的诗歌里塑造了一批“拜伦式英雄”。他们孤傲、狂热、浪漫，却充满了反抗精神。他们内心充满了孤独与苦闷，却又蔑视群小。恰尔德·哈罗德是拜伦诗歌中第一个“拜伦式英雄”。拜伦诗中最具有代表性、战斗性，也是最辉煌的作品是他的长诗《唐璜》，诗中描绘了西班牙贵族子弟唐璜的游历、恋爱及冒险等浪漫故事，揭露了社会中黑暗、丑恶、虚伪的一面，奏响了为自由、幸福和解放而斗争的战歌。拜伦不仅是一位伟大的诗人，还是一个为理想战斗一生的勇士，他积极而勇敢地投身革命，参加了希腊民族解放运动，并成为领导人之一。

1824年，拜伦病死在为希腊独立而战的战场上，结束了他伟大而短暂的一生。

一个有血气的人，既不曲意求人重视，也不怕被人忽视。

——拜伦

人生好比一面鼓，一边走着，一边敲着，一步一步走向坟墓。

——拜伦

法国浪漫文豪雨果

维克多·雨果（Victor Hugo，1802—1885）是法国浪漫主义作家，人道主义的代表人物，19世纪前期积极浪漫主义文学运动的代表作家，法国文学史上卓越的资产阶级民主作家，被人们称为“法兰西的莎士比亚”。他的文学巨著《巴黎圣母院》《悲惨世界》《九三年》等，已成为世界文学宝库中的珍贵财富。

1802年2月26日，雨果诞生在法国东部的贝藏松城。父亲是拿破仑手下的将军，总是东征西讨，母亲是个天主教徒，保皇主义者。父母常因政治观点不同而发生争吵，对雨果的思想有很大影响。童年的雨果受母亲的影响很大，同情保皇党，对革命充满了敌视情绪。他的童年大部分时间随母亲在意大利和西班牙度过，由于母亲接受的是自由教育，爱好文学，尤其是伏尔泰的作品，她的这一爱好对雨果的一生深有影响。

1809年，雨果和哥哥欧仁被母亲送到巴黎一家私塾，他们在那里学习拉丁语和希腊语。课余时间，兄弟俩就在花园里玩耍。在学习和游戏中，雨果的想象力不断得到丰富、发展。1811年，在父亲的安排下，雨果兄弟俩在马德里贵族学校学习了一年。第二年雨果的父母由于感情不合而分居，雨果兄弟俩随母亲回到巴黎，这时他们不再上学了，由私塾的老师到家里给他们上课。这一时期，雨果兄弟读了许多有益的书籍。母亲酷爱读书，她对儿子的读书兴趣也十分放心，任他们自己选择读物。他们完全沉浸在读书之中，连续博览了老胡野约尔图书馆的全部藏书：莫里哀、卢梭、伏尔泰、狄得罗、瓦尔特、司各特的著作等，不管是戏剧、小说、诗歌，还是游记和惊险作品，无所不读。书读多了，雨果也越来越想自己动笔写点什么，他尝试着写了不少诗歌。

雨果

14岁时，他写了一部悲剧《伊尔塔敏纳》。他还在自己的日记中写下："我要成为夏多勃里昂，要不就一事无成"的豪言壮语，少年的雨果敢于向当时红极一时的桂冠诗人、法国消极浪漫派的创立者提出挑战，显示出了雨果的勇气和魄力。他写下这个誓言不久，法兰西学士院出诗题进行征文比赛，他写了一首长篇《读书乐》，列举了历史上大量事例，雄辩地证明：在最艰苦的生活条件下，学习如何使人变得高尚起来。结果，这个年仅15岁的诗人获了大奖，被誉为"卓绝的神童"，这个消息在各个报纸上都作了报道。

17岁那年，雨果同两个哥哥合办刊物《文学保守者》，开始创作小说，写了中篇小说《冰岛魔王》。在法兰西学院的诗歌竞赛会上，获得"百花诗赛"第一名。20岁时，他把少年时代的诗歌以《欲歌和杂诗》为名出版，他的这本诗集深受国王路易十八的称赞，决定褒奖这位年轻的保皇党诗人，赐给他1000法郎的年俸。同年，出版了诗集《颂诗集》，之后他对波旁王朝和七月王朝都感到失望，成为共和主义者，他还写过许多诗剧和剧本，几部具有鲜明特色并贯彻其主张的小说。

雨果一生都很感激母亲。雨果在母亲的引导、培育下，依靠自己的勤奋和天资聪慧走进了文学的大门。母亲对他要求十分严格，经常教给他做人的道理。一次，雨果看见一套时髦的服装，便向母亲吐露了心愿，母亲却教导雨果说："一个人的价值在于他的才学，而不在于他的衣着！"雨果一直把这句话铭刻在心里。1821年，雨果的母亲因肺炎逝世，第二年，他的一个哥哥又患了疯癫病，这时，穷困潦倒已同母亲分居的父亲回来照料患病的儿子。雨果在和父亲朝夕相处中对这位拿破仑时代的老将军有了更多的了解，面对老人，他开始改变自己的偏见，写了《献给我的父亲》一诗。

随着雨果在文学上的成功，残酷的封建统治使他日益醒悟，雨果的政治观点也开始有了改变。1827年，雨果发表剧本《克伦威尔》，这部剧本标志着雨果走上了同保王主义思想彻底决裂的道路，是雨果的世界观转向进步的明显标志。剧本的序言一发表，立即成为法国浪漫主义文学运动的宣言书。此后，从19世纪20年代末到30年代初，许多绚丽多彩的诗歌、戏剧、小说从雨果笔下像泉水般涌出来。1831年，雨果出版了浪漫主义的杰作，反封建反教会的长篇历史小说《巴黎圣母院》。小说以它紧张奇异的故事情节、色彩斑斓的景物描写、性格夸张的人物形象、华丽活泼的语言，震撼了法国文坛。作者的目的是要唤起读者美好人性的情感，激起人们去反对过去时代的，并且仍然笼罩着现实生活中的丑恶现象。小说刚一发表，立即就被翻译成欧洲各国文字，引起了广泛的反响。

但是，随着1831~1834年间几次工人起义的失败，雨果在政治上采取了同现实妥协的态度。这个时期，雨果在政治上的徘徊，影响到他所写的作品，从此，他在文学创作上沉默了很长一段时间。

1851年拿破仑三世发动军事政变，实行军事独裁，雨果坚定地站在共和派一边，参加反政变的斗争。拿破仑三世对他恨之入骨，下令悬赏通缉。雨果每天更换住处以逃避暗探的追捕，最后化装逃出巴黎，开始了19年的流亡生活。流亡期间，他拒绝了一次又一次的收买，也拒绝了拿破仑三世的“大赦”。在艰难的岁月中，他写了政论《小拿破仑》，诗集《惩罚集》《历代传说集》，长篇小说《悲惨世界》《海上劳工》《笑面人》，它们如同一把把匕首，揭露着专制统治的虚伪与罪恶。在诗歌《最后的话》中，雨果表达了自己的斗争决心：“如果只剩下一千个人，我定是其中之一；万一只剩下一百人，我还是不会放下武器；如果只剩下十个人，我就是那第十名；如果只剩下一个人，我就是那最后的一人！”

《悲惨世界》揭露了资本主义社会的尖锐矛盾和贫富悬殊，描写了下层人民的痛苦命运，提出了当时社会的三个迫切问题：“贫穷使男子潦倒，饥饿使妇女堕落，黑暗使儿童羸弱”，猛烈抨击了资产阶级法律的虚伪，全面反映了19世纪前半期法国的社会政治生活。所以，小说受到全世界人民的欢迎。到了20世纪，它又多次被改编成电影，同样吸引了无数的观众。

1870年“普法战争”爆发，法国战败，接着巴黎爆发革命，推翻了第二帝国，但政权落在资产阶级政客中。由保皇党人组成的所谓国防政府，立即宣布向普鲁士投降，并与普鲁士签订了《停战和巴黎投降协定》。在国难当头的关键时刻，雨果结束了长达19年之久的流亡生活，赶回巴黎，受到人民群众的热烈欢迎。为了捍卫祖国的尊严和主权，雨果自告奋勇，以68岁的高龄报名参加了国民自卫军。他捐出稿费，铸造了两门大炮，一门命名为“维克多·雨果”送往前线，打击侵略者，给法国军队带来极大的鼓舞。

巴黎公社起义时，雨果并不理解这次革命。但当公社失败后，反动政府疯狂镇压公社社员时，雨果又愤怒谴责反动派的兽行，他呼吁赦免全部公社社员，并在报纸上宣布将自己在比利时首都布鲁塞尔的住宅提供给流亡的社员作避难所。为此，他的家遭到反动暴徒的袭击，他自己险些丧命，但他仍然坚持自己的立场。

雨果在其生命的最后10年，仍然不懈创作，他先后完成了4部诗集、2部政论和1部戏剧。贯穿雨果一生活动和创作的主导思想是人道主义——反对暴力、以爱制恶。

雨果最为法国人津津乐道的浪漫事迹是：他于30岁时邂逅26岁的女演员朱丽叶·德鲁埃，并坠入爱河，以后不管他们在一起或分开，雨果每天都要给她写一封情书，直到她75岁去世，将近50年来从未间断，写了将近两万封信。

1885年5月22日，83岁的雨果与世长辞，这消息震动了法国和欧洲。他的灵柩在巴黎凯旋门下停了一昼夜，群众还是围住不肯散去。法国人民为雨果举行了国葬，以表示对这位伟大诗人、作家和民主战士的尊敬。上百万人高唱《马赛曲》，不顾大主教的抗议，把雨果的遗体送到法国伟大的墓地——先贤祠安葬。首届诺贝尔文学奖颁发于1901年，但雨果死于1885年，所以尽管他无缘诺贝尔，但不可否认他的文学成就很高。

名人名言

未来将属于两种人：思想的人和劳动的人，实际上，这两种人是一种人，因为思想也是劳动。

——雨果

人的智慧掌握着三把钥匙，一把开启数字，一把开启字母，一把开启音符。知识、思想、幻想就在其中。

——雨果

文学大师狄更斯

查尔斯·约翰·赫芬姆·狄更斯（Charles John Huffan Dickens，1812—1870）是19世纪英国伟大的批判现实主义作家，一生创作了大量作品，广泛描写了19世纪英国维多利亚时代的社会生活，揭露了资产阶级金钱世界的种种罪恶，著名作品有《双城记》《雾都孤儿》。

狄更斯

狄更斯于1812年2月7日出生于英国朴资茅斯的波特西地区。他父亲约翰·狄更斯是海军会计处的一个小职员。

狄更斯幼时就常常溜到家里的阁楼上，津津有味地阅读一本又一本的小说，《鲁滨逊漂流记》《天方夜谭》《堂·吉诃德》，都是他喜爱的作品。他幼小的心灵早就同文艺结上了不解之缘。以后他的家境日渐穷困，债台高筑，一家人不得不背井离乡，迁居到伦敦，但移居未久，家里旧债未清，新债又来，他父亲终于被投入债务监狱。这时狄更斯才10岁。但是作为一群弟妹的大哥，狄更斯就不得不担起家长的责任来。

11岁，狄更斯就到一家皮鞋油厂当学徒。为了节省开支，他母亲带着弟妹们到监狱里和父亲住在一起，狄更斯单独留在外面，每星期领到薪水之后，就带着钱或食物去探监，和父母弟妹团聚。这些艰苦的日子在幼小的狄更斯的心灵中遗留下永不消失的印象，使他对贫苦的儿童、对穷人、对被迫害者充满同情，对英国当时的统治阶级和资本主义社会产生了莫大的仇恨。后来他父亲获得一笔小小的遗产，出了监狱，把狄更斯送到威林顿高等学校（相当于高小）去读书。校长琼斯先生是一个又愚昧又野蛮的人，对学生任意鞭打、辱骂。这个人物在狄更斯的作品中曾经出现过很多次。家中仅有的一点钱财不久又用尽了，狄更斯不得不停学就业，为糊口而奔忙。他时而作律师的书记，时而为事务所送信，时而到法院当速记员，时而为报纸作采访。艰难的生活使狄更斯获得了非常丰富的生活知识，为他以后的写作积累了宝贵的素材。

22岁时，狄更斯试写了一篇短篇小说，畏怯地投入一家杂志社的信箱中。一个星期以后这篇小说刊出了，狄更斯就这样开始了业余写作活动。他最初为《记事晨报》写一些特写，署名“鲍斯”。1837年他写成了第一部长篇小说《匹克威克外传》。这部作品发表以后，风行一时，畅销全国，顿时成为街谈巷议的话题，并使得他得以靠写作维持生活，开始了著作生涯。以后他又写了许多作品，主要是长篇小说，获得极大的成功，使他成为英国文学史上伟大的作家之一。

狄更斯曾长期居住在法国、意大利，并曾到美国游历。他对美国的观察极其深刻，美国虚伪的民主政治、残酷的监狱、特别是暗无天日的蓄奴制，引起狄更斯极大的愤慨。他说：“我已经失望了，这不是我要来看的共和国，这不是我想象中的共和国。”他的游记体小说《美国札记》和长篇小说《马丁·朱什尔维特》都对美国社会的黑暗和丑恶作了有力的揭发。

狄更斯是欧洲19世纪少数杰出的批判现实主义大师之一。他的伟大不仅在于他深刻地暴露了英国各个社会阶层的生活实况，而且也在于他掀起了真正的文学革命。在他以前的英国文学中，普通人民是没有地位的；狄更斯虽不是第一个改变这种现象，却是最有效地改变了这种现象的人。他用生动而热情的笔触描绘了下层阶级的人们和他们的悲惨生活。他把贫民窟、小客栈、贫民收容所、债务监狱等悲惨的生活景象写入了文学作品，而且对那些穷人，那些正直的劳动者，给予最大的同情。另一方面，他以讽刺的笔法，对新兴的工厂主、银行家等资产阶级以及资产阶级社会，资产阶级虚伪的“民主政治”和“党派活动”，资本主义制度下的不平等和不合理现象，资产阶级法律的非人道本质，都作了无情的揭露和抨击。他以高度的艺术概括和生动的细节描写，反映了英国19世纪初叶的社会真实面貌。他的作品里充满了光辉四射、妙趣横生的幽默和细致入微的心理分析。他的人物形象有许多能使人一读之后就长久地活在读者的心中。

狄更斯生活的时代，正是英国资本主义日益发展，资产阶级已经取得胜利的时代。但也正如马克思、恩格斯所指出，随着资产阶级的兴起，也就兴起了它的对立面即工人阶级，而且两个阶级之间的阶级斗争也就日益尖锐起来。狄更斯开始写作的时期正是著名的“宪章运动”蓬勃发展的时期。列宁说过：“当英国发生世界上第一次广泛的、真正群众性的、政治性的无产阶级革命运动即宪章运动的时候，欧洲大陆发生的革命大都是软弱的资产阶级革命，而在法国却爆发了无产阶级和资产阶级之间的第一次伟大的国内战争。”（《列宁选集》第三卷第811页，人民出版社1972年版）这就是狄更斯生活时代的基本情况。虽然在客观上伟大的“宪章运动”给了他极深刻的影响，推动了他的作品的批判性质的发展，而且在当时也恰恰是“宪章运动”者对狄更斯的价值有正确的认识和高度的评价，认为他反映了人民的要求，但狄更斯主观上对工人阶级的革命运动不仅不能理解，而且是反对的。

他同情工人，却不同情工人的革命，他是一个阶级调和论者。他幻想可以用道德和教育把那些残酷的剥削者改造过来，幻想可以依靠好心肠的人的施舍，来消除世界上的贫富悬殊。他揭发了资本主义的罪恶，却不想推翻资本主义制度本身。他憎恨金钱对人类灵魂的统治，但是找不到为什么金钱会变成全能上帝的原因。虽然马克思就是狄更斯的同时代人，而且马克思在伦敦住过多年，还领导过英国的工人运动；虽然伟大的《共产党宣言》在1848年已经发表，而且在1850年已经出版了英文版，但是狄更斯对这些都一无所知。他始终只是一个小资产阶级的人道主义者。也可以说，他不是一个革命者，只是一个改良主义者。所以他的作品，一方面具有深切而有力的批判、揭发的力量，另一方面也含有不少的消极因素。

虽然如此，由于狄更斯真实地、生动地描绘了19世纪初叶的英国社会生活，由于他对人民怀着无限的深厚同情，尽管他对资产阶级还存在着幻想，致使他的思想和艺术都受了很大限制，但他还是属于进步传统的。贯穿在他的一切作品中的基调，是对资本主义社会的统治者代表人物，即他心目中的“恶人”的憎恨，和那些处于资本主义压迫下的普通人和穷苦的劳动者，即他心目中的“善良的人”的同情。他的作品不仅在当时发生了巨大的进步作用，直到现在还为人民所喜爱和珍视。

狄更斯写过一篇《圣诞颂歌》。在圣诞夜，透过访问三个鬼魂，书中生性吝啬的主角史克罗齐愈来愈清楚地看到自己过去所拒绝面对的真实情况。他看到了自己过去的自私和冷酷无情的真相；他也看到了自己目前的真实情况，尤其是那些他试图逃避的事情真相；他也看到如果以自己现在的方式继续生活下去，未来可能发生的事情真相……但是到这里他醒过来了。他明白自己可以不是这些真相的俘虏，明白自己可以有所选择，因此，他选择了改变自己。

显然史克罗齐在更深入察觉他所处的真实情况之前，无法作出改变的选择。正如狄更斯所指出，不论我们多么盲目和怀有多深的偏见，只要我们有勇气选择，我们就有彻底改变自己的力量。

在这里，狄更斯似乎已经超越了一个文学家的高度，他更像一位精神励志大师，在教导我们如何调整自己以应对复杂多变的命运，改变自己的命运，乃至改变社会的面貌。

伟大的人总会意识到这一点，他们喜欢成为历史的一部分，他们清醒地看到自己正身处一个伟大的转折时刻，就像英国人马修·阿诺德的名言那样：一个旧世界已经死亡，而一个新世界尚未诞生。而他们坚信自己是促使新世界诞生的人物。

而英国的知识分子，也深深地受到狄更斯的影响。在狄更斯的笔下，好多可怜的人深深地获得大家的同情，英国也因此扬弃了纯资本主义，社会福利政策慢慢地形成。在英国开始的社会福利政策，在全世界蔓延开来，所有的工业国家，都采用了这种政策，也使得这些国家有了相当和谐的社会。

一个健全的心态，比一百种智慧都更有力量。这句不朽的名言告诉我们一个真理：有什么样的心态，就会有什么样的人生。人类几千年的文明史告诉我们，积极的心态能帮助我们获取健康、幸福和财富；而消极心态会剥夺对我们的生活有意义的东西，即使人生已经到达顶峰，它也会把我们从顶峰上推落下来，使我们跌入低谷。

我们常说要主宰自己的命运，但如果我们不能将躁动的心安顿下来，让浮华的心沉静下来，将脆弱的心坚强起来，让骄狂的心谦逊起来，我们还谈什么主宰命运呢？

请记住，命运不是不可选择和主宰的。如果我们以自己的心灵为根本，以生存和发展为动机，去追求积极而快乐的生活，那么，命运是可以选择达到的，命运也是可以主宰的。即使处境不利，面临困厄，我们也会寻找和创造自己所希望的生存状态。因为良好的心态可以战胜任何困难、挫折和压力。

名人名言

成功好比一架梯子，“机会”是梯子两侧的长柱，“能力”是插在两个长柱之间的横木。只有长柱没有横木，梯子没有用。

——狄更斯

永远不要把你今天可以做的事留到明天做。拖延是偷光阴的贼，抓住他吧！

——狄更斯

抒情诗人海涅

亨利希·海涅（Heinrich Heine，1797—1856），德国著名抒情诗人。著有《青春的苦恼》《抒情插曲》《还乡集》《北海集》等。

海涅出生在莱茵河畔杜塞尔多夫一个破落的犹太商人家庭。

1795年，拿破仑的军队曾开进莱茵河流域，对德国的封建制度进行了一些民主改革。正如恩格斯所指出，拿破仑“在德国是革命的代表，是革命原理的传播者，是旧的封建社会的摧残人”。法军的这些改革，使备受歧视的犹太人的社会地位得到改善，因此海涅从童年起就受到了法国资产阶级革命思想的影响。

海涅

1815年海涅开始在法兰克福学习经商。第二年到汉堡，在叔父所罗门的资助下开商店。1819年海涅经商失败后，在叔父资助下进波恩大学和格丁根大学攻读法律，后转入柏林大学，最后在格丁根大学完成大学学业。为了获得一张欧洲文化的入场券，海涅于1825年接受基督教洗礼，同年获法学博士学位。1817年在汉堡一家刊物上发表了处女诗作。

1819~1823年，海涅先后在波恩大学和柏林大学学习法律和哲学，他听过浪漫主义作家奥古斯特·威廉·施勒格尔和唯心主义哲学家黑格尔的讲课。海涅早在20岁时就开始了文学创作，他的早期诗作《青春的苦恼》《抒情插曲》《还乡集》《北海集》等组诗，多以个人遭遇和爱情苦恼为主题，反映了封建专制下个性所受到的压抑以及找不到出路的苦恼。1820年的冬季学期，海涅来到哥廷根大学，在那里，他参加了一个学生组织。然而，仅仅在1821年1月，他就被迫离开了学校和这个组织。还是在哥廷根，1825年海涅获得法学博士学位。

“我跟一些人一样，在德国感到同样的痛苦，说出那些最坏的苦痛，也就说出了我的痛苦。”（《每逢我在清晨》）这些诗句中所抒发的个人感受，具有一定的社会意义。它们表现了鲜明的浪漫主义风格，感情淳朴真挚，民歌色彩浓郁，受到了广大读者欢迎，其中不少诗歌被作曲家谱上乐曲，在德国广为流传，是德国抒情诗中的上乘之作。

1824~1828年间，海涅游历了祖国的许多地方，并到英国、意大利等国旅行。由于他广泛接触社会，加深了对现实社会的理解，写了四部散文旅行札记。

1830年海涅在黑尔戈兰岛温泉浴场疗养时，听到法国七月革命的消息，欢欣鼓舞，渴望到巴黎去“呼吸新鲜空气”。1831年5月海涅到巴黎，开始了他生活中的新阶段。在巴黎他密切注视着革命的发展，关心自己祖国的状况，为德国报纸写了大量通讯和政治评论，集为《法兰西状况》一书出版。同时还在法国报刊上撰文介绍德国文化和宗教，出版《论德国宗教和哲学的历史》和《论浪漫派》两本学术著作。在巴黎，海涅结识了巴尔扎克、乔治·桑、贝朗瑞、雨果、肖邦、李斯特、大仲马等文艺界人士。海涅的革命民主主义思想激起了德国反动政府的痛恨，1835年德国联邦议会把他列为青年德意志之首，禁止他的作品在德国出版发行。

1843年10月海涅从巴黎启程回国，12月中旬返回巴黎后不久，就结识了马克思，交往密切，两人成了终生不渝的诤友。海涅最出色的政治抒情诗就是在与马克思交往的时期创作的，如《德国，一个冬天的童话》《西里西亚织工之歌》《路德维希国王赞》《中国皇帝》《新亚历山大》《教义》等。海涅的第二部诗歌总集《新诗集》也在1844年出版，集中收录了19世纪30年代以后的创作。

海涅在1848年革命失败后，忍受瘫痪的痛苦，在“床褥墓穴”用口授方式创作了许多优秀诗篇，其中包括《罗曼采罗》（1851）、《1853—1854年诗集》和一些遗诗。这些诗中虽有悲愤忧郁之作，但大多数仍充满战斗的豪情，对祖国和人类的未来具有坚定的信心。在随后的十多年里，他虽也继续诗歌创作，但更多的时间和精力却用于为德国国内的报刊撰写通讯和时事评论，及时而又如实地报道法国和巴黎的各方面情况，想让法兰西革命的灿烂阳光去驱散笼罩着封建分裂的德意志帝国的浓浓黑暗，让资产阶级进步意识形态的熏风去冲淡弥漫在那儿的陈腐之气，于是产生了《法兰西现状》《论法国画家》《论法国戏剧》以及《路台齐亚》等一大批报道和文论。与此同时，他也向法国读者介绍德国的宗教、历史、文化、哲学以及社会政治现状，写成了《论浪漫派》《德国宗教和哲学的历史》等重要论著，帮助法国人民对德国精神生活的方方面面产生比较深刻的认识。这样，海涅便开始了他写作生涯更紧密地联系现实和富有革命精神的阶段。

在这个阶段，除去时评和文论，海涅还发表了小说《施纳波勒沃普斯基回忆录》《佛罗伦萨之夜》和《巴哈拉赫的法学教师》。只可惜这些作品全都是一些片断，而诗歌创作也几乎陷于停顿。这大概是因为时事过于动荡，诗人已无法静下心来从事纯文学的创作，拿德国著名的马克思主义文学批评家弗朗茨·梅林的话来说就是："海涅在30年代极其严肃地对待他的'使徒的职责'和'护民官'的任务，因而他的诗歌创作就退居相当次要的地位了。"这意味着，海涅把自己革命战士的职责看得比他诗人的成就和荣誉还重，然而也多亏如此，他才得以充分展示在游记作品里已初露锋芒的社会观察家和批评家的才华，让后世能一睹其博大深邃的思想家和英勇善战、坚强不屈的战士的风采。

海涅文学创作的成就主要在诗歌、散文、评论三个方面。作为诗人，在他开始创作时正是德国浪漫主义和现实主义交替时期，这一特点在他的诗作中留下了明显的印记。早期抒情诗，具有浪漫主义色彩以及民歌风格和韵律，主要表现爱情的欢乐和痛苦，抒发对幸福生活的追求和对美好理想的憧憬，忧郁的情调和欢快、热烈的情绪相伴。这些诗感情真挚，语言优美，许多诗篇被音乐家谱成歌曲。在吸取了浪漫派的营养之后，他又获得超越浪漫派的力量，使自己成为德国最后一位浪漫派诗人，同时又是第一位现代诗人。

海涅到巴黎以后，接触了圣西门的空想社会主义学说，同马克思的交往又使他对共产主义有了更多的了解，视野更开阔，思想境界也更高。在创作上他反对诗歌脱离现实，也反对只有空洞口号的倾向诗。他出色的政治抒情诗表现了对祖国前途和人民命运的关注。如在《西里西亚纺织工之歌》中，诗人对压在工人头上的骗子上帝、吸血鬼国王和腐尸祖国发出了"三重诅咒"。在《德国，一个冬天的童话》中对德国反动、黑暗的现状进行了无情的揭露和抨击。犀利的讽刺、新奇的比喻、滑稽的幽默、真挚的抒情、奇特的幻想相互交叠穿插，体现了诗人政治诗的艺术特色。海涅晚期在病床上创作的诗歌，有的流露出悲怆凄凉的情绪，但仍保持着讽刺和抒情相结合的特点，仍然关注着祖国和人民的命运，有的诗里还洋溢着炽烈的战斗激情。

海涅的散文游记在文学史上有着重要的地位。对大自然迷人景色的出色描绘，优美的感情抒发，对纯朴的人民的热爱，对黑暗、腐朽事物的憎恨和讽刺，对现实和革命的热情关注，构成他散文游记的基调。

海涅的评论著作对沟通德法两国的思想文化作出了贡献。在《论德国宗教和哲学的历史》一书中，一方面批判了德国唯心主义的古典哲学，同时看到了在迂腐晦涩的哲学言词之后所隐藏的革命思想。在《论浪漫派》中，海涅一方面批判德国浪漫派脱离生活、美化现实的不良倾向，同时也肯定了浪漫派在艺术上的成就。

恩格斯评价海涅说："他是我们这个时代最有力量的诗人。"

海涅晚年思想上的矛盾与怀疑突出地表现在他对共产主义的信念与理解上，他思想上的矛盾是那个时代的产物，正如列宁在纪念赫尔岑时所说，"是资产阶级民主派的革命性已在消亡，而社会主义无产阶级的革命性尚未成熟这样一个具有世界历史意义的时代的产物和反映"。同时，也反映了海涅本身资产阶级世界观的局限。1856年2月27日，海涅逝世。

在德语近代文学史上，海涅堪称继莱辛、歌德、席勒之后最杰出的诗人、散文家和思想家。他不仅擅长诗歌、游记和散文的创作，还撰写了不少思想深邃、风格独特并富含文学美质的文艺评论和其它论著，给后世留下了一笔丰富、巨大、光辉而宝贵的精神财富。海涅兼擅诗歌、散文和游记的创作，但是无论个人的性情和气质，还是创作的成就和影响，都仍然让我们首先尊他为一位出色的抒情诗人和伟大的时代歌手。

名人名言

天上的星星之所以显得美丽和纯洁只是因为它们离我们如此遥远，而我们又一点不了解它们的私生活。

——海涅

人们在那里高谈阔论天启和灵感之类的东西，而我却像首饰匠打金锁链那样精心地劳动着，把一个个小环非常合适地联结起来。

——海涅

童话大师安徒生

汉斯·克里斯蒂安·安徒生（Hans Christian Andersen，1805—1875），他最著名的童话故事有《小锡兵》《冰雪女王》《拇指姑娘》《卖火柴的小女孩》《丑小鸭》和《红鞋》等。安徒生生前曾得到皇家的致敬，并被高度赞扬为给全欧洲的一代孩子带来了欢乐。他的作品已经被译为150多种语言，成千上万册童话书在全球陆续发行出版。他的童话故事还激发了大量电影、舞台剧、芭蕾舞剧以及电影动画的制作。

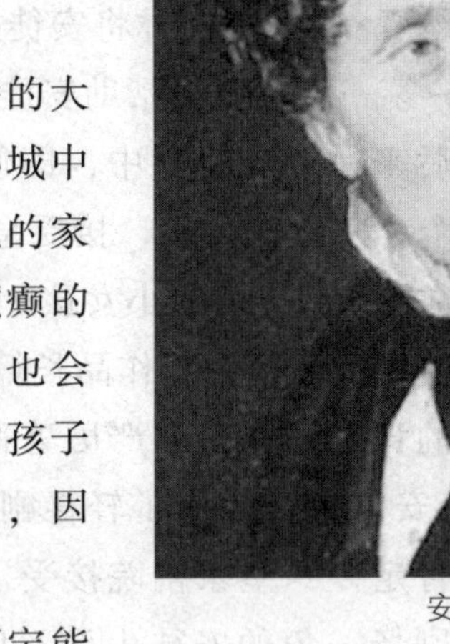
安徒生

1819年，敏感的安徒生已经14岁时，他作出了一个重要的决定，离开家乡，去闯闯外面的大世界。

这个时候，他还不是那个声名远播的大人物，他只是一个在当时偏远、闭塞小城中艰难过活的孩子，一个有着复杂、混乱的家族血缘的自卑的孩子；一个有着疯疯癫癫的祖父的孩子；一个诚惶诚恐、生怕自己也会有一天发疯的孩子。他同那些出身好的孩子一样渴望关注、渴望富有、渴望成名，因此，他选择了离开。

他决定去哥本哈根碰碰运气，说不定能在那里找份演戏的工作，一方面可以养活自己，另一方面可以做自己喜欢的事。

他完全没有料到这条路是多么艰辛。

他到了哥本哈根后，就为自己设定好了一个目标：那就是进入皇家剧院。

因为在哥本哈根一个人也不认识，安徒生只能挨家挨户地去敲门。受到无数拒绝后，他来到了丹麦皇家唱诗班学校校长朱瑟贝·斯伯尼的家门口。安徒生的遭遇，让本身也是穷苦出身的斯伯尼深表同情。斯伯尼很快筹了一笔钱，为安徒生租了一间便宜的房子，安排他在皇家剧院里做学徒。

就这样，安徒生开始了自己全新的生活。白天，他在皇家剧院里游荡，在他身边出没的都是丹麦黄金时期最著名的演员。晚上，他则回到自己肮脏、简陋的小屋子里。那段时间，安徒生依然常常忍饥挨饿，用自己少得可怜的钱买些书看。

在接下去的3年时间里，安徒生坚定地朝着自己的“演艺生涯”迈进。然而，不幸的时刻终于还是来到了。17岁那年，开始变声的安徒生再也没有了“夜莺般”的嗓音，他笨拙的体形也不适合跳芭蕾。安徒生被告知：他在舞台上不会有任何前途。

既然无缘表演生涯，安徒生开始将注意力集中到自己的其他才华上：他决心成为一位剧作家。安徒生的第二部剧本引起了皇家剧院财政主官乔纳森·柯林的注意，后者为他安排了一个由丹麦国王资助的奖学金。

安徒生被送到哥本哈根城外一所语法学校去上学。这所学校对安徒生来说简直就是一个噩梦，同学都比安徒生小六七岁，而在基础教育上安徒生却远远落后于他们。安徒生的校长是一个喜欢讽刺、羞辱和恐吓学生的人，对喜爱幻想的安徒生尤其看不惯。校长禁止安徒生进行任何创造性的活动，他要让安徒生明白，卑微的出身注定他的地位永远都是低下的。

1826年，21岁的安徒生写下了名为《垂死的孩子》的诗。尽管这首诗后来成为19世纪最著名的诗歌之一，但安徒生的校长当时却把这首诗称为“垃圾”，并开始对安徒生进行更加狠毒的虐待。最后，一位老师对安徒生所受的虐待实在看不下去，径直告诉了乔纳森·柯林，柯林将安徒生接出了学校，在私人家庭教师的指导下学习。尽管柯林一家一直慷慨地帮助安徒生，但他们却提醒安徒生，他永远都不是他们中的一员。后来在安徒生心中，即使自己已经闻名全世界，他依然是那个“鞋匠的儿子”，那个“来自欧登塞、接受皇家剧院施舍的男孩”，和那个“把鼻子贴在有钱人家玻璃窗外的卖火柴的小女孩”一样。

两年后，安徒生出版了第一部作品长篇幻想游记《阿尔格岛漫游记》，该著出版后，获得了业界的肯定。一向以严厉著称的评论家海堡认为作者具有“毋庸置疑的才华”。同年，安徒生又创作了轻喜剧《在尼古拉耶夫塔上的爱情》。该剧写成后，同样获得了肯定——皇家剧院接受了该剧并进行了公演。当观众的喝彩声阵阵响起，静坐在剧场一角的安徒生忍不住泪流满面——曾几何时，正是在同一家剧院中，他曾受到无情的嘲笑和尖酸的讽刺，而今天，他成功了，他终于可以扬眉吐气了。

如果说，游记《阿尔格岛漫游记》的出版、剧本《在尼古拉耶夫塔上的爱情》的公演还只是一位文学青年的才华初试的话，那么接下来的创作，则全面显示了安徒生作为一位优秀作家的素质。

接下来的几年内，安徒生出版了诗集《幻想与速写》（1831）、《一年的十二个月》（1832），游记《旅行剪影》（1831），剧本《亚格涅特的水神》（1834），评论集《丹麦诗人杂评》（1832）和长篇小说《即兴诗人》（1834）等一批作品。

其中尤其值得提到的是安徒生30岁那年出版的长篇小说《即兴诗人》。这部作品出版后，先是在国外获得了很高的评价，继而在国内也获得了人们的认可。安徒生在其自传中不无自豪地说：“我第一次感到自己已获得了应有的承认……从德国传来了对我的作品的优点的第一次明确承认，或者更确切地说，也许是过高的评价……后来从瑞典也传播出对我的赞赏……在最近两年当中这部作品在英国受到同样热情的欢迎……在国外到处都响亮地称颂这部作品的优点……后来有一些英译本在北美出版了……接着在圣彼得堡出版了转译自瑞典文的俄译本，也译成波希米亚文本。这本书在荷兰也受到热烈的称颂……出版了莱布伦夫人的法译本，得到了很高的评价。”更有英国评论者指出：“这本书在小说界的地位等于拜伦的《恰尔德·哈罗德游记》。”德国作家沙米索则将其“排在《巴黎圣母院》《壁虎》等作品之上”。无疑，这是对安徒生小说艺术的充分肯定。小说创作为安徒生赢得了国际声誉。1843年出版的德文版《安徒生文集》，所收作品为小说、诗歌和剧本，并未将他的童话包括在内，这从一个方面也显示了安徒生小说创作等的水准和影响。

一个穷鞋匠的儿子，一跃成为了受人尊敬的作家，这在等级制度森严的社会里自然引起了某些上层人物的不满和妒忌。权贵们千方百计诋毁、打击安徒生，认为他根本不配当作家。为了避开这些噪音，同时也为了开拓自己的视野，安徒生选择了到国外去旅行。从此，旅行成了他一生的喜好，成了他生命中的一部分。安徒生对旅行的热爱，在他的同时代文人中是十分少见的。据说他一生出国旅行达29次之多，足迹遍及欧洲各国。他还曾南下土耳其，穿博斯普鲁斯海峡入黑海。在他去世的前两年，他还到丹麦南部作过旅行。他这样描述自己旅行的感受："旅行之于我正是使人身心舒畅的沐浴，浴后我似乎会变得年轻些，强壮些。"

旅行是愉快的。旅行的愉快，反过来又触发了安徒生的写作灵感。且不说上面提到的那些直接以旅行为素材的游记作品，就是童话作品有不少也与旅行密不可分。在1862年的一篇创作谈中，安徒生曾披露说：《小意达的花》是在拜访诗人蒂勒、与他的小女儿伊达谈植物园里的花的时候产生的灵感；《铜猪》《牧人讲的结拜故事》和《荷马墓上的一朵玫瑰花》写于1840~1841年去希腊和君士坦丁堡旅行之后；《雪女王》的第一章写于德国德累斯顿附近的马克森；《小土克》是在前往奥尔登堡的旅途中写就；《影子》构思于去意大利那不勒斯旅行的途中；《卖火柴的小女孩》写于格罗斯滕堡，其时正前往南方的外国途中；《幸福的家庭》写于英国伦敦旅行途中；《差别》写于普雷斯特城附近的克里斯廷隆——"那里一道沟里长着一棵盛开的苹果树，这本身就是一幅春天的景象。那棵树一直在我的心中开得那么芬芳，我无法忘记它，就把它栽到一个童话里了。"显而易见，旅行对于安徒生来说实在是太重要了。

安徒生一直备受各种恐惧症的困扰。因为怕火，每到一处他都会随身携带一条绳子，以便可以迅速逃出旅馆。而且，他还一直认为自己会陷入昏迷，并且在活着的时候就被埋葬。这个念头在他脑海中一直挥之不去，以至于他要求自己的朋友发誓，一定在确定他完全死亡之后才把他放进棺材里。当他在国外旅行时，每天晚上睡觉，他都会在身边放一张小纸条，上面写着："我没死，我只不过是看上去好像死了。"

33岁那年，贫困的阴霾才彻底从安徒生的生活消失。那一年，丹麦国王授予了他终生津贴。

安徒生的爱情之路也相当坎坷，他总是很轻易地就陷入爱河，而他所倾心的女子却总是倾心于他人。他曾爱上自己朋友的妹妹，但后来她却嫁给了别人。之后，安徒生又毫无希望地迷恋上了瑞典歌剧天后詹尼·琳德，据说安徒生的《夜莺鸟》就是为她创作的，因为琳德曾被誉为"瑞典的夜莺鸟"。丹麦文学教授安妮说："他1.88米的高个子和他突出的大鼻子，也许注定了他在爱情上不会是一个幸运者"。

但是，安徒生最终超越了这些。从鞋匠和洗衣妇的儿子，到享誉世界的童话作家，安徒生的一生，把不可能变作了可能。父亲的鞋子在丹麦的奥登塞没有卖出去多少双，安徒生的童话故事却在全世界的印刷数量超过莎士比亚的作品，仅次于《圣经》。

安徒生，这来自丹麦王国最底层的人，在深渊中品尝到了黑暗芬芳，他像一切孤独无助的勇士一样，刹那间明白了“向死而生”的巨大秘密。赫拉克利特的残篇断篇中有这样的句子：“不死者有死，有死者不死；后者死则前者生，前者死则后者生。”

安徒生像一个一心朝圣的圣徒，把自己逼到了一条通往“各各地”的道路上。在这条道路上行走的有头戴荆冠的人子耶稣，有手执长矛与风车搏斗的堂·吉诃德，有卡夫卡笔下那自绝饮食、孤高幽闭的“饥饿艺术家”……

安徒生的童话写作中贯穿着这种“从不可能到可能”的线索，在现实中他也终生坚持着用幻想的方式来解决现实事物的习惯。他关注发现着事物的新奇之处，发现着现实生活的传奇色彩和童话品质。他这样回顾自己的一生：“我的一生本身就是一部童话。”安徒生，“从不可能到可能”，他用艰苦的劳动打破了幻想和现实之间的界限，他让我们反思我们是否充分享用了上帝赐与我们的自由与可能。

安徒生30岁那年，也就是1835年，出版了自己的第一本童话集。此后，安徒生的一生便紧紧地与童话联系在了一起。但是，在此之前，安徒生已是一位创作了大量诗歌、小说、游记和剧本的知名作家了。那时候他的小说在德国有着非常大的发行量。而且，在此之后，安徒生也并没有停止小说、游记和剧本等的创作。

安徒生多才多艺，文学创作之余、旅行途中，他经常以作画为乐。他创作过素描、漫画、布贴、纸贴、纸雕等作品，尤其钟爱剪纸艺术。

安徒生剪纸从不打草稿，拿起纸就信手剪了起来。一般来说，他先把纸对折，剪的都是左右对称的图形。但是他有时也有意地把纸错开叠，让他的作品有一种非对称感。有时他在中心部位留一小块位置，以便对作品做第二次加工。有时他连续叠纸两次，让剪纸围绕着一个圆形展开。

据记载，安徒生一生共创作了一千多幅剪纸作品。这样的数量，对于一位作家来说很有些不可思议。

安徒生喜欢一边给孩子们讲故事，一边剪纸，等到故事结束了，他的剪纸也剪好了。安徒生在他的自传里写道：“我的故事是从来不要人久等的。中国大花瓶上画的青龙，窗外飞过的麻雀，用旧的细软羊皮手套等等，都成了我的故事的主人公。有时候，我操起一把剪子，说时迟到时快，就把一张纸剪成了一个坐在布垫子上的老巫婆，她那鼻子尖上还坐着一个小人儿哩；或者剪成一个单腿独立而舞的姿势优美的芭蕾舞明星；或者剪成一只停在窝里的长腿鹳鸟。我小时候学会的这门手艺，已经达到炉火纯青的地步。不用说，对每一张剪纸，我都能讲出一个故事来。”

1834年，安徒生在维也纳一位朋友索南莱特讷家做客，他在当日的日记中这样记载："我教小女孩们叠纸，为她们剪了一个被绞死的人，最后我激动万分，乘车回家了。"1864年战争期间，安徒生为帮助丹麦在德国的战俘，特意创作了一幅大号的剪纸作品送到集市。他在剪纸上的赋诗中这样写道："这一叶剪纸有点贵/它的价钱是半块银币/但这是一整段剪出的童话/你好心的人付得起。"

安徒生还喜欢把旅行途中的所见所闻通过图画传递给朋友。1841年5月29日安徒生在土耳其旅行途中给朋友写了一封信，在字迹潦草的文字下面，安徒生随手画了两个舞者。这就是我们今天看到的有名的钢笔画《两个狂舞的托钵僧》。

与安徒生文学创作一样，安徒生的画作亦是有感而发。在一幅名为《丘比特》的素描作品中，安徒生没有让丘比特弯弓搭箭，而是让他玩起了杂耍——玩弄一颗颗已被爱情之箭射中的心。在一幅名为《头和像蝴蝶的生灵》的素描作品中，安徒生旁注道："如果仔细观察花朵，就会发现每朵花里都有一个颤动的精灵，而看他们的翅膀和衣裳的样子，就知道他们所居住的花。"在一幅名为《由衷而发》的剪纸作品中，安徒生将小丑、天鹅、小精灵和芭蕾舞员这些自己最喜爱的童话主角巧妙地组合到了一起，让人看后叫绝。

安徒生为人称道的画作不少，比如布贴画《文艺复兴剧服》，拼贴画《戴面具的女孩》，纸雕《摇骑》，装饰画《圣诞树饰物》，剪纸《东方城堡》《偷心者》《棕榈树下的天使》《太阳脑袋》等等。

初看上去安徒生其他方面的才华和实践同他的童话没有多大的关系，但仔细想想，又并非如此。或许我们可以这样说：如果没有童话，安徒生不会成为划时代的大师；但是如果没有诗歌、小说、游记、剧本，如果没有旅行，如果没有剪纸，安徒生的童话绝不会是我们现在所看到的童话。因此，从这个意义上说，安徒生所以成为安徒生，是与他的童话，与他的诗歌、小说、游记、剧本，与他的旅行，与他的剪纸，连在一起、密不可分的。仅有童话的安徒生是不完整的安徒生。

名人名言

生命里会有积雪的时刻，也有绿草如茵的时节；有欢笑的脸庞，也有哭泣的容颜；有幸运的项圈，也有残酷的魔掌……

——安徒生

我的人生一直都是一部美丽的童话——充满神奇的童话。我的人生故事告诉我一个道理，我将通过故事向世界讲述这个道理：总有一位仁慈的上帝会将一切朝最好的方向引领。

——安徒生

挪威民族戏剧之父易卜生

亨利奇·约翰·易卜生（Henrik Johan Ibsen，1828—1906），他是一位影响深远的挪威剧作家，被认为是现代现实主义戏剧的创始人。他不仅为挪威戏剧写下了最光辉的一页，同时给整个欧洲戏剧艺术作出了划时代的贡献，可以被看作是欧洲近代戏剧新纪元的开创者。

1828年3月20日，易卜生出生于挪威东南海岸斯基恩城的一个富裕木材商人家庭。他的父亲财运亨通，远近闻名，母亲的性格恬静温柔。幼年的易卜生生活在富豪的家庭中享受着家人的娇宠和别人的羡慕。可是不幸的是这样的光景并没长久，易卜生8岁那年，他的父亲破产了，全家人的地位也一落千丈，昔日门庭若市、车水马龙的热闹景象不见了，以往见面一向脱帽致意，寒暄、奉承的亲朋和邻里，也都板起了面孔，冷冰冰地、视若无睹地擦肩而过。世态的炎凉深深刺痛了易卜生幼小的心灵，这对他后来的创作也产生了深远影响。

从阔老板到穷光蛋，这巨大的反差让易卜生全家难以忍受，他的父母索性偷偷地搬到一个偏僻的小农庄，过起了默默无闻的平民生活。

年幼的易卜生喜欢读书，很想长大后当个文学家。由于家里太穷，他只好到一所条件较差的小学里读书。他对教师讲授的拉丁文与神学不感兴趣，可是却十分喜欢绘画与文学。后来由于家境越来越差，易卜生再也上不起学了。为了补贴家用，16岁的易卜生不得不告别父母，来到离家70多公里的格利姆斯达镇的一家药店当了学徒。格利姆斯达镇是一个十分落后闭塞的小城，那些有钱的船主、商人和牧师，狡猾奸诈，贪婪凶残，庸俗腐败。这种黑暗的现实，清苦枯燥的生活磨练着易卜生的意志，也进一步激发了他强烈的求知欲。他在琐碎繁重的工作当中，常常偷空读书，探求真理，这期间，他对拜伦、歌德和莎士比亚的作品，发生了浓厚的兴趣。一个好心肠的牧师的藏书满足了易卜生强烈的渴望，为此易卜生十分感激那位牧师，觉得自己

易卜生

真是幸运，有了这些书读，他甚至觉得自己是世界上最幸福的人了。这时，他开始写一些政治诗，以表达自己反对强权、暴力，拥护自由、正义的观点。

1848年，一场革命风暴席卷了欧洲大陆，先是意大利争取民族统一，实现民主改革的革命，紧接着爆发了法国"二月革命"。

在革命风潮的激励下，易卜生的创作灵感大发，他写了三幕历史悲剧《凯特莱思》，用浪漫主义手法表现了强烈的反抗精神。

1850年，22岁的易卜生满怀希望地来到挪威首都奥斯陆，可是由于他的基础知识太差，没能考进他梦想的大学，不过在朋友的帮助下，他被聘为学生刊物的编辑。易卜生在这里结识了一批有识之土，在自己的思想和艺术修养方面也得到很多收获。第三年，易卜生当上了卑尔根剧院戏剧顾问，由于薪金很少，易卜生的生活十分困难，后来他被聘为"挪威剧院"的经理。

1857年，易卜生转到首都剧院担任编导，翌年和苏姗娜·托雷森结婚。他在这所剧院先后写出了《海尔格兰的海盗》（1858）、《爱的喜剧》（1862）等剧本。提倡自由恋爱、反对旧式婚姻的《爱的喜剧》遭到社会上保守势力的恶毒攻击。其中，这个剧本提倡纯真的爱情，嘲讽资产阶级把婚姻建立在金钱关系的基础上，引得上流社会和新闻界大骂易卜生伤风败俗，是挪威的废物。自此，不再有人敢上演或刊登易卜生的作品，连由他主持的剧院也倒闭了。满腔忧愤的易卜生，再也不愿在挪威住下去。

同时，1864年丹麦和普鲁士之间的战争，引起他对整个半岛的独立前途的忧虑，于是他决定出国远行。就在这一年，他离开挪威到意大利。飘泊异乡，疟疾缠身，又有家室之累，使他债台高筑，生活极为窘迫。他怀着绝望的心情写了一部诗剧《布兰德》（1866），这是他旅居国外的第一个创作成果，以后又写了《彼尔·英特》（旧译《彼尔·京特》，1867），这两部剧本都表现了"个人精神反叛"的主题。通过《布兰德》，他谴责资本主义社会的丑恶现实，痛斥宗教道德，并提出了他自己的道德理想，愤激地鼓吹精神上的极端个人主义，表现出不妥协的精神："或者得到一切或者一无所有。"剧本《布朗德》发表，震动了整个斯堪的纳维亚半岛，为易卜生赢得了欧洲文坛上的声誉，也使他摆脱了经济上的困境。以前那些被拒绝上演的剧目也都纷纷搬上了舞台。

当时的挪威在政治、经济、尤其是文化上，一直受丹麦的支配。挪威没有自己独立的文学，这对一个民族来说无疑是一种耻辱。易卜生决心努力奋斗，为复兴挪威民族文艺贡献自己的力量。他一连创作了《勇士的坟》《圣约翰之夜》《厄斯特罗特的英格夫人》《奈尔豪格的宴会》等好几部剧作，都很受观众的欢迎。

这一时期，易卜生的创造激情达到了最高潮。他先后写出了《社会支柱》《玩偶之家》《群鬼》《人民公敌》等剧本，其中的《玩偶之家》的发表，更是使易卜生的大名远扬，成为世界上知名的戏剧家之一。剧本的女主人公娜拉是位美丽活泼的女子，从小父亲就把她当作一个好玩的玩具。结婚之后，丈夫海尔茂又把妻子当作自己的私有财产，不愿她有自己的思想和独立的人格。在他眼里，娜拉好像是一只松鼠，一只小鸟，仅供观赏而已。娜拉天真幼稚，对生活抱有不切实际的幻想，但她是一个热爱生活、热爱家庭，有勇气牺牲自己的人。她在一系列的事实面前，终于看透了丈夫极端利己主义的卑鄙灵魂，认识到所谓的社会道德和法律都是虚伪的。经过剧烈的思想斗争，她终于决定离开这个“玩偶之家”。这个剧本对资产阶级“正人君子”的揭露入木三分，同时严肃批评了资产阶级把女性当作玩物的腐朽作风，剧本也给长期受压迫的妇女以极大的鼓舞。

《玩偶之家》剧本出版两个星期后，就在丹麦的哥本哈根皇家剧院首次公演。该剧形象生动地批判了资产阶级的市侩气和虚伪，揭露了男权社会对妇女的压迫，它的上演引起了轩然大波。种种用“道德”来否定《玩偶之家》意义的言论，使易卜生面临巨大的压力。易卜生坚持自己的立场，继续写出《群鬼》《人民公敌》等戏剧，用作品反击那些披着道德外衣的伪君子的恶毒攻击。在《人民公敌》中，那位坚持揭露有毒水质污染环境真相，而被竭力掩饰真相、制造虚假繁荣的官员、绅士们宣布为“人民公敌”的人物——斯多克芒医生，在舞台上大声说：“难道我就心甘情愿地让舆论、让这些多数派和这些牛鬼蛇神把我打败吗？对不起，办不到！”“靠着欺骗过日子的人，都应该像害虫似的被消灭干净！”

这些台词正是易卜生的心声。

《玩偶之家》的结尾，娜拉出走之后向何处去是个问号。《人民公敌》的结尾，坚持真理的斯多克芒医生成为孤独的少数派，不但自己失去了工作，连同情他的女儿、朋友也都失去了工作。他今后怎么办也是个问号。易卜生这类揭露现实的戏剧，没有走传统戏剧在剧情高潮中解决问题的老套路，而是提出问题，激发观众去思考。因此他被称为“伟大的问号”。

1884年以后易卜生写剧本，过分着重内心活动的描写和精神生活的分析，现实主义成分减少了。1891年，易卜生以知名作家的身份回到他的祖国。他后期创作的《建筑师》（1892）和《当我们死而复醒时》（1899），是自传性质的作品。1900年易卜生患脑卒中（中风），长期卧病后于1906年5月23日去世。挪威议会和各界人士为他举行了国葬。

名人名言

你若要充分了解我，必须先了解挪威。

——易卜生

艺术家用生命铸造生命，用灵魂锻造灵魂，当他完成一件作品后，便把一部分生命留在原作里，成为可以感知的活体。

——易卜生

俄国文豪列夫·托尔斯泰

列夫·尼古拉耶维奇·托尔斯泰（Leo Tolstoy，1828—1910），是俄国最伟大的文学家，也是世界文学史上最杰出的作家之一，他的文学作品在世界文学中占有重要的地位。代表作有长篇小说《战争与和平》《安娜·卡列尼娜》《复活》以及自传体小说三部曲《童年》《少年》《青年》。

1828年9月9日，托尔斯泰出生于贵族家庭。1840年入喀山大学，受到卢梭、孟德斯鸠等启蒙思想家影响。1847年托尔斯泰退学回故乡在自己领地上作改革农奴制的尝试。1851~1854年在高加索军队中服役并开始写作。1854~1855年参加克里米亚战争，几年军旅生活不仅使他看到上流社会的腐化，而且为以后在其巨著《战争与和平》中能够逼真地描绘战争场面打下基础。

1855年11月，托尔斯泰到彼得堡进入文学界，其成名作：自传体小说《童年》《少年》，这些作品反映了他对贵族生活的批判态度，“道德自我修养”主张和擅长心理分析的特色。从小说《一个地主的早晨》之中，我们可以看到他站在自由主义贵族立场，主张自上而下改革而在自己庄园试验失败的过程。

列夫·托尔斯泰

1857年，托尔斯泰出国，看到资本主义社会重重矛盾，但找不到消灭社会罪恶的途径，只好呼吁人们按照“永恒的宗教真理”生活。这些观点反映在其短篇小说《琉森》之中，后又创作了探讨生与死、痛苦与幸福等问题的《三死》《家庭幸福》。

1860~1861年，为考察欧洲教育，托尔斯泰再度出国，结识赫尔岑，听狄更斯演讲，会见普鲁东。他认为俄国应在小农经济基础上建立自己的理想社会；农民是最高道德理想的化身，贵族应走向“平民化”。这些思想鲜明地体现在其中篇小说《哥萨克》

之中。

托尔斯泰创作了长篇历史小说《战争与和平》，这是其创作历程中的第一个里程碑。小说以四大家族相互关系为情节线索，展现了当时俄国从城市到乡村的广阔社会生活画面，气势磅礴地反映了1805~1820年之间发生的一系列重大历史事件，特别是1812年库图佐夫领导的反对拿破仑的卫国战争，歌颂了俄国人民的爱国热忱和英勇斗争精神，主要探讨俄国前途和命运，特别是贵族的地位和出路问题。小说结构宏大，人物众多，典型形象鲜活饱满，是一部具有史诗和编年史特色的鸿篇巨制。

19世纪70年代末，托尔斯泰的世界观发生巨变，写成《忏悔录》。80年代创作了剧本《黑暗的势力》《教育的果实》，中篇小说《魔鬼》《伊凡·伊里奇之死》《克莱采奏鸣曲》《哈泽·穆拉特》，短篇小说《舞会之后》，特别是1889~1899年创作的长篇小说《复活》是他长期思想、艺术探索的总结，也是对俄国社会批判最全面深刻、有力的一部著作，成为世界文学不朽名著之一。

善良与美，正是托尔斯泰一生所提倡的。但他坚决认为，美并不等于善，“假如认为美就是善，那是多么离奇的幻想啊！”只有真正的善良才是重要的。

在《安娜·卡列尼娜》中，托尔斯泰塑造了一个真实的灵魂，她是那么美，洁白无暇，气质非凡。这个灵魂只会活在托尔斯泰的心中，因为这是他心目中的完美，是他灵魂中的至洁至纯。她就是他自己的一部分，她就是美本身。

我们每个读到安娜·卡列尼娜的人都会在她的身上看到自身的善，看到内心深处的真诚愿望，没有任何的虚伪和矫饰的内心世界。

托尔斯泰高度重视人、尊重人、同情人，对人及其内在的力量，对人类崇高的精神品质始终给予高度信赖。他的创作总是显示出对人类生存的无比真诚，即使在悲观中也永远富有崇高与乐观，因而始终富有人性的魅力。他的作品的最深处，跳动着一颗正直无私、纯真善良的伟人之心。

美与丑，在西方文学中一直有着明确的定义。

法国大作家雨果就曾经说，人世间最宝贵的是什么？是善良。

雨果在他的《笑面人》里有一句，“长得丑算得了什么？做坏事才叫丑。格温普兰只做好事，所以他最漂亮。”作者通过女主人公蒂的口告诉我们什么才是美。

书中主人公笑面人格温普兰是一位爵士的后代，从小就被卖给儿童贩子，被迫动过毁容手术，脸孔因此始终像在怪笑一样。他成为宫廷阴谋的牺牲品。他的脸是丑的，但他的内心无比美丽。当他被人抛弃，一个人孤孤单单地跟死神搏斗时，他却想着去救另一个孩子——盲姑娘蒂。这是多么高尚而难能可贵啊！最后，他情愿抛弃荣华富贵，回到穷人之中，回到自己家人身边。“虽然大家都认为他是个怪物，可是蒂却认为他是天上的神仙。”

心怀善良的人，总在播撒阳光和雨露，医治人们心灵的创伤；同善良的人接触，智慧得到启迪，灵魂变得高尚，襟怀更加宽广。正是因为屠格涅夫的慧眼识珠和成人之美的善良心地，也正是在屠格涅夫善良的阳光和雨露的沐浴下，才成就了列夫·托尔斯泰，才有了《战争与和平》《安娜·卡列尼娜》这样的旷世名著。而托尔斯泰又把这种良好的风格传承了下去。

托尔斯泰晚年过着简朴的平民生活，1910年10月从家中出走，11月20日病逝于一个小站，享年82岁，一代文学巨匠走完了其人生旅程。

名人名言

虚荣是对别人害处最少，而对自己最有害的热情。

——托尔斯泰

重要的不是知识的数量，而是知识的质量，有些人知道很多很多，但却不知道最有用的东西。

——托尔斯泰

西班牙伟大作家塞万提斯

塞万提斯（Miguel de Cerantes Saaredra，1547—1616）是文艺复兴时期西班牙小说家、剧作家、诗人，他被誉为是西班牙文学世界里最伟大的作家。评论家们称他的小说《堂·吉诃德》是文学史上的第一部现代小说，同时也是世界文学的瑰宝之一。

塞万提斯

1547年9月26日，塞万提斯诞生于马德里附近的一个小城镇阿尔加拉·台·艾那瑞斯。他一生的经历，是典型的西班牙人的冒险生涯。

塞万提斯的全名叫米盖尔·台·塞万提斯·萨阿维德拉，他的父亲虽然是一个贫穷的游方郎中，但医术却很精湛。这位常年走南闯北的医生阅历非常丰富，深深体验到知识对一个人的重要，因此在给一些有藏书的富人看病时，都要借许多书带回家给儿子看。在少年时代就十分聪慧的塞万提斯读书之快，常让他的父亲大感惊讶，为了能让儿子读到更多的书，他再去给那些有书人家看病时就把儿子带上，他在屋里给人家看病，让儿子在门外看人家的书。

塞万提斯十三四岁时，就以读书最多而闻名于他们那个小城镇。大量的读书使塞万提斯有了创作的冲动和灵感，他慢慢开始学习写作诗歌。不久他写的诗歌就在他们那个小城镇里到处流传，以至于他的父亲独自一人去给人家看病时，人家就会问他："啊，我们的诗人呢?"

1566年，塞万提斯一家来到马德里定居。没有多长时间，塞万提斯就以自己横溢的文学才华在马德里崭露诗名。当时在马德里享有盛名的人文主义学者胡安·洛贝斯·台·沃约斯读到塞万提斯的诗以后，亲自登门拜访，并把这位年仅19岁的青年招进自己开办的学校里学习。在这所学校里，塞万提斯的知识得到了最大的充实，并在沃约斯人文主义思想的影响下，写出了许多优美的诗篇，被传诵一时。

1569年冬天，塞万提斯作为西班牙大主教的一名侍从，随从大主教来到意大利罗马。在陪同大主教游历意大利许多文化名城时，塞万提斯写下了很多赞美意大利的诗篇。罗马大主教胡里奥·夸维瓦看到这些诗篇之后，对塞万提斯大加称赞，于是西班牙大主教就把塞万提斯推荐给他当一名侍从。在罗马，塞万提斯因大主教夸维瓦的赏识，而遭到其他侍从的嫉妒和诬陷。不久，在夸维瓦的斡旋下，塞万提斯于1570年加入了西班牙驻意大利的军队，当了一名普通士兵。在当时，这对塞万提斯来说确是一件好事，因为当时西班牙人普遍认为，在意大利参加为王室效忠的军队，是一条通向荣华富贵的道路。

16世纪上半叶，西班牙正处于鼎盛时期。1571年，著名的雷邦多海战爆发时，西班牙在欧洲仍是首屈一指的军事强国。1571年5月，威尼斯和罗马结成同盟，开始对向欧洲大举侵犯的伊斯兰教国家展开了历时三年的战争。

当时塞万提斯就在"侯爵夫人"号战舰上，他正发着高烧。等交战的炮声打响以后，塞万提斯一下子冲出船舱，跑到舰长面前要求参加战斗。舰长和同伴都让他回船舱里休息，但他态度坚决地表示，他宁愿为国王战死，也不愿当怕死鬼躲进船舱。舰长只好给了他12名枪手和一条大皮艇，让他随时准备向正靠近他们的敌舰冲过去。终于，塞万提斯和12名枪手冲上了敌舰，在面对面的拼杀中，塞万提斯的胸部和左手都受了伤，但他仍然继续战斗，直到联合舰队取得胜利了，他还浑身是血地挥舞着武器在敌人的舰船奔跑。这场海战使塞万提斯的左手残废了，在联合舰队里，人们把他称为"雷邦多"的独臂英雄。

1575年，28岁的塞万提斯请假回国探亲，堂胡安分别给国王和侯爵德·塞萨写了推荐他的亲笔信。塞万提斯带着两封信，于9月20日乘"太阳号"帆船返回祖国。

当他们经过法国的马赛海岸时，突然遭到柏柏尔族人的三只海盗船的袭击。虽然“太阳号”船员们奋力搏斗，但最终船长被杀，船上所有的人都被海盗掳到阿尔及尔。塞万提斯身上的那两封本可以使他前途无量的推荐信，使他受尽了折磨。海盗们认定了他是贵族，向他索要巨额赎金，并且为防止这个“有钱人”逃跑，而给他戴上了脚镣和手铐。因为塞万提斯家无法筹措到巨额赎金，塞万提斯在阿尔及尔被囚禁了5年，而他的传世杰作《堂·吉诃德》，就是在塞维利亚的监狱里构思并创作出来的。直到1580年，他才被教士赎得自由。

然而，获得自由的塞万提斯回到马德里之后，很快就陷入了生活艰辛的困境里。因为5年前的辉煌战功早已被人遗忘，那两封推荐信给他的憧憬也早已化为泡影。他的家庭也因为了赎他而债务累累，他自己也因左手残废而找不到一份能养活自己的工作，他只好又捡起扔下的笔开始写起小说来。

塞万提斯十分爱好文学，在生活窘迫的时候，卖文是他养活妻儿老小的唯一途径。他用文学语言给一个又一个商人、一种又一种商品做广告。他写过连他自己也记不清数目的抒情诗、讽刺诗，但大多没有引起多大反响。他亦曾应剧院邀请写过三四十个剧本，但上映后并未取得预想的成功。1585年他出版了田园牧歌体小说《伽拉泰亚》（第一部），虽然作者自己很满意，但也未引起文坛的注意。而塞万提斯的代表作《堂·吉诃德》是宝贵的文化遗产，书中堂吉诃德在游侠生活中的遭遇，揭露了社会的黑暗，抨击了教会的专横，揭示了人民的困苦。他塑造的堂·吉诃德和他的仆从桑丘，是西方古典文学中的两个典型形象。

1605年《堂·吉诃德》第一部出版，立即风行全国，一年之内竟再版了6次。这部小说虽然未能使塞万提斯摆脱贫困，却为他赢得了不朽的荣誉。书中对时弊的讽刺与无情嘲笑遭到封建贵族与天主教会的不满与憎恨。1614年有人出版了一部伪造的续篇，站在教会与贵族的立场上，肆意歪曲、丑化小说主人公的形象，并对塞万提斯本人进行了恶毒的诽谤与攻击。为了抵制伪书的恶劣影响，塞万提斯赶写了《堂·吉诃德》第二部，于1615年推出。该书几乎被译成各种文字，广泛流传于世，老少皆宜且寓意深刻。欧洲一些著名文学评论家说它是人类历史上最伟大的作品。除此之外，他还于1613年出版了包括13篇优秀短篇小说的《惩恶扬善故事集》，其中有曲折的爱情故事，有社会风俗的描写，也有一些哲学议论。书中描写了封建社会的罪恶以及西班牙下层民众生活的贫困，肯定人性与个性自由，对社会的不公正发出了愤怒的抗议。这些充满了人文主义思想的现实主义短篇在西班牙文艺复兴文学中占有重要的地位。

1615年，西班牙大主教为皇室联姻的事去拜访法国大使，大使的几位随员向他询问塞万提斯的情况，这位大主教说：“他老了，是一位兵士，一个小乡绅，很穷。”法国大使的随员顿感诧异：“这样的人才，西班牙为什么不用国库的银子供养着他？”西班牙大主教说道：“假如他是迫于穷困才写作，那么，但愿上帝一辈子也别让他富裕，因为他自己穷困，却丰富了所有的人。”

正如这位大主教所说，一生受穷的塞万提斯所创作的《堂·吉诃德》，成了全世界人最宝贵的财富。自这部杰作诞生以来，几乎被翻译成世界上所有的文字，甚至在西方它的发行量仅次于《圣经》。

《堂·吉诃德》全名为《奇情异想的绅士堂·吉诃德·德·拉·曼却》，共2卷，主要描写一个瘦弱的没落贵族堂·吉诃德因迷恋古代骑士小说，竟像古代骑士那样用破甲驽马装扮起来，以丑陋的牧猪女做美赛天仙的崇拜贵妇，再以矮胖的农民桑丘·潘札作侍从，3次出发周游全国，去创建锄强扶弱的骑士业绩，以致闹出不少笑话，到处碰壁受辱，被打成重伤或被当做疯子遣送回家。小说中出现的人物近700个，描绘的场景从宫廷到荒野遍布全国。揭露了16世纪末到17世纪初正在走向衰落的西班牙王国的各种矛盾，谴责了贵族阶级的荒淫腐朽，展现了人民的痛苦和斗争，触及了政治、经济、道德、文化和风俗等诸方面的问题。小说塑造了可笑、可敬、可悲的堂·吉诃德和既求实胆小又聪明公正的农民桑丘这两个世界文学中的著名典型人物，将现实主义和浪漫主义有机地结合起来，既有朴实无华的生活真实，也有滑稽夸张的虚构情节，在反映现实的深度、广度上，在塑造人物的典型性上，都迈上了一个新的台阶。

这部旷世杰作虽然在广大读者中享有盛誉，而且很快就传遍了世界各地，但作者塞万提斯并没有因此改变自己的生活困境，不久，他就在疾病的折磨下死去，至今也没有人知道他的坟墓在哪里。

名人名言

美人并不个个可爱，有些只是悦目而醉心。假如见到一个美人就痴情醉倒，这颗心就乱了，永远定不下来。因为美人多得数不尽，他的爱情就茫茫无归宿了……

——塞万提斯

名誉和美德是心灵的装饰，要没有它，那肉体虽然真美，也不应该认为美。

——塞万提斯

幽默文学大师马克·吐温

马克·吐温（Mank Twain，1835—1910）是美国的幽默大师、小说家、作家，

马克·吐温

也是著名演说家，19世纪后期美国现实主义文学的杰出代表。他一生写出了大量闻名于世的作品，他以幽默、讽刺的手法，写尽了美国一个时代的民间风情和世俗百态。

1835年11月1日马克·吐温出生于美国密苏里州佛罗里达镇。他的父亲是一位为人正直，但一生很不得意的地方法官；母亲不仅乐观豁达，而且待人特别宽厚慈善。

马克·吐温12岁那年，父亲一病不起，撒手西归，一家人顿时陷入困境，这给了马克·吐温一个冠冕堂皇辍学回家的理由，但他不久就为自己的行为感到了后悔。退学后的马克·吐温到一家印刷厂当了学徒工，可印刷厂老板是一位吝啬鬼，经常克扣学徒的伙食，给马克·吐温穿的衣服是老板自己的旧衣服，穿上它，就像生活在大帐篷里一般，而且得把裤子提到耳朵边才行，此外一分钱报酬也没有。

14岁的马克·吐温有一天在密苏里州的街上闲逛时，无意中看到地上有一页纸，是从别人的书本里散落下来的。那页纸上记录着约翰的一些事迹，这些事写得竟是如此有趣，以至于一向讨厌上学的马克·吐温竟然读得如痴如醉。但接下的事却让马克·吐温感到不安，因为他一点也不知道约翰是何许人也，到哪里去找到余下的悬念？这简直让马克·吐温无法接受，他不禁有点愤愤不平，感到很不服气。哼！我就不信找不到这个“可恶的”约翰。于是，他搜寻读遍约翰所著的书籍，对约翰的生平产生了不可遏制的兴趣。

著名的传记作家阿鲁巴多·卞曾在马克·吐温的传记中这样写道：“偶然得到的约翰传记中的一页纸，引起了马克·吐温对其生平的浓厚兴趣，对这种兴趣的热衷就是他一生智慧的标志，而且这种兴趣至死不改。从捡起那片废纸的那一刻起，他就走向了开创自己卓越智慧的路途。”

虽然白天的工作对年少的马克·吐温来说太过繁重了，可是在晚上他还是没有放弃看书学习的时间。别的工人都去喝酒玩乐了，他独自一人呆在房里看书，看不懂的地方，就去揣摩或查字典。有一次，马克·吐温看书时实在太疲乏了，便不知不觉趴在桌上睡着了。天亮的时候，其他的人都准备去上班了，有人喊他：“克莱门斯，快起来。”还在梦乡中的马克·吐温还以为伙伴们刚从外面回来，便说：“你们先睡吧，我得再看一会书才能睡。”大家都止不住大笑起来，“真是一个书呆子，天都亮了，你还看什么书，该工作了！”

后来，马克·吐温出外谋生，做一个排字工人，来往于密西西比河一带的各个城市。在河上他经常听到轮船上水手们测量水深时大声说："马克·吐温"，意思是说水的深度是可以安全通航。此间，他开始写文章投稿，便选择了这个笔名。马克·吐温的经历惊险动荡，接触到了各式各样的人物，对他们的性格和生活状态作了细致的观察和了解，加上他的文笔幽默风趣而且充满辛辣的讽刺，迎合了当时美国读者的趣味，渐渐引起文坛的注意。

1872年，马克·吐温出版了第二部旅行文学著作《艰苦岁月》作为《傻子旅行》的续集。《艰苦岁月》的内容是马克·吐温到内华达的旅程及在美国西部的后期生活的半自传式描述。这书以"傻子"对欧洲和中东的很多国家的批评来讽刺美国及西方的社会。马克·吐温的下一作品《艰苦岁月》把焦点放在美国社会上。之后的《镀金时代》并不是旅行文学作品，因为这以前的两本书都是旅行文学作品，而这是他第一次写小说。这本书亦很著名，因为这是马克·吐温唯一一本与人合作写成的书；这本书是由马克·吐温和邻居查尔斯·达德利·沃纳写成的。

马克·吐温之后的两本著作均是关于他在密西西比河上的经历。《密西西比河的旧日时光》一系列的小品在1875年出版于《大西洋月刊》，最具特色的是马克·吐温对浪漫主义的醒悟。马克·吐温在《旧日时光》之后更著了《密西西比河上的生活》。之后马克·吐温写了《汤姆·索亚历险记》，这本书描写了他在汉尼拔的童年。马克·吐温模仿自己小时候的性格，塑造出汤姆·索亚的性格来。这书亦引入一角色哈克贝利·费恩为配角。

马克·吐温之后的出版著作为《哈克贝利费恩历险记》，这本书出版以后，令他成为更著名的伟大美国作家。《哈克贝利·费恩历险记》是《汤姆·索亚历险记》的续集，严肃的气氛比后者更为浓厚。这书成为了美国大部分学校的必修书，因为哈克放弃服从规矩，而很多这样年龄的人正是这样想。马克·吐温于1876年夏，《汤姆·索亚历险记》发行后手写了约400页的《顽童流浪记》。

一次偶然的机会，马克·吐温与雄辩家琼西·M.得彪应邀参加同一晚宴。席上演讲开始了，琼西·M.得彪滔滔不绝，情感丰富地讲了20分钟，赢得了一片热烈的掌声，然后轮到马克·吐温演讲。马克·吐温站起来，面有难色地说："诸位，实在抱歉，会前琼西·M.得彪先生约我互换演讲稿，所以诸位刚才听到的是我的演讲，衷心感谢诸位认真的倾听及热情的捧场。然而，不知何故，我找不到琼西·M.得彪先生的讲稿，因此我无法替他讲了。请诸位原谅我坐下。"

法国名人波盖取笑美国人历史太短，说："美国人没事的时候，往往喜欢怀念祖宗，可是一想到祖父一代，就不能不打住了。"

马克·吐温回敬说："法国人没事的时候，总是想弄清他们的父亲是谁，可是很难弄清楚。"

当马克·吐温还是一个不大知名的作家时，有人把他介绍给格兰特将军。两人握过手后，马克·吐温想不出一句可讲的话，而格兰特也保持平日的那种缄默态度。最后还是马克·吐温结结巴巴地说了一句：“将军，我感到很尴尬，你呢？”

马克·吐温外出乘车。当列车员检查车票时，他翻遍了每个衣袋，也没有找到自己的车票。刚好这个列车员认识他，于是就安慰马克·吐温说：“没关系，如果您实在找不到车票，那也不碍事。”“咳！怎么不碍事，我必须找到那张该死的车票，不然的话，我怎么知道自己要到哪儿去呢？”

马克·吐温常常向人说起他小时候的一段伤心往事。据说，马克·吐温出生时是双胞胎，他和他的双胞胎兄弟两人长得一模一样，连他们的母亲也分辨不出来。有一天，保姆为他们洗澡时，其中一个不小心跌入浴缸淹死了，没有人知道淹死的究竟是双胞胎中的哪一个。

“最叫人伤心的就在这里。”马克·吐温说，“每个人都以为我是那个活下来的人，其实我不是。活下来的是我弟弟。那个淹死的人是我。”

马克·吐温有一次到某地旅店投宿，别人事前告知他此地蚊子特别厉害。

他在服务台登记房间时，一只蚊子正好飞来。马克·吐温对服务员说：“早听说贵地蚊子十分聪明，果如其然，它竟会预先来看我登记的房间号码，以便晚上对号光临，饱餐一顿。”

服务员听后不禁大笑。结果那一夜马克·吐温睡得很好，因为服务员也记住了房间号码，提前进房做好灭蚊防蚊的工作。

曾有一位专门喜欢在细节上吹毛求疵的批评家指责马克·吐温说谎，马克·吐温回答说：“假如你自己不会说谎，没有说谎的本领，对谎话是怎样说的一点知识都没有，你是怎样判断我是说谎呢？只有在这方面经验丰富的人，才有权这样明目张胆地武断指责。”

马克·吐温有一次因为看不惯国会议员在国会通过某个法案，因此在报纸上刊登了一个广告，上面写着：“国会议员有一半是混蛋。”报纸一卖出，许多抗议电话随之而来，这些国会议员可不认为自己是混蛋，纷纷要求马克·吐温更正。马克·吐温于是又刊登了一个更正：“我错了，国会议员，有一半不是混蛋。”

马克·吐温堪称美国文学之父，在文学的舞台上可谓才华横溢，可他在投资商业方面却连连败笔，一生都不得意。他曾投资购买的蒸汽机，竟然不能发电；他投资的钟表厂，仅在拿到一次红利后，便宣告破产；他投资过蒸汽式滑车，投资过改良印刷业的最新印刷机事业，结果都损失惨重。一次，他从书本上了解到亚马逊河上游的丛林收购可可果可以致富的消息，于是这个连可可果为何物都不知道的人，竟然不辞辛劳远渡重洋，兴冲冲到当地收购可可果，可他却无法与当地居民沟通，更不幸的是，他此时染上了差点致命的热病。也许是命不该绝，他竟然如有神助般地捡到50美元，靠着这些钱，他垂头丧气地回去了。后来，他又在新式电话机方面投资，结果更是出乎他的预料，他的产业因此全部损失殆尽，只剩下了厨房的烟囱。

他的朋友美孚公司经理罗杰斯氏，准备助他一臂之力，替他还债，但被马克·吐温直爽地拒绝了。更有许多向来钦佩他的人，自动联合起来为他募捐，支票从全国各地像雪片似的寄来，但都被马克·吐温一一原封退回，因为他不愿依靠别人的力量，决定一定要由自己来还债。他一向最轻视演讲的，可是为了还债，他开始到世界各地旅行，白天作公共讲演，晚上就住在旅馆里，忍受着一切的烦闷和思乡的忧愁。他计划在六年内还清一切债务，最后他终于达到了自己的目的，还清了一切债务。

虽然马克·吐温在商业投资方面表现的十分弱智，但爱神却对他特别青睐。他获得了自己一见钟情的美女奥丽薇亚的爱情，虽然他那身为纽约州埃尔迈拉大实业家的岳父兰登认为他是个生活不安定的作家，根本不想把女儿许配给他，最终他仍没经得住马克·吐温死皮赖脸，厚着脸皮但还算真诚的请求。据说当时马克·吐温一连登门拜访多次，有一次走出他们家，要搭乘他们家的马车离去时，马受了惊吓，突然腾跃起来，马克·吐温于是从车上摔了下来，腰部重重挨了一下。就这样，他在他们府上住了两个礼拜直到痊愈，这次机会是有意安排或是偶然，就不得而知了，不过趁此期间，马克·吐温取得了他们家人的好感，改变了兰登先生的初衷。

马克·吐温与妻子奥丽薇亚的感情一直很好，曾给妻子写了好多情意绵绵的情书。据说，马克·吐温所写的每一份原稿，都请妻子过目整理。为此，他常把写好的原稿放在妻子的枕头下，以便奥丽薇亚能在就寝前看到，而对奥丽薇亚的任何修改意见，他都奉若圣旨。

前半生以幽默作家活跃于世而渐次转变为悲观主义者的马克·吐温，后来曾经告诉家人："我是在1835年哈雷慧星出现那年生的，它明年（1910年）将再度出现，我想同它一道走。要是我不能同它走，那将是我一生最大的憾事。"没想到竟一语中的，他果真在那年病逝，结束了自己波澜壮阔的一生。

名人名言

在人生的前半，有享乐的能力而无享乐的机会；在人生的后半，有享乐的机会而无享乐的能力。

——马克·吐温

想出新办法的人在他的办法没有成功以前，人家总说他是异想天开。

——马克·吐温

短篇小说之父欧·亨利

欧·亨利（O·Henry），原名威廉·西德尼·波特（William Syclney Porter，1862—1910），美国著名批判现实主义作家，世界三大短篇小说大师之一，曾被评论界誉为曼哈顿桂冠散文作家和美国现代短篇小说之父。他的作品构思新颖，语言诙谐，结局常常出人意料，代表作有小说集《白菜与国王》《四百万》《命运之路》等。其中一些名篇如《爱的牺牲》《警察与赞美诗》《带家具出租的房间》《麦琪的礼物》《最后一片叶子》等使他获得了世界声誉。

1862年9月11日，美国最著名的短篇小说家欧·亨利出生于美国北卡罗来纳州一个名叫格林斯波罗的小镇的一个医师家庭，父亲是医生。他所受教育不多，15岁便开始在药房当学徒，20岁时由于健康原因去得克萨斯州的一个牧场当了两年牧牛人，积累了对西部生活的亲身经验。1884年以后做过会计员、土地局办事员、新闻记者。此后，欧·亨利在得克萨斯做过不同的工作，包括在奥斯汀银行当出纳员。他还办过一份名为《滚石》的幽默周刊，并在休斯敦一家日报上发表幽默小说和趣闻逸事。1887年，亨利结婚并生了一个女儿。正当他的生活颇为安定之时，却发生了一件改变他命运的事情。1896年，奥斯汀银行指控他在任职期间盗用资金，他为了躲避受审，逃往洪都拉斯。1897年，欧·亨利因回家探视病危的妻子被捕入狱，判处5年徒刑。在狱中曾担任药剂师，他创作第一部作品的起因是为了给女儿买圣诞礼物，但基于犯人的身份不敢使用真名，乃用一部法国药典的编者的名字欧·亨利作为笔名，在《麦克吕尔》杂志发表。1901年，因“行为良好”提前获释，来到纽约专事写作。

欧·亨利

欧·亨利在大概十年的时间内创作了短篇小说共有300多篇，收入《白菜与国王》（1904）（其唯一一部长篇，作者通过四五条并行的线索，试图描绘出一幅广阔的画面，在写法上有它的别致之处。不过从另一方面看，小说章与章之间的内在联系不够紧密，各有独立的内容）、《四百万》（1906）、《西部之心》（1907）、《市声》（1908）、《滚石》（1913）等，其中以描写纽约曼哈顿市民生活的作品为最著名。他把那儿的街道、小饭馆、破旧的公寓的气氛渲染得十分逼真，故有“曼哈顿的桂冠诗人”之称。他曾以骗子的生活为题材，写了不少短篇小说。作者企图表明道貌岸然的上流社会里，有不少人就是高级的骗子，成功的骗子。欧·亨利对社会与人生的观察和分析并不深刻，有些作品比较浅薄，但他一生困顿，常与失意落魄的小人物同甘共苦，故能以别出心裁的艺术手法表现他们复杂的感情。他的作品构思新颖，语言诙谐，结局常常出人意外；又因描写了众多的人物，富于生活情趣，被誉为“美国生活的幽默百科全书”。

他最出色的短篇小说如《爱的牺牲》《警察与赞美诗》《带家具出租的房间》《麦琪的礼物》《最后一片叶子》等都被列入世界优秀短篇小说之中。

欧·亨利还以擅长结尾闻名遐迩，美国文学界称之为“欧·亨利式的结尾”。他善于戏剧性地设计情节，埋下伏笔，作好铺垫，勾勒矛盾，最后在结尾处突然让人物的心理情境发生出人意料的变化，或使主人公命运陡然逆转，使读者感到豁然开朗，柳暗花明，既在意料之外，又在情理之中，不禁拍案称奇，从而造成独特的艺术魅力，有一种被称为“含泪的微笑”的独特艺术风格。欧·亨利把小说的灵魂全都凝聚在结尾部分，让读者在先前的似乎是平淡无奇的而又是诙谐风趣的娓娓动听的描述中，不知不觉地进入作者精心设置的迷宫，直到最后，忽如电光一闪，才照亮了先前隐藏着的一切，仿佛在和读者捉迷藏，或者在玩弄障眼法，给读者最后一个惊喜。在欧·亨利之前，其他短篇小说家也已经这样尝试过这种出乎意料的结局。但是欧·亨利对此运用得更为经常，更为自然，也更为纯熟老到。

描写小人物是欧·亨利的短篇小说最引人瞩目的内容，其中包含了深厚的人道主义精神。欧·亨利长期生活在社会底层，深谙下层人民的苦难生活，同时也切身感受过统治阶层制定的法律对穷人是如何无情。因此，他把无限的同情都放在穷人一边。在他的笔下，穷人有着纯洁美好的心灵，仁慈善良的品格，真挚深沉的爱情。但是他们却命运多坎，弱小可怜，孤立无援，食不果腹，身无居所，苟延残喘，往往被社会无情地吞噬。这种不公平的现象与繁华鼎盛的社会景象相映照，显得格外刺目，其中隐含了作者的愤愤不平。

欧·亨利的小说通俗易懂，其中无论发生了什么，发生在何处，也无论主人公是何等人物，他的故事写的都是世态人情，并且具有浓郁的美国风味。一般说来，驱使人们行动的欲望和动机是相当复杂的，但是欧·亨利人物的思想相对来说却都比较简单，动机也比较单一，矛盾冲突的中心似乎都是贫与富。这一方面大概因为美国是个平民社会，不存在天生高人一等的贵族阶级，既然金钱面前人人平等，贫富差距就成了社会的主要矛盾。另一方面，此时正值美国内战后的“镀金时代”，拜金主义盛行，坑蒙拐骗样样齐全，贪污舞弊泛滥成灾，似乎只要人能赚到钱便是成功，并不问问钱的来历是否清白合法，难怪金钱的占有程度便成了人们关注的中心。与欧·亨利同时代的马克·吐温说得好："在世界上任何地方，贫穷总是不方便的。但只有在美国，贫穷是耻辱。"

欧·亨利笔下的芸芸众生就是生活在这样一个金钱主宰的世界中，他们的处境动机，他们的喜怒哀乐，大都与金钱的占有有关，所以欧·亨利描绘的世态人情，无论是善是恶，都有某种美国式的单纯。

欧·亨利小说中感人至深的落魄的小人物在艰苦的求生环境中，仍能对他人表现出真诚的爱与关怀，作出难能可贵的牺牲。为了给丈夫购买一条白金表链作为圣诞礼物，妻子卖掉了一头秀发。而丈夫出于同样的目的，卖掉金表给妻子买了一套发梳。尽管彼此的礼物都失去了使用价值，但他们从中获得的情感是无价的。为了鼓励贫病交加的年轻画家顽强地活下去，老画家于风雨之夜挣扎着往墙上画了一片永不凋落的常青藤叶。他为自己的杰作付出了生命的代价，但青年画家却因此获得勇气而活了下来。一个富人已经沦落到挨饿的地步，但他坚持履行自己的一年一度在感恩节请穷朋友吃饭的职责；而刚吃饱饭的穷朋友为了使对方满意，也忠实地扮演了自己的角色。他们各自作出牺牲，为的是给他人一点安慰。所有这些都未必称得上轰轰烈烈的大事，只是小人物们日常完成的小事，但正在这些小事上，他们达到了善，达到了自己精神境界的至高点。

欧·亨利给美国的短篇小说带来新气息，他的作品因而久享盛名，并具有世界影响。美国自1918年起设立一年一度的"欧·亨利纪念奖"，以奖励每年度的最佳短篇小说，由此可见其声望之卓著。

在纽约，由于大量佳作出版，他名利双收。但他挥霍无度，又好赌，好酒贪杯。写作的劳累与生活的无节制使他的身体受到严重损伤。1907年，欧·亨利再婚。可惜，第二次婚姻对他来说并没有什么幸福可言。1910年6月3日，他病倒了。两天后，即6月5日，与世长辞，死于肝硬化，年仅48岁。

近百年来，欧·亨利的小说在全世界一版再版，始终拥有大量的读者，足见其作品的生命力。

一旦热爱艺术，什么奉献也不难。

——欧·亨利

人的眼睛都是探照灯！

——欧·亨利

文坛硬汉海明威

欧内斯特·海明威（Ernest Hemingway，1899—1961）美国小说家，一向以文坛硬汉著称，是美国的精神丰碑，1926年发表成名作《太阳照样升起》，作品表现战后青年人的幻灭感，成为“迷惘的一代”的代表作。他也是1954年度（第五十四届）的诺贝尔文学奖获得者、“新闻体”小说的创始人，被称为“20世纪最伟大的作家”之一。

1899年，海明威出生于美国芝加哥市郊橡胶园小镇。他母亲让他练习拉大提琴，他父亲教他钓鱼和射击。童年似乎没有创伤。中学时他是一个热情的、好竞争的标准美国男孩：学习成绩好，体育运动全面发展，参加辩论团，学校乐队里拉大提琴，编辑学校报纸《吊架》，还给文学杂志《书板》投稿，写短篇小说，写诗。有时还中途搭别人的车，出去旅行。有一次在禁猎区打鹭鸟，事后躲藏起来，免受法律制裁。某些批评家认为，海明威离家出游说明他童年过的是正常的生活；但在别外一些批评家看来，则象征他早年反叛橡树园的生活方式，反映他家庭生活中关系紧张。

母亲格雷丝·霍尔·海明威是公理教会信徒，宗教观念强，但也是一位有艺术修养的女人，她把家庭环境布置得如同教堂组织的文化沙龙。父亲克拉伦斯·艾德家兹·海明威是一个杰出的医生，热心的、训练有素的运动员，又是一个专业的研究自然界的人，他引起儿子对于户外活动的爱好。夏天，他们居住在密执安北部近彼托斯基湖畔的房子里，海明威医生有时候带他儿子一起出诊，横过华隆湖到奥杰布华族印第安人居住地去，他们经常一起钓鱼和打猎。他们关系密切，虽然父亲严于律己，对儿子的教育甚至比海明威太太更严格，更具有清教精神。

海明威

1917年4月，也就是海明威毕业前两个月，美国参加了第一次世界大战。卡洛斯·倍克尔写道：“他面临的几条路是上大学、打仗和工作，”海明威选择工作。他左眼有毛病，不适宜去打仗。1917年10月，他开始进堪萨斯市的《星报》当见习记者，这家报纸是美国当时最好的报纸之一。6个月之中，他采访医院和警察局，也从《星报》优秀的编者G.G.威灵顿那里学到了出色的业务知识。海明威在《星报》头一次知道，文体像生活一样必须经过训练。《星报》有名的风格要求单上印道“用短句”，“头一段要短。用生动活泼的语言。正面说，不要反面说”。海明威在相当短的时间内，学会把写新闻的规则化成文学的原则。

有一度他为多伦多《每日星报》和《星报周刊》写特写。他姐姐玛茜琳尼写道，他刚过完21岁生日，他母亲提出最后通牒：要么找一个固定的工作，要么搬出去。海明威搬了出去，到芝加哥当了一年《合作福利》的编辑，这是一份宣传合作投资的机关报。那年冬天，他认识了他在文学界头一位重要的朋友舍伍德·安徒森，并且通过安徒森，认识了“芝加哥派”的其他成员。同时他认识并爱上了哈德莱·理查孙，她是一位漂亮的红发女郎，比他大8岁。1921年9月，海明威与哈德莱结婚，在家里的乡间别墅度蜜月，接着去多伦多，当了几个月的特写记者。

1923年，他的几篇作品被刊物采用。哈丽特·蒙罗在《诗歌》上发表他的一首短诗；玛格瑞特·安德生和琴·希普在《小评论》（1923年4月）上发表了他6个短篇(共18个短篇，原拟于次年一月发表，总题为《在我们的时代里》；1923年夏天，罗伯特·麦卡门发表海明威第一部作品《三篇故事和十首诗》（三篇故事是《在密执安》《我的老头子》和《不合时宜》)。

1926年10月，斯克利布纳公司出版了《太阳照样升起》，不到30岁的海明威成了有好评的文学家。作为一位作家第一部长篇小说，销路不错，也博得了好评。海明威晚年在《流动宴会》这部书回忆1921至1926年间的生活情景时，追忆当时的梦想，刻苦的训练和灾难。梦想是牧歌式的：对哈德莱纯洁的爱，巴黎和伏拉尔勃等美好的去处，友人的情谊。刻苦的训练——把自己写为一个挨饿的人，渴望成功心切，无情地律己，同时也为了形成自己的文学风格。

1937年初，海明威去到西班牙，官方名义是北极美报业联盟记者，他却不是不偏不倚的旁观者。他借债为忠于共和政府的部队买救护车，在美国第二届全国作家会议上发言攻击法西斯主义，协助拍摄亲共和政府的影片《西班牙大地》（1938），发表了他唯一的一出长戏《第五纵队》，描写这场冲突。1939年他在哈瓦那郊区“瞭望农场”购买了一份地产，就在地产山顶的房子里，创作关于法西斯主义、民主和个人的长篇小说《丧钟为谁而鸣》。

海明威的写作态度极其严肃，十分重视作品的修改。他每天开始写作时，先把前一天写的读一遍，写到哪里就改到哪里。全书写完后又从头到尾改一遍，草稿请人家打字誊清后又改一遍，最后清样出来再改一遍。他认为这样三次大修改是写好一本书的必要条件。他的长篇小说《永别了，武器》初稿写了6个月，修改又花了5个月，清样出来后还在改。《丧钟为谁而鸣》的创作花了17个月，脱稿后天天都在修改，清样出来后，他连续修改了96个小时，没有离开房间。他主张“去掉废话”，把一切华而不实的词句删去，最终取得了成功。

20世纪50年代早期，海明威说过：“对于作家来说，有战争的经验是难能可贵的。但这种经验太多了，却有危害。”摧残海明威身体的那次炸裂也渗透他脑子里去了，而且影响更长、更深远。一个直接的后果是失眠，黑夜里整夜睡不着觉。5年之后，海明威和他妻子住在巴黎，他不开灯仍然睡不着。在他的作品中，失眠的人处处出现。《太阳照样升起》中的杰克·柏尼斯，《永别了，武器》中的弗瑞德里克·亨利，涅克·阿丹姆斯，《赌徒、修女和无线电》中的弗莱才先生，《乞力马扎罗的雪》中的哈利和《清洁、明亮的地方》中的老年侍者，都患失眠症，害怕黑夜。

海明威最终关心的是艺术，而不是创伤。而且，对于海明威观察战争，这位艺术家对于这种学说赋予了特殊的意义。《永别了，武器》和一些短篇小说出色地描述了战争在社会、感情和道德方面的含义，然而，使他的战争经验“难能可贵”的不止是这番描述。战争在心灵上锻铸出他对人的命运的看法，这几乎影响他所有的作品。迫击炮的碎弹片成了残酷世界破坏力量的比喻，海明威和他的主人公成了寻求生存道路、受伤的人类的象征。他已经准备好，可以把那种生活感受转化为文学作品了。

1960年，海明威想写作的热情一度使他极为痛苦。他在生理上大为衰弱，高大的身躯萎缩下来了，面容憔悴，忍着痛苦。他住在梅约疗养院时，诊断结果不妙：高血压，可能还有糖尿病，而且铁质代谢紊乱，这是一种罕见的疾病，危及主要器官。心理上，他更糟糕，几乎说不清楚话，焦虑，抑郁症很严重——赛摩·贝茨基与莱斯里·菲德勒1960年11月拜访过他，想请他到蒙大拿大学去做演讲，事后写道他像个“没有主意的小学生”。1961年春天，他进行了25次电疗来减轻抑郁症。他在梅约疗养院住了一个月，刚刚回到克特欠不久，在1961年7月2日早晨，他把一支银子镶嵌的猎枪的枪口放在嘴角，两个扳机一齐扣动。

名人名言

人不是生来要给打败的，一个人可以被毁灭掉，但不能被打败。

——海明威

偏执是件古怪的东西。偏执的人必然绝对相信自己是正确的，而克制自己，保持正确思想，正是最能助长这种自以为正确和正直的看法。

——海明威

幽默的雄辩家萧伯纳

乔治·伯纳·萧（George Bernard Shaw，1856—1950），天性胆小怕羞，可他后来竟以自己的风趣幽默倾倒了无数听众，成为当代第一雄辩家。1925年因为作品具有理想主义和人道主义而获诺贝尔文学奖，是英国现代杰出的现实主义戏剧作家，是世界著名的擅长幽默与讽刺的语言大师。他立志要革新英国的戏剧，他的剧本果真改变了19世纪末英国舞台的阴暗状况，他本人也成了戏剧界的革新家，掀开了英国戏剧史的新一页。

萧伯纳于1856年出生于爱尔兰都柏林的一个小公务员家庭里。他的父亲是个没落贵族，母亲出身于高贵的乡绅世家，从小受过严格的上等教育。

萧伯纳年幼时，研究音乐理论的万达里尔李与他们合租了一幢房子。受这位研究音乐的邻居影响，萧伯纳迷恋上了音乐，13岁时，他就能用口哨吹出许多优秀歌剧的片段。可是由于家里太穷，15岁的萧伯纳便不得不辍学，为了维持生活，他进入都柏林的汤森地产公司当学徒。

1876年，萧伯纳的父母离婚。他告别了年迈的父亲，离开了贫困的故土爱尔兰，随母亲来到伦敦。年轻的萧伯纳没有工作，靠母亲微薄的薪水维持生活，十分渴望能找到一份称心的职业。他先在爱迪生电话公司外务股找到一份差事，可是不久这家公司倒闭了。别人给他介绍到《大黄蜂》报撰写音乐评论，可不久这份报刊也停刊了。万般无奈的萧伯纳想以写作谋生，但是并不顺利，他的小说，伦敦和美国的出版商都不屑一顾。在长达9年的时间里所得的稿酬不过6英镑，其中5英镑还是代写卖药广告的报酬。

萧伯纳

文学道路的坎坷并没有使萧伯纳灰心丧气，为了在社会上有立足之地，他更加勤奋地学习和写作，阅读了大量的文学作品，还热心于参加社会活动。但他有一个弱点，就是他从小怕羞，不敢在大庭广众前说话，有时去拜访朋友也迟迟不敢叩门，这样怎么可能被社会承认呢？为了克服这个缺点，萧伯纳加入了一个叫“考求者学会”的辩论会。由于经常当众与学者们辩论，不久，他便敢于在大庭广众面前发表演说了。为了给别人留下深刻的印象，他特意留起了讽刺家式的发型，对着镜子练习怎样以潇洒的手势来加强演说效果。不久，他便以爱尔兰式的机智幽默赢得了听众，很快就成了一位令人倾倒的演说家。

这时，他阅读了法文版《资本论》，认为这部著作“是对资产阶级的控诉”，他兴奋地说：“马克思打开了我的眼睛，使我看到历史和文明的真面目，他给我揭示了生活的目标和意义。”

1888年，在一次社会主义者的集会上，萧伯纳结识了马克思的女儿、英国工人运动著名的活动家爱琳娜。后来，爱琳娜邀他参加社会主义者组织的演剧活动，演的是挪威伟大的戏剧家易卜生的名剧《玩偶之家》，由爱琳娜扮演娜拉，萧伯纳扮演高利贷者柯洛克斯泰。

19世纪英国的戏剧一蹶不振，萧伯纳嘲笑它们是迎合低级趣味的“糖果店”，他认为戏剧应该依赖对立思想的冲突和不同意见的辩论来展开。通过《玩偶之家》的演出，特别是听了剧评家朗诵了易卜生的剧本《培尔·金特》后，他感到：“一刹那间，这位伟大诗人的魔力打开了我的眼睛。”于是，他开始对戏剧产生浓厚的兴趣，安下心来研究易卜生的剧本，并写下了《易卜生主义的精华》一书。这部著作是一个即将崛起的大戏剧家对另一个已经誉满全球的戏剧家的理论阐述，在欧洲戏剧史上有着重要的地位。在易卜生的影响下，萧伯纳看清了戏剧这个武器，它不仅能扫荡英国舞台的污秽，而且能倾诉自己对这个黑暗现实社会的不满。于是，他立志要革新英国的戏剧。

萧伯纳的世界观比较复杂，他接受过柏格森、叔本华和尼采的哲学思想，又攻读过马克思的《资本论》。1884年他参加了“费边社”，主张用渐进、点滴的改良来改变资本主义制度，反对暴力革命。在艺术上，他接受易卜生影响，主张写社会问题，反对奥斯卡·王尔德的“为艺术而艺术”的唯美主义主张。萧伯纳将自己划归于易卜生流派。他主张摈弃以罗曼蒂克、尖锐情景和血淋淋的结局来构筑情节的旧式悲剧，坚决反对以巧合、误会和离奇的情节耗尽观众注意力的所谓“佳构剧”，提倡剧本的任务是引起观众的思考，情景必须是生活化的。他曾明确提出，戏剧是“思想的工厂，良心的提示者，社会行为的说明人，驱逐绝望和沉闷的武器，歌颂人类上进的庙堂”。

1892年，萧伯纳正式开始创作剧本，他的第一个戏剧集《不愉快的戏剧集》，其中包括《鳏夫的财产》《华伦夫人的职业》《荡子》三个剧本；第二个戏剧集《愉快的戏剧集》包含《武器与人》等4部剧本；第三个戏剧集《为清教徒而写的戏剧集》包含《魔鬼的门徒》等3个剧本。他的这些作品反映的都是社会现实生活中可恶可怕的方面，抨击了资本主义社会，毫不留情地揭露了资产阶级伪君子们的种种劣行。无怪乎有的剧本上演后，英国当局便视其为洪水猛兽，慌忙下令禁演，但萧伯纳戏剧的上演已在英国国内外引起了巨大轰动，此时的萧伯纳已经闻名全国了。他的戏剧果真改变了19世纪末英国舞台的阴霾状况，他本人也成为了戏剧界的革新家，掀开了英国戏剧史的新一页。

有一次，瘦削的萧伯纳遇到一位大腹便便的商人。商人想借机奚落他，便说："人们看见你，就知道世界上现在正在闹饥荒。"萧伯纳不慌不忙地予以回击，说："人们看见你，就知道闹饥荒的原因了。"虽然他只是在别人的原话里加上几个字，但经过这样的改动之后，谁都能读出话中对商人唯利是图、为富不仁、奸诈狡猾的无情揭露与针砭意味。这样的"妙答"真是大快人心。

又有一次，有一个资本家想在众人面前羞辱萧伯纳。他大声宣告说："人们说，伟大的戏剧家都是白痴。"萧伯纳笑着说道："先生，我看此时此刻你就是最伟大的戏剧家。"想羞辱别人反而自取其辱，这个人脸都气绿了。

在一次宴会上，萧伯纳恰好与某纺织厂经理的太太并座。"亲爱的萧伯纳先生，"这位身体肥胖、娇声娇气的阔太太问道，"你是否知道哪种减肥药最有效？"

萧伯纳注视了一下这位邻座，装出一副正经的神态，用手持着长须答道："我倒是知道有一种药，但是，遗憾的是，我无论如何也翻译不出这个药名，因为劳动和运动这两个词对您来说是地道的外国字。"

1896年，40岁的萧伯纳结婚了，婚姻改变了萧伯纳的一些生活习惯。不过，他并没有沉溺于温柔乡里，他仍然勤奋地耕耘着，写出了《英国佬的另一个岛》《巴巴拉少校》《皮格多利翁》《伤心之家》《圣女贞德》等大量优秀的作品。

1925年，萧伯纳获得了诺贝尔文学奖，他把这笔约合8000英镑的奖金捐给了瑞典的穷作家们。

萧伯纳不仅在戏剧上硕果累累，在社会活动上也颇有建树。他对一切新的、进步的事物，对于世界上伟大的社会变革及政治时事非常关注。他写下了大量捍卫世界和平、维护正义的文章。1931年，75岁高龄的萧伯纳应邀访问苏联，这是他晚年生活中的一件大事，莫斯科人民热烈欢迎了这位"欧洲最勇敢的思想家"。

1933年2月，萧伯纳和他的夫人夏洛蒂在周游世界的旅途中，曾经到过当时灾难深重的中国，访问了上海和北平。在上海时，他会见了宋庆龄、蔡元培、鲁迅等中国文化界人士，并且还曾应邀去宋庆龄家做客。

1950年11月2日，萧伯纳在赫特福德郡埃奥特圣劳伦斯寓所因病逝世，终年94岁。萧伯纳毕生创造幽默，他的墓志铭虽只有一句话，但极体现了萧伯纳的风格："我早就知道无论我活多久，这种事情迟早总会发生的。"

名人名言

每个成功的男人后面都有一个女人，每个不成功的男人后面都有两个女人。

——萧伯纳

有人说我们来到这个世上就是要帮助别人的，倘若此话非虚，那么请问，别人来到这个世界又是干什么的？

——萧伯纳

“文坛火枪手”大仲马

亚历山大·仲马（Alexandre Dumas，1802—1870），称大仲马，19世纪法国积极浪漫主义作家。大仲马被别林斯基称为“一名天才的小说家”，他也是马克思“最喜欢”的作家之一。大仲马自学成才，一生写的各种著作达300卷之多，主要以小说和剧作著称于世。大仲马信守共和政见，反对君主专政。由于他是黑白混血人的身份，其一生都受种族主义的困扰。

1802年7月24日，被法国人称为“文坛火枪手”的大仲马在巴黎东北方向不足一百公里的小镇维莱科特雷诞生。

大仲马的祖父戴维·佩莱苔利原本是圣多明哥岛上的一个充满激情而好色的贵族，家里有一大群黑人奴仆，其中一个名叫露易·仲马的女黑奴给他生了一个混血儿，这便是大仲马的父亲托马斯·亚历山大。

大仲马

托马斯成人后想去参加拿破仑的军队，可爸爸却不允许他使用自己的姓氏报名参军，这个傲慢的老贵族认为一个混血儿士兵使用自己的贵族姓氏，是有辱门庭的。托马斯只好用母亲的姓氏参加了拿破仑军队。

由于他作战勇敢，在短短的七年时间里，就由一名士兵升为一名将军。拿破仑开始独裁统治之后，由于托马斯是个激烈的共和党人，被解除了军职。托马斯郁闷而死时，大仲马才3岁半。接着，祖父又破了产，大仲马的家境一下子陷入困顿之中。在拿破仑滑铁卢战败之后，大仲马已经13岁，他的母亲想重振家业，便让他做出抉择，是采用佩莱苔利这个古老而又尊严的贵族姓氏呢，还是保留黑奴的姓氏仲马呢？这两个姓氏的高低贵贱，以及哪一个对自己的命运影响大，少年仲马心里非常清楚，但他还是坚定地对母亲说："我保留亚历山大·仲马的名字！"

大仲马20岁那年准备闯荡巴黎，但他身无分文，无法成行。偶尔的一天晚上，他来到酒店里与人赌弹子，凭借在乡间游逛时练就的高超的弹子技术，他赢了满满一口袋钱，当夜便告别母亲，狂喜地奔向巴黎。

到巴黎之后，大仲马幸运地遇到了父亲的旧友福阿将军，经福阿将军举荐，他当上奥尔良公爵府上的公务员。生活稳定之后，大仲马把母亲也接到了巴黎。为了生活有更好的保障，大仲马在当差之余，经常替法兰西剧院誊写剧本，以增加收入。许多精妙的剧本让他深为着迷，常常忍不住放下誊写的剧本，动手写自己的剧本。

有一天他来到法兰西剧院，径直走进当时著名的悲剧演员塔玛的化妆室，张口就说："先生，我想成为一个剧作家，你能用手碰碰我的额头，给我带来好运气吗？"塔玛微笑着把手放在他的额头上，说："我以莎士比亚和席勒的名义特此为你这个诗人洗礼！"大仲马一点儿也没在意这位大演员善意的玩笑，他把手放在自己的胸口上，郑重其事地说："我要在你和全世界人面前证实我能做到！"

然而，大仲马花了三年时间写出的大量剧本，没有一个被剧院接受并上演。直到1928年2月11日傍晚，法兰西剧院才给他送来一张便条："亚历山大·仲马先生，你的剧作《亨利三世》将于今晚在本院演出。"大仲马手忙脚乱地穿好衣服时，才发现自己没有体面的硬领，他连忙用硬纸剪了个硬领，套在脖子上便飞奔剧院。

但是到了剧院他却无法靠近舞台，因为连座席间的通道上都站满了观众。直到演出幕落以后，剧院主持人请剧作家上台时，大仲马才得以出现在台前，顿时，暴风雨般的喝彩声响彻剧场。当时的报纸如此描述他："他的头昂得那么高，蓬乱的头发仿佛要碰到星星似的。"这个带着硬纸领子的混血儿一举成名，一夜之间成了巴黎戏剧舞台上的新帝王。

紧接着，大仲马的另一个剧本《安东尼》演出后也获得了巨大的成功。短短的两年时间里，大仲马在巴黎成了最走红的青年剧作家。尽管如此，巴黎的许多贵族和一些文坛名家们仍然蔑视他的出身，嘲讽他的黑奴姓氏，甚至像巴尔扎克这样的大家也不放过嘲笑他的机会。在一个文学沙龙里，巴尔扎克拒绝与大仲马碰杯，并且傲慢地对他说："在我才华用尽的时候，我就去写剧本了。"大仲马断然地回答道："那你现在就可以开始了！"巴尔扎克非常恼火，进一步侮辱大仲马："在我写剧本之前，还是请你先给我谈谈你的祖先吧——这倒是个绝妙的题材！"大仲马也火冒三丈地回答他："我父亲是个克里奥尔人，我祖父是个黑人，我曾祖父是个猴子。我的家就是在你家搬走的地方发源的。"

大仲马在创作时往往很投入，常常投入到作品当中。

有一天，大仲马的一位好友前来拜访他，见他正独自坐在书桌前，双手抚摸着稿纸，低声抽泣着。朋友就坐在一旁的沙发上等，可等了好长一段时间，还不见他的情绪有所好转，就决定去劝劝自己的朋友。他拍了拍大仲马的肩膀，关心地问："亲爱的，到底发生了什么事，令你如此伤心？"大仲马回头一看，见是好友来了，便把事情的原委诉说了一遍。

原来，大仲马正在创作《三个火枪手》，最后由于故事情节发展的需要，其中的一个火枪手非死不可。可大仲马非常喜欢这个人物，想试图改变这个物的命运，然而却无法做到。他一想到自己喜欢的英雄人物将被自己的笔杀死，而自己对此又无能为力时，就不由得伤心至极，流下了眼泪。

他的朋友听了他的诉说后，笑着对大仲马说："我的朋友，你可知道我已来了多久了……"

这时大仲马的一位仆人刚好从门口经过，听了这话也笑了，说道："先生，您不过来了45分钟，而主人却已经哭了好几个小时啦！"

写作有时是要动点真感情的，因为只有先感动了自己，才能感动别人。

大仲马曾和一个女裁缝生下一个男孩，他就是《茶花女》的作者小仲马。1852年，小仲马的话剧《茶花女》初演受到热烈欢迎。他打电报给当时流亡在布鲁塞尔的大仲马说："巨大、巨大的成功！就像我看到你的一部作品初上演所获得的成功一样……"对于儿子在文学上的巨大成就，大仲马自愧不如：他既有父亲的高兴，又有同行的妒忌。他风趣地回答说："我最好的作品就是你，我亲爱的孩子！"

大仲马小说多达百部，大都以真实的历史作背景，以主人公的奇遇为内容，情节曲折生动，处处出人意料，堪称历史惊险小说。异乎寻常的理想英雄，急剧发展的故事情节，紧张的打斗动作，清晰明朗的完整结构，生动有力的语言，灵活机智的对话等构成了大仲马小说的特色。最著名的是《三个火枪手》（旧译《三剑客》）和《基督山伯爵》。

尤其是《基督山伯爵》，这是一部为数不多为东西方人同时接受和喜爱的通俗小说。无产阶级文豪高尔基曾称赞它是一部"令人精神焕发的书"。但是，同一些伟大作家的作品相比，这部小说还没有能够更加广泛和深刻地反映社会现实，也无法进入19世纪文学第一流的杰作行列。因此，在法国文学史上，大仲马的地位还不能和巴尔扎克、雨果等文学大师相抗衡。

然而，《基督山伯爵》毕竟是全世界通俗小说的扛鼎之作，大仲马也因此被后人美誉为"通俗小说之王"。这本历史传奇的通俗小说给大仲马带来的巨额稿酬，也是巴尔扎克、雨果们不能望其项背的，这使原本就豪爽大方、挥霍成性的大仲马生活更加奢侈。有一次，一个朋友请他捐出50法郎埋葬一个刚去世的地主管家，大仲马哈哈大笑着拿出100法郎，说："去埋葬两个地主管家吧！"当时，他早已以"基督山伯爵"自居，并已在圣日耳曼昂莱山脚下濒临塞纳河的地方买下一大块地皮，准备建筑他梦想的豪宅——基督山城堡。当建筑设计师告诉他城堡造价需要20万法郎时，这位"伯爵"大人豪放地说："但愿比这更多一些！"基督山城堡于1847年7月25日竣工，建筑非常符合大仲马所要求的华丽风格，内部装饰也体现了他的作家身份：那些窗帘的银质挂钩上吊着他所喜欢的莎士比亚、歌德、雨果等大文豪的雕像；他自己的一尊半身雕像则安放在门厅的正中央，并且在雕像的底座上刻了一行字：我爱爱我的人。从此，大仲马经常在城堡里大宴宾客，饮酒作乐。可惜好景不长，几年工夫，大仲马就把自己的财产挥霍一空，不得不把城堡拍卖给他人。

大仲马68岁时停止写作，并非他厌倦了创作，而是因为他爱上了一个漂亮的美国女演员阿达·孟肯。风流了一辈子的大仲马，一下子认定了光彩照人的阿达·孟肯就是他此生的归宿，他要在有限的余生里认真地享受一下真正的爱情。不幸的是，阿达·孟肯在一次演戏时从飞驰的马上掉下来摔死了。埋葬了自己的心上人之后，喝得醉醺醺的大仲马在晴空下打着一把蓝色的雨伞，来到儿子小仲马家里，一坐下就大声说："我的孩子，我是到你这儿来等死的。"

半月以后，大仲马去世。

2002年，经过一番讨论，大仲马的遗体移居在巴黎的先贤祠。

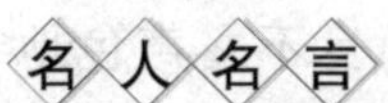

为祖国而死，那是最美的命运啊！

——大仲马

我最得意的作品就是"小仲马"。

——大仲马

法国著名小说家小仲马

亚历山大·小仲马（Alexandre Dumasfils，1824—1895）是法国著名小说家大仲马当公务员时与一女裁缝所生的私生子。其代表作《茶花女》开创了法国"落难女郎"系列的先河，是19世纪法国优秀作品。

小仲马7岁时，大仲马才认其为子。痛苦的家境对小仲马一生产生了深刻影响，因此，他后来的文学创作大多以探讨社会道德问题为主题。

小仲马

受父亲影响，他也热爱文学创作，并且和他父亲一样勤奋，成为法国戏剧由浪漫主义向现实主义过渡期间的重要作家。大仲马很为有这样的儿子而自豪。传说曾经有人问大仲马一生中最得意的作品是哪部，大仲马自豪地回答："小仲马。"和大仲马侧重表现历史，专写历史剧和历史小说不同，小仲马则专写现代剧。小仲马幼年饱尝家庭不幸带来的种种辛酸和痛苦，亲眼看到大仲马一生受累于种种桃色事件，并因此落得晚景贫困凄凉。所以小仲马在他的作品中大力宣扬家庭及婚姻的神圣，对资产阶级社会风气、家庭生活和伦理道德做了比较细致的描绘和揭露，抨击了娼妓社会对家庭婚姻的威胁，歌颂了纯洁高尚的爱情，成为社会问题剧的创始人之一。

一天，大仲马得知他的儿子小仲马寄出的稿子总是碰壁，便对小仲马说："如果你能在寄稿时，随稿给编辑先生们附上一封短信，或者只写一句话，说'我是大仲马的儿子'，或许情况就好了。"

小仲马固执地说："不，我不想坐在您的肩膀上摘苹果，那样摘来的苹果没味道。"年轻的小仲马不但拒绝以父亲的盛名做自己事业的敲门砖，而且不露声色地给自己取了十几个其他姓氏的笔名，以避免那些编辑先生们把他和大名鼎鼎的父亲联系起来。

面对冷酷无情的一张张退稿笺，小仲马没有沮丧，仍在勤勤恳恳地坚持创作自己的作品。他的长篇小说《茶花女》寄出后，终于以其绝妙的构思和精彩的文笔震撼了一位资深编辑，这位知名编辑曾和大仲马有着多年的书信来往。他看到寄稿人的地址同大作家大仲马的丝毫不差，怀疑是大仲马另取的笔名，但作品的风格却和大仲马的迥然不同。带着这种兴奋和疑问，他迫不及待地乘车造访大仲马。令他大吃一惊的是，《茶花女》这部作品的作者竟是大仲马名不经传的年轻儿子小仲马。"您为何不在稿子上签您的真实姓名呢？"老编辑疑惑地问小仲马。小仲马说："我只想拥有真实的高度。"

老编辑对小仲马的做法赞叹不已。小仲马的《茶花女》是根据自己的爱情经历写出来的，出版后，法国文坛书评家一致认为这部作品的价值大大超越了大仲马的代表作《基督山伯爵》，小仲马一时声誉鹊起。

作为名作家的儿子，小仲马的这种做法确实是值得让我们学习的，做事情就应该要踏踏实实的。值得一提的是，在大仲马临终前这样深深感叹地留下这么一段话："我从我的梦想中汲取题材，我的儿子从现实中汲取题材；我闭着眼睛写作，我的儿子睁着眼睛写作；我绘画，他照相。"

1848年小说《茶花女》问世，以女主人公玛格丽特·戈蒂耶的生活经历为主线，采用第一人称的写法，真实生动地描写了一位外表与内心都像白茶花那样纯洁美丽的少女被摧残致死的故事；作品艺术表达上独特而新颖。组织情节时，用了追叙、补叙、倒叙，手法多变，生动有致。一个个悬念的设置，扣人心弦，使人不忍释卷，特别是作品洋溢着浓烈的抒情色彩和悲剧气氛，有感人至深的艺术魅力。

据称，《茶花女》当时一经出版即轰动全国，尽管上流社会恼怒地批评道：渲染妓女生活，是"淫荡堕落""低级下流"。但更多的人们则为真切感人的故事所征服。妓女玛格丽特的悲惨命运，她的灵魂悲号，以及男主人公阿尔芒痛彻肺腑的悔恨，都强烈地打动了读者的心弦，令人"心神飞越"。

小仲马一举成名，他又将《茶花女》改编为话剧，赞颂玛格丽特出淤泥而不染的高尚情操。话剧一上演，立即轰动了整个巴黎。小仲马从此后专门从事话剧创作，其他比较有名的作品有《私生子》《金钱问题》《放荡的父亲》《欧勃雷夫人的见解》《半上流社会》《阿尔丰斯先生》《福朗西雍》等。内容大都以妇女、婚姻、家庭为题材，真实地反映出社会生活的侧面。他的作品富有生活气息，感情真切自然，语言通俗流畅。

1895年，小仲马在法国逝世。

任何文学，若不把完善道德、理想和有益作为目的，都是病态的、不健全的文学。

——小仲马

短篇小说之王莫泊桑

居伊·德·莫泊桑（Guy de Maupassant，1850—1893）是19世纪后半期法国优秀的批判现实主义作家。一生创作了6部长篇小说和300多篇中短篇小说，他的文学成就以短篇小说最为突出，被誉为"短篇小说之王"，对后世产生了极大影响。

莫泊桑出身于一个没落贵族之家，他的祖辈都是贵族，但到他父亲这一代没落了，父亲做了交易所的经纪人。他的母亲出身于书香门第，爱好文学，经常对文学

莫泊桑

作品发表议论，见解独到。莫泊桑出生不久，他的父母由于经常闹矛盾而分居了，他和母亲住在海边的一栋别墅里。

幼年时的莫泊桑喜欢在苹果园里游玩，在草原观看打猎，喜欢和农民、渔夫、船夫、猎人在一起聊天、干活，这些经历使莫泊桑从小就熟悉了农村生活。从童年时代起，母亲就培养他写诗，到儿子成为著名作家时，她仍然是莫泊桑的文学顾问、批评者和助手，所以他的母亲是引领他走上文学创作道路的第一位老师。

另一位为莫泊桑走上文学道路打下基础的是他13岁在卢昂中学学习时的文学教师路易·布耶。路易·布耶是一位著名的巴那派诗人，他经常指导莫泊桑进行多种体裁的文学创作。

1870年，莫泊桑中学毕业后到巴黎入大学学习法律。这一年普法战争爆发，他应征入伍。在军队中，他亲眼目睹了危难中的祖国和在血泊中呻吟的兵士，心里十分难过，他要把自己的所见所闻写下来，以激发人们的爱国热情。1871年，战争结束后，莫泊桑退役回到巴黎。

1878年，莫泊桑在教育部工作之余开始从事写作。那时，大文学家福楼拜成为莫泊桑文学上的导师，他们两人结下了亲如父子的师徒关系。福楼拜决心把自己创作的经验传授给莫泊桑。莫泊桑非常尊重严师的教诲，每篇习作都要送给福楼拜审阅。福楼拜一丝不苟地为他修改习作，对莫泊桑的不少作品表示赞赏，但劝他不要急于发表。因此，在19世纪70年代里，莫泊桑的著述很多，但发表的却很少，这是他文学创作的准备阶段。

莫泊桑敏锐的观察也是令人称道的，自从他拜师福楼拜之后，每逢星期日就带着新习作，从巴黎长途奔波到鲁昂近郊的福楼拜的住处去，聆听福楼拜对他前一周交上的习作的点评。

福楼拜对他的要求非常严格，首先要求他敏锐透彻地观察事物。莫泊桑遵从师教，逐渐善于“发现别人没有发现过和没有写过的特点”。后来，当他在谈到作家应该细致、敏锐地观察事物时，说：“必须详细地观察你想要表达的一切东西，时间要长，而且要全神贯注，才能从其中发现迄今还没有人看到与说过的那些方面。为了描写烧得很旺的火或平地上的一棵树，我们就需要站在这堆火或这棵树的面前，一直到我们觉得它们不再跟别的火焰和别的树木一样为止。”

一次，福楼拜还建议莫泊桑做这样的锻炼：骑马出去跑一圈，一两个钟头之后回来，把自己所看到的一切记下来。莫泊桑按照这个办法锻炼自己的观察力有一年之久。

1880年，莫泊桑的成名作《羊脂球》发表了，它使莫泊桑一鸣惊人，读者称他是文坛上的一颗新星。从此，他一跃登上了法国文坛。莫泊桑的绝大部分作品是从这时到1890年的10年间创作的。

10年间，他创作了6部长篇小说：《一生》《俊友》《温泉》《皮埃尔和若望》《像死一般坚强》《我们的心》。这些作品揭露了第三共和国的黑暗内幕：内阁要员从金融巨头的利益出发，欺骗议会和民众，发动掠夺非洲殖民地摩洛哥的帝国主义战争；抨击了统治集团的腐朽、贪婪、尔虞我诈的荒淫无耻。莫泊桑还创作了350部中短篇小说，在揭露上层统治者及其毒化下的社会风气的同时，对被侮辱被损害的小人物寄予了深切同情。

短篇的主题大致可归纳为三个方面：第一是讽刺虚荣心和拜金主义，如《项链》《我的叔叔于勒》；第二是描写劳动人民的悲惨遭遇，赞颂其正直、淳朴、宽厚的品格，如《归来》；第三是描写普法战争，反映法国人民爱国情绪，如《羊脂球》。

莫泊桑短篇小说布局结构的精巧、典型细节的选用、叙事抒情的手法以及行云流水般的自然文笔，都给后世作家提供了楷模。

莫泊桑光辉的文学艺术成就，为世界文学宝库作出了突出的贡献。他写作艺术技巧的成就，不仅在法国文学史上占有重要地位，对后来的欧洲及中国作家都产生了很大的影响。

屠格涅夫认为莫泊桑是19世纪末法国文坛上“最卓越的天才”。托尔斯泰认为他的小说具有“形式的美感”和“鲜明的爱憎”，他之所以是天才，是因为他“不是按照他所希望看到的样子而是照事物本来的样子来看事物”，因而“就能揭发暴露事物，而且使得人们爱那值得爱的，恨那值得恨的事物。”左拉认为他的作品“无限地丰富多彩，无不精彩绝妙，令人叹为观止”。恩格斯认为“应该向莫泊桑脱帽致敬”。

因为莫泊桑的短篇驰名中外，他在长篇小说创作上的成就以至于因此被湮没。其实，他不但是个短篇小说的高手，在长篇小说创作上也颇有建树。他继承了巴尔扎克、司汤达、福楼拜的现实主义传统，在心理描写上又开拓出新路。《漂亮朋友》就是他的一部长篇代表性作品。莫泊桑不满足于短篇小说所取得的成就，在他声誉鹊起后，他经常涉足上流社会，开阔了眼界，便想到从更广阔的背景上去反映社会现实，长篇小说给他提供了一个得心应手的工具。从第一部长篇《一生》到第二部长篇《漂亮朋友》，他的笔触已经从个人生活投向新闻界和政界，具有丰富的内容，堪称一部揭露深刻、讽刺犀利的社会小说。

他勤奋地创作了一生，由于过度劳累得了精神错乱症，后来被送进巴黎的一家精神病院。1893年7月6日莫泊桑逝世，年仅43岁。

名人名言

世上真不知道有多少能成就功业的人，都因为把难得的时间轻轻放过以致默默无闻了。

——莫泊桑

人生活在希望之中。旧的希望实现了,或者泯灭了,新的希望的烈焰随之燃烧起来。

——莫泊桑

印度伟大抒情诗人泰戈尔

罗宾德拉纳特·泰戈尔（Rabindranath Tagore，1861—1941），他是第一个获得诺贝尔文学奖的东方作家，但他的才华并不仅止于此，他多才多艺，著作丰富，涉及诗歌、小说、戏剧、音乐、哲学、画坛等诸多领域。当然，其中尤以他的诗集最为著名，他一生写下了《飞鸟集》《园丁集》《新月集》等五十多部诗集，为印度新诗体开辟了广阔的道路。

泰戈尔

1861年5月7日，泰戈尔出生于印度加尔各答。泰戈尔出身印度名门，其祖父为德瓦勒凯那特亲王，一生显赫，他的父亲以其虔诚地遵循道德标准而被赞称为“大哲”。家庭虔诚的毗湿拏教传统深深影响着泰戈尔的一生，而当时的民族自治和民族自决的独立运动也在塑造着泰戈尔的命运和思想。

泰戈尔的父亲交友甚广，家里经常宾客盈门，洋溢着文学、音乐和艺术的气氛。他的父亲坚持让孩子受到严格、正规的教育。从8岁到13岁，泰戈尔先后被送进四所学校学习，但是他厌恶当时学校刻板的填鸭式教育，在每所学校都只学了不足一年便辍学回家。父亲思想开明，并不勉为其难，他请了加尔各答有名的教师到家里给小泰戈尔授课。家庭教育的科目繁多，文学、哲学、数学、英语、科学常识、音乐甚至是摔跤。这种全面严格的教育，使泰戈尔在童年时代广泛地接触了各种知识，为他日后的创作打下了坚实的文化基础，而且练就了一副坚强的体魄。

12岁的泰戈尔对孟加拉的美丽、富饶和灿烂的历史遗迹惊叹不已，却又对殖民统治下人民的贫困和阶级对立有着深刻的认识。泰戈尔从小酷爱文学，喜欢读梵文、孟加拉文和英文名著。泰戈尔少年时代即崭露诗才，他的爱国诗篇《给印度教徒庙会》（1875）发表时，年仅14岁。17岁以前，他已经熟读了大量的印度古典文学、哲学名著。

1878年秋，泰戈尔遵从父命，去英国伦敦大学学习法律。虽然他并不喜欢法律，但这却给了他一个系统地了解西方尤其是英国文学和艺术的机会，这对泰戈尔毕生的创作有着重要的影响。

1880年，19岁的泰戈尔回到印度成为职业作家。1881至1885年，他出版了抒情诗集《暮歌》（1882）、《晨歌》（1883），还有戏剧和小说等作品。这些早期作品的特点是梦幻多于现实，富于浪漫主义色彩。他的作品已充分显示出他敏锐的观察力，多方面的艺术才能和人道主义思想的萌芽。

当时，印度人民反对殖民统治和封建剥削的民族运动正如火如荼地展开，年轻的泰戈尔便积极地投身于民族解放运动中。他用手中的笔，讨伐殖民主义和封建主义，写出了一篇篇犀利的战斗檄文。

他在归国五年之内出版了抒情诗集《暮歌》《晨歌》和《画与歌》；戏剧《大自然的报复》；长篇小说《王后市场》和《圣哲国王》等。这段时间他的作品沉湎于个人感受，具有浓重的浪漫主义色彩。1886年他的诗集《刚与柔》的发表，标志着他在创作道路上进人面向人生、面向现实生活的时期。1890年出版的诗集《心中的向往》是他第一部成熟的作品，在形式上它突破了印度诗歌的传统和英、法浪漫主义派作品的影响，形成了独特的风格。1889年、1890年，他先后写了两个剧本，即《国王与王后》和《牺牲》，反对恢复婆罗门祭司的特权和落后习俗。

19世纪90年代是泰戈尔创作的旺盛时期。从1891年起，在他主编的《萨塔纳》杂志上，发表《摩诃摩耶》等60多篇短篇小说，主要是反对封建压迫，揭露现实生活中不合理现象。他发表了抒情诗集《金帆船》《缤纷集》《收获集》《梦幻集》《刹那集》、哲理短诗《微思集》和《故事诗集》。收入《缤纷集》的叙事诗《两亩地》是作者民主主义思想的最高表现。从《刹那集》起，他开始用孟加拉口语写诗。他的第二部英译诗集《园丁集》里的诗大多选自这一时期作品。

1901年，泰戈尔为改造社会创办了一所学校，从事儿童教育实验。1912年，这所学校成为亚洲文化交流的国际大学。由于英国在孟加拉推行分裂政策，1905年印度掀起民族解放运动的第一个高潮，泰戈尔积极投身于运动并创作了许多爱国诗篇。创作了《洪水》等爱国歌曲，《人民的意志》被定为今日印度的国歌。这一时期是他创作的最辉煌时期。他出版了8部孟加拉文诗集和8部英文诗集，其中《吉檀迦利》为诗人赢得世界性声誉。这一时期重要的诗集还有《园丁集》（1913）、《新月集》（1915）、《飞鸟集》（1916）等。1910年，泰戈尔又发表了史诗性长篇小说《戈拉》和象征剧《国王》等。

1912年，泰戈尔以抒情诗集《吉檀迦利》获诺贝尔文学奖金。1913年发表为人们所熟知的《飞鸟集》和《园丁集》。

1913年后，泰戈尔发表了长诗《野花》《诗人的故事》等。1916年，泰戈尔发表长篇小说《家庭和世界》，热情歌颂争取民族独立的爱国主义精神。

1919年，印度掀起第二次民族解放运动高潮，为寻求民族解放道路，泰戈尔走遍五大洲，发表了许多著名演讲。这时期突出成就是政治抒情诗，分别收在《非洲集》（1937）、《边沿集》（1938）、《生辰集》（1941）等作品中。

20世纪20年代，泰戈尔创办了国际大学，并曾多次到国外访问，之后他又出版了剧本《摩克多塔拉》《红夹竹桃》《时代的车轮》和《纸牌王国》，小说《纠纷》《两姐妹》和大量的诗篇。20世纪40年代，在德、意、日法西斯猖獗时，泰戈尔曾写了一些重要的政治抒情诗，对遭受侵略的国家表示同情，如《礼佛》，对日本军国主义侵略中国表示愤怒的抗议。

泰戈尔生逢急剧变革的时代，受到印度传统哲学思想和西方哲学思想的影响，但他世界观最基本最核心部分还是印度传统的泛神论思想，即“梵我合一”。在《缤纷集》中，他第一次提出“生命之神”观念。他对神的虔诚是和对生活、国家与人民的爱融合在一起的，但这使他的诗歌也蒙上了浓厚的神秘主义色彩。另外，他提倡东方的精神文明，但又不抹煞西方的物质文明。这些都使他的思想中充满了矛盾，从而表现在创作上。

1941年8月7日，泰戈尔在加尔各答逝世。

泰戈尔在长达60年的创作生涯中，共写了50多部诗集，12部中篇和长篇小说，100余篇短篇小说，20多部剧本，此外还写了大量有关文学、哲学、政治方面的论著，创作了1000余幅画，谱写了很多歌曲。泰戈尔的作品反映了印度人民在帝国主义、封建制度双重压迫下要求改变自己命运的愿望，描写了他们的反抗和斗争，充满了爱国主义精神。他的诗歌继承了印度古典文学和中世纪孟加拉民间诗人抒情歌曲的优秀传统，吸取了民歌和民谣的丰富营养，富有鲜明的民族特色，具有很高的艺术成就，深为人民所喜爱。他丰硕的创作成果，在印度文学史上占有极为重要的地位，给世界文学的艺术宝库增加了宝贵的遗产。

泰戈尔一生的创作既有“菩萨慈眉”，也有“金刚怒目”。他的诗歌受印度古典文学、西方诗歌和孟加拉民间抒情诗歌的影响，多为不押韵、不雕琢的自由诗和散文诗；他的小说受西方小说的影响，又有创新，特别是把诗情画意融入其中，形成独特风格。

泰戈尔不仅是一位造诣很深的作家、诗人，还是一位颇有成就的作曲家和画家。他一生共创作了2000余首激动人心、优美动听的歌曲。其中，他在印度民族解放运动高涨时期创作的不少热情洋溢的爱国歌曲，成了鼓舞印度人民同殖民主义统治进行斗争的有力武器。泰戈尔70高龄时学习作画，绘制的1500帧画，曾作为艺术珍品在世界许多有名的地方展出。

名人名言

我们一度梦见彼此是陌生人，醒来时发现彼此是相亲相爱的。

——泰戈尔

我们如海鸥之与波涛相遇似地，遇见了，走近了。海鸥飞去，波涛滚滚地流开，我们也分别了。

——泰戈尔

心智先知爱默生

拉尔夫·沃尔多·爱默生（Ralph Waldo Emerson，1803—1882）被认为是19世纪美国最伟大的人物之一，他的人本主义思想和自立主张对美国人民和美国历史的发展影响深远。

1803年5月25日，爱默生出生于马萨诸塞州波士顿的一个牧师家庭。他14岁进入哈佛大学，17岁毕业，而后从教数年。1826年，他步父亲的后尘，进入哈佛神学院学习，次年被获准讲道。1828年，爱默生成为波士顿第二教堂的牧师，这个教堂当时属于新英格兰居优势的唯一神教派(Unitarian)。虽然唯一神教在某些方面对卡尔文教的教义作了修改，但仍保留了许多旧教规。1832年，因不赞成这一教派的某些教义，加上结婚仅18个月的爱妻因患肺结核病逝，爱默生放弃神职，远赴欧洲游历。在欧洲，他拜访了英国浪漫主义运动的先驱人物兰道尔、柯尔律治、华兹华斯等人，并深受康德先验论哲学思想的影响，逐渐形成了自己的超验主义哲学观。1834年，爱默生回到美国。1835年，他和第二任妻子在波士顿的康科德定居。次年，发表《论自然》，这篇散文几乎包含了爱默生所有重要思想的胚芽。从那之后，他到处公开演说，逐渐成为美国的知名学者。

从1836年开始，包括亨利·戴维·梭罗、纳撒尼尔·霍桑、玛格丽特·富勒、皮博

爱默生

迪姐妹、乔纳斯·维利等在内的一群思想家、改革者、诗人、艺术家，不定期地聚集在康科德爱默生的家中，和爱默生一起探讨神学与哲学的不良状况，思考着美国的身份，探索人与自然的关系，诠释学术和精神上的独立和自立以及乌托邦式的友谊。他们宣称存在一种理想的精神实体，超越于经验和科学之外，可以通过直觉得以把握，这就是美国超验主义运动的起源。在这个超验主义俱乐部，他们创办了评论季刊《日晷》(1840~1844)，撰写文学作品和发表主张教育、伦理、政治等方面进行社会改革的论文。

1837年8月31日，爱默生在美国大学生联谊会上以《论美国学者》为题发表演讲，抨击美国社会中灵魂从属于金钱的拜金主义和资本主义的劳动分工使人异化为物的现象，强调人的价值；他提出学者的任务是自由而勇敢地从表相中揭示真实，以鼓舞人、提高人和引导人；他号召发扬民族自尊心，反对一味追随外国学说。这一演讲轰动一时，对美国民族文化的兴起产生了巨大影响，被誉为是美国“思想上的独立宣言”。

爱默生的思想受到了当时的传统思想的压制和攻击。1838年7月15日，当爱默生在剑桥神学院发表题为《神学院致辞》的著名演讲时，遭到新英格兰加尔文教派、唯一神教派等宗教势力的抗议和攻击。这表明，在处于资本主义上升时期的美国社会，各种思潮斗争很激烈。这时他的演说更接近于亚里士多德学派风格，重要讲演稿有《历史的哲学》《人类文化》《目前时代》等。

1840年爱默生任超验主义刊物《日晷》的主编，进一步宣扬超验主义思想。后来他把自己的演讲汇编成书，这就是著名的《论文集》。《论文集》第一集于1841年发表，包括《论自助》《论超灵》《论补偿》《论爱》《论友谊》等12篇论文。三年后，《论文集》第二集也出版了。这部著作为爱默赢得了巨大的声誉，他的思想被称为超验主义的核心，他本人则被冠以“美国的文艺复兴领袖”之美誉。

1847年和1867年他分别出版两册《诗集》，此外还有《代表人物》(1850)《英国人的性格》(1856)等作品。

爱默生一生经历过多次生死离别，他最大的一次痛苦是1872年的那场火灾烧毁了他与妻子生活了37年的住房，也烧毁了超验主义者的聚集地。朋友们怕爱默生伤心过度，安排他到国外旅行。与此同时，他们集资重新修建了康科德的房子。1873

年，爱默生从国外返回康科德，接受了这份意外的惊喜，他居住在那里继续思考和写作。1882年的一天雨后，当爱默生穿过心爱的康科德小树林时，意外感染了肺炎。4月27日，这位伟大的思想家在康科德病逝。这个新英格兰的小镇为他的去世敲响了79下钟声，象征着这位伟大思想家的一生。当噩耗传开，人们从四面八方赶来为他送行，追忆伟人的一生。

爱默生一生著述甚丰，他的作品是对美国文化的高度浓缩，是对美国精神的精辟概括，“是那些想在精神方面生活着的人们的朋友和帮助者”。

他集散文作家、思想家、诗人于一身，他的诗歌、散文独具特色，注重思想内容而没有过份注重词藻的华丽，行文犹如格言，哲理深入浅出，说服力强，且有典型的“爱默生风格”。有人这样评价他的文字：“爱默生似乎只写警句。”他的文字所透出的气质难以形容：既充满专制式的不容置疑，又具有开放式的民主精神；既有贵族式的傲慢，更具有平民式的直接；既清晰易懂，又常常夹杂着某种神秘主义……一个人能在一篇文章中塞入那么多的警句实在是了不起的。那些值得在清晨诵读的句子为什么总能够振奋人心？岁月不是为它蒙上灰尘，而是映衬得它熠熠闪光。

爱默生说：“愚蠢地坚持随众随俗是心胸狭小的幽灵的表现，是低级的政客，哲学家和神学家们崇拜的对象。”他认为：“任何名副其实的真正的人，都必须是不落俗套的人。”在教育方面，他的人本主义思想让他高度重视教育，他的关于教育的警句在今天都有重要的现实指导意义。他认为“世界上一切伟大光辉的事业都比不上人的教育。”他告诫人们：“每个人在受教育过程中，总有一天会认识到：嫉妒是无知，模仿是自杀。”他的主张隐含着我们今天所提倡的创新教育精神。

爱默生作品的中心是人本主义哲学思想，基本出发点是反对权威，崇尚直觉，主张个性解放，打破神学和外国教条束缚，核心是主张人能超越感觉和理性，直接认识真理。他的超验主义观点摒弃了加尔文教派以神为中心的思想，吸取了康德先验论和欧洲浪漫派理论家的思想，提出人能够凭直觉认识真理，因而在一定程度上，人就是上帝。为此，他大声疾呼：“相信你自己吧！每颗心都随着那弦跳动。接受上苍为你找到的位置——同时代人组成的社会和世网。”爱默生认为，宇宙是单一精神（既“超灵”或“上帝”）的体现，人的心灵和自然界都与这一精神相同，因此人和自然界都具有“神性”。既然“人是自己的神”，人就应该相信自己，而不应崇拜古人，依赖外国。他说：“人应当学会的是捕捉、观察发自内心的闪光，而不是诗人和伟人们的圣光。”爱默生的观点反应了资本主义上升时期的时代精神：“一个人一定能够成为他想成为的人。”这种自立精神，被称为美国式的宗教，推动了美国民族精神的确立和发展。

爱默生的生命几乎横贯19世纪的美国，他出生时候的美国热闹却混沌，一些人意识到它代表着某种新力量的崛起，却无人能够清晰地表达出来。它此时缺乏统一的政体，更没有相对一致的意识形态。在他去世的时候美国不但因为南北战争而统一，而且它的个性也逐渐鲜明起来，除了物质力量引人注目，它的文化也正在竭力走出欧洲的阴影。

难怪连伟大的林肯总统也不吝给他赞誉——“美国精神的先知”“美国的孔子”。

关于人在宇宙中的地位，爱默生说：“人不是在自然里，而是在自身中看到一切都是美好而有价值的。世界非常空虚，它却从这种虚饰的外观中得到好处，使灵魂骄傲地得意洋洋。”

爱默生赞美了人的伟大，他说：“每个真正的人都是一个事业、一个国家和一个时代；他们需要无限的空间、无数的人和无限的时间去完成自己的使命；子孙后代似乎像一排门客，跟随在他的身后。伟人恺撒，他是为后来时代而生的，我们从他那里得到了罗马帝国。基督出生了，成千上万的人紧紧依附着他的才华成长起来，人们认为他就是美德，就是人存在的原因。制度是一个人的身影的延长。”

名人名言

在我看来,没有神圣的事实,也没有不神圣的事实。我只是试验者,我是个永不停息的追索者,在我身后永远不存在“过去”。

——爱默生

相信你自己的思想,相信你内心深处认为是正确的,对所有的人也是正确的——那就是天才。

——爱默生

无产阶级文学代表高尔基

玛克西姆·高尔基（Makism Gorky，1868—1936）是俄国伟大的无产阶级作家，社会主义现实主义文学奠基人，无产阶级革命文学导师，前苏联文学的创始人列宁说他是“无产阶级文学最杰出代表”。为了纪念他，他出生时所在的俄国伏尔加河畔的下诺夫哥罗德城被命名为高尔基城。

1868年，高尔基出生于俄国伏尔加河畔的下诺夫戈罗德，他出身贫苦，很小的时候就失去了父亲，和母亲相依为命。11岁就不得不为了生计在社会上奔波，当过装卸工、面包房工人，各种粗活累活他都做过，也正因此，贫民窟和码头就成了他的“社会”大学的课堂。他从小就与劳动人民同呼吸共命运，亲身经历了资本主义

高尔基

残酷的剥削与压迫。这对他以后革命的思想和创作产生了重要的影响。

虽然高尔基生活得很艰苦，但他一直坚持刻苦地自学文化知识，他和母亲住在一栋两层的简陋房子里，而那间狭窄的上层阁楼就是他学习的天堂，也是在这里，高尔基写出了《海燕》《鹰之歌》等一系列著名的作品，指引着苏联的人民走向社会主义革命的胜利。

高尔基每天上午9点到下午2点在工作室从事创作。工作时，他不希望任何人来打扰他。他在这间工作室里创作了长篇小说《克里姆·萨姆金的一生》，剧本《叶戈尔·布雷切夫和其他》《多斯季加耶夫和其他》以及一系列政论性文章。午饭后，高尔基稍事休息，在花园里干点体力劳动。下午5点他再次进入工作室，编辑稿件、写回信。他同时担任13个刊物的编辑，只要稿件上有他的签名，那么他一定从头到尾仔细阅读过。高尔基每天收到世界各国各行各业人士的来信，他一般都要亲自回信。他总共写了近2万封信，其中8500封保存在高尔基档案馆里。他给青年作者退稿或寄书时，往往也亲自动手包扎好，写好地址，再请别人送到邮局去。在工作室的橱柜里，陈列着高尔基当年用过的剪刀、绳子、胶水等。

高尔基的一生非常坎坷，他热爱文学，热爱创作，可是在当时的社会，对言论控制得非常严格，他的文章因为大都反映的是社会底层劳动人民的贫苦生活，所以总是不能发表。可是高尔基仍然抓住一切机会向周围的人宣传他的思想，号召大家进行革命，推翻残酷的资产阶级统治，码头、街口、教堂到处都留下了他的日夜奔走的足迹，回荡着他慷慨激昂的声音。

直到1892年，高尔基发表了处女作短篇小说《马卡尔·楚德拉》，小说反映了吉卜赛人的生活，情节生动曲折，人物性格鲜明。从此，高尔基才真正地登上了文坛。

高尔基的早期作品，杂存着现实主义与浪漫主义两种风格，这里可能有为了避免和统治阶级直接冲突的原因。同时，这也是他无产阶级世界观形成前必然经历的阶段。浪漫主义作品有《伊则吉尔老婆子》（1895）、《鹰之歌》（1895）等，赞美了热爱自由、向往光明与英雄业绩的坚强个性，表现了渴望战斗的激情；现实主义作品如《契尔卡什》《沦落的人们》《柯诺瓦洛夫》等，描写了人民的苦难生活及他们的崇高品德，表达了他们的激愤与抗争。这些作品的主人公大多是努力探求新的生活道路、思考生活的意义并充满激烈内心冲突的人物。而高尔基作品语言诙谐幽默，通俗易懂，深受人们的欢迎。

1901年，高尔基创作了著名的散文诗《海燕之歌》，塑造了象征大智大勇革命者搏风击浪的勇敢的海燕形象，预告革命风暴即将到来，鼓舞人们去迎接伟大的战斗。这是一篇无产阶级革命战斗的颂歌，也是预示苏联无产阶级革命的即将开始的旗帜，受到列宁的热情称赞。

1905年革命前夕，高尔基的创作又转向了戏剧，1901~1905年间，他先后写出了《小市民》《底层》《避暑客》《太阳的孩子们》和《野蛮人》等剧本。特别是《小市民》《底层》，展现了现实生活中工人的新形象与新的精神面貌，表现了他们为自己权利而斗争的决心与乐观情绪，它们的上演，在当时俄国的剧坛上引起了强烈的轰动。

1906年初，高尔基秘密离开俄罗斯到美国，在那里宣传革命，为党募集经费。同年在美国写成剧本《敌人》和长篇小说《母亲》。前者通过一个工厂的工人群众同工厂主面对面的激烈冲突，成功地表现了工人阶级不怕牺牲的团结战斗精神；后者取材于1902年索尔莫沃工人五一游行事件，突出塑造了自觉为社会主义事业而奋斗的巴维尔及其在现实的教育下由逆来顺受转变为坚定的革命战士的母亲尼洛夫娜的形象。两部作品都渗透着对历史进步的坚定信念，体现了在现实的革命发展中表现现实的创作原则，是公认的社会主义现实主义的奠基之作。在美国期间，高尔基还写了揭露和抨击资本主义制度的政论《我的访问记》和特写《在美国》。

1906年秋高尔基从美国到意大利，定居卡普里岛。这段时间里他几乎只为俄罗斯革命工作。他和列宁一起成立了一个培养革命家和宣传员的学校，接见了许多特地来拜访他的人。他收到许多来自俄罗斯各地的信，在这些信中，许多人将他们的希望和忧愁讲给他听，他也回复了许多信。

在这段时间里他和列宁发生了第一次冲突，对高尔基来说宗教是非常重要的，列宁将此看做是“偏离了马克思主义”。这次冲突的直接原因是高尔基的一篇小文《忏悔》，在这篇文章中他试图将基督教与马克思主义结合起来。1913年这个冲突再次爆发。

1913年就罗曼诺夫王朝掌权300周年的特赦给予高尔基重返苏联的机会。

高尔基对1917年的十月革命的悲观看法是他与列宁发生第二次大冲突的原因。高尔基从原则上同意社会革命，但他认为俄罗斯民族还不成熟，大众还需要形成必要的知觉才能从他们的不幸中起义。后来他说他当时“害怕无产阶级专政会瓦解我们所拥有的唯一的革命力量：布尔什维克的、获得政治培养的工人。这个瓦解会长时间地破坏社会革命本身……”

高尔基作品的主导倾向是积极向上的，富于革命的战斗精神。他进行了许多探索，提出现实主义与浪漫主义相结合的观点，比如《奥古洛夫镇》（1909）、《夏天》（1909）、《意大利童话》（1911~1913）、《俄罗斯童话》（1912~1917），以及稍后完成的自传体长篇小说三部曲的前两部《童年》和《人间》（1913~1916）。

十月革命之后的10年间，高尔基的身体状况非常差，但是他仍然坚持写作，不过仅写了自传体三部曲的最后一部《我的大学》（1922~1923）、《阿尔塔莫诺夫家的事业》（1924~1925）等几部作品，还有一部在病榻上直至去世仍未完成的《克里姆·萨姆金的一生》。

从1921年到1924年他在柏林度过。他不信任列宁的继承人，因此在列宁死后也没有回到俄国。他打算重返意大利，意大利的法西斯政府在经过一段犹豫后同意他去索伦托。他在那里一直待到1927年，在那里他写了《回忆列宁》，在这部文章中他将列宁称为他最爱戴的人。

1927年10月22日，苏联科学院决定就高尔基写作35周年授予他“无产阶级作家”的称号。此后不久，当他回到苏联后得到了许多荣誉：他被授予列宁勋章，成为苏联共产党中央委员会成员，苏联全国庆祝他的60岁生日，许多单位以他命名。

他的许多适合于社会主义现实派的作品被宣扬，而其他的作品却默默无闻。尤其是《母亲》（这是高尔基唯一一部主人公为一个无产阶级工人的作品）成为苏联文学的典范。

在高尔基最后的这段时间里，他称他过去对革命的悲观主义是错误的，他成为斯大林的模范作家。他周游苏联，对最近几年来取得的进步表示吃惊，这些进步的阴暗面他似乎没有注意到。大多数时间里他住在莫斯科附近的一座洋房中，并受到克格勃间谍的时时刻刻的监视。他依然试图对大众进行启蒙教育和提拔年轻的作家。1936年6月18日，高尔基在医院里被谋杀。

高尔基的作品从20世纪初开始陆续被介绍到中国。他的许多小说、剧本和论著都不仅有了中译本，而且还被编选成单卷、多卷的《高尔基文集》出版。他的文学创作和文学理论观点，对中国新文学的发展有重要影响。

高尔基不仅是伟大的文学家，而且也是杰出的社会活动家。早期他在各地宣传革命思想，后来他组织成立了苏联作家协会，并主持召开了全苏第一次作家代表大会，培养文学新人，积极参加保卫世界和平的事业。

高尔基的作品自1907年就开始介绍到中国，在一定程度上也指导了中国无产阶级革命的胜利。他的优秀文学作品和论著早已成为全世界无产阶级的共同财富。

名人名言

让暴风雨来得更猛烈些吧！

——高尔基

只有满怀自信的人，才能在任何地方都怀有自信沉浸在生活中，并实现自己的意志。

——高尔基

批判现实主义小说家屠格涅夫

伊凡·谢尔盖耶维奇·屠格涅夫（Ivan Sergeevich Targenev，1818—1883），俄国批判现实主义小说家、诗人和剧作家。他有独特艺术风格，既擅长细腻的心理描写，又善于抒情表达。

1818年，屠格涅夫出生于一个旧式富裕家庭，父亲是一个骑兵团团长，16岁的时候父亲去世。母亲则是拥有大宗地产的贵族，她聪明而又有文化教养，但性情乖戾、冷酷专横。屠格涅夫在其《木木》等短篇小说里，就曾拿她作过原型。

1833年，15岁的屠格涅夫考入莫斯科大学文学系，攻读世界文学，在大学里，他学习非常刻苦，一点也没有富家少爷的恶习，同学们都很喜欢他，他经常在图书馆里埋头苦读，忘了吃饭的时间。世界文学的学习对他以后很多文章的选材都提供了帮助，使他开阔了视野，丰富了知识。同时，小屠格涅夫也感觉到要真正了解一个国家的文化，需要到那个国家去看一看，于是，在妈妈的支持下，毕业后，他又到德国柏林大学攻读哲学、历史和希腊与拉丁文。

屠格涅夫

屠格涅夫的创作生涯始于大学时代。1834年写成处女作诗剧《斯杰诺》，带有鲜明的浪漫主义特色。1843年发表的叙事诗《巴拉莎》标志着他从浪漫主义转向现实主义，文学评论家别林斯基认为从这部诗作中看出了作者“独特的才华”。此后他逐渐转向了散文创作，第一篇散文作品是中篇小说《安德烈·柯洛索夫》。继而发表叙事诗《地主》和中篇小说《彼土什科夫》，它们已显示出受自然派和果戈理的影响。他还创作了许多剧本，其中《食客》《贵族长的早宴》《单身汉》等，主要反映贵族生活和风习。19世纪50年代初发表的中篇小说如《多余人日记》和《雅科夫·帕辛科夫》等。剧本《村居一月》第一次反映出平民知识分子与贵族的矛盾。

给屠格涅夫带来巨大声誉的是他的由22篇特写和短篇小说组成的《猎人笔记》，全书有统一的主题，即对封建农奴制度的揭露和抗议。所写的众多人物，主要可分为截然对立的两大类：一类是作者“从以前没有任何人这样接近过的”视角去描写的农民形象，另一类则是作者怀着憎恶之情加以刻画的地主形象，通过对两类人物的不同态度和评价清楚显示了作者的人道主义和民主主义的思想倾向。作品中对大自然富有诗意的描写和叙述中的抒情笔调，增添了它的艺术魅力。它以一个猎人的口吻，描写了他在狩猎时的所见所闻，以类似日记的形式，由二十多个短篇故事汇集而成，刻画了一系列聪明能干、勤劳善良、具有鲜明个性的农民形象，和虽不乏文明教养，却残暴昏庸、寄生成性的地主形象，深受老百姓的欢迎。全书在描写乡村山川风貌、生活习俗、刻画农民形象的同时，深刻揭露了地主表面上文明仁慈，实际上丑恶残暴的本性，充满了对备受欺凌的劳动人民的同情，写出了他们的聪明智慧和良好品德。

《猎人笔记》是一部形式独特的特写集。作品控诉了腐朽的农奴制度，表现了作者的民主主义思想。作品以一个猎人的行猎为线索，刻画了地主、管家、磨房主妇、城镇医生、贵族知识分子、农奴、农家孩子等众多的人物形象，真实地展现了农奴制背景下外省城乡各阶层人民的生活风貌。在美丽的大自然的景色中，发生的却是种种悲剧，体现了对农奴制度的无言控诉。作品也生动地描述了人民对美好生活的追求和向往。作品采用见闻录的形式，真实、具体、生动、形象，体裁风格多样，语言简练优美，可谓散文化小说、诗化小说的范例。别林斯基评价该作品“从一个前人所不曾有过的角度接近了人民”。《猎人笔记》是作者成名之作，对俄罗斯文学产生了很大影响，因此屠格涅夫是促进俄罗斯文学的重要人物。

这篇文章发表以后，当时的政府很不满意，就以屠格涅夫违反审查条例为理由，将他拘捕入狱，并放逐到了边疆。可是，在拘留中，他却写出了著名的反农奴制的短篇小说《木木》。历史上很多伟大的作品都是出自于逆境。

从19世纪50年代中期至70年代后期，作家先后发表6部长篇小说，它们构成了俄国19世纪40~70年代社会生活的艺术编年史。

长篇小说《罗亭》是写贵族知识分子的作用问题。主人公罗亭是他生活时代的“多余的人”。《贵族之家》，也是一部描写“多余的人”的小说。主人公拉夫列茨基最终无可奈何地退出了人生战场，表明贵族知识分子历史作用的终结。《前夜》是作家转向以“新人”——平民知识分子为主人公的第一部小说，女主人公叶莲娜是追求自由和解放新女性形象。《烟》反映出农奴制改革的有名无实。《处女地》则直接反映19世纪70年代民粹派所发动的“到民间去”这一社会运动。作者以自己的渐进论观点去评价这一运动，而把希望寄托在改良主义者沙罗明身上。自1847年起屠格涅夫便开始为《现代人》杂志撰稿，并与它保持密切的合作。后由于自己的自由派观点与杂志负责人车尔尼雪夫斯基等人的革命民主主义观点发生严重分歧而离开了《现代人》杂志。

《父与子》是屠格涅夫的代表作品，着力描写了俄国自己的“新人”。父辈指老一代贵族，“子”辈指新一代平民知识分子，小说深刻揭示了这两代人的矛盾和冲突。它反映了代表不同社会阶级力量的“父与子”的关系，描写自由主义贵族代表基尔沙诺夫的“老朽”，塑造了一代新人代表——平民知识分子巴札罗夫。但巴札罗夫身上也充满矛盾，他否认一切旧传统、旧观念，整天宣称要战斗，但却一直没有行动。

屠格涅夫在作家中是属于保守的一派。这在他的作品中经常反映得出来，比如在“父”与“子”的矛盾冲突中，他总是站在前者的一边。这给他的作品带来了不少局限，从语言到内容都显得过于古板、严肃，很多年轻人不太容易接受。

从19世纪60年代起，屠格涅夫大部分时间在西欧度过，和许多著名作家、艺术家，如左拉、莫泊桑、都德、龚古尔等都成为了好朋友。他参加了在巴黎举行的“国际文学大会”，被选为副主席（主席为维克多·雨果）。他对俄国文学和欧洲文学的沟通交流起到了桥梁作用。

屠格涅夫是19世纪俄国有世界声誉的现实主义艺术大师。他的小说不仅迅速及时地反映了当时的俄国社会现实，而且善于通过生动的情节和恰当的言语、行动，通过对大自然情境交融的描述，塑造出许多栩栩如生的人物形象。他的语言简洁、朴质、精确、优美，为俄罗斯语言的规范化作出了重要贡献。中国早在1917年就开始翻译介绍屠格涅夫的小说，现在几乎他所有的主要作品都有了中译本，一些名作还有多种译本。

生活中没有理想的人，是可怜的人。

——屠格涅夫

不会宽容别人的人，是不配受到别人宽容的。

——屠格涅夫

日本文学大师川端康成

川端康成（Kawabata Yasunari，1899—1972），日本新感觉派作家，著名小说家，代表作有《伊豆的舞女》《雪国》《千只鹤》等，1968年获诺贝尔文学奖，已有多部作品在中国翻译出版。

川端康成，1899年6月14日生于大阪，1972年4月16日在工作室自杀身亡。

川端康成2岁丧父，3岁丧母，7岁祖母亡，15岁时祖父亡，孤儿的遭遇使他的童年抑郁悲凉，也对他以后的文学创作产生了巨大影响。

1920年9月，他进入东京大学英文系，第二年转入国文系。在大学期间，热心文学事业，积极参加编辑同人杂志《新思潮》（第六届），并在该刊发表短篇小说若干篇，其中《招魂节一景》获得意外好评，打开了他走上文坛的大门。

大学毕业后踏入文坛，成为专业作家。同年10月，他与横光利一等人共同创办同人杂志《文艺时代》。1927年5月《文艺时代》停刊后，川端又先后参加了《近代生活》杂志、十三人俱乐部和《文学》杂志的活动。

1935年1月，担任文艺春秋社创设芥川奖、直木奖评选委员。第一次评选，与落选的太宰治之间发生了龃龉。1月，《雪国》开始分期连载。3月，《浅草的姐妹》被改编拍成电影《少女时代的三姐妹》（东宝前身PCL电影制片厂出品），并让梅园龙子初次公演。9月，赴新泻县汤泽收集《雪国》续篇的素材。12月，近居镰仓，同月，赴上诹访，搜集写作《花之湖》的素材。是年，发表了《雪国》（1月至翌年12月连载）、《纯粹的声音》(7月）等。

川端康成

1936年1月，川端康成成为新创刊的《文艺恳话会》的同人，负责编辑了《日本古典文艺与现代文艺》特辑。1月，前往伊东温泉搜集《花之湖》的创作素材。2月，原作《谢谢》改编拍成电影《谢谢先生》并首映。12月，参加刚成立的镰仓笔会（久米正雄会长）。是年，发表了《意大利之歌》《花之湖》《花的圆舞曲》《芭茅花》《火枕》（《雪国》续章）《夕阳下的少女》《少女开眼）等。

1968年川端康成以《雪国》一书因其“以

敏锐的感受及高超的叙事技巧表现了日本人的内心精华”而获得诺贝尔文学奖。他是第一位获此殊荣的日本人，也是第二位荣膺此奖的亚洲人。

川端一生中创作了大量的小说和散文，其中尤以《伊豆的舞女》《千只鹤》《睡美人》《雪国》《古都》等最富盛誉。他的作品在虚幻、哀愁和颓废的基调上，以病态、诗意、孤独、衰老、死亡来反映空虚的心理、细腻的感情和忧郁的生活，追求一种颓废的至美，达到一种空灵虚无的艺术至境。

川端康成最初曾热衷于日本艺术品收藏，因为他立志要成为一名画家。从某些方面来说，川端康成从未放弃这一梦想，而是将它融进了文学创作之中。他的人物塑造讲求感官效果，甚至可以看出画家绘画的艺术痕迹。

《伊豆的舞女》中正值青春妙龄的主人公，在某种程度上可以说是川端康成后期作品中的人物原型。川端康成是一个唯美主义作家，大自然的赞美者；他喜欢孤独，既渴望与人交往，又避之唯恐不及。那个贞洁的少年舞女，成为川端康成一生作品中洁白无瑕的象征和化身。

小说《禽兽》（1933）与《伊豆的舞女》一样质朴动人，虽然简短但却比后者更加回味无穷。《禽兽》中的主人公是个孤独的单身汉，他发现与动物在一起比与人共处更加融洽，但他对动物的占有欲有其残酷与病态的一面，主人公之所以能与动物生活在一起，与其说是由于它们活着时的娇美，倒不如说是因为这些动物在死亡前后的怪态。

小说《雪国》发生在日本多雪的西部越后汤泽，以一个名叫叶子的姑娘之死亡为故事结尾。叶子是川端康成笔下若干少女中的另一个，也是纯洁无瑕的象征。在川端康成的大多数小说里，《雪国》是第一部先在杂志上连载后来才单独出版的作品。

小说最后定稿之前曾有几个不同的版本。它们的主要区别是结尾的不同。换句话说，当时川端康成决定不了如何收尾。事实上，川端康成的大部分作品好像都是在接近结局或没有结局的情况下收尾的。其中部分的原因是川端康成把生活看作一个无法预见结局的过程。

瑞典文学院在授奖辞中特别赞扬《古都》，这是一部描绘日本古老首都的小说，它以哀伤的笔调记录了西方对日本日趋深刻的影响。

川端康成在实际创作中存在着两种不同的倾向。有的作品采用纯新感觉派的写法，极力强调主观感觉，热心追求新颖形式，另有一些作品却没有采用纯新感觉派的写法，主要使用朴素、简洁的白描手法。20世纪20年代末期和30年代初期，他又被新心理主义和意识流小说所吸引，相继写出两篇纯属模仿式的小说——《针与玻璃与雾》和《水晶幻想》；但后者中途辍笔，并且其后再也没有写过这类作品。由此可见，川端不满足于单纯模仿，不肯跟在别人后面亦步亦趋，决心另辟新径。所谓新径，就是将日本古典文学传统和西方现代派方法有机地结合起来的道路。经过长期探索，他在这条路上取得了很大的进展，获得了巨大的成功。

1949年4月，川端康成担任恢复的“芥川奖”评选委员。7月，担任新设的“横光利一奖”（改造社）评选委员。8月，担任战后第一套文学全集《现代日本小说大系》（65卷，河出书房）的编辑委员。9月，以日本笔会会长的名义，给威尼斯国际笔会第21届大会发去贺词《致威尼斯国际笔会第21届大会》（发表于《人间》10月号上）。11月，应广岛市的邀请，与小松清、丰岛与志雄等代表日本笔会参观了原子弹轰炸受难地。是年，发表了《千只鹤》《山音》等。

1961年，为搜集材料和执笔写作《古都》《美丽与悲哀》，他在京都市左京区下鸭泉川町25号租下房子。5月，去新泻、佐渡旅行。11月，获第21届文化勋章。是年，发表了《美丽与悲哀》（1月至1963年10月）《古都》（10月至翌年1月）等。

《美与悲哀》（1965）表达了川端康成一贯的信仰——美的东西同时也令人悲伤。美，一方面象征着永恒；另一方面，当它体现于某个具体事物时，又只能是昙花一现，不会永葆丽质。

《山音》大概要算川端康成的代表作。主人公信吾是一个老朽的生意人，无时不为死亡的念头所困扰。随着老友故交一个个死去，也由于经历到年迈给他带来的脆弱和力不从心，他对周围世界又有了新的认识。虽然身体机能衰退，但他的思想却变得更加敏锐起来，也更清楚地意识到时间轮回的现实。在川端康成所有的作品中，《山音》的象征无疑最为错综复杂。

在这部小说里，自然界的动植物和非生命体，一一都成了象征物。只要想到书名中的“山”和千年长寿的忘忧树种，人们就会觉得前者是死亡的预兆，后者代表了生命的不朽。从文体方面来讲，《山音》也是他作品中最令人满意的一部。简洁的语言蕴含着丰富的内容。寥寥数句的段落有时只有一句话，但却表达出主人公的内心和外部世界的感受。川端康成的这种艺术手法，常常使人联想起日本传统的俳句诗。

川端康成对于作品的文学语言，要求极为严格。他每写完一节之后，总要反复推敲琢磨，修改后往往删去大半。因此，他的文章虽然颇为接近口头语言，但读来丝毫没有啰唆之感。用语简明，描写准确，这又同他对于自己所描写的对象观察细致，熟谙于心，有着重要的关系。

由于在创作方面不断取得成果，川端康成在战后获得了多种荣誉头衔和奖金奖章。1968年10月，瑞典决定将当年诺贝尔文学奖授给他，表彰他以卓越的感受和高超的技巧，表现了日本人内心的精髓。

1972年4月16日，川端康成在他的工室里用煤气自杀，没有人知道原因。

川端康成的作品同其笔下的人物——主要是年轻妇女——一样，具有很强的魅力，这又同他的唯美主义倾向和执著地追求所谓“日本的美”有着难以割裂的联系。本来，一个作家，既然生活在现实社会，即便是唯美主义的美的追求，也不可能是世外的梦呓。这就是说，有时他们也会在现实社会发现比较接近真正的美的东西，如川端笔下的“伊豆舞女”同高中学生之间的纯洁的感情。然而，很多时候，由于世界观和思想感情的变化，他们又会以丑为美。《雪国》摆脱那个万马齐喑的黑暗时代的现实，美化封建主义遗留下来的卖淫制度——雪国温泉旅馆“五等艺妓”同嫖客之间的厮混，这就不能令读者感到满意。即使日本帝国主义——由于《雪国》所表现的那种令人陶醉的男女关系会消磨所谓“国民的战斗意志”——对之也不表示欢迎。

但如果抛弃政治去审视川端康成的作品，那种深刻的日式物哀之美，以及他在东西方文学调试上所作的贡献是极其巨大的，在探索美的漫长道路上川端先生是无愧的先驱与大师。

最卓越的小说家往往就是实验者。

——川端康成

我仿佛只有脚离开现实，遨游于天空中了！

——川端康成

用心灵书写文字的奇女子海伦·凯勒

海伦·凯勒（Helen Keller，1880—1968），19世纪美国盲聋女作家、教育家、慈善家、社会活动家。她以自强不息的顽强毅力，在安妮·莎利文老师的帮助下，掌握了英、法、德等五国语言，完成了她的一系列著作，并致力于为残疾人造福，建立慈善机构，被美国《时代周刊》评为美国十大英雄偶像，荣获“总统自由勋章”等奖项。

1880年6月27日，海伦·凯勒出生在美国亚拉巴马州。正当这个可爱的小生命睁圆了眼睛开始观察奇妙的世界、咿呀学语时，不幸被一场高烧夺去了宝贵的视觉和听觉。从此幼小的海伦就在黑暗与寂寞中度着几乎与世隔绝的童年。

家庭的爱怜和娇惯，养成了海伦暴躁任性的性格。她常常毁坏东西，稍不如意就躺在地上哭嚎。为了教育海伦，她的父母从波士顿的柏金斯盲童学校聘请了一位家庭教师——安妮·莎利文。21岁的安妮非常同情小海伦，她决心通过教育打开海伦闭塞的心灵之窗，把她引向新的生活。

海伦·凯特

春天，风和日丽，百花吐艳，安妮带着海伦在草坪上玩耍，到树林里散步。无论走到哪里，安妮都用手指在海伦的一只手上写字。起初，海伦并不明白这是在学习文字，她只是出于好奇而模仿着安妮写字。海伦非常聪明，没有多久她就学会用这种办法表达简单的要求了。饿了她能写“蛋糕”，渴了她会拼“牛奶”。但这时的海伦还并不懂得用手指写字的真正意义。

一天，安妮拉着海伦在压水机旁喝水。当海伦的手触到清凉的水时，安妮就马上在她的一只手上写“水”字。水，水……，海伦反复写着，突然她呆住了，接着脸上便浮现出一种从未有过的兴奋表情。她顿时明白了：水，就是自己的手正触到的清凉东西的名称。噢，原来……。

海伦灵机一动，转过身指指安妮，安妮正激动地注视着发生在海伦身上的这一切变化，她赶紧俯身在海伦的手上写出“老师”，海伦默写了几遍，笑着点点头。然后她又指着自己，安妮明白她的意思，慢慢拼写“海伦·凯勒”。海伦激动地跳着，这是她第一次知道了自己的名字呀！这，是海伦一生的转折点。是水把海伦的生命从寂寞中唤醒，赐予新生；是安妮把海伦的灵魂从愚昧中救出，赐予智慧。

海伦8岁时进入柏金斯盲童学校。只用手指写字的交际方式已使海伦感到太受束缚了，她强烈地向往着一个美好的目标——学会讲话。在海伦的多次要求下，校长派来了专门的老师。

在课堂上，海伦把手轻轻放在老师睑上，体会老师的口形和发声时的气流，模仿老师发音。课下，安妮辅导她练习。这是何等艰苦的学习啊！每发准一个音，都要经过千百次的练习。

成功寓于不懈的努力之中。几年后的一天，海伦终于说出了第一句话，第一句别人听懂了的话：“天气很热。”尽管话还只是由断断续续的单音连成，但它毕竟是人类的语言呀！这就足以使海伦欣喜若狂了。后来海伦又进一步学会了把手放在别人嘴上“听”话。

理想的风帆在海伦胸中升起，她那颗年轻的心向往着一个更美好的目标——上大学。她在大作家马克·吐温的热情资助下，于16岁进了大学的预科学校。这是海伦生平第一次与健全人一道听课，困难之多可以想见。但是远大的理想在向她召唤，她下决心要同眼明耳灵的同学们竞赛。

第一学年终海伦参加了大学初试，八门功课全部及格，其中英语和德文成绩优良，受到了奖励。海伦的好成绩不仅使老师和同学们惊叹，更使她增添了信心。

1899年海伦通过最后一次考试，实现了她几年来为之奋斗的愿望。她被录取到拉德克利夫学院。拉德克利夫——哈佛大学附属女子学院，它的盛名有哪一位女孩子不仰慕？可又有多少姑娘能屡战不败考场，最终荣幸地成为那里的学生呢？

海伦证明了自己是个出色的学者，1904年她以优异的成绩从拉德克利夫学院毕业。她有惊人的注意力和记忆力，同时她还具有不达目的誓不罢休的毅力。上大学时她就写了《我的生命》。这使她取得了巨大的成功从而有能力为自己购买一套住房。

她周游全国，不断地举行讲座。她的事迹为许多人著书立说而且还上演了关于她的生平的戏剧和电影。最终她声名显赫，应邀出国并受到外国大学和国王授予的荣誉。1932年，她成为英国皇家国立盲人学院的副校长。

海伦的奇迹早已被各国传为佳话。1936年日本政府为创办盲、聋儿童学校，特邀海伦前去帮助。自此海伦的生活又揭开了新的一页。她的身影出现在一个又一个国家的讲坛上，她的足迹遍布欧、亚、非、澳四大洲。

海伦掌握了法语、德语、拉丁语、希腊语。聋盲却能掌握五门语言，海伦的成功被称为“教育史上最伟大的成就”。

她除了嗜书如命，还喜欢骑马、游泳、划船，酷爱戏剧表演艺术，她喜欢信马由缰地徜徉在森林中，也喜欢月夜泛舟，靠水草、睡莲散发出的芬芳来辨别方向。她还喜欢骑着双人自行车兜风，在飞驰中体会力量和速度，并像男孩子一样喜欢在国际象棋的较量中斗智斗勇……她还爱大自然，站在尼亚加拉大瀑布前虽看不到飞流直下三千尺的人间胜景，听不到那震耳欲聋的轰鸣，却可以从空气的震颤中领略到世界最宏大的瀑布的雄奇壮观。

在博物馆和艺术品商店里，海伦就像用手指去“观察”写在人们脸上的喜怒哀乐一样，可以用灵巧的十指去感受古希腊雕塑之美，从那些变幻的线条中“看到”月亮女神狄安娜的清新和维纳斯的秀美。1937年，海伦访问日本时受到特殊礼遇，被允许用手抚摸皇室的艺术珍藏和被视为日本国宝的中国鉴真和尚塑像。

海伦毕生勤奋写作，用自己盛开的智慧之花装点了美国的文学花坛。她的主要作品有自传《我生活的故事》、安妮·莎利文的传记《老师》及数篇讲演稿、信件。海伦为盲、聋人做出的杰出贡献先后赢得了许多国家政府的嘉奖。联合国也曾于1959年5月以海伦的名字发起“海伦·凯勒世界运动”，资助各国的盲、聋儿童。

海伦的著作有《我生活的故事》《走出黑暗》《乐观》《假如给我三天光明》等。其中《我的生活故事》是她的处女作，作品一发表，立即在美国引起了轰动，被称为“世界文学史上无与伦比的杰作”，出版的版本超过百余种，在世界上产生了巨大的影响。而著名散文《假如给我三天光明》则是她的代表作，她以一个身残志坚的柔弱好的视角，告诫身体健全的人们应当珍惜生命、热爱生命。

1968年6月1日海伦·凯勒与世长辞了。她一生不以缺陷自弃，不向困难折服，勤奋学习、顽强奋斗的精神和她为盲、聋人造福的业绩，永远为后人所称颂。

名人名言

一本新书像一艘船，带领着我们从狭隘的地方，驶向生活的无限广阔的海洋。

——海伦·凯勒

第五篇

艺术名流

天才艺术家达·芬奇

列奥纳多·达·芬奇（Leonardo Da Vinci，1452—1519）的《蒙娜丽莎》《最后的晚餐》《岩间圣母》等都是巧夺天工的传世名画。他是文艺复兴时期人文主义和科学精神的总代表和最高体现者，他不仅是天才的艺术家，还是杰出的工程师和著名的自然科学家。

达·芬奇是佛罗伦萨公证人塞尔·皮耶罗的私生子。他的生母是一位年轻的农村妇女，在达·芬奇出生后不久，她就嫁给了别人。达·芬奇从小便和祖父、祖母及父亲生活在一起。

孩童时代的达·芬奇好奇心很强，他特别喜欢观察大自然的景色，对绘画产生了浓厚的兴趣。他喜欢一个人坐在草丛中，观察色彩缤纷、姿态万千的花木，还喜欢钻山洞，探索秘密。对一些奇形怪状的小动物，他总是拿回家仔细观察、描绘。

有一天，他帮一个农民做了一块盾牌，并把自己最熟悉的小动物——蛇、蝙蝠、蝴蝶、蚱蜢……还有一些奇形怪状叫不上名字的东西都画在了上面。父亲看后，觉得儿子在绘画方面很有天赋。1466年父亲决定把儿子送到佛罗伦萨名画家、雕刻家弗里基俄的画室学艺。弗里基俄看了达·芬奇的习作后非常惊喜，并欣然同意收14岁的达·芬奇为入室弟子。这也是达·芬奇一生中艺术发展最重要的转折点。

达·芬奇

弗里基俄不仅是一位多才多艺的艺术大师，他对数学、天文学等自然科学也有浓厚的兴趣。达·芬奇在这里更是如鱼得水，他在这里不仅学习了素描、绘画和雕刻，还开始涉猎科学研究，学到很多科学技术方面的知识。在这里，他还结识了一大批知名的艺术家、科学家和人文主义者，接受了当时最先进的人文主义思想。这对他日后的艺术创作和研究都产生了重大的影响。

弗里基俄教达·芬奇的第一课就是画蛋。尽管画了很多，老师仍没有叫他停止的意思，时间一天天过去了，达·芬奇终于不耐烦了。有一天，他终于忍不住问道：“老师，为什么总要我画蛋？什么时候才能画完?”老师亲切而又严肃地对他说：“基本训练要练到手和笔能圆熟地听从大脑的指挥，那就好了。”达·芬奇听了老师的话，很是惭愧，于是他又默默地画起蛋来。

由于老师的严格要求和自己的刻苦钻研，达·芬奇进步很快。年轻的达·芬奇在他的老师的祭坛画《基督受洗图》中所画的两个披衣的天使，就让老师表现出了佩服的神色。1477年，达·芬奇结束了自己的学徒生活，离开了弗里基俄的画室，开始了独立的创作活动。他的创作日益显示出他非凡的艺术才能，《吉涅芙拉·岱·宾奇肖像》画得精细逼真，他不仅把主人翁不十分端正的五官真实地描绘出来，而且细致得几乎把每一卷头发都表现出来。

韦罗基奥的作坊是当时佛罗伦萨著名的艺术中心，经常有意大利人文主义者在这里聚会，讨论学术问题。达·芬奇在这里结识了一大批知名的艺术家、科学家和人文主义者，开始接受人文主义的熏陶。达·芬奇在20岁时已有很高的艺术造诣，他用画笔和雕刻刀去表现大自然和现实生活的真、善、美，热情歌颂人生的幸福和大自然的美妙。

达·芬奇并不满足他的这些才干，他要掌握人类思想的各个领域。他眼光独到，做事干练，具有艺术的灵魂。有一次，他在山里迷了路，走到了一个漆黑的山洞前。他在后来回忆这段经历时说：“我突然产生了两种情绪——害怕和渴望：对漆黑的洞穴感到害怕，又想看看其中是否会有什么怪异的东西。”他一生都被这两种情绪所羁绊——对生活的不可知性或无力探知的神秘感到害怕，而又想把这个神秘的不可知性加以揭露，加以研究，解释其含义，描绘其壮观。

在达·芬奇早期的作品中，不仅体现了他的人文主义思想，而且也日趋形成了他那精细、和谐、逼真独特的现实主义艺术风格。1842年他离开佛罗伦萨前往米兰，在那里，他进行了许多大型的艺术创作。在这些作品中，最有名的当属为斯福查的父亲法兰西斯科·斯福查制作的骑马雕像，被人称为“世界第八大奇观”，得到了同时代人众口一词的高度评价。

1495~1498年，达·芬奇完成了举世闻名的艺术杰作——《岩间圣母》和《最后的晚餐》，从而奠定了他在美术史上不朽的地位。欧洲画坛认为，《最后的晚餐》是所有伟大画卷中的最佳珍品，是欧洲艺术的拱顶之石，是千古不朽的杰作。

1503~1506年，达·芬奇另一幅世界名作——《蒙娜丽莎》问世了，这幅画非常优美，展现在人们面前的是蒙娜丽莎天真无邪的心底和旺盛的生命力。

《蒙娜丽莎》的原型是威尼斯公爵夫人，当时威尼斯公爵请达·芬奇为其夫人画一幅肖像。而当这幅画作完成之后，达·芬奇因为太喜欢这幅画，不舍得交工，就连夜打包，和仆人一起逃跑了。蒙娜丽莎的右手更被称为“美术史上最美的一只手”。

《最后的晚餐》绘制在米兰格雷契修道院饭厅的墙壁上。达·芬奇一改前人绘制

“最后晚餐”围桌而座的布局，让所有人物坐成一排面向观众，而耶稣基督坐在最中间。

在绘画方面，达·芬奇把科学认识和艺术幻想完美地结合起来，使当时绘画的现实主义发展到一个新的历史阶段。他反对抄袭和摹仿，提倡科学，主张向自然、生活、人民学习。他曾说：“画家仅凭实践和眼睛的判断作画而没有任何思想，就好像一面镜子，只是将放在他面前的物体反映出来，并不具有对它们的理解。”

在绘画时，他利用数学知识安排画面的布局，画中各部分的比例，都经过认真的计算。他是第一个把艺术作用和科学知识完美结合起来的人。他还运用光学原理，使用线条来表现明、暗、背、向，使人物栩栩如生。

他不但是一位绘画艺术的天才，而且是一个卓越的科学家和工程师，他的多才多艺、知识渊博超出寻常人的想像。

达·芬奇随机记录的五千多页笔记被后人研究后发现：他在数学中首先使用加、减符号；他发现了立体几何学中关于正六面体、球体和圆柱之间关系方面的规律；他发现了抛物体的运动规律，打破了亚里士多德的落体学，可以说开了引力学说的先河；他发现了杠杆原理，他明确得出结论：想以“永久运动”作为能源是不可能的。他在文稿中还表露了他对传统“地球中心说”的怀疑与否定，并提出人类可以利用太阳能为自己造福，这比后来哥白尼提出的“太阳中心说”要早几十年。达·芬奇还推论地球本身有它自己的运动规律和历史记录，这些观点比近代地质学理论要早300多年。

达·芬奇还自行设计了很多种机器，如剪毛机、纺纱机、织布面、印刷机、卷扬机、抽水机、钟表、空调装置、内燃机、计步器、自行车、里程表、湿度表、起重机等等。在当时世界上还没有螺丝刀的时候，他就创造了活动板手、千斤顶、旋床、绞车、球形仪、天体仪、曲颈瓶、蒸馏器以及潜水钟模型等等。

他还留下了大量的建筑图样，从设计城市桥梁、下水道、教堂到设计官厅、舞台、剧场都表现了他杰出的建筑设计天分。

这些文稿和他的绘画才能一起见证了达·芬奇极其勤奋、辛劳的一生和他无尽的探索精神，更揭示出他多方面的才华和巨大的抱负。他揭示了无穷无尽的自然奥秘，并重新创造了令人不可思议的美。

达·芬奇晚年被法兰西国王弗朗索瓦一世邀入法国，弗朗索瓦一世给予了他至高的接待，将其安置于昂布瓦斯城堡中的克鲁克斯庄园，并时不时地去请教。1519年4月23日，年事已高的达·芬奇因病逝世了，据说他是在赶来的弗朗索瓦一世怀中咽下了最后一口气。

在文艺复兴早期，人们盲目地接受传统观念，崇拜古代权威和古典著作。达·芬奇反对经院哲学家们把过去的教义和言论作为知识基础，他鼓励人们向大自然学习，到自然界中寻求知识和真理。他认为知识起源于实践，只有从实践出发，通过实践去探索科学的奥秘。他说“理论脱离实践是最大的不幸”“实践应以好的理论为基础”。达·芬奇提出并掌握了这种先进的科学方法，采用这种科学方法去进行科学研究，在自然科学方面作出了巨大的贡献。他提出的这一方法，后来得到了伽利略的发展，并由英国哲学家培根从理论上加以总结，成为近代自然科学的最基本方法。达·芬奇的实验工作方法为后来哥白尼、伽利略、开普勒、爱因斯坦、牛顿等人的发明创造开辟了道路。

在达·芬奇逝世之后的500年间，人类对他的研究与探索依然不断，在欧美各国和日韩、以色列等亚洲国家都有专门的达·芬奇研究机构。而对于他的祖国意大利来说，他更是一个国家文化的象征，在这个国家，红酒、家具、餐厅、酒店、机场等以他的名字命名的事物数不尽数。

名人名言

有天资的人，当他们工作得最少的时候，实际上是他们工作得最多的时候。因为他们是在构思，并把想法酝酿成熟，这些想法随后就通过他们的手表达出来。

——达·芬奇

应当耐心听取他人的意见，认真考虑指责你的人是否有理。如果他有理，你就修正自己的错误，如果他理亏，只当没听见。若他是一个你所敬重的人，那么可以通过讨论提出他不正确的地方。

——达·芬奇

文艺复兴的艺术巨匠米开朗基罗

米开朗基罗·博那罗蒂（Michelangelo Buonarroti，1475—1564）是意大利文艺复兴时期的雕刻家、画家、艺术巨匠。他的绘画代表作《最后审判》被誉为“人体的百科全书”；他的杰作《大卫》不仅是他创作的精华，也是复兴古典艺术思想的典型代表。

1475年3月6日，米开朗基罗诞生于意大利佛罗伦萨东部附近的山城小镇卡普莱斯，当时他的父亲正担任着这个小镇的行政长官。刚出生的米开朗基罗，因为母亲体弱多病，排行老二的他被送到一个石匠家中抚养。据说，他后来成为雕刻家与此不无关系，他自己曾说过：“我在吸吮乳母（石匠的妻子）的奶水时就拿起了雕刻

米开朗基罗

人物形象的凿子和锤子。”

米开朗基罗6岁时，他的母亲就去世了，他的家也败落了。父亲经常失业，家里越来越穷，但他还是把米开朗基罗送到佛罗伦萨的一家拉丁语学校去学习。米开朗基罗在那里学习了拉丁文、希腊文、数学和文学，这些必要的教育为他以后的事业打下了良好的基础。

年幼的米开朗基罗还不能体会到这点，他在学校的学习很糟糕，他老是画画，回到家还往墙壁上画，为此，父亲常常打他，而且一次比一次历害。但是米开朗基罗本性难移，他不但依然故我，而且一再表示要当个艺术家。单凭这一点就能把老波纳罗蒂气疯，他希望家中的五个儿子都去经商，将来成为银行家，以重振波纳罗蒂家的贵族家业。偏偏他最喜欢的米开朗基罗不但不按他的想法去做，反而自甘“堕落”，一定要去干那有辱家声、靠手艺吃饭的行当。当时的艺术家的社会地位卑微，被人们视同工匠，靠凿子、画笔谋生，为贵族们所不齿。

性格倔强的米开朗基罗选定艺术生涯作为自己的人生道路，因为佛罗伦萨人热爱艺术的风尚，给了他强烈的影响。其次，他的艺术才华使他对自己的选择相当自信，他那坚韧顽强的个性也使他在自己认定的事情上决不动摇。这是一种巨人的性格，也是他日后成功的保证。

最后，日渐贫穷的家庭现状也使他的父亲无力阻拦，当他父亲听说米开朗基罗到著名的基兰达约画室去学艺，不但不需要交付学徒费，反而能挣钱时，他言不由衷地妥协同意了。

基兰达约在艺术史上是个有地位的人物，13岁的米开朗基罗能拜到这样的名师，对他学习艺术大有帮助。米开朗基罗虽在这里只学习了一年多的时间，但他十分勤奋、刻苦，因此技艺进步很快。他在那儿除了大量地写生之外，还临摹了许多老画家们的作品，竟达到以假乱真的程度，所以深得老师基兰达约的赏识。

后来佛罗伦萨的统治者罗伦索·美第奇召见了基兰达约，要他把自己两名最好的学生送到他新办的美术学校“庭苑”去学雕刻。基兰达约不敢违抗，于是米开朗基罗和基兰达约的另一名弟子被送往“庭苑”。罗伦索的府第在当时是来自欧洲各地的人文主义学者、诗人、艺术家和社会名流荟萃的地方，从1489年开始，米开朗基罗在这里受到严格的训练和先进的人文主义思想的熏陶。

在美术学校，米开朗基罗开始明白再高级的艺术也不外乎美与神圣的统一，这一美学标准便成为了他以后创作的准则。这里的学习补充了米开朗基罗普通教育的不足，他了解了柏拉图的哲学思想，朗读了但丁、彼特拉克、贺拉斯、维吉尔的诗。于是，他的第二天赋——诗歌，也由此展现，此后，他写了不少诗，这些诗真挚自然，像从他的心里自然流淌出来的一样。

被佛罗伦萨称为“无冕之王”的罗伦索十分欣赏这位天才少年独创性的艺术才华，留他食宿于美第奇宫廷。美第奇宫廷丰富的雕刻收藏令米开朗基罗着迷，古希腊、罗马的遗产给米开朗基罗的艺术学习与探索以巨大影响。米开朗基罗的创作生涯开始了。

他最早的两件作品《梯旁圣母》和《半人半马者搏斗》已显露出米开朗基罗艺术风格的端倪，即以人物形象为中心，主要表现人体美，使人物形象充满着无畏的战斗热情和无穷无尽的创造力量。

1496年6月，21岁的米开朗基罗因家乡战乱来到罗马，被那里那些森林般的古代雕像所再现的卓越的艺术形象所吸引。在古典艺术的影响下，他开始了创作自己第一批大型石雕《酒神》《哀悼基督》。

《酒神》以希腊神话中的酒神巴库斯发明葡萄酒为题材，主要表现了巴库斯醉酒后憨态可掬的模样，在不平衡与平衡的冲突中表现人体美。酒神的左下方是一个自然支柱——一个坐在树桩上偷吃葡萄的小牧神，这个半人半羊模样的人给整个雕刻增加了生动、活泼、乐观的形象，而这种富有生活气息和幽默感的作品在米开朗基罗毕生的作品中是罕见的。

《哀悼基督》表现的是基督从十字架上被卸下来后，圣母玛丽亚抱起儿子尸体时悲痛的情景，这副雕刻给人一种震憾人心的神圣的悲剧美。这幅倾注了米开朗基罗两年心血的杰作问世后，轰动了罗马城。但年轻的米开朗基罗当时在罗马很少为人所知，因此人们纷纷猜测这是某位著名大师的匿名作品。知道这一情况后，米开朗基罗连夜赶到教堂，顶着一支烛光，在搭过圣母左肩的肩带上刻下了自己的名字：“佛罗伦萨人米开朗基罗·波纳罗蒂造像”。从此，米开朗基罗声名大震。这是米开朗基罗生平第一次，也是最后一次向虚荣这个弱点屈服，以后他再也没有在自己的作品上署名。

1501年，米开朗基罗回到佛罗伦萨。为了能鲜明地表现艺术家对祖国命运的关注和对共和政治的希望，他决定要塑一尊圣经中那个智勇双全、屡建奇功的大卫形象。于是，在以后的两年半的时间里，他连吃饭、换衣服都舍不得停下，几乎每天要干20个小时。灰粉塞满了他的鼻孔，落满了他的头发，令他看上去白发苍苍。这是他的大理石雕刻生涯中最为辉煌的一段经历，但一切都是自愿和快乐的，他的思想、才能在此得到了最为充分的发挥，最后终于在1504年完成了他的杰作《大卫》。《大卫》大胆显示了人体的完美，不仅是米开朗基罗创作中的精华，也是复兴古典艺术思想的典型代表，即使在今天，它也是艺术家们学习雕刻的楷模。米开朗基罗毫不客气地选择佛罗伦萨最引人注目的地方安放《大卫》，希望它作为佛罗伦萨市民政治理想的象征。意大利人把这纪念碑式的杰作看作划时代的事件，用它来计算时间，“巨人塑成的那一年”成了新时代第一年。

后来，米开朗基罗来到罗马，作为教皇雇用的艺术家而从事各种艺术工作。1508年，他接受绘画西斯廷礼拜堂屋顶这项艰巨的任务，后来这幅壁画成为世界历史上最伟大的一件美术作品。

1524年他创作了两组象征性的雕像：一组是《昼》和《夜》，一组是《旦》和《夕》。其中《夜》表现的是一个健壮的妇女，很不舒服地沉睡着，右手撑在翘起的左腿上支持着低垂的头，这反映了艺术家悲愤的心情。他曾在一首十四行诗中把他的痛苦告诉人们：“如此奴役，如此令人作呕，计划失败，精神倍受折磨——那就在大理石上凿火吧，只要你能够！”

1536年他完成的巨画《最后审判》，内容是基督教传说中的世界末日的大清算。基督亲自审判一切世人的善恶，决定谁升天堂，谁下地狱。

16世纪40年代后，米开朗基罗把全部精力放在建筑上。他设计了罗马的法尔涅塞宫，还负责圣彼得大教堂的建造工程。他因此成为当时最杰出的建筑师。

米开朗基罗最后的两幅壁画作品是《保罗归宗》和《彼得殉难》。构图处理仍然是人物众多的场景展示，表现的焦点还是集中在“归宗”和“殉难”事件最敏感的瞬间——上帝让保罗从马上跌落，人们把彼得在十字上竖起。从米开朗基罗绘画作品的风格形成和创作走向可看出画家一生内心世界的张力关系。无论是高扬画家人文精神的一面，还是叙述作者宗教情怀特点都未免过于简单，但米开朗基罗的造型风格既是创造精神的源泉也是矫饰主义的鼻祖。

米开朗基罗代表了欧洲文艺复兴时期雕塑艺术的最高峰，他创作的人物雕像雄伟健壮，气魄宏大，充满了无穷的力量。他的大量作品显示了写实基础上非同寻常的理想加工，成为整个时代的典型象征。他的艺术创作受到很深的人文主义思想和宗教改革运动的影响，常常以现实主义的手法和浪漫主义的幻想，表现当时市民阶层的爱国主义和为自由而斗争的精神面貌。

米开朗基罗的艺术不同于达·芬奇的充满科学的精神和哲理的思考，而是在艺术作品中倾注了自己满腔悲剧性的激情。这种悲剧性是以宏伟壮丽的形式表现出来的，他所塑造的英雄既是理想的象征又是现实的反应。这些都使他的艺术创作成为西方美术史上一座难以逾越的高峰。

终于从大理石的牢狱中解放出来了。

——米开朗基罗

睡眠是甜蜜的，成了顽石更是幸福，只要世上还有羞耻与罪恶存在着的时候，不见不闻，无知无觉，便是我最大的幸福，不要来惊醒我！

——米开朗基罗

伟大艺术家拉斐尔

拉斐尔·桑蒂（Raphael Sazio，1483—1520）是意大利杰出的画家，是文艺复兴时期“艺坛三杰”中最年轻的一位。他的作品博采众家之长，形成了自己独特的风格，代表了当时人们最崇尚的审美趣味，成为后世古典主义者不可企及的典范，其代表作有油画《西斯廷圣母》、壁画《雅典学院》等。

1483年，拉斐尔生于意大利山区的乌尔比诺小公园。父亲乔万尼·桑蒂是乌尔比诺大公的御用画家，宫廷的二级画师，所以他从小就随父学画。可以说父亲是拉斐尔的启蒙教师。11岁时，父亲去世，他给一位画家当助手。15岁的拉斐尔在波伦亚画家的画室里学习，他学习了15世纪佛罗伦萨艺术家的作品，勤奋地探索绘画的奥秘，积极吸取各派画家的优势和长处，能敏感地捕捉住美和艺术的真谛，形成了自己和谐明朗、优美典雅的艺术风格，开始走上了独创的道路。16岁时离开家乡乌尔比诺到北意大利翁布利亚地区的佩鲁吉亚城（现意大利翁布利亚大区首府佩鲁贾），从师于佩鲁基诺。

一天，佩鲁基诺对拉斐尔说：“我不想让这小地方拖住你，你要到大师云集的佛罗伦萨去，你可以独立工作了。”这时拉斐尔19岁。拉斐尔从老师那里学到了色彩感觉与透视原理，绘画技巧相当成熟，才能已超过老师。在佩鲁基诺的引导下，拉斐尔跨进了佛罗伦萨的艺术世界，很快就融入到画家群里。他那讨人喜爱的外貌和善于自持的性格，立刻就为自己开辟了艺术道路。

拉斐尔（自画像）

佛罗伦萨给了拉斐尔从未有过的艺术教益。他急切地吸取着大师们作品中的成就，他以一个学生的姿态对待达·芬奇和米开朗基罗。他充分利用佛罗伦萨能提供给他的一切：他研究解剖学、观察大自然和新的社会中人际关系，他对生活、对人尤其对女性和母亲更加充满感情和爱，他既崇拜达·芬奇，也尊重米开朗基罗，他要把佛罗伦萨的全部艺术精华变成自己的营养。他开始意识到自己的羽毛已经丰满了，他可以走向更高的艺术殿堂，他想到罗马去一显自己的才能，让世人看一看谁是当今意大利最优秀的画家。教皇朱理二世为了赞颂自己，把最优秀的画家、雕刻家、建筑家都请到罗马来为他服务，当时，米开朗基罗正在为他画西斯廷教堂天顶画。

刚满25岁的拉斐尔，在佛罗伦萨接到罗马送来的圣旨："教皇想尽快在梵蒂冈见到拉斐尔，以便他能和罗马与意大利最优秀的艺术家一起，为美化罗马而工作。"不久梵蒂冈的画家们被告知：除了拉斐尔和米开朗基罗之外，其余的画家们全被辞退了。教皇认为罗马只要有这两位大师就足够了。天才的成就，引来繁重的订画任务，这是拉斐尔的光荣，也是他的负担。

拉斐尔创作了大量的圣母像，显露出其非凡的天才。他的一系列圣母画像，都以母性的温情和青春健美而体现了人文主义思想。其中，比较有名的有《圣母的婚礼》《带金莺的圣母》《草地上的圣母》《花园中的圣母》《西斯廷圣母》《椅中圣母》《福利尼奥的圣母》《美丽的女园丁》《阿尔巴圣母》等。

拉斐尔21岁时画的《圣母的婚礼》，不仅表明他充分吸收了佩鲁吉诺的艺术精华，而且后来居上，无论构图与形象塑造都有所创新。尤其是画面的平衡，背景的描绘，圣母玛利亚的端庄、文雅，均为前辈画家作品中所罕见。这幅画的构图样式、环境和人物配置皆模仿老师佩鲁基诺画的《基督将天门的钥匙交给彼得》，人物造型除带有老师娴静优雅的风格特征外，开始显露自己独特的柔美风格。画面取对称式布局，背景是顶天立地的多边形洗礼堂。他大量使用水平线、垂直线和半圆形曲线，造成刚中有柔、简洁明快、整体变化和谐的美感，画家巧妙地运用透视使空间深远。

大型油画《西斯廷圣母》是拉斐尔最成功的一幅圣母像，是他怀着虔诚的心情谱写的一曲圣母赞歌。画面采用了稳定的金字塔形构图，人物形象和真人大小相仿，庄重均衡，画面背景全部用小天使的头像组成，构思新颖独到。圣母形象柔美圣洁，表现了母爱的幸福与伟大。

在《小椅子圣母》中，拉斐尔将圣母形象刻画得更加人性化，圣母的装束深受异国风情的影响，色彩绚丽充满东方情调。整幅作品构图完整，充分体现了拉斐尔无与伦比的绘画技巧。

拉斐尔最著名的壁画是为梵蒂冈宫绘制的《雅典学院》。这幅巨型壁画把古希腊以来的50多位著名的哲学家和思想家聚于一堂，包括柏拉图、亚里士多德、苏格拉底、毕达哥拉斯等，以此歌颂人类对智慧和真理的追求，赞美人类的创造力。

在《雅典学院》中，位居画面中心的柏拉图和亚里土多德，一个以指头指着上天，另一个则伸出右指指着他前面的世界，以此表示他们不同的哲学观点：柏拉图的唯心主义和亚里士多德的唯物主义。以他们两人为中心，两侧分别画出的一些著名学者，形象生动，丝毫不显得杂乱。

1520年4月1日，他病了。医生为他诊断病情以后摇着头说："亲爱的大师，您从年轻时候起就过着过于紧张的生活，现在受到报应了。人们都知道艺术家是一些什么都不在乎的人，他们不吝惜生命，而是让生命去燃烧。"一个星期以后他死了。他死后的荣誉，将永远存在于他的作品之中，载入人类文明的史册。

名人名言

愚昧将使你达不到任何成果，并在失望和忧郁之中自暴自弃。

——拉斐尔

你如果要做一个艺术家，你要牢记：必须开拓你的胸襟，务必使心如明镜，能够照见一切事物，一切色彩。

——拉斐尔

乐圣贝多芬

路德维希·凡·贝多芬（Ludwig Van Beethoven，1770—1827），德国作曲家、钢琴家、指挥家。维也纳古典乐派代表人物之一。他一共创作了9首编号交响曲、35首钢琴奏鸣曲（其中后32首带有编号）、10部小提琴奏鸣曲、16首弦乐四重奏、1部歌剧、2部弥撒、1部清唱剧与3部康塔塔，另外还有大量室内乐、艺术歌曲与舞曲。这些作品对音乐发展有着深远影响，因此贝多芬被尊称为乐圣。

贝多芬

贝多芬，1770年12月16日诞生于莱茵河畔的小城市波恩的一个平民家庭。他的父亲希望儿子成为第二个神童，以便靠他享受荣华富贵，所以强迫他学习钢琴，稍有不遂，即遭毒打。就在这凄惨痛苦命运下，贝多芬度过了童年。

12岁时贝多芬受聘为宫廷古钢琴与风琴乐

师，也负起了养家责任。在宫廷中贝多芬遂渐受到重视，但他心怀远大，在1787年远赴维也纳投拜莫札特。但很不幸，他的母亲在波昂病危，回家不久，母亲就去世了。这对贝多芬打击甚大，他又在波恩待了5年。

为了实现理想，贝多芬于1792年再度前往维也纳。此次华德斯坦伯爵援助甚多，为了报答，贝多芬日后写出了钢琴奏鸣曲作品53献给了华德斯坦。

到了维也纳，贝多芬受教于海顿门下一年，又向申克、阿布雷兹贝格与萨里耶里等名师求教，尤其是后者，他学了有10年之久。

1795年贝多芬在维也纳举行了第一次音乐会，当时他亲自弹奏自己写作的“第二号钢琴协奏曲”，维也纳市民为之折服，他也因此名闻遐迩。同年他又出版了3首钢琴三重奏。贝多芬也荣获了演奏者与作曲家的双重声誉。

此后5年，他又写作了第一号到第十一号钢琴奏鸣曲。以及第一号到第三号钢琴协奏曲。1799年贝多芬又完成了“第一号交响曲”。他凭着神奇的想像力，接连写作了震惊乐坛的名作。在这些作品中，弥漫着生命的欢愉与热情，而且表现了空前的自由意境。

贝多芬在一帆风顺之际，声名如日中天，然而不幸的命运降临到他身上——他有了耳聋的疾病。

这是很残酷的打击，为了怕人发觉他耳聋，贝多芬逐渐离群索居，自己变得愈来愈孤僻。

贝多芬从1796年开始便已感到听觉日渐衰弱，但是直到1801年，当他确信自己的耳疾无法医治时，才把这件事情告诉给他的朋友。但是，他对艺术的爱和对生活的爱战胜了他个人的苦痛和绝望——苦难变成了他的创作力量的源泉。在这样一个精神危机发展到顶峰的时候，他开始创作他的乐观主义的《英雄交响曲》。《英雄交响曲》标志着贝多芬的精神的转机，同时也标志着他的创作“英雄年代”的开始。

贝多芬在维也纳的后一阶段，由于欧洲正经历着严重的政治反动时期，即梅特涅的反动统治特别的猖獗的时期，他的创作也暂时呈现颓势（1813~1817）。从1818年起，在贝多芬一生的最后10年当中（1818~1827），他在耳朵全聋、健康情况显著恶化和生活上受到痛苦，精神上受到折磨的情况下，仍以伟人般的毅力创作了《第九（合唱）交响曲》，总结了他光辉的、史诗般的一生和展现了人类的美好愿望。

贝多芬于1827年3月26日在维也纳辞世。他死时没有一个亲人在他身旁，但是在同月29日下葬时却形成了群众性的一个浪潮，所有的学校全部停课表示哀悼，有两万群众护送着他的棺柩，他的墓碑上铭刻着奥地利诗人格利尔巴采（1791~1872）的题词：“当你站在他的灵柩跟前的时候，笼罩着你的并不是志颓气丧，而是一种崇高的感情；我们只有对像他这样一个人才可以说：他完成了伟大的事业……”

贝多芬一生的作品虽然不太多，但他却被公认为是世界上最伟大的音乐家。之所以赢得如此高的声誉，关键在于他集卓越的音乐天赋和热情奔放的性格于一身，有崇高的理想和强烈的社会责任感，有坚韧不拔的意志和不屈不挠的毅力。

在欧洲，从中古到近代，一直到古典乐派的大师为止，一部欧洲音乐史，几乎就是一部宗教音乐史。换句话说，从9世纪到伟大的贝多芬开始他的“自由职业者”的艺术生活之间的几百年里，几乎欧洲所有音乐家都是为教会服务的。而贝多芬改变了这一切！

尽管出生于音乐世家，而且从小就开始学习钢琴和提琴，但贝多芬并非莫扎特式的神童，他的创作并非一挥而就，而是孜孜不倦地修改草稿直至感到满意为止。其早期作品具有海顿和莫扎特的风格，但后来发展了一种完全属于他自己的形式，其作品个性鲜明，较前人有很大的发展。

1804年贝多芬完成了《第三交响曲》（即《英雄交响曲》）的创作，这标志着贝多芬的创作道路进入了成熟阶段。这部作品完全奠定了他创作的基本逻辑——“通过斗争，得到胜利”，“通过艰苦，走向欢乐”。《英雄交响曲》标志着他创作的“英雄年代”的开始。这一时期他还创作了其它一些重要作品，包括《第十四钢琴奏鸣曲》（即《月光》，1801）、《第二十一钢琴奏鸣曲》（即《黎明》，1804）、《第二十三钢琴奏鸣曲》（即《热情》，1806）、《D大调小提琴奏鸣曲》（1806）、歌剧《菲德里奥》（1805）、《克罗采小提琴奏鸣曲》（1803）等。1808年他完成了简洁凝练、充满斗争精神和胜利信念的《第五交响曲》（即《命运交响曲》）和纯真质朴、歌颂大自然的《第六交响曲》（即《田园交响曲》）。

在音乐表现上，贝多芬几乎涉及当时所有的音乐体裁，大大提高了钢琴的表现力，使之获得交响性的戏剧效果，又使交响曲成为直接反映社会变革的重要音乐形式。

他以深刻、锐利的眼光，敏感地把握住了时代和社会的脉搏，他的作品不仅体现了他伟人般的性格，而且反映了人民的苦难、奋斗和希望，因而具备了鲜明的社会性和深刻的哲理性。

这就是贝多芬的故事：作为一个音乐家，他却完全失聪了。这是他最黑暗的时期。然而在这个完全安静的世界里，他听到了内心新的音乐，谱成了气势雄浑、充满欢乐、赞美上帝的杰作——伟大的第九交响曲。当乐曲第一次在维也纳演出结束时，全场掌声如雷。而身为指挥的他，因为面向着乐团，竟然听不见的！因为他的残缺，他成为许多人的祝福。

贝多芬承受巨大的痛苦却不轻言放弃，他没有向命运嚷嚷，他“战胜了人类的平庸，战胜了他自己的命运，战胜了他的痛苦”。他是靠自身的力量战胜的，用他的话说：“噢，人啊，你当自助！”

贝多芬是一个从不缴械的英雄，一个真的猛士，他敢于直面惨淡的人生，这一切，正是我们要学的。

唯有真实的苦难，才能驱除罗曼谛克式幻想的苦难；唯有克服苦难的悲剧，才能帮助我们担当起命运的磨难。遭受坎坷命运的人所具备的自强不息和从容豁达，从而让我们在并非一帆风顺的人生道路上越走越勇，做命运真正的主宰者。在苦难中，我们不断磨炼自己的意志，我们的心灵才能渐渐成熟。

趁着人生的舞台尚未落幕之时，你愿意让上帝来编织人生的梦想吗？用你强有力的双手，“死死扼住命运的咽喉吧！”

名人名言

自由和进步是艺术的目标，就如同整个生命的目标，如果我们这些现代人不像我们的祖辈那样坚定的话，文明的精粹在许多方面就得不到发扬。

——贝多芬

我没有校改曲子的习惯(一旦完成后)，我从来不这样做，因为我深信即便是部分的改动也会令作品变质。

——贝多芬

音乐神童莫扎特

沃尔夫冈·阿玛多伊斯·莫扎特（Wolfgamg Amadeus Mozart，1756—1791）的音乐家喻户晓，拨动着亿万人的心弦，乐评家们评价为“清丽而富有诗意，具有天籁般的魅力”。他不仅是古典主义音乐的杰出大师，更是人类历史上极为罕见的音乐天才，有“音乐神童”的美誉。他短暂的一生为世人留下了极其宝贵和丰富的音乐遗产。

莫扎特于1756年出生在奥地利维也纳附近一个叫萨尔茨堡的小城，父亲奥波德是萨尔茨堡大主教乐队的小提琴手。幼年的莫扎特就显露出超人才华被誉为世界上少有的音乐“神童”。

据说莫扎特3岁时他便能在父亲教姐姐弹琴时在旁边指指点点，表现出了对音乐的浓厚兴趣。4岁的小莫扎特开始跟父亲学钢琴，还经常向家人或来客主动地表演弹奏一曲，他甚至还不会念信写信的时候，就已经能读写作曲了。莫扎特5岁时就弹得一手好钢琴了，他能操一把小提琴与父亲及朋友一起，凭直接视谱，将6支三重奏曲演奏下来。此时刚学一年钢琴的莫扎特便会自己创作各种小曲子了，萨尔茨堡这个小城市里人们都知道奥波德家有一个音乐小天才。他6岁以后的音乐作品就已独具一格，人们只需根据开头几个小节，就可以断定是莫扎特的作品，而不是其他人的。优美高雅、信心十足、生气勃勃、结构严谨、豪迈奔放，是这位音乐神童作品的独特艺术风格。

莫扎特

莫扎特的父亲发现儿子的确在音乐方面具有才华，为了让孩子开阔眼界，便带着6岁的莫扎特和他姐姐周游德、奥、法、英、意等各国，开始了长达十年的旅行演出活动。他们所到之处都受到了热烈的掌声，尤其是莫扎特的表演常常让观众听得入迷。“太美了，简直是太美了！”“再来一曲，再来一曲！”在观众的欢呼声中，莫扎特常常要加演好多曲子，观众还仍然不肯离去。8岁的莫扎特在英国演奏时，遇到了音乐大师巴赫，巴赫非常喜欢这位音乐天才，于是亲自指导他演奏和作曲。这一年，莫扎特写了三首交响乐和几首奏鸣曲。

据说莫扎特在罗马教皇的音乐厅里听到《圣经》里的一首圣歌《主啊，怜悯我们吧！》，这是一首非常珍贵的乐谱，是一首从不外传的珍藏品，违者开除教籍。但是，莫扎特听了一遍以后，便能把这首曲子演奏下来了，他甚至凭着记忆将曲子完整地写了下来，而且只错了3个音符。从此，这首“绝密的圣歌”再也没有什么神秘性了。教皇知道此事后，被他的才华所折服，不但没有责怪他，还赐给他一个“金距轮”奖章。

莫扎特的父亲花费十年的时间在各国游历演出，有他自己的用意，那就是：一方面希望通过巡回演奏展示莫扎特惊人的天赋，以便获得皇家的赏识，赐予莫扎特一官半职；另一方面也希望通过周游列国，让莫扎特广泛接触各国作曲家和演奏家，从他们身上以及作品中，吸收新的作曲风格和各种音乐形式。这十年的旅行演奏，虽然让莫扎特闻名遐迩，并在作曲上日臻成熟，但并没有为他带来实质性的功名利禄，也并未改善莫扎特一家原本不富裕的经济状况，在旅行途中还曾遭遇一些挫折与阻挠。纵然一切不如人意，成年之前的莫扎特在父亲的全权安排和庇护下，在他父亲的恩主史拉顿巴赫大主教宽厚的支持下，生活可以说是无忧无虑，绚烂多彩，充满着对新奇事物的刺激与求知成长的快乐。在这期间，莫扎特将各国的音乐风格消化吸收，加以整合，逐渐形成个人的风格。

在鲜花、掌声和欢呼的背后，是艰苦的劳动、苛刻的条件和可怕的考验。为了金钱与荣誉，列奥波尔德要求小莫扎特无论旅途多么劳累，要随时都可以当众演。

为了宣扬儿子的天才，他让孩子必须满足听从突如奇来、异想天开的种种刁难性提议，如：当场视奏从未接触过的技巧艰深的乐曲；按照听众临时设想的几个低音即兴作曲，并根据指定的调性当即演奏；用多条手帕将键盘全部蒙住而不影响弹琴；在一场音乐会上从头至尾全部演奏自己的作品，等等。并且，这样的演出几乎每每长达四五个小时之久。

1772年，16岁的莫扎特终于结束了长达10年之久的漫游生活，回到自己的家乡萨尔斯堡，在大主教的宫廷乐队里担任首席乐师。

尽管莫扎特乃旷世奇才，尽管他享有极大的荣誉，可在大主教眼中，他不过是一个普通的奴仆，并且是一个很糟糕的奴仆。因为他拥有荣誉，莫扎特不得不像他的前辈海顿那样，每天在前厅穿堂里，恭候主人的吩咐，随时都有可能遭到大主教的斥责，甚至严厉的惩罚。为摆脱大主教的控制，他于1777年再次外出旅行演出，期望能找到一个落脚之处，永远离开萨尔斯堡。

令人深感意外的是，这位曾轰动过整个欧洲的金光闪闪的宠儿此刻竟到处碰壁！神童已经长大，已不再是神童。昔日的神童消失了，尽管他的才华随年龄成正比地增长，可现实社会却无情地冷落了他。他不得不重新回到萨尔斯堡，而这样一来，大主教当然更加刻薄地对待他。莫扎特的辛酸与窘境是任何一个有生活常识的人都不难想象的。

1781年6月，莫扎特终于在忍无可忍当中与大主教公开决裂。他毅然辞职离去，成为欧洲历史上第一位公开摆脱宫廷束缚的音乐家。在当时的社会条件下，这种举动无疑极其大胆而英勇。因为，这意味着艰辛、饥饿甚至死亡。

列奥波尔德力劝他的儿子向大主教赔礼道歉，重归于好，莫扎特坚决拒绝。他在给父亲的回信中写道：我不能再忍受这些了。心灵使人高尚起来。我不是公爵，但可能比很多继承来的公爵要正直得多。我准备牺牲我的幸福、我的健康以至我的生命。我的人格，对于我、对于你，都应该是最珍贵的！

冲出牢笼的莫扎特定居在“音乐之都”的维也纳，开始了一个自由艺术家的生涯。当时他年仅25岁，可离生命的终点却只有10年了。

莫扎特写作之轻松与神速使他的同时代人和后辈都把他看作是无师自通、不学而成的天才，纵观他的一生，除了孩提时期受到父亲的严格教诲外，的确从未得到过正式的教师指导。天才是不容否认的，但人们往往因此而忽略了天才也离不开刻苦与勤奋。1787年10月的一天，莫扎特与歌剧《唐璜》的乐队指挥库查尔兹一起散步时说：“以为我的艺术得来全不费功夫的人是错误的。我确切地告诉你，亲爱的朋友，没有人会像我一样花这么多时间和思考来从事作曲；没有一位名家的作品我不是辛勤地研究了许多次。”

在莫扎特身上，处处都体现出典型的艺术家天性。他是一个热爱生活、充满诗意、富于感情的人。他认为穷人最讲信义，“世界上只有穷人才是最好、最真实的朋友，有钱人完全不知道什么叫友谊”。他天真、单纯，总是兴高采烈。他易受感动，爱掉眼泪，具有女性般的柔情。他童心不泯，像孩子一样充满了好奇，似乎永远长不大。

莫扎特挚爱自己的亲人，每当他谈起父母、妻子时，脸上都不由闪现出幸福的光彩，语调也格外恬美。在神圣的婚礼仪式上，他和妻子双双落下激动的热泪。大家深受感染，都跟着一起哭了。由于他没有固定的收入，妻子康斯坦采又不善持家理财，因而婚后的生活非常穷困。为了维持日常的基本需要，莫扎特拼命工作——教课、演出、创作，应接不暇，永无休止。尽管如此，日子还是过得相当窘迫。有一年冬天的一人傍晚，朋友们到他家做客，从窗外看到夫妻俩在屋里愉快地翩翩起舞，纷纷赞叹不已。待到进屋后才弄明白，他们因无钱买煤，不得不利用跳舞来取暖，以此熬过寒冷的冬季。

俄国李奥波阿尔教授曾说过：“要是你想成为一个优秀的音乐家，那么，你生来就应该是贫穷的，因为在贫困者心中，有一种说不出的、极其神秘、最最美丽的，可以增强人们力量、思考力、同情和慈爱心的元素。”他说得真对，莫扎特就是这么贫穷的人，他甚至买不起木炭来温暖他居住的破屋。在寒冷的冬天里，他只好把手插进穿在脚上的毛袜里取暖片刻，然后再继续工作。

他生命中异常艰辛的阶段，恰恰是莫扎特在作曲上达到最成熟的阶段，他的几部最重要的歌剧如《费加罗的婚礼》《唐·乔凡尼》《魔笛》《女人心》等脍炙人口的歌剧和众多的小夜曲都创作于此时。

莫扎特的音乐常常被人们称作“永恒的阳光”，因为他的音乐即使在表现痛苦和悲伤时，也似乎含有天真纯洁的微笑。他那优美、机智的旋律总是充满明朗、淳朴的气质，他那典雅、热情的乐思像清泉一样纯洁、透明、自然、流畅而喷涌不尽。莫扎特的音乐给予人们的是经过生活锤炼后的纯真，他那面对严峻生活而永不泯灭的童心让人分外感动。罗马尼亚作曲家艾涅斯库曾说：“莫扎特的音乐如同火山斜坡上的葡萄园，里面火热，充满了翻腾的岩浆，外面却是一片宁静、清新、甜美的景象。”

莫扎特在维也纳的生活充满了矛盾，一面是辉煌的成就，另一面是失望和潦倒。在维也纳的最后十年，是他作为自由音乐家进行创作的最重要时期，也是他以对艺术对自由的执著信念向社会抗争的十年。自由对莫扎特来说同时意味着贫困，但莫扎特不怕贫困，坚韧地忍受着贫困的煎熬。

莫扎特晚年的生活每况愈下，身体也越来越糟，他不得不经常向朋友们求援。当他最后一部杰出的歌剧《魔笛》首场公演时（1791年9月30日），他已痼疾缠身。然而贫困却过早地夺去了他的生命，1791年12月，莫扎特病逝于维也纳，年仅35

岁。在他去世的时候，屋中没有一根木材取暖，病倒在床的妻子无法为他送葬，而临死前，他仍默吟着自己心爱的歌剧《魔笛》的旋律，在音乐的庇护下他默默闭上了眼睛。

莫扎特的音乐典雅秀丽，如同珍珠一样玲珑剔透，又似阳光一般热情温暖，洋溢着青春的生命力。由于他的音乐语言平易近人，作品结构清晰严谨，“因而使乐思的最复杂的创作也看不出斧凿的痕迹。这种容易使人误解的简朴是真正隐藏了艺术的艺术”。

美国音乐学者约瑟夫·马克利斯说得好：“在音乐历史中有这样一个时刻：各个对立面都一致了，所有的紧张关系都消除了。莫扎特就是那个灿烂的时刻。”

名人名言

生活的苦难压不夸我，我心中的快乐不是我自己的，我把快乐注进音乐，为的是让全世界感到快乐。

——莫扎特

我将会在旋律中生活，也将会在旋律中死去。音乐成了我的生命。

——莫扎特

俄国音乐大师柴可夫斯基

彼得·伊里奇·柴可夫斯基（Tchaikovsky Peter Ilyitch，1840—1893）是伟大的俄罗斯浪漫乐派作曲家，也是俄罗斯民族乐派的代表人物，被称为舞剧音乐大师，其风格直接和间接地影响了很多后来者。

柴可夫斯基

柴可夫斯基1840年5月7日出生于乌拉尔的伏特金斯克城，父亲是一个冶金工厂的厂长兼工程师，母亲爱好音乐，很会唱歌，也会弹琴，因此，他们家庭充满了音乐气氛。他自幼便已显示出非凡的音乐才能，但是，家里的人却从来没有想到他将来会成为一个职业的音乐家。

柴可夫斯基10岁时进彼得堡法律学校学习，但他仍利用课余时间继续学习钢琴，并时常去看歌剧。1859年他毕业后曾在司法部任职。在这段时间内，他一直抓紧学习音乐，参加社交性钢琴演奏和创作活动。

1862年柴可夫斯基进彼得堡音乐学院学习，终于踏上接受真正的专业音乐教育的决定性道路。毕业后，应尼古拉·鲁宾斯坦的邀请，柴可夫斯基就任莫斯科音乐学院教授，历时11年之久。但是，他时常为这妨碍他的创作活动的枯燥的讲课工作而感到苦恼，既使这样，他还是创作出各种各样的优秀作品，其中包括最初的三部交响曲、交响诗《弗兰契斯卡·达·利米尼》、幻想序曲《罗密欧与朱丽叶》、舞剧《天鹅湖》以及《第一钢琴协奏曲》等。这是柴可夫斯基创作的第一个时期。

柴可夫斯基的音乐基调建立在民歌和民间舞蹈的基础上，所以乐曲中呈现出浓烈的生活气息和民间特色。他惯于采用起伏的相对主题，利用音乐形象来表现生活中各种心理和感情状态的发展和演变过程。强烈的民族意识和民主精神贯穿着他全部的创作活动，他主张音乐的美，是建立在真实的生活和深刻的思想基础上的，因此他的作品一向以旋律优美，通俗易懂而著称，但又不乏深刻性，他的音乐是社会的真实写照。透过他的艺术珍品，人们不难发现他不仅是现实主义和浪漫主义结合的典范，而且是一位擅长以音乐描绘心理活动的大师，探索着人生的奥秘。

柴可夫斯基自学校毕业之后，安东·鲁宾斯坦的弟弟，莫斯科音乐学院的和声学教授尼古莱·鲁宾斯坦聘请他做音乐史的教师。当时柴可夫斯基的父亲已经退休，经济上颇为拮据，因此欣然接受教职，接下来的十年都全心投入教学和创作。教书的待遇不特别好，仅能糊口而已，但柴可夫斯基从事这份工作能够有很充裕的时间创作，所以在从事教职的第一年就完成了第一号交响曲《冬之梦》，但听众反应不佳。没多久，他就因为压力太大又过度工作，在1877年时因精神崩溃离开学校。休了一年假后，他尝试回到学校继续教书，但是没多久就放弃，决定退休。在瑞士休养一阵子之后，便搬到基辅与妹妹同住。

1868年开始，柴可夫斯基与俄国国民乐派的成员逐渐走得很近。1869年在巴拉基列夫建议之后，便写了有名的管弦乐序曲《罗密欧与朱丽叶》。但于此后，柴可夫斯基的作曲风格越来越偏向西欧风，而逐渐与强调民族素材及风格的国民乐派渐行渐远。同时，1877年开始，是柴可夫斯基的创作的极盛时期。他开始创作两部天才的作品——歌剧《叶甫根尼·奥涅金》和他的成名作《第四交响曲》。

有一次，柴可夫斯基在莫斯科临阵上场替代指挥他自己的歌剧《女妖》，之后便开始常态性的从事指挥工作。克服与生俱来的舞台恐惧症之后，他逐渐开始习惯在舞台上指挥自己的创作，并常在欧洲各地巡回演出，结识不少当时的音乐家。

1891年，柴可夫斯基受邀至美国指挥自己的作品，当年的5月5日，他在卡内基大厅的开幕仪式中指挥纽约音乐协会交响乐团演出。美国一行中，他也演出著名的第一号钢琴协奏曲以及弦乐小乐曲。这首堪称柴可夫斯基最有名的降b小调钢琴协奏曲，1874年完成之初受到前同事尼可莱的恶评，也因此一直束之高阁迟迟未演，未料在美国首演却一炮而红，从此成为柴可夫斯基的招牌。

1893年6月，英国剑桥大学授予柴可夫斯基名誉博士学位。在这期间，他除了创作《叶甫根尼·奥涅金》《第四交响曲》外，还创作了《第五交响曲》《曼弗里德交响曲》，歌剧《黑桃皇后》《约兰塔》，舞剧《睡美人》《胡桃夹子》；还有《暴风雨》《意大利随想曲》《一八一二年序曲》《D大调小提琴协奏曲》、大提琴《洛可可主题变奏曲》以及各种器乐重奏、钢琴独奏、声乐浪漫曲等，几乎涉猎所有体裁。特别是他在1893年夏天写出的《第六（悲怆）交响曲》，是他的绝笔之作，同年10月16日由作者在彼得堡亲自指挥这部作品的第一次演出。不料，1893年，在首演第六号交响曲《悲怆》九天后，柴可夫斯基死于圣彼得堡街上的家中。有些音乐学家认为，柴可夫斯基对于死亡早有觉悟，而第六号交响曲正是他写给自己的安魂曲。第一主题之后紧接着快速的弦乐变化旋律以及强而有力的和声，随后出现的常号旋律和前后的旋律都没有关联，此种突兀插入的乐段，一般认为是俄罗斯天主教死者弥撒典型的曲式。

关于他的死因，有如下解释。在法学院的学生时期，柴可夫斯基曾经暗恋过法国女歌手狄希耶·雅朵。但在女方结婚之后，这段感情无疾而终。在他于莫斯科音乐院教书时，一名偏执的女学生安东妮雅·米露可娃以大量情书攻势疯狂倒追他，扬言非他不嫁，甚至以死要胁。其实柴可夫斯基根本不记得自己班上有这个学生，但是女学生相当坚持，不断持续写信。当时柴可夫斯基迷上普希金的诗作《尤金·奥尼金》，正打算改编成歌剧。由于诗作中的主角尤金年轻时拒绝了塔琪安娜以致后来终生活在悔恨当中，入戏太深的柴可夫斯基将自己想成尤金，认为自己不应回绝这段感情。两人于1877年7月18日结婚。

1877年，蜜月还没结束，柴可夫斯基就后悔了，在两人于7月26日回到莫斯科时，他已经濒临崩溃。周遭的朋友们都看得出来他的状况很不好，但是没有人知道严重性。婚后两周，他企图在冰冷的莫斯科河中自杀，但是随后却因为受不住寒冷而放弃，也因此染上严重的肺炎。精神上完全崩溃的柴可夫斯基逃到圣彼得堡。柴可夫斯基身体脆弱，性格内向而且脆弱，感情丰富，与疯狂崇拜自己的女学生的婚姻破裂后，企图自杀，他的朋友把他送到外国疗养。之后，他被认为有同性恋倾向，并且在当时的社会环境中一直试图压制，因此有意见认为这是婚姻破裂的原因。这期间开始和一个热爱音乐的梅克夫人通信。后来梅克夫人成为他的资助人，他后阶段的许多作品都是献给这位夫人的。但奇妙的是两个人从来没有见过面。当他们十四年的书信往来因为这位夫人宣布破产而终止时，柴可夫斯基受到了很大的打击，在独自度过忧郁的三年后于莫斯科去世。他是服用砒霜自杀的，在那个时间的俄罗斯是不允许同性恋的，但沙皇很欣赏柴可夫斯基，便允许他砒霜自杀。

柴可夫斯基是总结全欧洲音乐发展的整个时代的一位伟大的世界规模的俄罗斯人。他建立了自己宏大的交响音乐体系，但它不同于贝多芬的体系，而是以俄罗斯风格概括了贝多芬之后的交响音乐的许多发展，这使他成为交响音乐方面登峰造极的人物之一。他的音乐是俄罗斯文化在艺术领域内的最高成就之一。柴可夫斯基也是我国人民所熟悉和热爱的西欧作曲家之一。柴可夫斯基一生共写了七部交响曲，其中《G小调第一交响曲》是他的交响乐体裁的处女作，是一部真正的俄罗斯交响曲，其特征是着重于心理描写、充满爱国主义的抒情情调。这部交响曲也是人们理解他的交响乐作品的入门阶梯和“门径”。

柴可夫斯基的旋律纯属俄罗斯风格，凄绝美艳，虽然难免落以窠臼的感觉，但是却带着一抹悲伤的感情，就好像寡妇夜半的哀哀啼泣。柴可夫斯基生活的年代正处于沙皇专制制度腐朽没落的时期，他热爱祖国，关心俄国人民的命运，但他又看不到俄国社会的出路。他从生活中深深感受到俄国政治的黑暗与腐败，但他的政治态度却又是保守的王朝拥护者。这种无法克服的矛盾不断促使柴可夫斯基对祖国的前途、社会的出路、人生的意义进行深刻的思考，并把这种生活感受融化到他的创作中去。这可以说是柴可夫斯基创作上的基本思想倾向。柴可夫斯基虽不直接选取现实的政治生活、社会冲突等作为自己创作的题材，但却通过自己对于时代悲剧性的感受，深刻揭示了对光明理想的追求、对生活意义的理解。

柴可夫斯基曾说：“我全心全意地渴望我的音乐传播开去，渴望有更多的人喜欢它，会从这方面得到安慰和支持”。历史上有过许多音乐家，对于他们的才能，专业音乐工作者给予的评价比一般听众安分的多，但是柴可夫斯基所一贯追求的——只是他的音乐使更多人被感动，为大多数人所喜爱，这个愿望在他生前就已经实现了。柴可夫斯基的知音，不只是专业音乐工作者，而且还有广大的无名听众。他的音乐力求用最直接的抒发个人感情的方式，来表达最有普遍意义的东西，他以大家都能理解的音乐语言组织出一层生活中的诗意和人类感情中风流迷人的成份，因而能触动人们的心灵。

名人名言

意见和感情的相同，比之接触更能把两个人结合在一起，这样，两个人尽管隔得很远，却也很近。

——柴可夫斯基

灵感全然不是漂亮地挥着手，而是如健牛般竭尽全力工作的心理状态。

——柴可夫斯基

歌曲之王舒伯特

弗朗茨·泽拉菲库斯·彼得·舒伯特（Franz Seraphicus Peter Schubert，1797—1828），奥地利作曲家，他是早期浪漫主义音乐的代表人物，也被认为是古典主义音乐的最后一位巨匠。舒伯特在短短31年的生命中，创作了600多首歌曲，18部歌剧、歌唱剧和配剧音乐，10部交响曲，19首弦乐四重奏，22首钢琴奏鸣曲，4首小提琴奏鸣曲以及许多其他作品，被称为“歌曲之王”。

1797年1月31日，舒伯特出生于维也纳近郊的里希田塔尔。父亲是当地的教员。在当时的维也纳，如果一个家庭没有一把吉他的话就不能称之为是完整的家庭，许多音乐家都花了相当一部分时间来学习演奏这种乐器。当时也是家庭乐队盛行的年代，在经过一天的劳作后一群朋友聚在一起演奏音乐是常有的事儿，而吉他在其中扮演着非常重要的角色。这一时期出版了许多为这种小型乐队所创作的作品，如三重奏、四重奏、五重奏等，而其中大部分含有吉他。

舒伯特就是在这种氛围下出生的，他8岁就开始随父兄学习提琴与钢琴。11岁被送入免费寄宿的神学院充当童声合唱团的歌童，一直到他16岁因变声不能在演唱童声高音时才离开。

在这里他不仅系统地学习了唱歌和作曲理论，还担任了管弦乐队的指挥，为他日后的音乐创作打下了基础。从孩提时代起，他便开始将诗歌配以音乐并边弹吉他边演唱。16岁的时候，舒伯特就为庆祝父亲的生日创作了一首歌曲。

舒伯特在童年时充满了幻想，但神学院的生活是极端困苦的，他住的屋子里在寒冬大雪飘落的季节也不生火，冻得他浑身发抖，手冻得又红又紫，但他还是刻苦地练习钢琴，课余时间身披棉被伏案创作，饮食粗糙，也不充足。在这里他度过了五年自称为“牢狱”的艰苦生活。

舒伯特

离开神学院之后，舒伯特在他父亲的学校里担任助理教师。在应付繁忙的教学工作的同时，他创作了大量的音乐作品。舒伯特思路敏捷，有人形容他的歌曲是“流”出来的。曾有这么一件事：一天，舒伯特与朋友到维也纳郊外散步，走进一家小酒店，见到桌上有一本莎士比亚的诗集，便拿起来朗读。忽然他叫道：“很好的旋律出来了，没有五线纸怎么办？”朋友们立即将桌上的菜单翻过来划了五条线递给他。这时的舒伯特仿佛听不到周围的喧闹，一口气写成了一首歌曲，便是著名的《听！听！云雀》。

后来他前往当时著名的萨里叶利老师门下接受正规的作曲课程，不过，也只上了三年。

舒伯特深深感到音乐是人们创造的一种美妙的精神世界，生活在这个世界里，其乐无穷。但五年的学生生活结束了，命运把他推进了浑浊的社会海洋里，他像一片落叶在浪涛中漂流。为了避免服兵役，毕业后先在父亲的学校里担任义务教师。在此期间，他创作了不少杰作，包括《F大调弥撒曲》《魔王》《野玫瑰》等。虽然他已写出相当多的歌曲，又完成了六首交响曲，但没有任何经济收入与援助。经过他的朋友帮助，他受聘于匈牙利公爵，担任公爵女儿的家庭教师。

他喜欢非常随意的生活，不愿受到约束，对社会地位与贵族生活完全不感兴趣，只要一拿到钱，便呼朋唤友去咖啡厅取乐，等钱花光了，那些难兄难弟再接济他。在这种波希米亚式的生活中，他的作曲灵感如同泉水涌出，他的作品在以他为中心的青年人当中流传，但很少得到当时社会的公认。虽然偶尔也出版过少数几首作品，也没能引起人们的关注。

舒伯特一生生活困窘，经常搬家，因此常常没有钢琴供其使用。吉他是经常陪伴他的乐器，并从吉他中获得了一种精神上的安慰。他所创作的大部分艺术歌曲都是用吉他进行构思的，后来才改编为用钢琴进行伴奏。

1814年10月19日为歌德的诗《纺车旁的格丽卿》谱曲，舒伯特的这第一部歌曲杰作，打开了他创作灵感的闸门。仅1815年一年，舒伯特就写了144首歌曲，其中10月的一天就写了8首歌曲。除歌曲外，他还创作了1部交响曲，2部弥撒曲和其他作品。1816年，舒伯特辞去教师的职务，专心从事作曲。由于没有固定收入，生活比较贫困，在他的一些作品里也常常反映出苦闷和压抑的情绪，尽管这样，他还是满怀热情地创作了大量的歌颂民族解放斗争的优秀作品。

舒伯特十分崇敬贝多芬，1822年曾把自己所作的法国歌曲主题四首钢琴变奏曲奉献给他。1827年贝多芬病危时，舒伯特两次探望他，3月29日，舒伯特举着火炬参加了贝多芬的葬礼。1828年11月18日，舒伯特病得神志昏迷，还发出呓语说：“贝多芬不是睡在这里吗？”第二天，舒伯特就离开了人间，年仅31岁。他的哥哥费迪南德按照舒伯特要求葬在贝多芬墓旁的遗愿，在维也纳的韦灵公墓安置了他的坟墓，与贝多芬的墓地相毗邻，1888年，舒伯特和贝多芬的墓一起迁葬到维也纳的中央公墓。原来的韦灵墓地，现已成为舒伯特公园。

舒伯特和贝多芬被后人称为世界乐坛上两颗最灿烂的金星。

舒伯特的一生是短暂的，贫困潦倒的，可是他以惊人的毅力创作了抒情歌曲

600多首，被誉为“歌曲大王”，是世界上歌曲创作最多的伟大作曲家。此外还有歌剧民14部，清歌剧6部，交响曲13部，序曲6首，弦乐四重奏15首等大量作品。由于舒伯特在世时的地位所致，这些作品大部分都是在后来被人们挖掘整理出来的。

舒伯特生活在古典主义和浪漫主义的交接时期。他的交响性风格继承的是古典主义的传统，但他的艺术歌曲和钢琴作品却完全是浪漫主义的。他绝妙的抒情性使李斯特称他为“前所未有的最富诗意的音乐家”。

舒伯特在传统的室内乐中注入了自己的精神特性。他的室内乐作品都带有真正的舒伯特的印记，它们也是维也纳古典主义的最后一批作品。而在“即兴曲”和“音乐瞬间”中，舒伯特使钢琴唱出了新的抒情风格。它们的随想性、自发性和意料不到的魅力都成了浪漫主义的要素。

舒伯特的创作生涯虽然很短暂，却给后人留下了大量的音乐财富，600多首的艺术歌曲，为世界音乐宝库增添了耀眼的光辉。他为不少诗人如约翰·沃尔夫冈·歌德、弗里德里希·席勒、海因里希·海涅、威尔赫姆·穆勒等的作品写了大量歌曲，把音乐与诗歌紧密结合在一起。这些歌曲都是从诗的内心情感中直接产生出来的，没有人能胜过他那洋溢的才华和清新的情感。钢琴伴奏也产生了特殊的效果：用一两个小节描绘出潺潺小溪，街头艺人破旧的手摇风琴，或是“天堂门前”的云雀。谈到舒伯特的歌曲，可以引用舒曼对《C大调交响曲》的评论：“这种音乐把我们引入一种境地，使我们忘却了以前曾有过的东西。”

世界上最美丽的东西，看不见也摸不着，要靠心灵去感受。

——舒伯特

我来到这个世界上就是为了作曲。

——舒伯特

“钢琴诗人”肖邦

弗里德里克·弗朗索瓦·肖邦（Frydery Franciszek Chopin，1810—1849），伟大的波兰音乐家，其一生不离钢琴，被称为“钢琴诗人”。1837年严辞拒绝沙俄授予他的“俄国皇帝陛下首席钢琴家”的职位。舒曼称他的音乐像“藏在花丛中的一尊大炮”，向全世界宣告：“波兰不会亡。”

肖邦有一半的法国血统。他的父亲从法国移居到华沙，教贵族子弟学法语。当

肖邦

肖邦6岁的时候就已经显示出了非凡的音乐天份，家里为他聘请了著名的钢琴教师。在老师的指引下，肖邦熟悉了大量音乐大师的作品。老师的教学富有情趣和智慧，奠定了肖邦作为一个钢琴家所应当拥有的个性和创造力。肖邦第一次演出是在一个家庭宫殿中举行的慈善音乐会，那年他年仅8岁。1818年的《华沙日报》这样写道："他不仅可以完美而轻松地演奏那些最难的钢琴作品，而且他还能创作出饶有兴趣的舞曲和变奏曲。"后来肖邦经常出现于达官显贵的府邸。

肖邦一家住在一个伯爵夫人的庄园宅地的三间房子里，那是令人愉快的房间，有着白色的墙和发光的天花板，有挂着雪白薄纱窗帘的窗户，宽大的窗台上，倒挂着生气勃勃的金钟和天竺葵。房屋里面摆着沉重的红木家具、许多书架和一个白柱式火炉，在天冷的时候，里面的松木劈啪作响，发出芳香的热气。三间房子中最大的一间里面摆着钢琴，有别于其他神童音乐家的是，少年肖邦并不喜欢那架钢琴。

肖邦的第一位教师是个奇怪的人物，他总是穿着淡黄色的大衣和裤子、漆皮长靴以及颜色华丽但很俗气的背心，据他说这是在一个拍卖行买的波兰最后一个国王的所有物。他总是带着一支长铅笔，常用来敲那些迟钝和不守规矩的学生的脑袋和手指。

不过，是他使肖邦喜欢上了钢琴，而且弹得非常美妙，于是少年肖邦逐渐以"第二个莫扎特"而闻名华沙。10岁时，肖邦被带去在一个大歌唱家面前弹奏，歌唱家听后非常高兴，送给他一块手表。不久以后，俄国沙皇听见他演奏，当即以一个钻石戒指作为赠品。当时的欧洲报纸上有这样一句话："上帝把莫扎特赐给了奥地利，却把肖邦赐给了波兰。"

在肖邦读书期间，他喜欢上了年轻的歌手康斯坦西娅。19岁时他写下了《F小调钢琴协奏曲》，据说就是这位少女激发了肖邦的创作灵感。

在年仅20岁的时候，肖邦因其创作的e小调和f小调钢琴协奏曲而誉满华沙。此后不久他就决定要出国。在这个异族统治下的国家中，政治形式不断紧张，革命一触即发。这种情况下，对于他的音乐事业的发展是非常不利的，因此在1830年的12月开始了他的艺术旅行。参加告别聚会的有他的家人、初恋情人、教授以及一些朋友们。肖邦没有意识到他就要永远离开他的祖国，也就是从那一刻，在他充满无数欢欣和痛苦的生活中将永远伴随着无尽乡愁。

1831年9月，肖邦来到巴黎，不久，就成了巴黎最时兴的音乐教师。他愿意有多少学生就有多少，价格是最高的。他上课时像一个王子，总是戴着白羊皮手套，并且由一个仆人陪着，坐着一辆马车来到。

后来，通过画家李斯特，肖邦结识了“有一双忧郁的眼睛”的奥罗尔·杜德旺夫人，也就是闻名于世的小说家乔治·桑。通过她，肖邦被拉进以巴黎为家的艺术家们、作家们和音乐家们的欢快的圈子里去。之后就与许多杰出的艺术家成了朋友，比如雨果、巴尔扎克、海涅等等。

肖邦是浪漫主义时代最有独创性的艺术家之一，他的风格完全是他自己的，绝不会把他的风格与其他人的相混淆。在第一流的艺术家中，肖邦是唯一把他的创作生活集中于钢琴上的大师。

从一开始，他的想象就献给了键盘，他在这狭窄的结构中创造出了一个世界。他的天才甚至把钢琴的局限性也转变成美的源泉。不能演奏任何时间长度的持续音当然是钢琴的主要局限，肖邦却巧妙地克服了这些局限。对于现代钢琴风格的形成，他的功绩是不下于任何其他音乐家的。他告诉学生：“必须让每个音符都歌唱起来。”

他抒发感情有时像魔鬼般神秘莫测，有时又像水妖般地令人销魂，但却永远是心血温暖而慈祥的，那些夜曲是他在孤独中的梦幻，他向静夜倾诉着一个人的最恳切的渴望。他虽然在表面上是幸运的宠儿，但实际上，却和他那浪漫主义的许多同代人一样，也是一个饱经生活苦难的人。

在德国期间，虽然肖邦生活得很开心，但正值波兰亡国，于是他写了很多怀念祖国、思念亲人的幻想性作品，如不少夜曲与幻想曲。肖邦一生不离钢琴，所有创作几乎都是钢琴曲，被称为“钢琴诗人”。舒曼称他的音乐像“藏在花丛中的一尊大炮”，向全世界宣告：“波兰不会亡”。他的晚年生活非常孤寂，痛苦地自称是“远离母亲的波兰孤儿”，临终嘱附亲人把自己的心脏运回祖国。

从1846年起肖邦的创作开始出现衰退的趋势。其原因是多方面的：19世纪40年代波兰民族运动的几次挫折，使对此一直抱着热烈期望的肖邦在精神上受到了沉重打击，深深陷入了失望和消沉的情绪之中；同乔治·桑之间爱情的破裂，故乡亲人和挚友的相继去世，自己健康情况的不断恶化，这一切都给他的身心造成深深的创伤，加重了他的悲哀和孤独。

1848年，肖邦在英国演出，返回巴黎后几个月便逝世了，时年39岁。他的葬礼在莫扎特的《安魂曲》和他自己的《葬礼进行曲》中举行。他被安葬在拉雪兹公墓，一位朋友在他的墓上撒下了波兰的泥土。

肖邦一生作品繁多，且全部为钢琴曲，而其中的十分之九又是钢琴独奏曲。但是最令人感到麻烦的是，他的作品大多只有体裁而没有标题。很多作品，即使标上调式和体裁及体裁编号，仍然难以搞懂到底是哪一首。因此，后人查找肖邦的作品时，往往以作品编号（Op.）作为查找的主要根据，因为作品编号是不会出现重复和混乱现象的。

肖邦作曲时，基本离不开钢琴键盘，对于作曲十分情绪化。据当时的人所说，肖邦擅长在钢琴上即兴创作，而且有着一气呵成般的流畅，但当他落笔追思即兴乐念时，却异常费力，稿纸上往往留下很多涂改痕迹。许多已成之作，每经他本人演奏一次，就会出现一种有所改动的版本。

他说："让人们去猜吧！"

让音乐本身去说话，不把主观臆想强加给听众——这就是肖邦的信念。

肖邦音乐的高度思想价值在于它反映了19世纪30~40年代欧洲资产阶级民族运动总潮流的一个侧面，喊出了受压迫受奴役的波兰民族愤怒、反抗的声音。肖邦的音乐具有浓厚的波兰民族风格。他对民族民间音乐的态度非常严肃，反对猎奇，同时又不被它所束缚，总是努力体会它的特质加以重新创造。这样，他既提高了民间音乐体裁的艺术水平，又保持了它纯净的风格，从不丧失其鲜明的民族民间特色。

他对当时西欧在音乐创作手段方面获得的经验和成果有深刻的了解和掌握，并将它作为自己创作的起点，从而使自己的音乐具有同古典传统有深刻联系的严谨完整的艺术形式。但是肖邦又从来不受传统的束缚，敢于大胆突破传统，进行创新。这尤其表现在他深入地挖掘和丰富了诸如前奏曲、练习曲、叙事曲、夜曲、即兴曲、谐谑曲等一系列音乐体裁的潜在的艺术表现力，赋予它们以新的社会内容。他的旋律有高度的感情表现力，极富于个性，他的和声语言新颖大胆，钢琴织体细腻而富于色彩。这一切因素融合在一起，形成了一种新颖的独特的"肖邦风格"，为欧洲音乐的历史发展做出了贡献。

通过这些我们不难看出，肖邦所拥有的非凡钢琴技巧，他完全可以让他成为一名钢琴舞台的耀眼明星。然而他宁愿为那些能够真正理解他音乐的具有艺术能力的听众演奏。除了这些之外，肖邦一生仅举行过30场公共音乐会。凡是那些参加过肖邦"书房"音乐会的人都强烈认为，只有在这种朋友间的私人音乐会上，伟大的艺术家才能阐释出音乐的真谛，发挥他们艺术的天赋。

肖邦作为作曲家已经深为大家所熟悉，最有利的证明就是肖邦创造性的艺术成就在不断地为更多的世界听众所接受和传播。他是一位非凡的作曲家，他用非凡的艺术天赋创造了非凡的艺术成就。他也是唯一一位专注于一件乐器创作的作曲家。尽管华沙的音乐团体，都建议他可以创作一些歌剧和管弦乐作品，但肖邦认为在如此年轻的时候，只有通过钢琴才能真正达到他所追求的艺术目标。他通过不同的音乐形式来表达他的音乐思想，包括波罗乃兹、玛祖卡、华尔兹、夜曲、奏鸣曲、前奏曲、叙事曲、钢琴协奏曲、回旋曲和变奏曲等。他是那个时代具有独立风格和诗歌精神的伟大作曲家。1848年在英格兰举行音乐会后，伦敦的“每日新闻”这样写道：“他的作品显示了肖邦杰出的创作才能和他对作品的表现能力。他的音乐风格之独特，是以前任何一位大师都不可能达到的。我们从没有听到过如此美妙、如此激动人心的音乐。”

名人名言

把我的心脏带回祖国。

——肖邦

我无论作什么，始终在想着，只要我的精力允许我的话，我就要首先为我的祖国服务。

——肖邦

西方音乐之父巴赫

约翰·塞巴斯蒂安·巴赫（Johann Sebastian Bach，1685—1750）是18世纪上半叶欧洲最伟大、最有影响力的作曲家，也是巴洛克音乐时期的重要代表人物。由于他一生杰出的创作活动和对音乐艺术的发展所作出的巨大贡献，在世界音乐史上，巴赫素有“音乐之父”的美称。他的作品是历代著名作曲家崇拜和学习的榜样。

巴赫

巴赫于1685年3月21日出生于德国的埃森纳赫城的一个音乐世家。生活在这个小城镇的人们非常热爱音乐，据说在它的古代城门上刻写着“音乐常在我们的市镇上回响”几个字。

大约从16世纪开始，巴赫家族就已经出现了一些著名的音乐家。在这个家族所出的二十多代音乐家中，以巴赫的成就最高。

巴赫的父亲是一名中提琴手，哥哥是风琴师。他早年丧父后，便在哥哥的指导下学习音乐。幼年的巴赫对音乐兴趣浓厚，学起音乐来异常刻苦，很快便掌握了风琴、小提琴等乐器的演奏方法，同时也开始在作曲方面暂露锋芒。

7岁那年，巴赫入当地一所教堂附属的拉丁语学校上学，是个成绩超群的学生。他还参加由学生组成的圣歌队，在各种节日演出中，在婚丧大事的仪式上唱宗教歌曲，挣一些钱交学费。

据说他哥哥藏有当时最著名的德国音乐大师韩罗伯盖尔、凯尔多人作品的手抄谱。巴赫好几次想看这些谱子，都遭到了他哥哥的拒绝。但巴赫在强烈的求知欲驱使下，每当夜深人静的时候，他悄悄起来，从书柜里拿出这些谱子，借着月光抄起来。就这样抄啊，读啊，半年过去了，终于被他抄完了。顽强的性格、不屈不挠的精神，刻苦勤奋的自学，导致了后来的成功。

1702年巴赫从神学校毕业了。巴赫的学业是优良的，他完全可以上大学深造，但为了生活，不得不自谋职业了。这一年他在吕奈堡小镇谋得管风琴手职务。

1704年他又谋到阿恩什塔特新教堂管风琴师的职位。这个教堂有一架性能很好的管风琴，就是这架管风琴强烈地吸引了年轻的巴赫。在这里他全面充分地掌握了管风琴和古钢琴演奏的技艺，开始享有演奏名家的声誉，同时，他多年辛勤钻研艺术的首次的成果成熟了。他这时创作的耶稣复活节大合唱《你不要把我的灵魂抛弃在地狱里》，就具有宗教音乐所少见的戏剧性，曲中的苦难形象具有感人至深的力量，乐队中对现实主义的描写手法的运用作了大胆的尝试。

这时他还作有一首流传至今的古钢琴作品《为敬爱的哥哥远行而作的随想曲》，是为其兄雅各赴瑞典任宫廷乐师而作。从这些早期的作品中，我们已经可以看出巴赫的创作思想是在音乐中探求如何表达普通市民的生活和普通人的感情。

但是，年轻的巴赫在教堂弹奏管风琴时，往往充满了青春的活力和创造性的热情。这就破坏了宗教音乐惯有的规范，引起了上司的不满，时有冲突发生。1705年秋，巴赫利用一个月的假期，到吕白克去听德国著名音乐家狄特里赫·布克斯特朗德的音乐会，由于没有钱坐马车，只得步行去。

当时在汉堡的亨德尔也曾到这里来听布克斯特胡德的音乐会。布氏的创作和高超的演奏技艺使巴赫赞叹不已，壮丽的管风琴曲和大合唱使他神往。四个月的时间转眼即过，已大大超过了假期。当他回到阿恩什塔特的时候，上司暴跳如雷，竟对巴赫进行正式审判。

也是在这次，他结识了许多艺术界人士。其中有不少德国的杰出人物。当大管风琴家莱因肯听了巴赫的演奏后，非常兴奋地说："我原来以为这种艺术要泯灭了，但我在你的创作中，看出它获得了新生。"

巴赫22岁时与其表妹玛利亚·芭芭拉结婚，共生下了7个孩子。玛利亚去世后，巴赫同女歌唱家安娜·玛格达蕾娜结婚，又生下13个孩子。巴赫的子女共有9人长大成人，其中就有3个孩子继承父业，成为很有影响的音乐家。他的次子卡尔·菲力普·巴赫长期居住于汉堡，被称为“汉堡巴赫”；第三个儿子约翰·克里斯蒂安·巴赫长期居住于伦敦，被称为“伦敦巴赫”，他们在音乐史上都很有地位，对海顿、贝多芬等都有直接的影响。

巴赫的第二任妻子的名字是安娜·玛德莲娜，也正是巴赫《第二小步舞曲》的别名，《第一小步舞曲》的别名是《玛利亚·芭芭拉》。巴赫给自己深爱的这两个女人创作了大量的曲子，其中最著名的也就是《小步舞曲》，其中的主旋律正是帕卡贝尔的《卡农》。

后来，他的第二任妻子去世了，为了让儿女能够受到高等的教育，巴赫新任了乐长职务，包括组织和训练圣歌队、教学生拉丁语、写作教堂礼拜等。

当巴赫为了发展德国音乐，向宫廷索取几文钱而屈辱地写申请的时候，却收到了既不公正的待遇，微薄的收入勉强养家糊口。

长年累月的辛勤劳动，使晚年的巴赫患了眼疾，两度开刀无效，终至双目失明。不久，就于1750年6月28日在莱比锡与世长辞了，他的死没有引起显著的社会反应。他被安葬在圣·约翰教堂的墓地。

一颗巨星就这样陨落了！

巴赫的作品深沉、悲壮、广阔、内在，充满了18世纪上半叶德国现实生活的气息。他谱写了许多充满戏剧性因素的大型声乐作品，其中《马太受难曲》《D小调弥撒》是最有影响的作品。在这些作品中，巴赫作为一个虔诚的新教教徒，通过宗教音乐形式（受难曲、弥撒、经文歌、康塔塔等），抒发了对人类灾难、痛苦的怜悯、同情以及对和平与幸福未来的渴望。与前人的作品相比，巴赫这种充满宗教内容及复调音乐思维的作品更为广阔地揭示了人的内心世界，但同时，他的音乐从来没有脱离德国的音乐传统。《平均律钢琴曲集》是巴赫在“纯音乐”领域留下的重要遗产之一。作为一部具有德意志精神的作品，《平均律钢琴曲集》体现出了那种严谨的德国式思维。另外，巴赫的《法国组曲》《英国组曲》和六首《勃兰登堡协奏曲》等乐队作品，也都表达了作曲家对和平和美好生活的祈求与渴望。这些作品在德意志民族人民的内心深处激起了强烈的共鸣。

巴赫的音乐，可以说是构成欧洲音乐殿堂的一根重要支柱。对于整个巴洛克时期的音乐来说，巴赫的音乐成就，可以说是架在这座殿堂上的圆顶；对于其后的欧洲音乐发展来说，虽然直到19世纪巴赫才具有真正的影响力，但是这种影响力一旦产生，便对欧洲音乐的发展产生了深远的影响。只有当巴赫在新的历史文化背景下具有新的文化意义时，他的音乐作品才对现代音乐具有“启示录”的意义。而对于后人来说，没有研究过巴赫，就不可能理解欧洲音乐；未能深入研究过巴赫的作品，就难以成为一个严谨的、精通其专业的音乐家；若不能透过巴赫音乐纯朴的形式、精练的技巧乃至宗教音乐形式上的"外壳"，体验到巴赫音乐中蕴藏着的很深的思想情感，也就难以透彻地认识巴赫音乐的本质。

在巴赫生活的时代，德国处于政治分列、经济落后的状况，文化艺术暗淡无光。外国的、例如法兰西、意大利、英吉利的文化，在德国占绝对优势，自己的民族文化受到轻视。恩格斯曾形容道："从那个时候起，棍棒和鞭子就在国内占了统治地位；和整个德意志一样，德意志农民降低到极卑微的地位。"在这样情况下，教堂自然成了人们寄托精神情感的地方。

巴赫生时没有显赫的地位，没有赢得应有的尊重，大部分作品非但没有得到出版，也不为人们所理解。"伟大的巴赫"反倒是指他的儿子埃曼纽尔·巴赫。当时人们只承认巴赫是一个演奏家、乐器鉴定家。他在音乐创作中所建立的丰碑伟绩，在他死后多少年方才逐渐为人们所认识，所推崇。

当贝多芬第一次看到一些巴赫的作品时，惊呼道："他不是小溪，是大海！"这句话道出了大音乐家贝多芬对巴赫才华的赏识和赞叹。巴赫的才华及其音乐形式的多样、思想的深刻犹如大海，以它的深奥莫测的渊流、变幻无度的色彩、悠然而逝的啸声，令人肃然起敬。巴赫的音乐作品浩如烟海，虽然大部分已散佚，但留下的也不少，约有五百多部。

音乐史上作品多产的作曲家也不乏其人，但一直到今天，在乐坛上能与之相比的人却是寥寥无几。除歌剧外，巴赫的创作涉及当时所有的音乐作裁。恩格斯称他为德国黑暗时代的"闪光"。

我非勤勉不可，有谁能像我一样的勤勉，就能有同样的成就。

——巴赫

圆舞曲之王施特劳斯

被称为"圆舞曲之王"约翰·施特劳斯（Johann Strauss，1825—1899），他是奥地利著名的作曲家、指挥家、小提琴家。他的名曲《蓝色的多瑙河》，就像一只歌颂生活的鸽子，飞遍了全球。

施特劳斯于1825年10月25日出生于维也纳，他的父亲也叫约翰·施特劳斯，为了便于区分，人们称其父为老约翰·施特劳斯，被称为"圆舞曲之父"。但施特劳斯的成就比他父亲大，故被誉为"圆舞曲之王"。但一般情况下，提到约翰·施特劳斯这个名字，通常特指小施特劳斯。

施特劳斯从小爱好音乐，他小的时候，父亲指挥的乐队经常在家里排练，由于平时耳濡目染，他在7岁时就写出了第一首圆舞曲。可是父亲极力反对儿子学音乐，因为他不愿意看到孩子跟自己一样疲于奔命。老约翰·施特劳斯常为应付演出而搞得筋疲力尽，这种永不得闲的日子使他心情焦躁，终生不得安宁。因此，施特劳斯于幼年时未能学习音乐，而被送去学商业，16岁后他曾在家里学习当银行家的课程。但是，他依然酷爱着音乐，并得到了母亲的支持，他母亲暗中请老约翰·施特劳斯乐队领班教他拉小提琴，后来还请到教会里当乐长的约瑟夫·德列克斯勒教他作曲。

施特劳斯18岁时，因为父亲不要他学音乐，甚至告到法院，结果儿子胜诉。这一年，他尝试写宗教音乐，但是他感到与自己的个性格格不入。他一直喜爱与人民生活密切相关的轻音乐，尤其是奥地利人民喜闻乐见的维也纳圆舞曲，以至于后来他的才华在此得到极大发挥。

1844年，他19岁时，经过几番周折后终于取得市当局的许可，组织了一个乐队，在当时第一流的舞蹈场所举行了第一次演奏。在这场演奏会上，他正式登台指挥。演出的作品有他创作的《寓意短诗圆舞曲》及其他的三首圆舞曲，而《寓意短诗圆舞曲》在听众“再来一遍”的强烈要求下，竟连续重奏了19遍。可以说，这次演出获得了极大的成功。

第二天，维也纳一家报纸写道：“好好休息吧，兰纳。晚上好，老施特劳斯。早上好，年轻的施特劳斯。”这足以表明年轻的施特劳斯时代到来了。

施特劳斯

施特劳斯的音乐活动得到了维也纳市民的支持，他组织的乐队开始与父亲的乐队分庭抗礼，甚至他们也能到外地巡回演出了。1846年，他表面上已和父亲和解，但他拒绝加入父亲的乐队，依然率领着自己的乐队进行演出活动。

1848年爆发欧洲革命时，年轻的施特劳斯怀着真挚而激动的心情加入了革命队伍，他身穿国民自卫军制服，用琴弓指挥《马赛曲》。同年，他第一次出国巡回演出到罗马尼亚，他代表奥地利人民向奥地利领事说：“人民要求民主和自由，不需要你这样的官吏。”

从19世纪60年代初开始，施特劳斯开始

着手创作规模较大的演奏会用的舞曲体裁，他的许多优秀的维也纳圆舞曲大部分是在这以后创作出来的。70年代是他创作轻歌剧以及大型舞曲的时期。他之所以要创作轻歌剧，主要是受法国作曲家奥芬巴赫和奥地利作曲家索贝的影响。

《蓝色多瑙河圆舞曲》《维也纳森林的故事圆舞曲》《艺术家的生活圆舞曲》《春之声圆舞曲》和《安娜波尔卡》等120余首维也纳圆舞曲著称，被后人冠以“圆舞曲之王”的头衔。他曾带领乐队访问欧洲各国，使维也纳圆舞曲风靡全欧洲。他的圆舞曲独具特色，旋律酣畅，柔美动听，节奏自由，生机盎然，是每年维也纳新年音乐会的主要曲目。他还作有《雷鸣电闪波尔卡》等120多首源自捷克的波尔卡舞曲及几十首其他舞曲。

在19世纪70年代初到90年代末，施特劳斯一共创作了36部轻歌剧，包括《罗马狂欢节》《阿里巴巴与四十大盗》等，对于欧洲轻歌剧的发展有着相当深远的影响。其中《蝙蝠》和《吉卜赛男爵》已成为维也纳轻歌剧的代表作。他只用了42天就完成了《蝙蝠》这部作品，《吉卜赛男爵》在他60岁生日前夕上演，连续演了84天。1873年奥地利维也纳世博会上，施特劳斯演奏了风靡全球的《蓝色多瑙河》。直至今天，这些剧作仍在世界各地的大剧院里经常演出。

施特劳斯是个多产作曲家，他的作品号码编到479号。他的轻歌剧欢快热情、幽默而格外富于韵律性，以明朗、舒展的旋律著称的约翰·施特劳斯的维也纳圆舞曲，对其他体裁的专业音乐创作也产生了重要的影响。

施特劳斯的一生完全在创作和演出中度过，他的指挥和演奏光彩焕发，能使听众为之心旷神怡；他的小说诗歌文学作品也赢得了许多作曲家如柏辽兹、李斯特、勃拉姆斯、封·彪罗和瓦格纳的高度评价，封·彪罗曾称他为“绝妙的魔术家”，并说“他亲自指挥演奏自己的小说诗歌文学作品，使我获得了前所未有的音乐享受”。约翰·施特劳斯于1899年6月3日在维也纳逝世，时年74岁。维也纳人民为他举行了有10多万人参加的盛大的葬礼。

直到一百多年后的今天，他那富于生活气息的优美动听的，反映人民热爱生活的思想感情的作品，仍然受到全世界人们的喜爱。

音乐是人生的艺术。

——约翰·施特劳斯

现代雕塑的开拓者罗丹

奥古斯特·罗丹（Auguste Rodin，1840—1917）是现代雕塑的开拓者，闻名世界的伟大雕塑家，他的《思想者》《青铜时代》《吻》《巴尔扎克纪念碑》《雨果纪念碑》等都是后世公认的传神杰作。

罗丹1840年11月12日出生于巴黎拉丁区巴莱特三号一个普通的家庭里。父亲是警察局一位普通雇员，母亲是佣工出身的平民妇女。

童年的罗丹最热衷、最迷恋的就是趴在地上画图。父亲并没有想把儿子培养成一个画家或雕塑家，家里也似乎缺少一切培养艺术家的条件，甚至连画图的纸和笔都没有。小罗丹为了画画，总是千方百计地寻找一切可以用来画画的纸张和用来代替笔的木炭。他喜欢用黑色的木炭在洁白的纸张上留下清晰的痕迹，经常趴在地上或坐在餐桌旁笨拙或专心致志地画画，他画爷爷、画妈妈、画姐姐，画那些使他幼小的心灵感兴趣的一切事物。母亲性格温和懦弱，虽然她常常抱怨找不到引火用的废纸，却还是任凭罗丹把能用来画画的纸都画满了各式图画；而他的父亲一直希望罗丹将来能掌握一门手艺，过殷实的生活。

罗丹5岁时被父亲送到一所耶稣会的学校。罗丹讨厌背诵那些宗教教义的问答，对于算术他好像永远也弄不清楚，历史、文法课、拉丁文他也觉得很乏味，一切课程都引不起他丝毫的兴趣。因此，罗丹的功课一直很差，盛怒的父亲经常教训这个不争气的儿子。当一切惩罚都无济于事时，父亲决定给儿子换一个环境，便把这个脑子笨拙的儿子送到罗丹的伯父亚历山大主持的学校里。罗丹的伯父有着诺曼底人的那种充沛的精力，他对侄儿的教育充满了信心，他想方设法帮助侄儿弄懂那些拼字、作文以及拉丁文法，但收效甚微。这一方面由于罗丹的视力太差，他始终看不清黑板上的字，另一方面他的确把大部分才智都放在了绘画上，所以他的功课仍是几乎没有一门的成绩可以引为自豪的。有一次，罗丹上课时画画被老师发现，老师用戒尺狠狠地打他的手，致使他有一个星期不能握笔。当老师再次抓住他时，气恼地用鞭子代替戒尺将他抽了一顿。罗丹不仅不屈服，反而将老师也画成漫画，自

罗丹

得其乐。4年后，罗丹离开了他伯父的学校，回到家里，这时罗丹已经14岁了。

伯父对罗丹在他那儿4年的表现如何评价我们不得而知，但他一定认为侄儿不适合继续求学。罗丹回家后不久，父亲就把罗丹叫到面前，父亲显然已经对罗丹的学业失去了信心。他认为罗丹是一个不务正业的儿子，既然学习不行，就应该去工作。父子俩开始了一场真正的冲突，罗丹此时已认清自己所需的：就是要画画，这对他至关重要。冒着触犯父亲的风险，他明确讲出了自己的愿望："我要学习画画。"父亲大怒，他绝不允许儿子做出这种愚蠢的选择。要知道，巴黎当时有几千个画家，他们大都穷困潦倒，父亲希望儿子能找一个正当的职业，能够安身立命。他不能让儿子走一条可能连自己都养活不起的道路。父亲的看法合情合理，他没有那么多深刻的洞察力和预见性，能发现儿子与众不同的内在潜质，他愿意按照生活中的一般规律和常识来判断儿子的前途。父亲就是父亲，不是伯乐，所以他坚决反对儿子的怪念头。罗丹比父亲更加坚定，更加固执，罗丹坚持说："我必须学画画。"

罗丹的父亲同意罗丹去报考波提特设计学校，因为这是一所免费的寄宿制学校，专门造就美术实用人才。与其说这儿训练艺术家，不如说是训练制图员。父亲想：罗丹至少可以学习一门手艺，毕业后做一名雕刻师或木匠。

波提特设计学校的勒考克老师不仅是罗丹的启蒙老师，而且成了他终生的支持者和莫逆之交。刚开始，罗丹被光怪陆离的色彩所吸引，一心想当油画家，但这所免收学费的学校并不供给学生画布和颜料，罗丹家境贫穷，负担不了这笔开支。罗丹只好在教室走来走去，寻找别人丢弃的破旧的画布，拣废弃的颜料，但画画最需要的好颜料总是被挤得一干二净，没有必需的颜色，他连一幅素描都无法完成。正当罗丹绝望地想辍学时，勒考克老师觉得不能坐视一个才气纵横的学生断送前程，他告诉罗丹可先去学雕塑，因为这样不需用纸与笔，所需的粘土也不贵，颜料和画布他再去想办法。到了雕刻室后，罗丹很快对雕塑产生了浓厚的兴趣，他觉得雕刻比绘画对他来说更合适。雕刻靠的是手的触觉，不像绘画靠的是视觉的艺术，因为他的视力并不好。他请求勒考克老师让他留在雕刻室学习，勒考克老师没有反对，但他仍提醒罗丹，雕刻是比绘画更费力不讨好的一种职业，是毫不赚钱的艺术，而且学习的时间要更长。事实正是如此，当时的法国，雕刻的地位还不如绘画，因为绘画还可以依靠私人的赞助和收藏，而雕刻作品是公众的艺术，只有政府和美术馆才会收买。

罗丹却从此迷恋上了粘土和石块，与雕刻结下了不解之缘。这段时期，上课、画画、塑模，几乎就是罗丹生活的全部。经过了刻苦勤奋的三年，罗丹觉得他已经有资格报考巴黎著名的美术专科学校了，便请勒考克老师推荐他参加考试，谁知他连考三次，都失败了。据说，这一方面是由于罗丹的雕塑风格不符合学院派的规范，另一方面由于罗丹是勒考克的学生，学院派宿敌的高足，是怎么考也考不进艺术学校大门的。因此，第三次考试结束时，监考老师在罗丹的名字旁写了一句：“此生毫无才能，继续报考，纯系浪费。”但是此事对罗丹却是一个沉重的打击，他甚至感到作为雕塑家，他的生命结束了。

在以后的几年里，为了维持生活，罗丹曾从事过多种手工技艺，像做金银首饰、塑制模型、烧制陶瓷、当装饰工人以至木匠、泥水匠，还给雕刻家当过助手。他说：“我就是这样学会了我职业中的一切本领。”

后来，他拜巴史为师，在剧院做装饰雕刻，为卢浮宫的长廊做装饰浮雕。此间，他和一个叫贝莉的年轻漂亮的缝纫女工相爱了，从此她忠实地为罗丹做着他需要的一切。

正如罗丹的父亲与老师勒考克甚至他本人所预料的那样，罗丹选择雕塑为自己的毕生事业后，的确是不停地和偏见、政府、美术馆作斗争。他的每一件大型作品像《青铜时代》《塌鼻子的人》《施礼者约翰》《思想者》《地狱之门》《雨果纪念像》《巴尔扎克纪念碑》等的展览都会引起一场轩然大波，讥讽、嘲笑、猜测、抨击如潮水一样袭来，令罗丹苦恼不堪。

他的《青铜时代》因为太像真人而被人怀疑是用人体浇铸而成的，流言不胫而走，后经报界渲染被广泛传播开来，直到罗丹在几位权威评审委员们面前当众雕塑《行走的人》，流言才被粉碎，罗丹才告别默默无闻，走向成功之道。他的《塌鼻子的人》曾因为造型太丑而遭受嘲笑；有人曾站在《雨果纪念像》前痛骂罗丹，因为他不能容忍伟大的文学家雨果竟被雕成裸体像；后来闻名于世的《思想者》惨遭攻击，被评论家斥责为“怪物”“人猿”；《巴尔扎克纪念碑》被艺术界说成是个“雪人”“大麻袋”“丑八怪”“神经错乱之作”，而且他刻画的巴尔扎克连手都没有尤使观众不能接受，于是，巴黎市议会通过决议：禁止将《巴尔扎克纪念碑》竖立在市内的任何地方。他的朋友奔走呼吁，抗议这尊塑像所受的不公平待遇，并且组成专门的筹款委员会，由著名画家、作家、作曲家以及雕刻家联合签名，准备筹借三万法郎，买下《巴尔扎克纪念碑》，罗丹为朋友的义举深深感动，但他谢绝了朋友的好意，默默地将雕塑安置到自己牟峒的花园里。

因为罗丹的作品太过坦率真诚，毫不矫饰，因此常常得不到别人的认可而遭到订作人的拒绝。即使有时给友人造像，也常因过于直率而引起友人的不快。一直到罗丹声名远播，成为塑造大师，他的作品成了收藏品，成了许多人争购之物，贫穷才离开他。

罗丹一生忙于雕塑，无暇顾及父母，是贝莉像女儿一样无微不致地照顾着罗丹的父母，以至于他的父亲感动得在弥留之际对罗丹说：“你一定要娶贝莉为妻，她像我的女儿一样待我。”尽管罗丹在雕塑《地狱之门》时爱上了自己的秘书兼学生的美丽的卡密尔，俩人曾一起坠入热恋，罗丹曾以卡密尔为模特雕塑了《清晨》《思》《吻》《虹之女神》，都闻名于世。但卡密尔最终明白，罗丹不可能离开共患难的贝莉，只好一个人绝望地悄悄走开了，并拒绝接受罗丹提供的任何帮助，最后，卡密尔因伤心失望及精神不好而变疯了，再没有清醒过来。罗丹知道后百感交集，却无以表达，只说了一句："法国已经失去了一个优秀的艺术家。"

1917年1月29日，在儿子奥古斯特出生后50年时，罗丹与贝莉在地方长官主持下结婚，儿子充当证婚人。而结婚仅两周后，妻子贝莉便因病去世。病体虚弱的罗丹受不住这一沉重打击，也在不久与世长辞。

罗丹的一生是被人攻击和嘲讽、同时亦为人理解和支持的一生。但他始终以一种伟大的人格正确地面对这一切。罗丹一生攀登，并终于登上米开朗基罗之后的又一高峰。罗丹坚信："艺术即感情。"他的全部作品都证明了这一观念，都深刻揭示了人类的丰富情感。以此而论，罗丹是最杰出的浪漫主义雕刻大师。然而，他的伟大，还在于他的深刻思想：他没有浪漫派中容易见到的那些弊病，如肤浅的热情，空洞的夸张，虚假的内涵。他偏爱悲壮的主题，善于从残破中发掘出力与美。这使他的艺术具备博大精深的品格，既动人之情，又启人之思，使我们得以神游于心灵的波涛，生命的奥义，宇宙的玄远，创造的神奇。由此观之，罗丹又超越了浪漫主义，超越了门户派别，超越了时代和区域，成为历史星河中一颗璀璨的巨星。他同情底层劳动人民，热爱自己的祖国，将其毕生投入到对艺术执著追求和人生种种痛苦的苦苦思索中去。他开创了一个全新的时代，创作了一种全新的艺术手法。他的作品所体现出的思想和精神魅力，永远带给人以深沉的美，启迪着人们不停地思考。

名人名言

在艺者眼中，一切都是美的，因为他锐利的慧眼，注视到一切众生万物之核心。如能掘发其品性，就是透入外形触及其内在的"真"。此"真"，也即是"美"。

——罗丹

生命之泉，是由心中飞涌的；生命之花，是自内而外开放的。同样，在美丽的雕刻中，常潜伏着强烈的内心的颤动。这是古代艺术的秘密。

——罗丹

天才画家梵高

文森特·威廉·梵高（Vincent Willem Van Gogh，1853—1890），荷兰后期印象画派代表人物，是19世纪人类最杰出的艺术家之一。他热爱生活，但在生活中屡遭挫折，艰辛倍尝。他献身艺术，大胆创新，在广泛学习前辈画家伦勃朗等人的基础上，吸收印象派画家在色彩方面的经验，并受到东方艺术，特别是日本版画的影响，形成了自己独特的艺术风格，创作了许多洋溢着生活激情、富于人道主义精神的作品，表现了他心中的苦闷、哀伤、同情和希望，至今享誉世界。

梵高出生于一个并不富裕的家庭里。中学毕业后他被送到海牙一家美术商店当学徒，不久他又先后来到巴黎总店和伦敦分店卖画。年仅16岁的梵高，就这样天天接触美术品，耳濡目染，认识和欣赏能力渐渐增强，可是这并没使他的工作受到赏识，得到认同。一次，一位有钱的妇人为自己的新居购画，她一边喋喋不休地胡乱发着议论，一边尽挑那些在梵高看来十分庸俗、低水平的画作，还自鸣得意地大声说："瞧，我选的都挺不错吧！""你即使闭上眼睛，也不会比现在挑得更糟了。"梵高忍不住顶了她一句。他觉得这位目空一切、浅薄无知的太太实在令人讨厌。难怪那妇人听见此话，顿时大怒："天哪！你不过是个乡巴佬而已！"店老板闻声赶来，训斥梵高不要毁了他的生意，警告他再不改过，便只好让他走人。梵高却生气地打断老板的话，说："怎能为了赚钱向这种愚蠢的人卖画？""还有，为什么不懂艺术的人有资格到这儿来，而那些对优秀艺术真正有鉴赏力的穷人，却拿不出一个铜板去买张画挂在自己的墙上呢？"这件事发生后不久，他不辞而别，回到家里。

梵高（自画像）

父亲希望儿子继承自己的职业，便说："卖画不成，那你就学神学吧。"后来他在叔叔的劝说下于1877年考进阿姆斯特丹大学神学系预备部。可他不久又彷徨起来，他认为自己在神学系背诵枯燥的希腊文和拉丁文，对那些伸着双手的穷人并没什么帮助，于是他再一次不辞而别。不久他出现在比利时皮森特牧师等几人组织的福音传道学校里，因为这儿只要他学习三个月后就可得到一张合格证书，便可分配去工作，那时他替上帝为穷人服务的愿望马上就可以实现了。可是事情并不那么简单，临毕业时，负责人对梵高说："你宣讲时连话都讲不好，委员会认为你不够格给百姓传授教义，我遗憾地通知你，你没有合格地毕业，我们不能给你任命。"梵高惊呆了，伤心地跑了出来。后来他在皮森特牧师的帮助下，谋得了一个实习机会，并对他说，只要梵高做得好便有机会转正。就这样，两天后，这位没有文凭的布道者登上了南下的火车。

可梵高来到比利时南部博里纳日矿区不久便感到了困惑，这里的人过得太悲惨了，自己来到这里并不能使这些悲惨的命运有丝毫的改观。此时，他也是平生第一次感到，他的宗教没有用处，他的上帝那么苍白无力。他把自己的内衣、袜子、外套、毯子、木床都分给了贫困的工人，整天忙着帮工人洗衣、煮饭，给人们治病，教会发给他的工资，也几乎被他分送光了。不久，这儿又发生了一次矿难。前来视查的牧师发现梵高狼狈不堪的样子，认为他有失牧师的身份，当即宣布解除他的任职，工资立刻停发。山穷水尽的梵高不禁感叹：上帝在哪儿？

在矿区百无聊赖的梵高整日在饥寒交迫中闲荡。一次，他从一个老矿工身上感到有一种什么东西打动了自己，自己一时也说不清，这种触动驱使他从口袋中翻出一截铅笔和一封家信，迅速地把那个迈着缓慢、沉重步伐，穿过黑色原野的身影画了下来。他觉得那上面的人物说出了他想说的一些话，而且还引发出自己一种不可遏止的冲动，就是要把印在头脑中的博里纳日人都画下来。从此，他又开始到矿工家去做访问了，不过，这次《圣经》被画纸和颜色笔取代。他画得仓促而潦草，勾勒着对每一个人物的第一印象，什么解剖学、透视学，比例问题等等概念全然没有考虑，但落在纸上的就是博里纳日的矿工，这是谁也不会弄错的。他省悟到：自己是在怀念那久违的艺术世界了，也许自己已经走到了艺术殿堂的大门口？经济上的窘迫丝毫没有影响梵高心头的快乐和幸福感，虽然仰仗父亲及弟弟的钱来维持生活曾使他羞愧不堪，可现在他顾不得多想这些，只管画下去。

梵高一生中最为幸福的也许就是他有一个自身并不富裕的弟弟能终生地接济他。即便如此，生活还是时时将他压迫到生存的最低线，但他始终不改对艺术的痴迷与执著，他的一生也没有为改变贫穷的命运而稍稍偏离过既定的航道。

和弟弟一同回到家乡的梵高不分昼夜地钻研绘画技巧，画累了，就读书，因为没有文学修养，画也会缺乏内涵，流于浅薄。莎士比亚、狄更斯、雨果等一位位大师笔下的人物常常从他的眼前"走"过，他感到既充实又满足。弟弟给他寄来必需的纸笔、动物解剖图、人体骨骼复制品、颜料和尽力省下的钱。每当这时，梵高会更加催促自己，为了艺术，也为了早一天不再成为弟弟的累赘。

后来，为了进一步改善自己的技艺，他想找到一位画家，看他是如何在画室作画的。于是，他便来到海牙的画家表哥那儿，可他根本不按表哥的指点画画，次数多了，表哥再也不理他了。梵高在自己租来的屋子里一边疯狂地画画，一边经常性地忍饥挨饿，弟弟每月160法郎的汇款根本不够他花的。颜料贵得吓人，可梵高无法控制自己的情感，不能薄施颜料，也无法减缓画画的速度，他有时兴致一来，干脆拿着颜料管向画布挤去，后来，提奥把汇款时间作了调整，由每月初一一次寄清改为每月一号、十号、二十号分别寄50法郎。而往往是，只要汇款一到，梵高就抓起装满空颜料管的提袋，一溜烟地跑到画商那儿去购买特大号的各种颜料，然后又快乐无比地尽情挥洒起来，直至颜料和钱消耗干净为止。而每每这时，离下次来钱还有四、五天时间无法打发，忍饥挨饿就成了家常便饭了。“你简直就像个刚领了工资就往酒馆里跑的醉汉。”一位朋友这样说他。

梵高生性善良，早年为了“抚慰世上一切不幸的人”，他曾自费到一个矿区(博里纳日）里去当过教士，跟矿工一样吃最差的伙食，一起睡在地板上。矿坑爆炸时，他曾冒死救出一个重伤的矿工。然而在他主持的一次葬礼上，一位老人的厉声谴责使他突然变得清醒，他才又回到绘画事业上来，受到他的表兄以及当时荷兰一些画家短时间的指导，并与巴黎新起的画家（包括印象派画家）建立了友谊。

梵高全部杰出的、富有独创性的作品，都是在他生命最后的六年中完成的。他最初的作品，情调常是低沉的。可是后来，他大量的作品即一变低沉而为响亮和明朗，好像要用欢快的歌声来慰藉人世的苦难，以表达他强烈的理想和希望。一位英国评论家说：“他用全部精力追求了一件世界上最简单、最普通的东西，这就是太阳。”他的画面上不单充满了阳光下的鲜艳色彩，而且不止一次地下面去描绘令人逼视的太阳本身，并且多次描绘向日葵。为了纪念他去世的表兄莫夫，他画了一幅阳光下《盛开的桃花》，并题写诗句说：“只要活人还活着，死去的人总还是活着。”

1888年2月，梵高离开喧闹的都市，只身来到法国南部的阿尔。他被这里的美景震撼了，顿时感到一个促使自己成熟结果的炽热太阳就在眼前，到哪里能再捕捉到这种梦想的色彩呢？每天，他流着泪迎接朝霞，挥着汗水送走夕阳，在阿尔的荒原上作精神的漂流。阿尔人对梵高敬而远之，他们看见这人日出前就背着一大捆东西跑出城去，头上从不戴帽子，下巴急切地伸向前方，眼睛里冒出狂热和兴奋。而在傍晚，他们又看到他拖着疲惫的脚步走回来，两眼像两个冒火的洞，头顶红得像没有皮的鲜肉，腋下挟着一幅未干的油画，边迈动双腿边咕哝着什么，还不时打着手势，他们便称呼他“伏热”“伏热”，意思是红头发的疯子来了。

早在1885年，梵高完成自己的名作《吃土豆的人》时，梵高基本确立了自己的艺术风格，精神分裂倾向已初露端倪。当时，高更看了梵高的画后，曾直言不讳地问梵高是否是癫痫病人，梵高深感纳闷与不满，高更解释到：“哦，你的这些画，它们看起来仿佛就要从画布上跳出来似的。当我看着你的作品——这对我可不是头一次，我就开始感到一种几乎无法控制的兴奋。我的感觉是，如果你这幅画不爆炸，我肯定会爆炸。”

而这期间，梵高以惊人的质与量向艺术的巅峰挺进。1884~1886年，他平均每年画4幅画，1887年他画了12幅画，而就在1888年那一年，他的创作量竟高达46幅！

梵高生前只卖出过一幅画，价值4英镑，而100年后的梵高的《向日葵》以4200万美元的价格售出。后来，他的《蝴蝶花》在美国拍卖时，售价高达5350万美元。这是我们迄今听到的艺术品的最高价之一。

1888年春，梵高为寻找创作灵感，移居到法国南的阿尔勒，而法国画家高更也于10月应邀前往与梵高共同作画。两位大师对艺术有着不同的见解，一般人会认为，这样很好，可以交流学习，可是他们不是一般。两个人几乎从一开始就陷入了激烈的争吵。在性格方面，梵高有着癫痫病人所特有的偏执，而高更则有着超乎常人的冷酷，这使得争吵变得无法调和。高更离开布列塔尼本来就有几分不情愿，见这般光景，遂萌生去意，这让梵高的精神更加紧张。因为他知道，如果高更走了，他建立“南方画室”的梦想就将破灭。

一次他们为了一幅画争吵得很凶，梵高拿出枪射向了昔日好友高更的身上，高更带着受伤的身体离开……过了许多天，梵高觉得有些想念高更，就去看望他，两人重归旧好。

梵高与高更曾经是志同道合的好友，但造化弄人，他们两人决没有想到相处是那么困难。两人都少年气盛，哪里顾得什么天高地厚，在现实中又那么不如意。以后一个不久自杀身亡，一个在孤岛上抑郁而死。

不幸的那一刻终于来临。1888年12月的一天，一种不可遏制的躁动攫住了梵高的身心，他手握一把剃刀，怒气冲天，四下巡行。结果，慌乱中，他冲向高更，但在高更的逼视下，他退缩了。最终他割下右耳，血淋淋地把它当作礼物送给一个妓女，也许是为了兑现她的戏谑：“你可不可以用你的耳朵来代替两个法郎?”

在圣雷米疗养院，深受幻觉与狂想之苦的梵高依然努力不懈。他自己说：“我越是理智分裂，越是虚弱，就越能进入一种艺术的境界。”精神的分裂、理智的深刻达到了奇妙的统一，梵高将自己全部的人格注入作品中，出于无奈而成了狂人，却在自己的作品中体现了存在的深刻。

在经历了长时间的虽生犹死的痛苦挣扎后，梵高37年的生命走到了尽头。他跪倒在麦地里，抬起头，仰面向着太阳，举起了左轮手枪，用它结束了自己的生命。

名人名言

我们一生之中有个时期，会觉得自己的所作所为好像都是错误，而且对于所有的事物都不感兴趣。这就是所谓的万念俱灰，情思枯槁。我觉得这好像具有几分真理，你以为这分感情应该早日扬弃吗？我怀疑这也许是，叫我们深信在心中，而很快地等着好结果的一种憧憬心理。

——梵高

一个人很合群地夹杂在庸俗的人群中时，往往会觉得自己跟大家并无两样，但终于有一日，他会达到牢固的自我谛念的境地。他能很成功地培养自己的信念，那信念又会适当地支配他，使他能向更高更善的境地继续进步。

——梵高

现代艺术大师毕加索

巴勃罗·鲁伊斯·毕加索（Pablo Ruiz Picasso，1881—1973），他是20世纪视觉艺术方面最有独创性、最全面、最强有力的人物。他的一生画风多变，从忧郁的蓝色到多情的玫瑰色，再变回新古典主义，接着又变成超现实主义，他的每一次风格变化都引起画坛一片惊奇，他也都取得成功。他的作品对西方的艺术流派产生了较为深远的影响。

1881年10月25日，西班牙马拉加一位图画教师的妻子产下一个浑身青紫的男婴，助产士以为这是个死胎，便撂在桌子上忙着照料产妇去了。幸亏他的叔叔，当地有名的布拉斯科医生及时赶到，他经验丰富，判定婴儿并没死去，便立即着手抢救。过了好一阵子，婴儿才脱离窒息状态，“哇”地一声哭了出来，开始呼吸人世间的气息。这个被宣判为死婴的孩子便是后来举世闻名的艺术家——毕加索。

毕加索

毕加索来到世界上不久，便显露出他与绘画艺术的天然渊源。据说小毕加索学会的第一个音节就是“匹兹”，毕加索好像是在向母亲索要一支铅笔，以便用它涂涂画画，小毕加索的确很早就喜欢用笔在纸上画一些纠缠不清的螺旋形。毕加索常在父亲的画室找乐趣，一次他父亲嫌他太吵闹，给了他一张纸和一支笔，任由他胡乱涂画，可不一会，他竟完成了一幅“作品”，递给父亲，等待夸奖。他父亲看着纸上潦乱的线条，不知是何物，小毕加索居然发音含混地告诉父亲这是一块小甜饼。

自然，小时候对毕加索影响最深的是他的父亲。他看到儿子对画画很有兴趣，就对他进行训练，先教他观察和思考的能力，接下来让毕加索学会吃苦，练习基本功。毕加索常常坐在父亲的画室，一边认真观察一边认真画画，画坏了从头再来。他的画在父亲的指导下和靠着自己的勤奋进步很大。

毕加索6岁那年，他被父亲送进马拉加最好的一所公立学校读书。毕加索此时对绘画艺术的兴趣与日俱增，同时他对普通教育的反感和抵制情绪也在与日俱增。他对学校安排的课程总是打不起精神去学，作业马马虎虎，能逃则逃，考试能躲则躲。他父亲对此忧心忡忡，生怕儿子的前途毁在这里，于是想方设法又把他转学到一家管理较严格的私立学校去，可他依然如故，没有任何改观。少年毕加索一进学校就垂头丧气，好像被关进了监狱。有一次，因为他把鸽子带进教室照着画被老师发现，挨了一通批评，他便赌气拒绝上学，后经他父亲反复向学校求情，最后总算对毕加索作出让步，允许他将鸽子放在书桌里面，默不作声地照着鸽子画，以免影响其他同学上课。然而毕加索还是做不到不扰乱课堂秩序，有时他完成了一幅得意之作，便忍不住拿出来炫耀一番，作品会在同学手中传来传去。一次老师发现后，很不高兴，但等到他扫了一眼手中的作品，批评的话却堵在了喉咙中。老师也惊叹于毕加索的绘画技艺，他心想：“将这样一个小天才，关在课堂里学他不爱学的东西的确受罪，也是一种浪费。”而毕加索的父亲，此时却一直担心他的孩子将来会是一个文盲。

后来，毕加索终于考进拉科鲁尼阿的达古阿达工艺学校，就读于人物绘画班。在这儿的4年里，毕加索开始接触正规的美术教育，并尝试了一些严肃的创作。在拉科鲁尼阿的日子里，他别出心裁地创办了一种画报式的书信，以此同自己的亲朋好友联系，因为他的真情实感只愿也只能诉诸画笔。在画报中，他报道了当地的面貌和趣事，比如报道当地的恶劣气候时，他画了一男一女挤在一起，雨伞和裙子在风雨中飞舞。文字说明是：“狂风大作，把拉科鲁尼阿吹到九霄云外。”他还在画报的封底正儿八经地登一些广告，诸如“求购纯种鸽子”之类。

1895年，毕加索考进了巴塞罗那的美术学院。为了他更好地学习，全家也迁到这里。毕加索轻松地从初级班跳到高级班，但那些因循守旧的老师无论如何也提不起他的兴趣，他又“旧病复发”开始逃学。他并不是在逃避他不会也不想会的那些东西，而是此时他已把别人远远抛在后面了。美术学院的校长在看了毕加索的几幅作品后，终于理解了这个班上年龄最小的学生经常缺课的原因。1896年，毕加索完成了三幅作品《第一次圣餐》《唱诗班的男孩》《科学与仁慈》，其中《科学与仁慈》在当年的全国美展上获得好评，并在马拉加全省美展上捧得了金像奖。在一片鲜花与掌声里，毕加索离开了巴塞罗纳，在那位救了自己一命的名医叔叔的资助下，他来到了西班牙首都马德里，顺利地考上了圣费尔纳多皇家学院，但一进学校，他又感到失望了。毕加索永远对学校教育感到失望，他受不了那里的空洞、教条和死气沉沉，又开始旷课了。除了去学校的画室，他几乎放弃了所有的课程，天天泡在马德里最著名的美拉多美术馆，或者就到户外写生。

那位对侄子的前途寄于厚望，一心希望侄子成名成家、光宗耀祖的医生叔叔听说毕加索逃学的事以后，便中断了对毕加索的接济。这样一来，毕加索的生活陷入了困境之中，他买颜料的钱没有了，肚子也饿得咕咕叫，更不幸的是，饥寒交迫中他患上了猩红热病，幸运的是他活了下来。他卷起行李，回到了巴塞罗纳的父母身边。

此时，思想正统的父亲看不惯毕加索的行为也开始冷落他，但母亲鼓励和支持他，他又重新燃起了对艺术追求的信心。为了感激母亲，他把自己创作的作品的署名改为母亲的姓——毕加索。

19岁的毕加索十分向往当时世界艺术的中心——巴黎，再加上他与家庭之间出现了一道裂痕，他感到心灰意懒。他决定到巴黎去闯世界，动身之前，他为自己画了一幅自画像，他在人像的眉毛上连写三遍“老子天下第一”，便登上了北去的旅程。

1900~1904年，在巴黎的毕加索接触了各种艺术流派，在艺术上汲取到许多营养，虽然他的生活非常艰辛，但他并没被困难所吓倒，在艺术上仍然孜孜不倦地探索着。他画出了一系列以蓝色为基调的绘画作品，比如《卡沙格马斯的葬礼》《蓝宝》等，由于这段时期毕加索穷困潦倒，生活不如意，使得他这一时期的作品都充斥着代表着忧郁、苍茫的蓝色，人们把这段时间称为他的“蓝色时期”。也正是这一段时间，他积蓄了抵抗困难的勇气和激情，开始了他不知疲倦的创作。这位穷困潦倒的画家，在当时除了他的才能外，几乎是一无所有。

1904年后，毕加索在他称为“洗衣舫”的巴黎马特尔山的斜坡上的拉维格南街13号连续住了五年。毕加索在这里经历了他的“玫瑰色时期”，并开创了举世闻名的立体主义绘画。“洗衣舫”的生活条件十分恶劣，可是，在这里毕加索第一次堕入情网，穷困潦倒的生活从此充满阳光，一幅题为《沉思》的作品是这种生活的真实写照。这幅水彩画中，一位青年男子正坐在床边，若有所思地注视着一位熟睡的体态丰满的女子。毕加索的潜台词似乎是：无论多么贫穷，只要有了爱情，生活就会变得富足。

他的《演员》和《坐着的裸女》是玫瑰色时期的代表作。好在后来终于有人主动来买他的画，他的生活才终于得以改观。

随着毕加索名气的与日俱增，他渐渐富裕起来了，早期那种哀怨的小人物形象也从画面上消失了。毕加索进入竭尽全力研究绘画形式的新时期。他开创的“立体主义”绘画，在西方美术史上虽然有着巨大的影响，但由于画家注重的只是绘画的表现形式，所以这一时期，真正优秀的作品并不多。不过，作为一个终生追求进步的艺术家，在这一时期还是有着许多值得肯定的东西，例如著名的《亚威农少女》。

1937年4月26日，拥有7000多居民的西班牙巴斯达克省文化中心格尔尼卡遭受到佛朗哥指使的德国法西斯空军的突然袭击。在长达三个多小时的狂轰滥炸中，小镇被夷为平地，有2800余人惨遭无辜杀害。毕加索在巴黎听到这个消息后，非常激动，立即决定以这个事件为题材，创作大型壁画。6周后，毕加索完成了这幅他最著名的油画作品《格尔尼卡》，全画由黑、白、灰三色画成，画中的妇女、小孩、战士的尸体、着火的房屋和被矛刺穿的马（象征人民）等，无一处不是对法西斯罪行的血的控诉。

1944年，巴黎解放后，毕加索加入了法国共产党。在这一政治信仰鼓舞下，他积极参加和平运动。《和平鸽》就是他应巴黎举行的保卫和平大会的要求所作的一幅石版画。在美帝国主义侵略朝鲜期间，他又画了《朝鲜的屠杀》，以此来揭露美帝国主义发动侵略战争的罪行，并进行强烈的控诉。

毕加索一生中画法和风格几经变化。也许是对人世无常的敏感与早熟，加上家境不佳，毕加索早期的作品风格充满了早熟的忧郁，早期画近似表现派的主题。在求学期间，毕加索努力地研习学院派的技巧和传统的主题，而产生了象《第一次圣餐》这样以宗教题材为描绘对象的作品。德加的柔和的色调，与罗特列克所追逐的上流社会的题材，也是毕加索早年学习的对象。在《嘉列特磨坊》《喝苦艾酒的女人》等画作中，总看到用罗特列克手法经营着浮动的声光魅影，暧昧地流动着款款哀伤。

毕加索的一生辉煌之至，他是有史以来第一个活着亲眼看到自己的作品被收藏进卢浮宫的画家。在1999年12月法国一家报纸进行的一次民意调查中，他以40%的高票当选为20世纪最伟大的十位画家之首。对于作品，毕加索说：“我的每一幅画中都装有我的血，这就是我的画的含义。”全世界前10名最高拍卖价的画作里面，毕加索的作品就占据4幅。

1973年4月8日，毕加索因患肺气肿逝世，终年93岁。据统计，他一生创作的作品总数在8万件左右。

名人名言

无论我在失意或是高兴的当儿，我总按照自己的爱好来安排一切。一位画家爱好金发女郎，由于他们和一盘水果不相协调，硬不把她们画进他的图画，那该多别扭啊！我只把我所爱的东西画进我的图画。

——毕加索

以往，绘画是按累进的方式逐步来完成的，每天产生一些新的东西。因之，一幅画是一个加法的总和。至于我，一幅作品如同个减法的得数。我完成一幅画，接着就把它毁坏掉。但是归根到底，什么也没有损失，犹如我抹掉的一部分红色，它将在另一个部位重新出现。

——毕加索

后印象派画家高更

保罗·高更（Paul Gauguin，1848—1903），也与塞尚、梵高同为美术史上著名的“后期印象派”代表画家。他的绘画，初期受印象派影响，不久即放弃印象派画法，走向反印象派之路，追求东方绘画的线条、明丽色彩的装饰性。他到法国西北部突出大西洋的半岛——布尔塔纽，与贝纳、塞柳司尔等先知派画家一起作画，成为这个“综合主义”绘画团体的中心人物。

高更1848年生于巴黎。他的父亲克罗维斯是报社记者；母亲阿琳则是家庭主妇；外祖母弗洛拉·特里斯坦曾是著名的女性革命家、航海家、作家；祖父安德烈是一位版画家，具有西班牙血统；外曾祖父是秘鲁人。人们有时便以这种遗传性以及西班牙和秘鲁血统的混合来解释高更的性格——一个狂热于恋爱，为了理想而甘愿牺牲自己并且强使人接受的，温柔而无聊、天真而狡黠，犹豫而坚定的艺术家和诈骗犯。

在青年时期，高更当过海员，做过交易所的经纪人，闲暇时，他从事绘画和收藏。1883年，他为了把全副精力投入绘画，辞去了工作，随后即陷入了贫困。但是，这些并没有影响他对绘画艺术的追求，反而更渴望逼寻强烈而单纯的艺术。

高更（自画像）

他最初研究的是农民的艺术，但农民的艺术并不能真正地吸引他。所以他不得不离开欧洲。作为一个成员生活在南太平洋的土著人中间，自寻出路。他从那里带回欧洲的一些看起来非常粗野，非常原始作品，甚至他从前的一些朋友都感到迷惑不解，而那些作品恰恰是高更所需要的。大家都称他为“野蛮人”，他对这种称呼倍感自豪，他的色彩的用法以及他素描的画法也都是“野蛮的”，我们也许不大能体会这种心情，但是高更的作品中的这一特点却是一种前所未有的风格，是高更奏出了19世纪的艺术新声。

高更在1881年的“独立派”画家展览会上展出了一幅完全独创一格的画《裸体习作》。一位评论家在评论这次展览会的文章里写道：“这幅画显示着一个当代画家无可争辩的气质。在当代所有画过裸体的画家中间，还没有一个能够如此有力地表现生活的栩栩如生……这整个身体，这耷拉在腿股部的略微隆起的腹部，多么真实。”

1888年《布列塔尼的猪倌》这幅画里用的是勾黑边的色彩平涂，这些平涂面是彼此对立的，为的是不依靠中间调子而表现出空间感。有些色彩画得不能反映现实：林子是紫色、橙黄和红色，山是紫褐色，石头是粉蓝色，房子是白色和蓝色，猪是黄色，放猪的孩子穿的是蓝色和紫色的衣服。他称这种风格为“综合法”。确实，这里一片片颜色是像景泰蓝那样平面分布的。这是走向平铺形象而不要像塞尚那样表现空间与体积的相互关系，避免写实的刻画而集中注意力于艺术对象的第一步。

在《美丽的恩琪拉》一画中，我们看到了另一种情调。这是一个美妇的肖像，画家在这个肖像上完全是按照色彩结构的要求确切地修酌着她的形——脸、手、衣服。玫瑰色、绿色和淡蓝色借助形象本身和背景上的蓝色和红色衬托出来；菩萨偶像上的金黄色和橙黄色使这些色彩显得更加多样。因此，这里的形是服从面的，这就可以使观者更好地欣赏那些纯色的区域。但是，画家虽然颇感兴趣于这个肖像本身，他却并不仅限于画一个一般的肖像。为了赋予肖像以一种超自然现象的色彩，他把肖像安置在一个虚幻的圆圈里；他在画的左侧，安上一尊模糊不清的佛像，暗示肖像本身所给人的印象也与这个偶像一样，同时也显示了画家对东方神秘主义的尊崇。这一切都没有任何理性的价值，但是，甚至是在许多年过后的今天，艺术家的这一幻想仍然以其色彩的力量，以及如果可以这样说的话，以其对神秘事物的活灵活现的造型表现而使观者迷惑。马拉美说高更的这句话颇可用于这幅画：“令人惊奇的是，这么多的奥妙竟能容纳在这么鲜明的形式之中。”

当曾是交易所经纪人的高更刚刚开始把作画当正事来干的时候，他疯狂地爱上了17岁的美丽少女马德琳·伯纳德。1888年夏天，高更经人介绍在朋厄温认识了马德琳。朋厄温是一个小镇，自1860年以来，许多画家在那里聚居。

马德琳是高更的朋友、艺术家埃米尔·伯纳德的妹妹，她甚至曾为埃米尔和高更当过裸体模特。格勒诺布尔博物馆中至今还收藏着高更所画的《马德琳·伯纳德肖像》。按照雅努茨扎克的看法，高更对马德琳情深一往，但她对此却无动于衷。

雅努茨扎克说：“高更喜欢她，但是又得不到她。在他的画中，马德琳长着尖尖的耳朵和眼睛，就像是一个魔鬼或是恶魔般的情人。”

1891年，高更创作的肖像画《塔希提的年轻姑娘》，是一幅真正的杰作。他喜爱塔希提妇女的那种粗野但却健康而强烈的美，他喜欢她们的天真、直率的性格，他欣赏她们肌肤上的炙热而又丰富的色调。他太为他的模特儿所陶醉了，以致他无法为了他的综合法而牺牲模特儿。因此，他以综合的手法描绘对象，但决不搞综合。形象上没有丝毫抽象因素，每一根线条，每一个调子都充满着赞美和喜悦。高更那种绝望的、悲哀的调子，在这幅画上已全然消失。他在远离文明、远离首府巴比埃城的森林之中，重新获得了平静、人性和快乐。随着欢乐，他重又找到了准确的明暗对比调子和安稳的，而不是像从前那样狂乱的色彩和谐。褐黄色的皮肤、蓝黑色的头发、青紫色的衣服（稍被几块玫瑰色和白色所间隔），展现在上半部为橙黄色，下半部为红色，散布着一些绿树叶的明亮的背景前面。甚至某些结构上、比例上、体积和光的表现上的缺陷，也竟成了一种难能可贵的东西，因为它们反映了表现手法的新鲜和生动，反映了艺术家创作的无拘无束。高更往后也创作了一些像这样美的作品，但比这更好的作品却从此未能再见。

这位充满传奇性的画家，最令我们感动的是他在1891年3月，厌倦巴黎文明社会，憧憬原始与野性未开化的自然世界，向往异乡南太平洋的热带情调，为追求心中理想的艺术王国，舍弃高收入职业与世俗幸福生活，远离巴黎渡海到南太平洋的塔西提岛，与岛上土人生活共处，并与土人之女同居。在这阳光灼热、自然芬芳的岛上，高更自由自在描绘当地毛利族原住民神话与牧歌式的自然生活，强烈表现自我的个性，创作出他最优异的油画，同时写出名著《诺亚·诺亚》，记述大溪地之旅神奇的体验。

1897年2月，高更完成了创作生涯中最大的一幅油画《我们从哪里来？我们是谁？我们往哪里去？》。这幅画，用他的话来说，“其意义远远超过所有以前的作品；我再也画不出更好的、有同样价值的画来了。在我临终以前我已把自己的全部精力都投入这幅画中了。这里有多少我在种种可怕的环境中所体验过的悲伤之情，这里我的眼睛看得多么真切而且未经校正，以致一切轻率仓促的痕迹荡然无存，它们看见的就是生活本身……整整一个月，我一直处在一种难以形容的癫狂状态之中，昼夜不停地画着这幅画……尽管它有中间调子，但整个风景完全是稳定的蓝色和韦罗内塞式的绿色。所有的裸体都以鲜艳的橙黄色突出在风景前面。”

后来他在悲愤苦恼中死在马贵斯岛。英国名作家毛姆曾以高更传记为题，写了一部小说《月亮与六便士》，以艺术的创造（月亮）与世俗的物质文明（六便士=金钱）为对比，象征书中主角的境遇。

由于高更起伏多变的生活境遇和他同现实不可解决的矛盾，又由于受当时象征派诗人的影响，使他作品的思想内容比较复杂，更难于理解。但是，他画中那种强烈而单纯的色彩，粗犷的用笔，以及具有东方绘画风格的装饰性，与他在大溪地岛上描绘原始住民的风土人情的内容结合在一起，具有一种特殊的美感。20世纪以来，对原始艺术的再认识与研究极为盛行，更为艺术发展带来新活力，高更是先驱者之一。他主观感受强烈、色彩阴郁的作品，影响后来许多艺术家，更使世界人类产生无比的勇气与喜悦。

名人名言

简单而透明的人生其实是复杂而暧昧的人生。

——高更

有色彩的绘画将进入一个音乐的时代……一个人当他还没有搞明白一幅画所表现的是什么之前，他也会立即被其富有魔力的色彩和谐所吸引。

——高更

法国印象主义画家莫奈

克劳德·莫奈（Claude Monet，1840—1926），法国画家，印象派代表人物和创始人之一，法国最重要的画家之一，擅长光与影的实验与表现技法，印象派的理论和实践大部份都有他的推广。

莫奈于1840年10月14日生于巴黎，一度随父亲居住在海边小城阿弗尔做杂货买卖，自幼就厌恶学校，视学校为“监狱”，他像个流浪汉一样成天流连在海边。他说：“我愿永远站在大海面前或波涛之巅。”

莫奈喜欢画画，15岁画的画就已挂在法国画家欧仁·布丹的画框店展出，并得到布丹的忠告：“当场直接画下来的任何东西往往是有一种你不能再在画室里找到的力量和用笔的生动性。”布丹的忠告渗透了莫奈的灵魂，成为他终生追求的画旨：“我想在最易消逝的效果前表达我的印象。”

19岁时，莫奈来到巴黎，父亲希望他进美术学院受教于著名画家，而他的叛逆性使他拒绝学院派教育而流连于各种画展，并和

莫奈（自画像）

一些反学院派的青年画家聚在一起高谈阔论。

莫奈没有逃避兵役，他被编入非洲军团，在阿尔及利亚度过了虽极为艰苦，但对青年画家来说是美好的两年。后来因病被父亲赎回法国，又在家乡阿弗尔海滩作画了。从那时候起，他完成眼睛观察事物的教育，也是那时起，他开始了现实主义的创作，正如他所说的："我从没见过天使，所以我不会画它。"

在巴黎莫奈见识到了居斯塔夫·库尔贝以及爱德华·马奈等人的创作。他认真鉴赏了他们的绘画长处，并且以惊人的速度运用了他们的成就，但莫奈并不是他们的追随者，而是一个反叛者。

莫奈并不想在学院完成他的学画过程，他只在1863年在格莱尔学院的画室里呆了一段时间。当格莱尔学院的画室停办后，他便把他的伙伴们带到枫丹白露林边的一个小村庄——舍依，在那里画户外写生。

当莫奈离开了格莱尔学院画室后，他并没有去充实他那相当贫乏的艺术修养，而是怀着火热的信念投入了自然生活的纯直觉观察；他根本不买各种理论学说的账，而是发展出自己的一套绘画方法。

莫奈一生对造型漠不关心，他关心的是正确的层次关系。正是因为莫奈对造型格格不入，所以他能够轻而易举地表现出他所确实看见的事物，但也正因为此，他却表现不出事物的幻觉真实感。

莫奈不只满足于能够画他所看到的事物和按照他所看见的那种方式来做画；他想要创造一种独特的效果，达到一种在绘画上似乎是不可能达到的目的。他喜欢所有使人眼花缭乱的东西，他描绘的河水、天空、房屋和树木都洋溢着非同寻常的生命感。他的内心满怀着难以遏止的激动；从他的观念看他是一个现实主义者，然而从他本性看，他却是一个幻想家。

1864年，莫奈完成了《翁费勒的塞纳河口》，1865年在一次官方举办的沙龙上展出，并受到了热烈的欢迎，当评论家评论此画时说："用调子所组成的和谐色彩……颇能吸引观众们的大胆感觉。"

1866年，莫奈用了几天功夫完成并展出了他未来夫人的肖像《穿绿衣的女士——卡美伊》。这幅肖像引起了争论，但总的说来是成功的，有人甚至把它同马奈的肖像画相媲美。这幅肖像充分显示出了莫奈的个性：他对造型的淡漠态度，以及这个女人的动势和她的裙子上颤动的光都赋予整幅画特殊的说服力，由此而产生了一种动力感和生动性。同年夏天，莫奈创作的《庭院里的女人们》，但在1867年举行的官方沙龙中落选。1866年的秋天，为了避开讨债的人，莫奈自毁了约二百幅作品后，回到阿弗尔。这时他的经济状况十分不妙，原因是父亲对于他和卡缪的关系很反感，从而断绝了经济上的支持，莫奈作品的销路又尚未打开。为了解决继续创作用的画布，他不得不将业已画好油画上的油彩刮掉，重复使用。

1867年，怀孕的卡缪为莫奈的父亲所不容，留在了巴黎，莫奈住在姑母家。7月卡缪生下第一个孩子，只好请在巴黎的巴齐依作教父代为照顾。此后的几年中，莫奈始终在阿弗尔及其附近，与布丹、琼康，有时与库尔贝一起作画。在这个时期里，由于与父亲的关系紧张，经济拮据，生活艰难。为此，莫奈曾一度有过轻生的念头。

1869年，他回到巴黎，参加了盖尔波瓦咖啡馆里艺术家的聚会。可能因为很早就离开了学校自感在受教育方面的不足，故而很少参与争论。这时他的穷困程度，从8月间写给巴齐依的信中可以看出，信中提到：由于雷诺阿送来的面包，才没有饿死。一个星期屋里没有炉火，没有照明。到了该月月底，颜料用光，不得不停止了作画。这时候的巴齐依也穷得典当了自己的表，雷诺阿连寄信的邮费都凑不齐。对于莫奈也是爱莫能助。

1870年6月，莫奈与卡缪正式结婚。9月，莫奈将妻、子托付给画家欧仁·布丹照顾，只身一人去了伦敦。在那里与杜比尼、毕沙罗相会，然后，和毕沙罗一起在泰晤士河及公园中作画。在参观美术馆时，英国画家透纳、康斯太勃的作品，使其为之倾倒。为了给莫奈的作品找到销路，经杜比尼介绍，莫奈在这里认识了画商丢朗、吕厄。他们对于穷画家们表示了同情，在经济方面从此一直在支援着莫奈他们。

1871年初，父亲去世，莫奈离开英国。在杜比尼的动员下，到了荷兰并滞留到年底。在阿姆斯特丹，他看到了日本的“浮世绘”版画之后，其中色调极富生气的风景画，给他留下了美好的印象。日后，他曾说到：它们的精致，使我欣喜。我赞成它们的美学原则，利用阴影引起实感，利用片断引起整体感。荷兰的港湾、运河、教堂、人家，特别是那里的风车，使他着迷。回到巴黎后，在马奈的帮助下，莫奈在巴黎以北的阿让特伊定居。对水情有独钟的这位画家，于1873年在塞纳河上建造了船上的画室，此后，他经常在船上作画。充分运用了不同方向、角度的光照、颤动的空气来描绘水及水面上的景物，通过鲜明的轮廓，阴影以及闪动的亮点，创造了一批作品。

1872年，莫奈创作了扬名于世的《印象·日出》。这幅油画描绘的是透过薄雾观望阿佛尔港口日出的景象。直接戳点的绘画笔触描绘出晨雾中不清晰的背景，多种色彩赋予了水面无限的光辉，并非准确地描画使那些小船依稀可见。这幅画在1874年3月25日开幕的印象派画家第一次联合展览会上展出，这幅作品是莫奈画作中最具典型的一幅。

莫奈在视觉观察方面无疑是一个富有创造性的天才。他善于从光与色的相互关系中发现前人从未发现的某种现象。他把全部注意力都集中在光与色上，从而找到了最适于表达光与色的明度差别变化的形式，他把这种光色明度差别变化从绘画的各种其他因素中抽象出来，把它提到了不可攀登的高度。莫奈的视觉观察是天才的、创造性的、非凡的，是他创造了色彩的神奇。

从印象主义的产生、发展看，创始人非马奈莫属，但真正完全实现印象主义理念和技法、并且一以贯之的当推莫奈。是他将毕生精力献给了对西方画界产生了重要影响的印象主义，是以他为首的一批艺术家的不懈努力，突破了此前学院派的保守思想，极大地冲击了19世纪后半叶占据西方画坛统治地位的官方艺术，从而为掀开西方现代绘画史新的一页，作出了重要贡献，为后人留下了宝贵的艺术财富。应该说莫奈是印象派画家中最先获得成功的人，尽管后来的野兽派、立体派、超现实主义等艺术流派，并未遵循印象派创立的一些原则，但创立这些流派的艺术家，都从印象派那里汲取过营养。

名人名言

很多人认为一定要去理解什么是美，甚至伪装成很理解美的真谛。其实，真正的美无需要去理解，只要学会去爱惜，已经很足够。

——莫奈

蔑视荣誉勋位本身，就是一枚一极荣誉勋章！

——莫奈

喜剧表演大师卓别林

从贫苦自卑的童年到成功地塑造了无数成功的银幕形象，卓别林的一生是向艺术高峰不断探索、追求、创造的一生。他不愧是最伟大的喜剧大师和人类历史上前无古人的电影大师。

1889年4月16日，查尔斯·斯宾塞·卓别林（Charlie Spencer Chaplin，1889—1977）诞生于英国伦敦的一个贫民区。卓别林的父母都是杂剧场的喜剧演员。卓别林出生一年后，他的父母便离了婚。此后，他和哥哥同母亲生活在一起。

小卓别林长得聪明伶俐，非常喜欢唱歌跳舞。母亲每次演出都要把他带到剧院，让他站在舞台幕后观看演出。卓别林3岁那年的一天，母亲正在台上演唱时，嗓子忽然哑了，唱不出声来。不幸的是，她再也没能恢复，不久，她便失业了。

自从母亲失业后，家境越来越贫困，他们一再搬迁，最后，他们不得不住进了贫民收容所。三周后，兄弟俩又被送入汉威尔贫民孤儿院，此后，母子三人更是难得一聚。

卓别林

一年后，他们的母亲终于再次被厄运击倒，她患上了精神病，被送进疯人院。后来，母亲病愈后，她靠给人做针线活赚些钱，把卓别林送进了学校。卓别林非常珍惜学习的机会，他总是有一种冲动，他要把自己的才能向同学们展示出来，他很喜欢诗歌和音乐。可是好景不长，迫于生计，卓别林恋恋不舍地离开了他喜爱的学校。经过父亲推荐，不满10岁的卓别林参加了兰开夏童伶舞蹈班。在这里，卓别林不仅学习了舞蹈，还想方设法学了一些其他的技艺。后来，母亲不忍心看着卓别林日益苍白、消瘦下去，就让他离开了那里。

为了挣钱养家糊口，卓别林做过报童、佣人、干过吹玻璃工、印刷工，他甚至跟人学会了制作玩具船，并沿街叫卖。

不久，他母亲因旧病复发被再次送入疯人院，而那时，当水手的哥哥随船去了非洲。11岁的卓别林不得不一个人孤苦无依地流落街头。

卓别林一心向往当一名演员，并积极为此寻找机会。终于，他在一个巡回剧团找到了工作，这是他人生旅途上的一个重要转折点，12岁的卓别林正式成了一名演员，长久以来的梦想终于变成了现实。从此，他跟随戏班，过着漂泊无定、闯荡江湖的生活。

随后，他又在一个叫凯西的马戏团里做事。由于他对所刻画人物的深刻理解与表演技巧的日益成熟，他很快赢得了老板与观众的欢迎。在剧团工作期间，他刻苦训练、精益求精，不断汲取古典幽默剧的优良传统，初步形成了一套独特的哑剧风格。虽然此时的卓别林经济状况大有好转，但他仍然过着俭朴的生活，滴酒不沾。他最大的嗜好就是读书，经常把自己置身于书籍的包围之中，广泛涉猎，如饥似渴，几乎是不加选择，所读的书包括叔本华、尼采、莎士比亚等人的著作，甚至是医学著作和政治论文也在其中。他急切地希望用知识武装自己。

1907年，卓别林被卡尔诺剧团录用，并从此声名大震。卓别林经常随团到各地演出，也有机会接触到更多的新鲜事物。

卓别林在纽约演出时，引起了好莱坞片商的注意。1913年底，他和基斯顿公司签订了一年的合同，正式成为该公司的主要演员，卓别林从此开始了他的银幕生涯。

卓别林在1914年一年内主演了35部短片，其中21部是他自编、自导的。他的流浪汉夏尔洛的形象赢得了观众的广泛认同。

很快，卓别林轰动全球，他成了家喻户晓的大明星。夏尔洛也随之从一个小丑升华为一个有人格、有灵魂的银幕形象。

1929年从美国开始的经济危机迅速席卷了整个资本主义世界。此时拍摄的《城市之光》描写夏尔洛爱上一个卖花的盲女，盲女却误以为他是百万富翁。为了给卖花女攒钱治病，夏尔洛吃尽苦头弄来一笔钱，卖花女眼睛治好才知道自己的恩人原来是个乞丐式的穷人。

提出的问题更为尖锐深刻的片子是《摩登时代》。贪得无厌的资本家为了追求利润，不顾工人死活，无限增加工人的劳动强度，甚至异想天开地发明"吃饭机"，连工人短短的午饭时间也不放过。由于夏尔洛整天在传送带旁操作，机械地重复拧螺丝的单调工作，因而神经失常，被送进医院，然而等病治好了，他却失业了。这部影片不仅思想内容深刻，而且在演技上也达到炉火纯青的地步。

谴责战争贩子和军火商的《凡尔杜先生》，描写银行小职员凡尔杜忠心耿耿地干了二十年，受尽剥削，在一次经济危机中被踢出银行，为了养家糊口，被迫走上了犯罪道路。凡尔杜因杀人而被捕，判处死刑。他说："杀了一个人就说这人是罪犯，杀了几百万人却说他是英雄。在这个世界上，只要有权势就能获得成功……"

为此美国政府掀起对卓别林的迫害。《凡尔杜先生》在美国许多大城市被禁映。1947年12月，卓别林在巴黎报纸上发表了一篇题为《我向好莱坞宣战》的文章，向全世界控诉他所遭遇的迫害。

1952年9月，为参加欧洲各国举行的《舞台生涯》首映典礼，卓别林准备到欧洲旅行半年。他带着家眷，当轮船横渡大西洋时，收音机广播了美国政府司法部的声明，声明说政府将拒绝卓别林再入境。船在法国停泊时，卓别林向一百多名记者发表了谈话，他说："我信仰自由，这是我全部政治见解……我为人人，这是我的天性。"又说："我并不想制造革命，只是还要拍些电影。"

1952年，美国政府决定对在法国旅行的卓别林实行限制入境。随后，卓别林决定定居瑞士。1953年初，奥娜代表她丈夫回美国出席联美公司董事会，卖掉了卓别林在美国的全部财产，并把他的手稿、影片等珍贵资料运往瑞士。从这以后卓别林下定决心不再返回美国。从此，他在日内瓦湖北岸、风景优美的维薇镇定居下来。从定居瑞士起，卓别林就着手撰写回忆录。20世纪50年代末完成了40万字的《我的自传》，他以惊人的记忆回忆了自己艰苦奋斗的一生。

60年代和越战的来临，使卓别林在美国的命运再度被改变。1963年，他在纽约组织了自己的电影节。1972年，他在奥斯卡有史以来最热烈且持续时间最长的起立鼓掌声中，接受了美国电影学院颁发的奥斯卡特殊成就奖。1972年造访美国期间，83岁高龄的卓别林说自己早已放弃了激进的政治主张。

1977年12月25日，88岁高龄的世界杰出的喜剧大师与世长辞了。1954年5月，在柏林召开的世界和平理事会宣布，鉴于卓别林“丰富多彩的活动、对和平事业及各国人民之间的友谊作出的特殊贡献”决定颁发给他国际和平奖金。

名人名言

我信仰自由，这是我全部政治见解……我为人人，这是我的天性。

——卓别林

我并不想制造革命，只是还要拍些电影。

——卓别林

好莱坞国王克拉克·盖博

克拉克·盖博（Clark Gable，1901—1960），20世纪30年代好莱坞最著名的男明星，1932年，一部《红尘》使他得以跻身十位最叫座的明星之列。此后《一夜风流》《乱世佳人》更使他在影视界有了立足之地。1938年，他还被加冕为电影皇帝。他是好莱坞一个神话式的人物，集中地体现了独特的美国式的魅力。他的一生正如他自己所描述的：“他曾走运，并很有体会。”

好莱坞的明星多如天上繁星，但历来却只出现过一个正式的电影皇帝，他就是克拉克·盖博。盖博是由全美洲影迷自由投票选出的好莱坞国王，选票达二百万张之多，加冕典礼于是1973年举行，由银色专栏作家艾迪·莎利文化代表影迷将皇冠戴在克拉克·盖博头上，后冠则戴在茂娜洛埃头上。如今，茂娜洛埃的名字已没有几个人记得，但克拉克·盖博则一直活在全球影迷心中，堪称实至名归。

克拉克·盖博

盖博1901年2月1日生于美国俄亥俄州加地斯地区，原名比利·盖博。他出生后才10个月，母亲就去世了。父亲先后将他托给祖父母、外祖父母等亲戚家抚养，直到2岁后父亲再婚时，才接回了他。在11岁那年盖博因家境的变迁，不得不中途辍学。

1918年，盖博离开家到附近的城市去闯荡，一个偶然的机会，他观看了著名话剧《青鸟》，从此爱上了表演，并且常常去剧院当义务报童，有时也跑跑龙套。后来，他不顾父亲的反对，独自四处漂泊，先后干过鞋匠、电工、售货员等10多种职业。

1923年，盖博在明星剧团临时客串主角，这使他对自己的表演才能有了信心。不久，他认识长他17岁的百老汇演员约瑟芬·狄伦，并受到她的指导。

1914年夏天，他们俩来到好莱坞，并于该年结为夫妻。狄伦替盖博改名为“克拉克·盖博”，两人成为了好莱坞历史上最奇异的一对。

一开始好莱坞并不接纳盖博，常常嘲笑他“大得像蝙蝠样的耳朵”。在饰演了一些小配角后，盖博又开始舞台表演，并在休斯顿产生影响。这时电影开始进入了有声时期，盖博流利的英语、英俊的外表，越来越引人注意。

1931年，盖博与米高梅签订了为期一年的合同，他拍摄的第一部影片是《彩色的沙漠》，从扮演一个牛仔开始了他的电影生涯，他先后与当时的几位大明星琼·克劳馥、嘉宝合作，一年内拍摄了12部影片，如《自由花》《残花复艳》《红尘》等，用勤奋和才华在好莱坞站稳了脚跟。1932年，盖博被评为好莱坞十大最卖座的电影演员之一。

真正让克拉克·盖博出人头地的影片是《自由花》（1931）。此片由李昂·巴里摩饰演正派的律师，盖博饰演反派的流氓，夹在他们中间的女主角是米高梅副总裁艾文泰尔柏格的妻子瑙玛·希拉。片中有一幕高潮戏，盖博要狠狠打希拉一个耳光。盖博担心自己这一掌打下去会打掉自己的饭碗而有所迟疑，经过导演克莱伦斯布朗和希拉本人好言相劝，盖博终于打了这一巴掌，使他成为观众眼中性格突出，狂妄而又潇洒可爱的流氓，甚至有女观众因为盖博在剧终时被人枪杀而一掬同情泪。盖博自此找对了戏路，因而迅速走红，成为米高梅的头牌小生之一。

初期，盖博曾陆续与多位当红女星搭档演出，包括与葛丽泰·嘉宝合演《苏珊诺伦克斯浮沉录》，与琼·克劳馥合演《迷惑》和《舞蹈大师》、与珍·哈露合演《夜航》和《红尘》。其中，《红尘》（1932）这部充满异乡情调的情欲电影带来了很强烈的票房反应，使盖博那种深幽默与性感于一身的表现在观众心目中建立起他的注册商标。

让克拉克·盖博大红大紫的影片并非米高梅的出品，而是他外借给哥伦比亚公司主演的低成本浪漫喜剧《一夜风流》。此片描述一名富家千金因为逃婚而离家出走，中途巧遇一名失意记者，他为了跑独家新闻而沿途照顾大小姐，不料竟假戏真做产生了爱情。克拉克·盖博与克劳黛·考白的戏对戏碰撞出迷人的火花，而导演法兰克·卡普拉素未擅长终以幽默手法作社会批判，他们合作的结果使这部小巧可爱的作品成为美国经济大崩溃时代极合观众胃口的感情宣泄品，不但卖座鼎盛，并且在1934年的金像奖颁奖典礼上破天荒地囊括了最佳影片、最佳导演、最佳编剧、最佳男主角、最佳女主角等五项大奖。盖博的演技获得肯定，表演事业一路春风得意。

1935年，盖博在耗资200万美元拍摄的《叛舰喋血记》中扮演指挥士兵哗变的英国海军军官，该片当年获得了奥斯卡最佳影片奖，盖博本人也获得最佳男主角提名。1937年，盖博以绝对优势在当年举行的电影皇帝和皇后的评选活动中当选好莱坞的电影皇帝。

与此同时，盖博喜好猎艳的旧习又犯了。他首先跟合演《野性的呼唤》（1935）的女主角洛丽·泰杨搞得火热，一年之后又跟女星卡洛·林白动了真情。盖博的老妻莉雅曾雇用私家侦探追查他们的通奸证据，但盖博与林白仍暗自来往。莉雅知道已经无法挽回薄情郎的心，只好与盖博诉请离婚。此时，米高梅已推荐盖博出任《乱世佳人》的男主角。

1939年，盖博在《乱世佳人》中与费雯丽合作，饰演白瑞德。这一角色的创造标志着盖博艺术事业的颠峰，影片公映时，许多影迷都高喊："我爱盖博！我要盖博！"一些人对盖博的崇拜已到疯狂的地步。尽管米高梅公司从商业的角度考虑，使得盖博没有再次当选奥斯卡影帝，但影片获得的十项大奖，已使盖博的影响如日中天。

在一般观众眼中，费雯丽和克拉克·盖博主演的《乱世佳人》是全球最受欢迎的电影。该片将好莱坞的电影工业实力和电影明星魅力发挥得淋漓尽致，这使它在首映问世半个世纪之后，依然能成为全世界最卖座电影。该片从筹备到影片拍摄完成历时三年，并且耗资四百万美元，这种规模在当年来说是空前的，先后换了三位导演，但是全片风格统一流畅，看不出历经三人之手摄制，甚至最后还赢得了一座最佳导演金像奖，堪称影史上罕见的例子。

另外，片中其他重要的幕后工作人员都是在其专业领域上的一流高手。他们在电影技术上的贡献，使本片在制作上呈现出大制作的超级品质。《乱世佳人》能够在金像奖角逐中共获十三项提名而赢得八个奖座，可谓实至名归。值得一提的是：费雯丽是第一位获得奥斯卡影后奖的英国演员，而在片中演女仆的海蒂·麦克丹尼尔也是第一位获得金像奖（最佳女配角）的黑人演员。

《乱世佳人》在五十多年间每隔数年便在全球各地的剧院重新放映一次，藉以使一批又一批慕名而来的新观众有观赏机会，这是其他电影都不会有的殊荣。而基于本片的历久不衰，商人们甚至循此要求在1990年炮制了公开征选而成的小说《飘续集》，企图狗尾续貂拍成电视剧集，但迄今因选角困难等因素而仍未成为事实。由此更反证了本片真的具有无可取代和不能模仿的超然地位。

第二次世界大战爆发，盖博的妻子卡洛尔·隆巴德在推销战争公债时因飞机失事而遇难。她在临上飞机前，曾给盖博拍了一份电报说："亲爱的，你最好去参军。"

1942年，41岁的盖博参加了美国空军，他多次执行战斗任务，很快从二等兵晋升为少校。二战期间，盖博曾参加轰炸柏林的战斗任务，希特勒对盖博的演技十分佩服，曾派出三个飞行中队，想活捉盖博都无功而返。1944年7月，战争结束后盖博回到好莱坞，此后虽主演了一些影片但他一直未能从亡妻的痛苦中解脱出来。

1960年，盖博主演《不合时宜的人》，影片的女主角是一直崇拜他的好莱坞性感明星玛丽莲·梦露。影片刚刚完成，1960年11月16日晚上2点15分，60岁的盖博离开了人世。

名人名言

一个人最难的是超越自己。

——克拉克·盖博

我曾走运，并很有体会。

——克拉克·盖博

电影大师斯皮尔伯格

史蒂芬·阿伦·斯皮尔伯格（Steven Allan Spielberg，1946—），美国著名电影导演、编剧和电影制作人。在40年的电影生涯中，斯皮尔伯格曾触及多种主题与类型，有犹太人大屠杀、奴隶制度、战争与恐怖主义等题材。斯皮尔伯格曾两度荣获奥斯卡最佳导演奖，他的三部电影《大白鲨》《E.T.外星人》与《侏罗纪公园》，曾打破票房纪录，成为当时最卖座的电影。

斯皮尔伯格

斯皮尔伯格1947年12月18日生于俄亥俄州辛辛那提市的一个犹太家庭，父亲是一位电机工程师，母亲过去曾是一位钢琴演奏家。17岁的斯蒂芬·斯皮尔伯格高中毕业了，他一有空就混进环球片厂的摄影棚，四处观望。有一天，他被突然一个工作人员拦住了，那人问他在干什么，斯蒂芬平静地解释了他对电影的激情，讲述他曾经拍过的影片以及将来的计划等等。这个人名叫恰克·希尔沃斯，这个身材削瘦、勇气可嘉的年轻人立刻引起了他的兴趣，并不是每一个人都有胆量在没有接受邀请的情况下，“混进来”参观环球影视公司的摄影棚的，尤其是在影片拍摄期间。恰克和斯蒂芬交谈了一个多小时，并且允许他继续参观。

于是，这家伙越来越大胆了。尽管恰克·希尔沃斯很快便忘记了这段小故事，但斯皮尔伯格却时常挂念着这件事。接下来的日子里，斯皮尔伯格穿着西装、打着领带、梳着整齐的发型，带着公文包（这个公文包是他父亲的，除了一块三明治和一块糖，包里什么也没有），大步地越过警卫，走进了环球影视公司的一间办公室。简而言之，整个夏天，他都在擅自使用全球电影公司的一间办公室。斯皮尔伯格找到这间有电话但无人使用的办公室，整天把腿搭在桌子上，他甚至买了一块塑料标牌，把自己的名字登在大厦的通讯录上。此时，他几乎完全把学业抛在脑后了。他因为这个“特殊的小爱好”而导致成绩不理想，无法进入电影学院，只能进入了加州州立学院长堤分校英文系混大学文凭。接着他开始在走廊上转来转去寻找着渺茫的拍电影的机会。他甚至有一种朦胧的想法，上天可能会指派一个人让他做点事儿……但这种事情在三年间从来没有发生过。最后，他受够了，他悄悄地离开了，正如他悄悄地来。

1969年，他找到一位有着同样爱好的哥们儿，募到了1.5万美金，花10天时间拍了一部20分钟的短片《安布林》，这部20分钟的短片使他获了几个奖项，也为他带来了一份7年的合同。这样，大学还差一年毕业的斯皮尔伯格赢得了环球影厂电视部导演的工作。当时，他仅21岁，还不懂得人生是怎么回事，只知道一味往前冲。他还没有领受到命运给他的教训。

虽然成了一名导演，可他毕竟是个毛头小伙子，没有几个人看得上他，只有常跟他接触的几个人能了解他的能力。他渴望有人赏识他并推荐他，但推荐只是推荐，很多时候他只能是后备。

斯皮尔伯格后来才回忆道，他的这段人生经历极其乏味，极其无聊。他在几个管理者的门口露营，最后找到了一些事做。斯皮尔伯格认为这个问题很简单，因为他太年轻，在那儿没有人相信年轻，其他地方也是如此。

他意识到，只有自己才能创造出幸运的机遇。

斯皮尔伯格诚心恳求老板，并说服了环球老板薛因伯格，最后老板决定给斯皮尔伯格找点事儿做。斯皮尔伯格得到了自己想要的工作，他要给一个新电视剧拍摄样片。但不幸的是，这项工作是给好莱坞最难伺候的女演员琼·克劳馥当导演。“这只是个开始，还会有更多的事等着我……”斯皮尔伯格这么想。接着，他又得到了拍摄《马库斯·威尔比医生》《基尔黛尔医生》第三单元的活儿。接着，一切工作又都停止了。

接下来整整一年，他继续无事可做。他恳求、叫喊、威胁都无济于事，因为合同上清楚地规定他必须完全听从环球影视的安排。可是，当时他太天真了，没有在意合同的条款。合同甚至规定，斯皮尔伯格空暇时不能拍摄16毫米的业余影片。他被合同束缚了，所以在他们让他拍摄一些连续剧时，他欣然接受了。实际上，他宁愿什么也不做，但至少这一切让斯皮尔伯格了解了电影行业，所以很快他便胜任了摄影棚的所有工作。除了化妆之外，现在他从上到下完全熟悉了自己的工作。

三年后，他因《决斗》而暂露头角。又过了三年，《大白鲨》问世，并取得空前的票房成功。

但是，此后，他也并非一帆风顺。1978年，31岁的时候，他拍摄的《1941》又失败了。这是一部闹剧，影片讲述的是日本潜艇轰炸了美国沿海的一个城镇，小城被恐慌包围的故事。这是一场前所未有的灾难！斯皮尔伯格对喜剧一无所知，所以他必须面对现实。《1941》是一个值得好好学习的教训。一个评论家说道："令人遗憾，但又是必要的，公众感到遗憾，但对导演却是必要的。"

斯皮尔伯格获得了一条重要的经验，从现在起，坚持自己最擅长的电影。

他的梦想终于落了地。

现在来看，斯皮尔伯格并非从一开始就成为神话。他从默默无名到一举成名用了整整6年的时间。尽管26岁的时候他已经拍出了成名之作，但他对于想干什么事儿一直反复不定，直到31岁的时候才定位好自己的风格与路线。此后，他的事业如日中天。

斯皮尔伯格年轻时代的经历，让我们想起了盛大总裁陈天桥的一句话："你得耐得住寂寞。"

再没有比做自己喜欢和擅长的事更简单的成功法则了。因为，当你喜欢某件事并深深为它着迷的时候，你会比别的人更多更深入地了解它，你会不断强化自己在这方面的能力，你会在持续不减的热情中积累下所有的经验与知识。

如果斯皮尔伯格身上有什么比我国现今的导演、比好莱坞同时代的导演更出众的话，那无疑是他那惊人的、无穷的想象力——这，正是科幻片最需要的元素。

从《第三类接触》开始，他的大部分片子几乎都是科幻冒险风格，仅有的两部现实主义题材是《辛德勒名单》和《拯救大兵瑞恩》。

从小就喜欢看科幻电影、并对外星人的存在深信不疑的斯皮尔伯格表示，他常常想：当我们居住的这个地球被外星人侵略时将会怎样。16岁时，他用8毫米的摄影机拍摄一部两个半小时的科幻电影《火光》，他用定格动画的手段，拍出了生平第一幕地球被外星人攻击的场面；在《第三类接触》里，外星人居然和人类交流起来，蒙了一群死脑筋的科学家；在《E.T.外星人》里，它们只是唬弄了一下小孩子——他们都是善良的，而且渴望与地球人接近；而在《世界大战》里，斯皮尔伯格要告诉大家，外星人早就存在于地球上了，他们伺机而动，一步一步地计划着，准备伸开魔掌接管我们的地球。而在片中那遍布各处的神秘“红草”即是外星人用人类鲜血灌溉茁壮成长的外星植物，利用这“红草”把地球慢慢变成适合外星人居住的地方。

除了外星人外，他最喜欢的另一幻想题目是恐龙。当一只庞大的恐龙出现在我们的大街上，会是怎样一幅情景？斯皮尔伯格把这种令人无限好奇的景象活生生展现在我们面前。《侏罗纪公园》是一部典型的科幻片，不涉及谋杀枪战，但其惊险刺激程度毫不亚于这类影片。恐龙复活的震惊以及最后他们逃出保护网，在公园中肆意狂奔、择人而食更令人恐惧。它们庞大恐怖的身躯在原野中跳跃飞驰，轻尔易举地破坏现代建筑，追逐车辆，吞食游人，互相争斗残杀，甚至于机智地与捕杀它们的人进行追逐和抗争的游戏。影片中大胆新奇的想象，紧张惊险的情节迷住了无数观众的心。其中，恐龙这一新奇神秘的动物对孩子的吸引力更是巨大。影片中各种大大小小、栩栩如生的恐龙模型在电脑操纵下运动自如，表情逼真，动作细腻。这种史前怪物对孩子来说是神奇无比的，当他们看到只有在博物馆才能看到一副巨大骨架的动物如今几乎就活生生地出现在眼前，这种震憾与惊喜无以复加。

除了斯皮尔伯格之外，谁还能为我们营造出如此生动的梦想世界呢？

这一切，并没费多大劲儿，他内心的丰富想象源源不断地流出。事实上，在如何展现想象力这方面，他从9岁就已经开始不自觉地训练自己了。

9岁那年，斯皮尔伯格一家从新泽西州搬到了亚利桑那州菲尼克斯近郊的戈壁地区。由于厌倦童年单调、寂静的郊区生活，斯皮尔伯格便以拍电影来驱除寂寞。他很快发觉自己“能够利用电影，借助想像做成所有事情，或者生活在任何地方”。感觉自己与众不同且跟旁人疏远，让他有充裕时间来创造想象的人物和情景，并且能先在业余电影继而在专业影片中，使之各有所用。他经常长时间待在房间里，用自己的火车模型制造撞车事件，设想简单而让人信服的特技效果。他时常把眼睛同铁轨保持同一水平，观察火车实际的相撞情形。这种对摄影角度的关注，留心摄影机镜头中看到的内容，成了他以后电影拍摄技巧的典型标志。

相比之下，《E.T.外星人》把我们人类的想象力发挥到了一种高度，这部在全球获得7亿美元收入的超级巨片，讲述的是地球上一个孤独儿童和一个被遗落在地球上的外星植物学家建立了友谊的故事。片中少年们骑着自行车在警察的围堵下救出了外星人，那个自行车在月空下冉冉升起、飞越高山的镜头，曾经使多少人激动不已啊！它又点燃着我们人类多少的梦想和希望啊！世界如此之浩繁，而人类本身却如此脆弱，以至于我们总需要在某一个地点、某一个时间，在璀璨的星空下幻想和追忆。这种探寻自身经验之外的奇妙本能构成了人类最伟大的品质。

斯皮尔伯格就用这样的景象冲击着我们的生活，提醒我们铭记着人类经久弥新的古老本能，他用自己那绵延不绝的内心力量告诉我们：生命的存在永远是个谜，正是这些未知的东西使我们的生活变得有意义。

在艺术这个领域，斯皮尔伯格把商业法则发挥得淋漓尽致，他一个人就对所有战争题材制作者造成了威慑。

在他和老搭档汤姆·汉克斯联手打造的《兄弟连》中，为了达到影片的真实感，他和汤姆·汉克斯先后5次到英格兰取景。他们为了搭建一个外景，几乎是在旷野里生生造出了一个小镇，将英格兰“变”成了法国。他们还在英国伦敦郊外的哈特菲德机场搭建出11个城市、野外和森林等必要的场景。

他们请专门的制造商按照二战时美国大兵的装备，进行实物还原。这些装备都是由工作人员查阅了大量的历史资料，按照当时的样式和颜色做出来的，即使是对一个微小的纽扣都一丝不苟。

为了展现战争场面的真实，他们不惜成本制作了包括500双靴子、1200套军装，还有各种逼真的枪械，其中有赫赫有名的MP—40机关枪、88毫米炮等，那些坦克模型，除了没有战斗火力外，和真正的坦克没有什么两样。

即使是演员所穿的破烂的衣服也是暗藏玄机，里面也藏有先进的“喷血器”，血腥场面的细节绝对逼真。还有就是影片中大量的“雪”和“树”，即便你知道是假的，当你睁大眼睛仔细看时，仍旧找不出破绽，那种技术已经不足用逼真来形容了。

《兄弟连》的群众演员阵容之强大令所有的史诗电影相形见绌。片中有超过1万名的群众演员参与，超过500名有对白，平均每天的工作人员是750名，有时甚至多达1000名。整天密集地拍摄下来，使用的弹药超过14000发。当拍到第三集时，特效小组所使用的烟火数量，已经超过了《拯救大兵瑞恩》整部片所使用的烟火总和。

为了达到最专业的效果，在开拍前，斯皮尔伯格和汤姆·汉克斯特地请来了美国海军陆战队退休上校戴尔担任军事顾问，负责将演员训练成真正的战士，并在剧中出演高级军事长官鲍勃·辛格上校。《兄弟连》的演员都经历了两个星期严格的新兵基础训练，从最简单的制服着装、立正行军，到复杂的战术运用、跳伞训练，平均每天受训时间长达16小时。为期两周的新兵训练的高潮之处，就是前往英国跳伞部队的训练场地，每个演员都必须从12米高的跳塔上一跃而下。

斯皮尔伯格制造了效果空前的视觉盛宴，当然也制造了史无前例的商业神话。他所有电影共取得了32亿的票房成绩，超过了任何一位导演。《大白鲨》第一次将他送上世界标记排行榜首位，随之而来的是一系列票房惊人的电影：《E.T.外星人》、印第安纳琼斯系列电影、《侏罗纪公园》《辛德勒名单》《失落的世界》

《拯救大兵瑞恩》等都位列全球票房前50位之内。即使是2001年《A.I.人工智能》或者《幸福终点站》这些“不太成功”的影片，也都取得了8000万左右的票房。

我不认为我们会在一生中做同一个人。

——斯皮尔伯格

我总是没法阻止自己心中那种来自于儿时的冲动，我总在奢望让自己像个观众一样,在银幕上看到最完美的人类与外星人的大战,我觉得这种冲动甚至比我的生命更有意义。

——斯皮尔伯格

第六篇

科学巨人

科学之王阿基米德

阿基米德（Archimedes，前287—前212），古希腊著名的数学家、物理学家，静力学和流体静力学的奠基人。也是具有传奇色彩的人物。

公元前287年，阿基米德出生于地中海中部的西西里岛。两千多年前的西西里岛，还是古希腊的殖民地。随着希腊的衰落，西西里分裂成许多希腊化的小国。位于西西里东部的海港城市叙拉古，当时就是这些小国中的一个。这就是阿基米德的故乡。

阿基米德的父亲菲迪阿斯是一位天文学家兼数学家，一生研究地球、太阳、月亮的关系，计算星球间的距离，多有建树。

阿基米德长到7岁的时候，父亲为他请了最好的教师，教他数学、天文学、哲学和文学。群众中流传的伊索寓言、荷马史诗，是阿基米德最爱听的故事。这些故事不仅给了他智慧，而且培养了他热爱生活、热爱祖国的高尚品质。

在阿基米德11岁的时候，父亲将他送往埃及深造。埃及有一个港口城市亚历山大，聚集了许多第一流的学者和科学家，创造了为世人钦佩和叹服的学术思想。此外，城里还有当时世界上最大的图书馆，藏书达70万卷以上，那无疑是一个智慧的大宝库。亚历山大城是埃及托勒密王一世开始兴建的王都。坐落在城市中央的王宫花园，是当时世界上著名的学术中心。那里的博物馆和图书馆不仅是学者们从事学术研究的最好环境，而且也吸引了来自希腊、印度、阿拉伯等地的求学青年。被誉为“几何学之父”的欧几里得，便在这座王宫花园中开办过学校，讲述他的著作《几何学原理》，传播他的学术思想。

阿基米德

阿基米德来到亚历山大的时候，欧几里得已经去世，他的学生埃拉托色尼便成了阿基米德的老师。师生之间感情甚洽，他们一起讨论数学、天文学、力学方面的问题，一起看戏剧、听音乐。每当风和日丽之时，他们还一起去散步或游览尼罗河。在这种融洽的关系中，阿基米德的知识和智慧一天天丰富起来。阿基米德从11岁去亚历山大学习和工作，直到47岁才回到叙拉古，时间是公元前240年。这时正是他的创造力最旺盛的时期。他被委任为亥厄洛国王的顾问，继续从事数学和力学方面的研究。

公元前218年，罗马与迦太基发生了战争。叙拉古在罗马与迦太基的战争中站到了迦太基的一边，因而引起了罗马人的记恨。罗马帝国凭借着自己强大的军事力量，发动了对叙拉古的讨伐和进攻。

这时的阿基米德已是近70岁的老人。强烈的爱国思想使他走上了保卫祖国的道路。

公元前215年，罗马将领马塞拉斯率领大军，乘坐战舰来到了历史名城叙拉古城下，马塞拉斯以为小小的叙拉古城会不攻自破，听到罗马大军的显赫名声，城里的人还不开城投降？

然而，回答罗马军队的是一阵阵密集可怕的镖箭和石头。罗马人的小盾牌抵挡不住数不清的大大小小的石头，他们被打得丧魂落魄，争相逃命。

突然，从城墙上伸出了无数巨大的起重机式的机械巨手，它们分别抓住罗马人的战船，把船吊在半空中摇来晃去，最后甩在海边的岩石上，或是把船重重地摔在海里。船毁人亡，马塞拉斯侥幸没有受伤，但惊恐万分，完全失去了刚来时的骄傲和狂妄，变得不知所措，最后只好下令撤退，把船开到安全地带。

罗马军队死伤无数，被叙拉古人打得晕头转向。可是，敌人在哪里呢？他们连影子也找不到。

马塞拉斯最后感慨万千地对身边的士兵说："怎么样？在这位几何学'百手伟人'面前，我们只得放弃作战。他拿我们的战船当游戏扔着玩。在一刹那间，他向我们投射了这么多镖、箭和石块，他难道不比神话里的百手伟人还厉害吗？"

年过古稀的阿基米德是一位闻名于世的大科学家。在保卫叙拉古城时，他动用了杠杆、滑轮、曲柄、螺杆和齿轮。他不仅用人力开动那些投射镖箭和石弹的机器，而且还利用风力和水力，利用有关平衡和重心的知识、曲线的知识和远距离使用作用力的知识等。难怪马塞拉斯不费劲地就找到了自己惨败的原因。当天晚上，马塞拉斯连夜逼近城墙。他以为阿基米德的机器无法发挥作用了。不料，阿基米德早准备好了投石机之类的短距离器械，再次逼退了罗马军队的进攻。罗马人被惊吓得谈虎色变，一看到城墙上出现木梁或绳子，就抱头鼠窜，惊叫着跑开："阿基米德来了。"

传说，阿基米德还曾利用抛物镜面的聚光作用，把集中的阳光照射到入侵叙拉古的罗马船上，让它们自己燃烧起来。罗马的许多船只都被烧毁了，但罗马人却找不到失火的原因。900多年后，有位科学家按史书介绍的阿基米德的方法制造了一面凹面镜，成功地点着了距离镜子45米远的木头，而且烧化了距离镜子42米远的铝。所以，许多科学家通常都把阿基米德看成是人类利用太阳能的始祖。

马塞拉斯进攻叙拉古时屡受袭击，在万般无奈下，他带着舰队，远远离开了叙拉古附近的海面。他们采取了围而不攻的办法，断绝城内和外界的联系。3年以后，他们利用叙拉古城市居民的大意，终于在公元前212年占领了叙拉古城。马塞拉斯十分敬佩阿基米德的聪明智慧，下令不许伤害他，还派一名士兵去请他。此时阿基米德不知城门已破，还在凝视着木板上的几何图形沉思呢。当士兵的利剑指向他时，他却用身子护住木板，大叫："不要动我的图形！"他要求把原理证明完再走，但激怒了那个鲁莽无知的士兵，他竟用利剑刺死了75岁的老科学家。马塞拉斯勃然大怒，他处死了那个士兵，抚慰阿基米德的亲属，为他开了追悼会并建了陵墓。阿基米德被后世的数学家尊称为"数学之神"。

罗马数学家西塞罗提到他住在西西里岛的叙拉古时曾参观过阿基米德的墓地。虽然"墓地上杂草遍布，灌木丛生"，但是他马上晓得这就是他所欲寻找的对象。当他发现了"在杂草中的小墓碑上面放着一个内嵌球体的圆柱体时"，不禁百感交集，难过万分。为了拯救墓地免于湮灭，西塞罗不仅拜访了阿基米德的后代，而且还赠送慰问金，替他的罗马祖先杀害阿基米德来赎罪。

阿基米德一生所留下的最大遗产是他的数学，他是古代最伟大的数学家，由几十本遗作及残卷中所记载的内容可以看出。他的著作不仅品质极高、逻辑深入，且文字典雅。套句牛顿的优美词句，阿基米德确实是站在时代伟人的肩上，高瞻远瞩。但不论历史的影响多么深远，也不能完全说明他在数学上带给人类的惊人成就。

每个人都可能听过一些超越时空、鉴古辨今的时代伟人，然而这些人所能预知的大约只有10年或20年，最多亦不超过一代之后的事，但阿基米德的数学成就在往后的几个世纪内始终无人可及。一直等到微积分在17世纪末期发展出来后，数学家才不需要站在阿基米德所建立的基础上探讨立体体积与表面积的关系。

阿基米德常常通过实践直观地洞察到事物的本质，然后运用逻辑方法使经验上升为理论，再用理论去指导实际工作。没有一位古代的科学家，像阿基米德那样将熟练的计算技巧和严格证明融为一体，将抽象的理论和工程技术的具体应用紧密结合起来。

阿基米德不仅在理论上成就璀璨，还是一个富有实践精神的工程学家。他一生设计、制造了许多机械和机器，除了杠杆系统外，值得一提的还有举重滑轮、灌地机、扬水机以及军事上用的投射器等。

和侧重于抽象思维的希腊哲人不同，阿基米德很看重物理定律的实际应用。比如他注意到了螺旋可以省力，便制造了螺旋提水器，直到现在，这种古老的机械仍在埃及等地应用。又如，今天的建筑工地上，总有吊车来来往往，吊车上的最关键装置是滑轮——动滑轮、定滑轮。这些滑轮，阿基米德在2000多年前就能得心应手地应用，他曾借助滑轮完成一次伟大功绩——把一艘众多人力无法移动的大船轻而易举地拉入水中。

科学史上还记下了他的另一项发明——抛石机。当时没有大炮，抛石机可算是很有威力的重型武器了。罗马士兵围困叙拉古城长达三年，仍未攻破，就是为阿基米德的抛石机所阻。当然，最后强大的罗马军队还是攻下了叙拉古城，阿基米德也死于罗马士兵的长矛之下。

罗马人消灭了阿基米德的肉体，却消灭不了他的精神。罗马的科技文化成果中，处处显示出阿基米德的创造成果。比如罗马人非常重视水利工程，他们建造的引水道，被称作是古建筑史的丰碑。在这个引水工程中，虹吸技术发挥了重要作用。罗马的宫殿、神庙等建筑，也为古建筑史写下光辉的篇章。特别是可容观众4500人的斗兽场，足可与现代大型体育场相媲美，实际上现代体育场的建筑样式，有不少是从罗马人那里沿袭来的。

阿基米德把机械原理应用于实践，对人类的文明影响更为深远。现如今大凡日常生活中，我们周遭可以见到会动的物体，几乎都与机械脱离不了关系，像汽车、飞机等。其实我们只要仔细观察我们周边的生活，很多事情都是与机械息息相关，机械电机也一直扮演着带动人类文明演进的动力。从太空中的航天科技到海洋中的地心探险，机械电机的智慧更是与科技的脉动息息相关。也许您会疑惑人们什么时候开始学会利用机器呢，机器的功用到底在哪呢？也许有人会回答从英国的工业革命起，人类才真正进入使用机械的世代。孰不知，远在更久远的古希腊时代，阿基米德就开始研究机械的奥妙之处了。

不过，到了文艺复兴时代，阿基米德有了一位隔世弟子——达文西。达文西对机器构造的详尽研究，深受阿基米德的影响。达文西一生致力于运用他的创造力及想象力，不断地从事各项发明设计及科学研究。伟大的梦想成就伟大的发明，他追求的目标是要“制造能使全世界撼动的机器”。而最令他迷恋的是机械化的发条装置工具，这个发明使得人们可以开始精确地测量时间。他研究时钟的内部结构，拆解每一个零件来研究其功能，检验整体结构的性质，观察运动的动力系统。在达文西的素描中显示了这些钟的所有的细节，包括了它们的机械结构、指针与刻度，平衡轴、齿轴、和钟声。他还在素描中为飞行器结合了发条装置功能，这证明了现今的飞行系统的确是基于时钟机械结构上发展的。达文西对于测时的研究是我们今日测时基础知识的来源。

在20世纪初人类发明了可转动双翼的飞机。达文西也曾经设计过类似的飞行器。攀登上此飞行器的梯子造型十分有趣。梯子的设计是为了吸收并降低降落时的撞击力。飞行时梯子会被收回于机上，很像现代飞机的可伸缩缩降落轮。双翼飞机是以人力驱动的，飞行员以头推动杆子，同时以双手按下按钮，并以自己的重量踩下脚踏板。他仔细地观察及研究那些举起重物的机械设备，例如：如何在教堂的圆顶置放铜球。往后他进行了相当多运输、举重及自动行走的机械设计。

时至今日，潜水艇的沉浮，气球和飞艇的飞行，打捞海底沉船，制造巨型舰船等都离不开阿基米德原理。阿基米德对人类机械与发明创造的影响还将延续。

名人名言

给我一个支点，我可以撬动地球。

——阿基米德

不要碰我的圆！

——阿基米德

数学大师欧几里得

欧几里得（Euclid，约前330—前275），约公元前330年生于雅典。是古希腊的数学家，亚历山大学派前期的三大数学家之一，被称为“几何之父”。欧几里得早年在雅典的柏拉图学院受过教育，饱学了希腊古典数学各种科学文化。由于雅典的衰落，数学界和其他科学一样处于困境。约在公元前300年欧几里得就崭露头角，后来因统治埃及的托勒密国王的邀请客居亚力山大城，从事数学工作。

西方几何学兴起于埃及，经泰勒斯等人移于希腊的爱奥尼亚，又经毕达哥拉斯学派等传到雅典日臻成熟。由于在希腊后期失去了独立性，导致雅典的学术文化中心向日益昌盛的埃及都城——亚历山大城转移。此时此刻的欧几里得，以流亡者的心境，旅居亚历山大，内心燃起一股热情，要将以雅典为代表的希腊数学成果，运用前人曾经部分地采用过的严密的逻辑方法重新编纂成书。惊世鸿著《几何原本》就是这样于公元前300年后诞生了。说它是一本教科书，不如说它是一部与雅典数学争鸣的专著。

欧几里得

《几何原本》中所引用的材料一般都可追溯到古希腊数学著作，特别是希波克拉提斯的著作，他编写的第一部初等几何教科书《几何纲要》为《几何原本》提供了基础。《几何原本》汇集了大量前人积累的数学成果，是世间少有的鸿篇巨著，被称为欧几里得几何学。

《几何原本》采用了前所未有的独特编写方式，先提出公理、公设定义，然后由简到繁证明一系列定理。内容丰富，结构严谨，文字洗练，概念清晰，判断准确，推理周密，论证有力。对这本书英国的数学家罗素在《西方哲学史》中是这样评价他的：欧几里得的《几何原本》毫无疑义是古往今来最伟大的著作之一，是希腊理智最完美的纪念碑之一。

欧几里得，这位希腊古典文化哺育起来的学者，运用惊人的才智，成功地树立了数学演绎体系的最初典范。把数学引入一个崭新的领域，迈上一个新的台阶。他的贡献就像太阳一样光辉灿烂。

欧几里得虽然生活在公元前300年左右，活跃于当时的古希腊文化中心亚历山大。但一直到20世纪之前，欧几里得的名字几乎是几何学的同义词。

在托勒密一世时代，金字塔已成为古埃及文明的遗迹。金字塔既宏伟又壮观，可在当时，没有一个人能说出金字塔究竟有多高，于是有人说道："要想测量金字塔有多高，比登天还难呢！"但是，欧几里得听到别人的谈论，笑着说："这有什么难的？"原来，当你的影子跟你的身体一样长的时候，去量一下金字塔的影子有多长，那长度便等于金字塔的高度，欧几里得轻而易举就破解了这个难题！

从此，他的名声越来越大，欧几里得也更潜心研究他的数学和几何学，几何学也越来越为人所知，它像一块磁铁吸引了许多人，以至连亚历山大国王托勒密也想赶时髦，学点几何学。谁知学了一点，国王就显得很不耐烦，觉得太吃力了，想找一条方便的途径，能学一下就会。欧几里得笑道："殿下，在学习科学的时候，国王与普通百姓是一样的。科学上没有专为国王铺设的大道。"这句话后来被推广为"求知无坦途"，成为传诵千古的学习名言。

欧几里得治学是严谨的，他反对在做学问时投机取巧和追求名利。还有一则故事，是说一个学生才开始学第一个命题，就问欧几里得学了几何学之后将得到些什么。欧几里得说："你想在学习中获取实利吗？那么拿去这三个钱币吧。"

由此可知，欧几里得主张学习必须循序渐进、刻苦钻研，不赞成投机取巧的作风，也反对狭隘实用观点。

今日来看，《几何原本》的重要性并不在于书中提出的哪一条定理。书中提出的几乎所有的定理在欧几里得之前就已经为人知晓，使用的许多证明亦是如此。欧几里得的伟大贡献在于他将这些材料做了整理，并在书中作了全面的系统阐述。这包括首次对公理和公设作了适当的选择——这是非常困难的工作，需要超乎寻常的判断力和洞察力。然后，他仔细地将这些定理做了安排，使每一个定理与以前的定理在逻辑上前后一致。在需要的地方，他对缺少的步骤和不足的证明也作了补充。值得一提的是，《几何原本》虽然基本上是平面和立体几何的发展，也包括大量代数和数论的内容。

科学就是这样，绝不仅仅是把经过细心观察的东西和小心概括出来的东西收集在一起而已。科学上的伟大成就，就其原因而言，一方面是将经验同试验进行结合；另一方面，需要细心的分析和演绎推理。

在训练人的逻辑推理思维方面，《几何原本》比亚里士多德的任何一本有关逻辑的著作影响都大得多。在完整的演绎推理结构方面，这是一个十分杰出的典范。正因为如此，自本书问世以来，思想家们为之而倾倒。

“求知无坦途”，欧几里得的几何知识影响着后世的人，他的精神也为后世知识研究者们所推崇。

科学的道路从来就是不平坦的，马克思曾有句名言：“在科学上面是没有平坦的大路可走的，只有那在崎岖小路的攀登上不畏劳苦的人，有希望达到光辉的顶点。”可见在科学事业上希望一抓就灵、一试即成的想法是完全不切实际的。

人生其实就和求知一样，孕育着一种境界。读书是一种求索的劲头，王国维说过的人生三境界，在读书中也是毫无例外地存在着的。读书人中的成功者，往往是那些求知欲强烈、学识修养方面有基础的人，往往是尝尽生活辛酸而矢志不移的人，往往是追求生活乐趣的人，往往是最能够品尝生活美酒的人。

让我们在记住欧几里得“求知无坦途”的同时，也要记住：人生如登楼，欲穷千里目，更上一层楼。

科学上没有专为国王铺设的大道。

——欧几里得

科学巨匠牛顿

艾萨克·牛顿（Isuac Newton，1643—1727），他是英国伟大的数学家、物理学家、天文学家和自然哲学家，其研究领域包括了物理学、数学、天文学、神学、自然哲学和炼金术。牛顿的主要贡献是发明了微积分，发现了万有引力定律和经典力学，设计并实际制造了第一架反射式望远镜等，被誉为人类历史上最伟大、最有影响力的科学家。为了纪念牛顿在经典力学方面的杰出成就，“牛顿”后来成为衡量力的大小的物理单位。

公元1643年1月4日，牛顿诞生于英格兰林肯郡的小镇乌尔斯索普的一个自耕农家庭。牛顿出生之前，父亲已去世。牛顿生而孱弱，过了3年，母亲再嫁给一位牧师，于是牛顿被留在他祖母身边抚养。8年之后，牧师病故，牛顿的母亲带着后夫所生的一子二女又回到乌尔斯索普。牛顿自幼沉默寡言，性格倔强，这种习性可能来自他的家庭环境。

牛顿

牛顿少年时代喜欢摆弄机械小技巧。传说他做过一架磨坊的模型，动力是小老鼠；有一次他放风筝时，在绳子上悬挂着小灯，夜间村人看去惊疑是彗星出现。他喜欢绘画、雕刻，尤其喜欢刻日晷，家里墙角、窗台上到处安放着他刻划的日晷，用以验看日影的移动，以知时刻。12岁进离家不远的格兰瑟姆中学。牛顿的母亲原希望他成为一个农民，能赡养家庭，但牛顿本人却无意于此而酷爱读书，以致经常忘了干活。随着年岁增大，牛顿越发爱好读书，喜欢沉思，做科学小试验。他在格兰瑟姆中学读书时，曾寄居在一位药剂师家里，使他受到化学实验的熏陶。

牛顿在中学时代学习成绩并不出众，只是爱好读书，对自然现象有好奇心，例如颜色、日影四季的移动，尤好几何学、哥白尼的日心说等。他还分门别类地记读书心得笔记，又喜欢别出心裁地做些小工具、小技巧、小发明、小试验。当时英国社会渗入基督教新教思想，牛顿家里有两位都以神父为职业的亲戚，这可能影响了牛顿晚年的宗教生活。从这些平凡的环境和活动中，看不出幼年的牛顿是一个才能出众异于常人的儿童。

然而，格兰瑟姆中学的校长J.斯托克斯，还有牛顿的一位当神父的叔父W.艾斯库别具慧眼，鼓励牛顿上大学读书。牛顿于1661年以减费生的身份进入剑桥大学三一学院，1664年成为奖学金获得者，1665年获学士学位。

17世纪中叶，剑桥大学的教育制度还浸透着浓厚的中世纪经院哲学的气味。当牛顿进入剑桥大学时，那里还在传授一些经院式课程，如逻辑、古文、语法、古代史、神学等。两年之后，三一学院出现了新气象。H.卢卡斯创设了一个独辟蹊径的讲座，规定讲授自然科学知识如地理、物理、天文和数学课程。讲座的第一任教授I.巴罗是一位博学的科学家。就是这位教师把牛顿引向自然科学。在这段学习过程中，牛顿掌握了算术、三角，学习了欧几里得的《几何原理》。他又读了开普勒的《光学》，笛卡尔的《几何学》和《哲学原理》，伽利略的《两大世界体系的对话》，R.胡克的《显微图集》，还有皇家学会的历史和早期的《哲学学报》等。

牛顿在数学家巴罗的门下学习，这也是他学习的关键时期。巴罗比牛顿大12岁，精于数学和光学，他对牛顿的才华极为赞赏，他认为牛顿的数学才能超过自已。

1665~1666年伦敦大疫。剑桥离伦敦不远，为恐波及，学校停课。牛顿于1665年6月回到故乡乌尔斯索普。

由于牛顿在剑桥受到数学和自然科学的熏陶和培养，对探索自然现象产生了极为浓厚的兴趣。就在1665~1666年这两年之内，他在自然科学领域内思潮奔腾，才华迸发，思考了前人从未思考过的问题，踏进了前人没有涉及的领域，创建了前所未有的惊人业绩。1665年初他创立级数近似法以及把任何幂的二项式化为一个级数的规则。同年11月，创立正流数法（微分）；次年1月，研究颜色理论；5月，开始研究反流数法（积分）。这一年内，牛顿还开始想到研究重力问题，并想把重力理论推广到月球的运行轨道上去。他还从开普勒定律中推导出使行星保持在它们轨道上的力必定与它们到旋转中心的距离平方成反比。牛顿见苹果落地而悟出地球引力的传说，说的也是在此时发生的轶事。总之，在家乡居住的这两年中，牛顿以比此后任何时候更为旺盛的精力从事科学创造，并关心自然哲学问题。由此可见，牛顿一生的重大科学思想是在他青春年华、思想敏锐的短短两年期间孕育、萌发和形成的。

1667年牛顿重返剑桥大学，10月1日被选为三一学院的仲院侣，次年3月16日被选为正院侣。当时巴罗对牛顿的才能有充分认识，1669年10月27日巴罗便让年仅26岁的牛顿接替他担任卢卡斯讲座的教授。牛顿把他的光学讲稿（1670~1672）、算术和代数讲稿（1673~1683）《自然哲学的数学原理》（以下简称《原理》）的第一部分（1684~1685），还有《宇宙体系》（1687）等手稿送到剑桥大学图书馆收藏。1672年起牛顿被接纳为皇家学会会员，1703年被选为皇家学会主席直到逝世。其间牛顿和国内外科学家通信最多的有R.玻意耳、J.柯林斯、J.夫拉姆斯蒂德、D.格雷果里、E.哈雷、胡克、C.惠更斯、莱布尼兹和J.沃利斯等。牛顿在写作《原理》之后，厌倦大学教授生活，他得到在大学学生时代结识的一位贵族后裔C.蒙塔古的帮助，于1696年谋得造币厂监督职位，1699年升任厂长，1701年辞去剑桥大学工作。当时英国币制混乱，牛顿运用他的冶金知识，制造新币。因改革币制有功，1705年受封为爵士。

牛顿于1727年3月31日在伦敦郊区肯辛顿寓中逝世，以国葬礼葬于伦敦威斯敏斯特教堂。

牛顿说自己“站在伟人们的肩膀上”是不无道理的。早从17世纪科学革命开始，知识界就出现了许多“伟人”，如培根，讲了自然科学的分类，如意大利的伽利略，开始了近代科学之幕，而笛卡尔强调理性的科学。在三个大师的基础上，牛顿把物理学、力学和数学紧密的结合起来，从此自然科学开始渐居统治地位。到了19世纪，自然科学就成了科学的代名词。

谦逊的牛顿没有意识到，他自己更是一位“伟人”，而且是一位“翻天覆地的伟人”。

17世纪以来，原有的几何和代数已难以解决当时生产和自然科学所提出的许多新问题，例如：如何求出物体的瞬时速度与加速度？如何求曲线的切线及曲线长度（行星路程）、矢径扫过的面积、极大极小值（如近日点、远日点、最大射程等）、体积、重心、引力等等。尽管牛顿以前已有对数、解析几何、无穷级数等成就，但还不能圆满或普遍地解决这些问题。牛顿将古希腊以来求解无穷小问题的种种特殊方法统一为两类算法：正流数术（微分）和反流数术（积分），反映在1669年的《运用无限多项方程》、1671年的《流数术与无穷级数》、1676年的《曲线求积术》三篇论文和《原理》一书中，以及被保存下来的1666年10月他写的在朋友们中间传阅的一篇手稿《论流数》中。与此同时，他还在1676年首次公布了他发明的二项式展开定理。牛顿利用它还发现了其他无穷级数，并用来计算面积、积分、解方程等等。1684年莱布尼兹从对曲线的切线研究中引入了和拉长的S作为微积分符号，从此牛顿创立的微积分学在大陆各国迅速推广。

微积分的出现，成了数学发展中除几何与代数以外的另一重要分支——数学分析（牛顿称之为“借助于无限多项方程的分析”），并进一步进进发展为微分几何、微分方程、变分法等等，这些又反过来促进了理论物理学的发展。

牛顿对光进行研究，是从去掉望远镜中的色彩和歪曲形象入手的。那是在1665年，牛顿让一束太阳光通过三棱镜，结果阳光被分解成了赤、橙、黄、绿、青、蓝、紫七种颜色。这是一个重大发现，它证明普通的光是由七色组成的。牛顿还用一个凸透镜把七色光合成了白光，更加证实了这一点。牛顿还进一步测定了不同颜色的光的折射率，从而发现了不同色光的折射角度，是按着赤、橙、黄、绿、青、蓝、紫的顺序加大，物质的色彩是由不同颜色的光在不同物体上有不同的折射率造成的。牛顿立即把上述发现用到制造望远镜上，一举制成了不带颜色的折射望远镜，奠定了现代大型光学天文望远镜的基础。

1671年牛顿将此镜送给皇家学会保存，至今的巨型天文望远镜仍用牛顿式的基本结构。牛顿磨制及抛光精密光学镜面的方法，至今仍是不少工厂光学加工的主要手段。

牛顿在科学上的巨大成就连同他的朴素的唯物主义哲学观点和一套初具规模的物理学方法论体系，给物理学及整个自然科学的发展，给18世纪的工业革命、社会经济变革及机械唯物论思潮的发展以巨大影响。

牛顿的哲学观点与他在力学上的奠基性成就是分不开的，一切自然现象他都力图用力学观点加以解释，这就形成了牛顿哲学上的自发的唯物主义，同时也导致了机械论的盛行。事实上，牛顿把一切化学、热、电等现象都看作“与吸引或排斥力有关的事物”。例如他最早阐述了化学亲和力，把化学置换反应描述为两种吸引作用的相互竞争；认为“通过运动或发酵而发热”；火药爆炸也是硫磺、炭等粒子相互猛烈撞击、分解、放热、膨胀的过程，等等。

这种机械观，即把一切的物质运动形式都归为机械运动的观点，把解释机械运动问题所必需的绝对时空观、原子论、由初始条件可以决定以后任何时刻运动状态的机械决定论、事物发展的因果律等等，作为整个物理学的通用思考模式。可以认为，牛顿是开始比较完整地建立物理因果关系体系的第一人，而因果关系正是经典物理学的基石。

牛顿在科学方法论上的贡献正如他在物理学特别是力学中的贡献一样，不只是创立了某一种或两种新方法，而是形成了一套研究事物的方法论体系，提出了几条方法论原理。在牛顿《原理》一书中集中体现了以下几种科学方法：①实验—理论—应用的方法。②分析—综合方法。③归纳—演绎方法。④物理—数学方法。

牛顿的哲学思想和方法论体系被爱因斯坦赞为“理论物理学领域中每一工作者的纲领”。这是一个指引着一代一代科学工作者前进的开放的纲领。

牛顿的经典力学决不只是影响了自然科学界、工业和技术界，更重要的是它唤醒了人们对科学真理的认知，从而推动了社会变革和人们的思想革命。如清末戊戌（1898年）变法运动的主将康有为、梁启超和谭嗣同等人，都无例外地从牛顿学说中寻找维新变法的根据，尤其是牛顿在科学上革故图新的精神鼓舞了清末一切希望变革社会的有志之士。在戊戌变法失败后的十几年，领导辛亥革命的孙中山先生也把牛顿的科学理论作为他的“建国方略之一、心理建设”的一个思想基础。

从自然科学到社会科学，乃至思维领域，牛顿几乎改变了整个人类世界！

我之所以比别人望得远些，是因为站在伟人的肩膀上。

——牛顿

科学伟人爱因斯坦

阿尔伯特·爱因斯坦（Albert Einstein，1879—1955）是德裔美国（并拥有瑞士国籍）物理学家、思想家及哲学家，犹太人，现代物理学的开创者和奠基人，相对论——“质能关系”的提出者，“决定论量子力学诠释”的捍卫者——不掷骰子的上帝。1999年12月26日，爱因斯坦被美国《时代周刊》评选为“世纪伟人”。

爱因斯坦，1879年出生于德国的乌尔姆小镇，父母都是犹太人。他12岁时，阅读了欧几里得的《几何学原本》，被深深地吸引。16岁时写出第一题为《关于磁场中的以太的研究现状》的论文。1896年夏，考入瑞士苏黎士工业专科学校，1900年毕业。1902年进入伯尔尼瑞士联邦专利局，负责对专利的技术审查，一直任职到1909年。他在那些年是最富有科学创造性的。1905年3月到6月爱因斯坦接连发表四篇重要论文，创立了狭义相对论，并在辐射量子论、分子运动论、布朗运动理论等方面取得了杰出的成就，引起物理学理论基础的重大变革。

爱因斯坦

1909年经著名物理学家普朗克推荐，爱因斯坦任苏黎世大学理论物理学副教授。1913年回到德国，在柏林大学任教，并成为普鲁士科学院院士。1933年因受纳粹政权迫害而迁居美国，定居在新泽西州的普林斯顿，应聘为普林斯顿高等研究院教授。1940年爱因斯坦加入美国籍，之后一直在普林斯顿从事理论物理研究工作，直至逝世。

爱因斯坦在物理学的许多领域中都有重大的贡献，其中最重要的是创立了相对论和对发展量子论的贡献。

1905年6月完成的《论动体的电动力学》一文中，爱因斯坦提出了狭义相对论。这一理论告诉我们，如果我们承认光在真空中的传播速率是恒定的（即不随发光物体的运动状态而改变），而且在一切惯性参考系中自然定律都是相同的，那么就可以确定，时间和运动对于观察者说来都是相对的。相对论的建立，使人类对于空间、时间和物质运动的认识，发生了革命性的变化，具有划时代的历史意义。1916年，他发表了《广义相对论的基础》的论文，建立了广义相对论。狭义相对论主要论述电磁现象及其在时间和空间中的传播，广义相对论则主要研究引力理论。这个理论的中心思想是引力的实质是由于质量的存在而引起的时空连续场的弯曲。他根据广义相对论，作出了光在引力场作用下会发生弯曲、水星近日点发生进动和引力场中的光谱线向红端移动的三大预言，这些预言以后都被实验观测所证实。1919年，英国物理学家汤姆生曾激动地说，爱因斯坦创立的相对论是“人类思想史中最伟大的成就之一”。

1905年3月，爱因斯坦发表《论光的产生和转化的一个启发性的观点》。在普朗克量子论的启发下，提出了光量子学说，并用量子理论解释了光电效应、辐射过程和固体的比热等等，在科学史上第一次揭示了微观客体的波粒二象性。同年9月，爱因斯坦发表了题为《物体的惯性同它所含有的能量有关吗？》的论文，提出了著名的质能关系式$E=mc^2$，阐明质量是m的物体蕴藏着mc^2的能量，为原子能的开发、利用提供了理论基础。

1922年11月，爱因斯坦荣获诺贝尔物理学奖，但授奖理由主要提到他在光量子论方面的贡献，因为当时对相对论是有争议的。

1929年2月，爱因斯坦发表了《统一场论》的论文。从此，他几乎把后半生的全部精力都投入到这一研究中去，试图把电磁场和引力场统一起来。虽然，在这方面的研究，他没有取得成果，但他开辟了一个全新的领域，具有重要的意义。

法国物理学家郎之万在1931年说过："在我们这一代的物理学史中，爱因斯坦的地位将在最前列。他现在是，并且将来还是人类宇宙中有头等光辉的一颗巨星。"

爱因斯坦对事物不满足于现在的结论，不墨守成规。他曾说过："我没有什么特别的才能，不过喜欢穷根究底地追究问题罢了。""我不过是保持了自然界表示'诧异'（或译'惊奇'）的能力。当大多数物理学家沿着牛顿的道路继续前进时，我却试图走另外的路。"这正是使他成为自然科学伟大革新家的最可贵的品质。

爱因斯坦病危之际，留下遗嘱：死后不举行公开葬礼，不建墓，不立纪念碑。遗体火化后，骨灰撒向大地。1955年4月18日，爱因斯坦在普林斯顿逝世，终年76岁。

爱因斯坦因为在科学上的成就，获得了许多奖状以及名誉博士的授予证书。如果一般人就会把这些东西高高挂起。可是爱因斯坦把以上的东西，包括诺贝尔奖奖状，一起乱七八糟地放在一个箱子里，看也不看一眼。英费尔德说他有时觉得爱因斯坦可能连诺贝尔奖是什么意义都不知道。据说他在得奖的那一天，脸上和平日一样平静，没有显出特别高兴或兴奋。爱因斯坦在写自己的科学工作文章时，从来没有提到过他拿到什么奖，像他这样的情形在科学界里是不太多的。

少年时代的爱因斯坦在瑞士生活时，过的是穷学生的生活，他对物质生活要求不高，有一碟意大利面条加上一点酱他就感到很满意。成名后，成为教授以及后来为了躲避纳粹的迫害移民美国，他是有条件过很好的物质享受的，但是他仍保留着穷学生简朴无华的生活。

爱因斯坦不爱钱财。对于他来说，每一份财产都是一块绊脚石，它破坏人的恬淡心境。在美国这个拜金成风的国家，有这样的品格，也是使人感兴趣的。有一则轶事说，爱因斯坦把一张1500美元的支票夹在书里当书签用，结果把书弄丢了。还有一个故事说，人家请他在无线电上讲话，他拒绝了，说他不爱出风头。人家出了1000美元，请他只讲一分钟话，他也拒绝了，说他不需要钱。

卓别林到柏林访问去看望爱因斯坦时，深感惊异的是，这位举世闻名的大科学家，住在简陋的公寓里，房间里的家具非常简单，最值钱的东西不过是一架钢琴。

当爱因斯坦来到普林斯顿的高等科学研究所工作时，当局给了他相当高的薪水——年薪1.6万美元，他却说："这么多钱，是否可以给我少一点？给我3000美元就够了。”

他的夫人说，爱因斯坦并不富有，虽然洛克菲勒基金会给他的科学工作捐助了百万美元，但他从来没有用过。

爱因斯坦对自己的衣着也是不注意的，长年披着一件黑色皮上衣，不穿袜子，不系领带，裤子有时既没有绑皮带也没有吊带。他和人在黑板前讨论问题时，一面写黑板，一面要把那像要滑下的裤子用手拉住，这种情形是有些滑稽，而他的头发却留得长长的，不加修饰。这对当年“贵族学府”普林斯顿大学的学生来说是惊异的事，难怪他们要希望上帝叫他把头发剪掉。

爱因斯坦是很节俭的人，他在计算的纸上是两面都写，而且他把许多寄给他的信的信封裁开，当作计算的草稿纸，不让它们在进了纸篓之前失掉可以再利用的价值。爱因斯坦在外出时经常坐二三等车，平时只吃一些简单的食物。1909年7月，爱因斯坦应邀到日内瓦，参加隆重的日内瓦大学三百五十周年校庆和纪念建校人加尔文的庆祝活动，并接受日内瓦大学颁发给他的荣誉博士学位。在庆祝活动的游行中，学校里的显要人物和政府中的大人物，都身穿燕尾服、头戴高礼帽，或者身穿中世纪式的锈金长袍，头戴平顶丝帽，而爱因斯坦却穿着一套平时上街穿的衣服，戴着一顶草帽。对这次庆祝活动所举办的盛大宴会，爱因斯坦很不以为然，他对坐在旁边的人说，“如果加尔文还活着，他会堆起一大堆柴禾，为搞这样的铺张浪费的盛宴而把我们全都烧死。”

爱因斯坦自己曾说过：“安逸和幸福，对我来说从来不是目的。我称这些伦理基础为猪倌的理想……”他甚至拒绝自己被安排在上流社会中而居于与众不同的地位，对社会上对他的特殊照顾感到愤怒。在20世纪20年代由欧洲赴美国的途中，人们为他准备了一套有舒适和方便的设备的房间，原以为爱因斯坦会感到满意，但他却当即强烈抗议这种特权，说他宁愿坐统舱，也不呆在这豪华的房间里。

爱因斯坦是很珍惜时间的人，他不喜欢参加社交活动与宴会，他曾讽刺地说：“这是把时间喂给动物园。”他集中精神专心地钻研，他不希望宝贵的时间消耗在无意义的社交谈话上。他也不想听那些奉承和赞扬的话。他认为：“人只有献身于社会，才能找出那实际上是短暂而有风险的生命的意义。”“一个以伟大的创造性观念造福于全世界的人，不需要后人来赞扬。他的成就本身就已经给了他一个更高的报答。”（见他在1948年《悼念麦克斯·普朗克》的讲话）1929年3月，为了逃避五十寿辰的庆祝活动，爱因斯坦在生日前几天，就秘密跑到柏林近郊的一个花匠的农舍里隐居起来。

爱因斯坦说过，“人是为别人而生存的”，“我的精神生活和物质生活都依靠着别人（包括生者和死者）的劳动，我必须尽力以同样的分量来报偿我所领受了的和至今还在领受着的东西”。这里，闪烁着科学家良心和高尚感情的光芒。

名人名言

不管时代的潮流和社会的风尚怎样,人总可以凭着自己高贵的品质,超脱时代和社会,走自己正确的道路。现在,大家都为了电冰箱、汽车、房子而奔波、追逐、竞争,这是我们这个时代的特征了。但是也还有不少人,他们不追求这些物质的东西,他们追求理想和真理,得到了内心的自由和安宁。

——爱因斯坦

发明大王爱迪生

托马斯·阿尔瓦·爱迪生（Thomas Alva Edison，1847—1931），他是位举世闻名的美国电学家和发明家，他除了在留声机、电灯、电话、电报、电影等方面的发明和贡献以外，在矿业、建筑业、化工等领域也有不少著名的创造和真知灼见。爱迪生一生共有约两千项创造发明，为人类的文明和进步作出了巨大的贡献。

爱迪生一生勤于自学，善于思考，对科学实验如痴如醉，他一生中取得1093项发明专利权，其中著名的有留声机、电灯、电影摄影机、碱性蓄电池等。1879年，他用碳化的卷绕棉线作为灯丝，成功制作出世界上第一个电灯泡。他花了近3天时间把灯丝装进真空玻璃泡，通上电源，发出相当于10盏煤气灯的温柔光芒，延续了约40个小时。他试验过从世界各地找来的1600种耐热材料、6000种植物纤维，他最终确定以碳化竹丝做灯丝，这种灯丝能连续照明1200小时。1908年，爱迪生电气公司职员威廉·克里奇又发明了钨丝灯丝，最终使灯丝经久耐用。

爱迪生

1847年2月11日，爱迪生诞生在美国俄亥俄州的米兰市。他家祖籍荷兰，后迁北美，家境贫穷，靠父亲种田维持生活。小时候的爱迪生并不聪明，但他善于观察、思考，对任何事都喜欢刨根问底。他的那些莫名其妙的问题常把父亲问得哑口无言，无从作答，好在母亲做过教师，每次都能给他耐心地给他讲解。

有一次，父亲在草棚里发现爱迪生趴在草堆里一动不动，便问："你在干什么？"没想到爱迪生一本正经地回答："我在孵小鸡呀！"父亲又好气又好笑地对他说："人是孵不出小鸡的。"可爱迪生还是追问："为什么母鸡能，我就不能呢？"

爱迪生7岁上学，他功课不好，也不喜欢那个死板的教书先生。他满脑袋净是些稀奇古怪的问题，常把老师问得支支吾吾，不知怎么回答，惹得老师十分讨厌他。上学不到3个月，老师对爱迪生的母亲说："你的孩子，老是问一些2加2为什么等于4之类的古怪问题，实在太笨了，不管我怎么教，他也学不会。我不愿教这样的学生。"

爱迪生的母亲一气之下，就让仅仅上了3个月学的爱迪生退学回家自学，自己开始担负起亲自教他读书写字的责任。母亲经常给爱迪生讲文学、历史、传授科学知识，还常给他讲一些名人的故事，不断鼓励教育他，不厌其烦地解答他所提出的各种问题。爱迪生在母亲的认真讲解下进步得非常快。

母亲觉得爱迪生的求知欲非常强烈，买了本《自然读本》送给孩子，爱迪生立刻被书中的科学小实验吸引住了。从此，他经常照着书上讲的方法模仿着去做各种实验。为了作实验，爱迪生把家中的地下室整理出来，准备了一些瓶子、试管，并把平日节省下来的零用钱统统买了实验用品，一有空就钻到地下室去作化学实验。

爱迪生见到小鸟在天空中飞翔，非常羡慕，心想：要是人能自由地飞上天该多美好啊！一次，他看到书上说气球可以飞上天，便想人的肚子里如果充满气体以后，是否也能飞上天呢？他见到家中做面包的发酵粉能产生不少气泡，便找来邻居的小伙伴，让其中一位去吃他从家里偷出来的发酵粉。小伙伴开始并不想吃，后来被他上天的奇妙想法吸引住了，便尝试着吃了一些发酵粉，不料，刚吃下不久，便抱着肚子疼得直打滚，被闻讯赶来的大人送到医院急救。事后，爱迪生还十分惋惜地想才刚试验一半，若能再坚持一会，见到结果该多好啊！

爱迪生闯祸后，母亲不再放心他做实验，要封闭他的实验室，爱迪生急哭了："我要是不做实验，怎么研究学问？怎么做大事呢？"母亲的心被儿子的志向打动了，实验室保存了下来。

由于家庭的穷困，爱迪生12岁的时候，说服父母同意自己到火车上当了报童。他热情地兜售，挣来的钱除了补贴家用，都用来购买书籍和药品。这位可爱的少年，为自己能够独立，感到很得意。由于在火车上卖报，空闲时间较多，爱迪生便多次请求车长让他在车上做实验，得到允许后，他便把自己的实验室从地下室搬到了火车行李车的一角，而火车一到终点，他便会溜到当地的青年协会图书馆去读书。

一次图书馆的管理人员问他已读了多少书啦，他说："我已经读完第一架上的两层书了，我要按书架的次序把所有书读完。"管理人员说："你应先选目标，围绕目标看书才好，否则，书那么多，你何时才能读完呢？"爱迪生想想挺有道理，从此"先确立一个目标，然后向着这个目标迈进！"便成了爱迪生一生的座右铭了。

爱迪生在火车上的卖报生涯并不长。1862年有一次火车开动时震动得特别厉害，爱迪生实验用的药瓶掉到地上，里面的磷散在地上，一碰到空气便引起了大火。火灾被扑灭后，管理员恶狠狠地打了爱迪生几个耳光，结果他的右耳从此变聋了，而且他也不能在这列火车上卖报了。这是爱迪生一生中所受的最大打击，但并没使他从此灰心丧气。

后来爱迪生又在一个小站上找到了一份卖报的工作。有一天，爱迪生正沿着铁路走着，火车飞驰而来，他突然看见一个小男孩正在铁轨上玩耍，就在灾难即将发生的一刹那，爱迪生勇敢地抱起那个男孩滚出了路轨，火车从他们身旁呼啸而过。小男孩的父亲是这个车站的站长，为了报答爱迪生，他把收发电报的技术教给了爱迪生。仅仅四个月，爱迪生便成为一名很优秀的铁路电信报务员了。

爱迪生白天做实验，晚上到铁路上当电报员。局里规定，夜班电报员必须每隔一个小时发一次信号，以防睡觉。爱迪生为了在没事的时候能睡个踏实觉，想出了聪明的一招，他把钟表同电报机连在一起，每过一小时钟打一点，电报机就自动发一个讯号。后来被查出是他搞的小动作，便被辞退了。爱迪生十分热爱电报员这个职业，为了提高收发电报的水平，有空就琢磨改进现有的电报装置，以实现他在一条线上同时传达两个以上电讯的想法。后经朋友介绍，到波士顿他又当起了电报员。1869年，爱迪生发明了股票报价机，以4万元价钱卖给股票交易所。他用这笔钱办了个小工厂，从此专心搞起自己的发明创造来。

爱迪生的一生，光是在美国所获得的发明专利，就有1099件，加上新型专利和商标的注册，便有1500件。另外，再加上其他34个国家所获得的专利，其数目高达3000件以上！

爱迪生经常在实验室吃饭和睡觉。一次，一个朋友来看他，开玩笑地说："怪不得你头脑里的知识那么丰富，原来你睡觉也往脑子里记书上的东西啊！"

爱迪生发明了蓄电池时，为了使性能更好些，试验了9000多次都毫无结果。朋友惋惜地对他说："作了那么多实验都毫无结果，你不觉得后悔吗？""为什么后悔，我不是已经得到几千种物质不能用的结果了吗？"最后，他终于制成了碱性电池。

爱迪生从自己的实践中总结出了自己的心得，他认为，所谓的天才就是百分之一的灵感加百分之九十九的勤奋。

爱迪生除了在留声机、电灯、电话、电报、电影等方面的发明和贡献以外，在矿业、建筑业、化工等领域有不少创造和真知灼见。因此成为著名的发明家，被誉为“发明大王”，为人类的文明和进步作出了巨大贡献，据说他的智商为160。

爱迪生同时也是一位企业家。1879年他创办了“爱迪生电力照明公司”，1880年白炽灯上市销售，1890年爱迪生已经将其各种业务组建成为爱迪生通用电气公司。1891年，爱迪生的细灯丝、高真空白炽灯泡获得专利。1892年，汤姆·休斯顿公司与爱迪生电力照明公司合并成立了通用电器公司，开始了通用电器在电气领域长达一个世纪的统治地位。

名人名言

爱情不会因为理智而变得淡漠，也不会因为雄心壮志而丧失殆尽。它是第二生命；它渗入灵魂，温暖着每一条血管，跳动在每一次脉搏之中。

——爱迪生

友谊能增进快乐，减轻痛苦，因为它能倍增我们的喜悦，分担我们的烦恼。

——爱迪生

天文学奠基人哥白尼

哥白尼的一生谦让谨慎，他以科学求实的态度和非凡的胆识创立了“日心说”。对于嘲笑挖苦，他总是付之一笑：“天体的运行丝毫也不会为这些笨蛋的嘲弄或尊敬而受到丝毫的影响。”

哥白尼

1473年2月19日，波兰维斯瓦河畔的托伦城诞生了一个漂亮可爱的男孩，这个男孩就是后来被人们誉为“文化巨匠”和现代天文学奠基人的尼古拉·哥白尼（Mikolaj Kopernik，1473—1543）。哥白尼的父亲是一位富商，当过托伦城市长，他的母亲也是位名门淑媛。

幼年的哥白尼聪明好学，十分可爱。他的家里常聚集着一些名人学者，他们大多通晓天文地理、文学音乐。他们谈笑风生，妙语如珠，这种文化氛围，无疑深深影响了小哥白尼。每到客人们忘情地畅谈时，哥白尼总是静静地坐在大人们的身边，眨巴着蓝色的眼睛，仔细听那些令人神往的故事和独特的见解。日积月累，许多知识便沉淀在哥白尼的脑海里，神秘的大自然不断激起他强烈的好奇心。

少年的哥白尼先后失去父母，并由舅舅抚养长大。舅舅是一个学识渊博，思想开明的人文主义者，他把哥白尼带进了一个崭新的天地。具有广博爱心的舅舅对哥白尼的一生起了极为重要的影响。

1491年，18岁的哥白尼进入以天文学和数学著称于世的克拉科夫大学学习。哥白尼在天文学家勃鲁泽夫斯基的指导下，开始攻读天文学，包括托勒密的“地心说”。

哥白尼生活的时代，有着一种可以自由思想、质疑和修正以往学说的学术气氛，正是这种气氛，给人们的创造性以无限空间。哥白尼亲眼目睹了人文主义者同中世纪卫道士之间政治上以及世界观、科学观、社会秩序观上的尖锐斗争。当他听了当时欧洲著名的数学家和天文学家沃伊切赫提出的月亮的轨道是椭圆的等诸多著名论断后，哥白尼开始对人们长期信奉的理论的绝对性产生了怀疑，他甚至发现了当时奉为权威的托勒密学说中的矛盾之处。舅舅出于好心，劝哥白尼不要选择天文学而攻读医学，因而，他在大学毕业时获得的是医学证书。

有意思的是，哥白尼对数学、天文学的酷爱不仅不与医学矛盾，反而有着相辅相成的关系。大学期间，哥白尼已经掌握了计算时间和推算日历的繁琐技术。在意大利学习期间，他又努力学习埃及和中国历法，并且反复核算了各种历法，这些都为他以后的天文学发现奠定了基础。

在中世纪的欧洲，人们为了解决生活问题，能选择的最好职业就是出家当僧侣，哥白尼准备当修士，一辈子担任教会职务。于是他在舅舅的安排下到意大利学习教会法。哥白尼兴趣广泛，他钻研数学和天文学，并阅读了大量文献。于1503年，哥白尼获得了教会法博士学位。

哥白尼从意大利回到波兰后，他很关心教区贫民的疾苦，就开始兼作医生，由于医术高明，他赢得了病人和同行的赞赏。但作为一个牧师，他并没有把全部精力放在宗教职位上，而是倾注于天文学的研究和观测方面。哥白尼不管春夏秋冬，三十年如一日，每天都坚持用自制的简陋仪器，进行观测和计算，终于完成了他的天体运行学说。

哥白尼认为平常人们以为太阳绕地球运转是错误的，事实是地球自转并绕太阳运动，就像人们坐在大船上行驶，感觉不到船动，只见岸上的东西在后移一样。哥白尼学说的诞生，在自然科学发展史上具有划时代的深远意义，它引起了人类宇宙观的巨大变革。当时，一些宗教人物一听说哥白尼在观测天象，检验“地心说”的真伪，就惶恐不安，于是便雇佣一帮人诽谤中伤，干扰哥白尼的天文研究。他们当众挖苦哥白尼："大家来看哪！连傻子也看得出太阳在动，地球不动，哥白尼真是岂有此理，硬说太阳不动，地球动。"哥白尼一生谦让谨慎，但是，要推翻常识性的见解，不但要靠科学，更要靠勇气。他常对嘲笑挖苦付之一笑："天体的运行丝毫也不会为这些笨蛋的嘲弄或尊敬而受丝毫影响。"

哥白尼观测计算的数值精确度极高。他认为恒星年的时间为365天6小时9分40秒，仅比现在的精确值多约30秒。

哥白尼的不朽巨著《天体运行论》，直到他快70岁时才决定出版，当时的恶劣环境使他害怕危及自己的学说。正是在他生命最后一天，1543年5月24日，他从印刷商那里收到了这部著作的样书。

哥白尼的天文学思想及其新的宇宙体系，不仅否定了占统治地位近2000年之久的亚里士多德——托勒密学说，而且彻底动摇了宗教教义的基础，使"创世说"中有关上帝创造世界的描述成为一派胡言。这无疑让教会和神学家感到恐惧和不安，就连宗教改革家路德也认为哥白尼的学说是危险的，并称哥白尼是"白痴"，说他想搞出点新鲜玩意儿，企图混淆视听，欺世盗名。即使在哥白尼逝世后，教会方面也没有放松对他的谴责。1616年，罗马教廷将哥白尼的《天体运行论》列为禁书，以阻挠日心说理论的传播。

然而，真理是不可战胜的。继哥白尼之后，无数科学家锲而不舍，努力探索，以无可辩驳的论据证明了哥白尼理论的正确性。罗马教廷也不得不在300多年后宣布取消对《天体运行论》一书的查禁。哥白尼的天文学思想终于被世人广泛接受。

沃德卡是哥白尼少年时期最敬重的一位老师。一天，哥白尼去沃德卡家作客，老师不在。他顺手从书架上抽出一本书，打开一看，老师在折了角的地方写了一条批注："圣诞节晚上，火星和土星排成一种特殊的角度，预示着匈牙利的皇上卡尔温有很大的灾难。"

正在这时，沃德卡推门走进来。他见哥白尼在家里看书，高兴地说："孩子，又看什么书了？"

哥白尼毕恭毕敬地把书递过去，老师边接书边关切地问："能看懂吗？"

哥白尼认真地回答说："老师，我看不懂。火星也好，土星也好，都是天上的星星，他们与卡尔温毫无关系，怎么能预示他的祸福呢？"

"怎么不能呢？"沃德卡反问道，"命星决定一切！"

哥白尼当仁不让，大声反驳说："如果是这样，那人还有没有意志？如果有，人的意志和天上的星星又有什么关系？"

对于哥白尼尖刻的反驳，沃德卡并没有生气，他明白，信不信天命是关系到天文学命运的重大问题。对这个问题，他对传统的偏见有过怀疑，但又说不出道理。

他踌躇再三，深情地对哥白尼说：“孩子，天命决定一切，这是几千年以来的一条老规矩，我不过是拾前人的牙慧罢了。至于你提的问题，确实很有意思。但我没有能力回答你，你如有毅力的话，以后努力研究吧！”

老师的希望，不久就变成了现实。几十年后，哥白尼创立了“太阳中心说”的伟大理论，宣告了“天命论”的彻底破产。

哥白尼在克拉科夫大学学习三年就停了学，而到意大利去学习“教会法”了。这是他舅父务卡施的主意。因为当时盘踞在波兰以北的十字骑士团经常侵犯边境，为非作歹，而和他们作斗争，就必须有人精通“教会法”。哥白尼认为抗击十字骑士团是义不容辞的责任。他说：“没有任何义务比得上对祖国的义务那么庄严，为了祖国而献出生命也在所不惜。”所以他同意了务卡施的建议。为了取得出国的路费和长期留学的生活费用，他再次接受他舅父的安排，决定一辈子担任教会的职务。1496年秋天，哥白尼披上僧袍，动身到意大利去了。

他在意大利北部的波伦亚大学学习“教会法”，同时努力钻研天文学。在这里，他结识了当时知名的天文学家多米尼克·玛利亚，同他一起研究月球理论。他开始用实际观测来揭露托勒密学说和客观现象之间的矛盾。他发现托勒密对月球运行的解释，正像雷吉蒙腾所指出的那样，一定会得出一个荒谬的结论：月亮的体积时而膨胀时而收缩，满月是膨胀的结果，新月是收缩的结果。1497年3月9日，哥白尼和玛利亚一起进行了一次著名的观测。那天晚上，夜色清朗，繁星闪烁，一弯新月浮游太空。他们站在圣约瑟夫教堂的塔楼上，观测“金牛座”的亮星“毕宿五”，看它怎样被逐渐移近的娥眉月所掩没。当“毕宿五”和月亮相接而还有一些缝隙的时候，“毕宿五”很快就隐没起来了。他们精确地测定了“毕宿五”隐没的时间，计算出确凿不移的数据，证明那一些缝隙都是月亮亏食的部分，“毕宿五”是被月亮本身的阴影所掩没的，月球的体积并没有缩小。就这样，哥白尼把托勒密的地心说打开了一个缺口。

1500年，哥白尼由于经济困难，到罗马去担任数学教师。第二年夏天，哥白尼回国，后因取得教会的资助，秋天又到意大利的帕都亚学医。1503年，哥白尼在法腊罗大学取得教会法博士的学位。

这时，哥白尼还努力研读古代的典籍，目的是为“太阳中心学说”寻求参考资料。他几乎读遍了能够弄到手的各种文献。后来他写道：“我愈是在自己的工作中寻求帮助，就愈是把时间花在那些创立这门学科的人身上。我愿意把我的发现和他们的发现结成一个整体。”他在钻研古代典籍的时候，曾抄下这样一些大胆的见解：

“天空、太阳、月亮、星星以及天上所有的东西都站着不动，除了地球以外，宇宙间没有什么东西在动。地球以巨大的速度绕轴旋转，这就引起一种感觉，仿佛地球静止不动，而天空却在转动。”

“大部分学者都认为地球静止不动，但是费罗窝斯和毕达哥拉斯却叫它围绕一堆火旋转。”

“在行星的中心站着巨大而威严的太阳，它不但是时间的主宰，不但是地球的主宰，而且是群星和天空的主宰。”

这些古代学者的卓越见解，在当时被认为是“离经叛道”的，但是对哥白尼来说，却好比是夜航中的灯塔，照亮了他前进的方向。

名人名言

人的天职在勇于探索真理。

——哥白尼

伟大航海家哥伦布

克里斯托弗·哥伦布（Cristoforo Colombo，约1451—1506），他是意大利伟大的航海家和探险家，新大陆的发现者。他曾四次乘船横渡大西洋，发现了美洲的一些国家，开辟了自大西洋到美洲的新航路。他是踏上南美大陆的第一个欧洲人。

哥伦布出生于意大利的港都热那亚市，他小时候家里很穷，父亲勉强供哥伦布到巴比耶学校念书。在那儿，他热衷于攻读几何、地理、天文、航海学、拉丁语等，可是，哥伦布不多久就退学了。此后，他就全靠自修来获得地理、海洋、天文方面的学问，以及许多实用的知识。

哥伦布

14岁那年，哥伦布开始随别人出外航海，曾经过了一段海盗式的生活。当时有许多家庭，都愿意把孩子送到海盗船上去工作，使孩子可以增长见识，而且可以多赚一点钱。他们不认为这是什么羞耻或卑贱的事情。这样的日子过了差不多10年之久，饱尝了这种富于冒险性的动荡生活的艰辛，但他也因此实地掌握了丰富的航海知识，并最终把自己锻炼成一个体格强健、坚毅果敢、胆大心细、机智聪敏的人。

哥伦布曾读过意大利的大旅行家马可·波罗所著的《马可·波罗游记》一书，他被书中所述的丰富多采的见闻深深迷住了，尤其对其中描述的香料之国印度和黄金之国日本更是向往不已。他的心底深处便蕴藏了一个强烈而炽热的梦想，就是有朝一日，他能够找寻到这个神秘、美丽，充满诱惑的地方。

虽然哥伦布有志于出海探险，以寻求梦想中的香料国印度和黄金国日本，可苦于自己家境贫寒，没有钱让他实现自己冒险的理想。35岁的哥伦布漂泊到葡萄牙的里斯本，他知道这儿很盛行探险航海，他在盼望着能寻到资助自己航海探险的人。在那儿，他和出身望族的姑娘结了婚，但他的妻子并没得到已故父亲的遗产，因此他们的生活过得并不富裕。所幸的是，他妻子的父亲生前是一名有才干的航海家，哥伦布因此获得了他已故岳父留下的海图、航海日志和一些有关航海的记录。平日里，哥伦布便靠绘制地图和海图来度日，并继续游说能赞助自己出海探险的支援者。许多人都认为他不是疯子就是投机分子，因为当时地球是圆形的说法并不为一般人所相信，大家都认为这世界是平的，也有学者倡导说太阳、月亮和星星都是绕太空而旋转。由于波兰天文学家哥白尼发表的地球绕太阳旋转的论断是在哥伦布死后的40年，难怪那时候的人们对哥伦布的话不加采信，不认为他从大西洋一直往西走，就能到达那盛产香料和黄金的国家。

葡萄牙、意大利的热那亚和威尼斯以及英国都没有人愿意资助他。正当哥伦布倍尝失意的痛苦滋味时，他的妻子也因病去世，完全失去精神支柱的哥伦布决定带着年幼的孩子到西班牙去碰碰运气。已经50多岁几乎沦为叫化子的哥伦布意志坚定，无数次地找政府的高官、贵族和高僧们讲述他的梦想和计划。当西班牙女王伊莎贝拉获悉哥伦布的探险目的，不只为获得东洋的香料、黄金和宝石，主要还能把基督教传播到东洋的异教徒之间，为全人类的共同幸福而努力时，她被感动了，并劝说斐迪南国王，支持哥伦布完成到东洋探险的心愿。

虽然西班牙国王赞赏他的理想和勇气，并答应赐给他船只，让他去从事这种冒险的工作，但为难的是，水手们都怕死，没人愿意跟随他去。不得已，哥伦布鼓起勇气跑到海滨，捉住了几位水手，先向他们哀求，接着是劝告，最后甚至运用恫吓手段。除此之外，他请求国王释放了狱中的死囚，允许他们参与探险，如果冒险成功，就可以免罪以恢复自由。最后，哥伦布终于组织成三只自己的船队，准备了几个月后，在1492年8月3日，哥伦布带着自己的88个船员从西班牙的巴罗斯港启航，向大西洋进发。

一个月过去了，两个月过去了，四周依然是除茫茫的大海外一无所有，本来就恐惧有余信心不足的船员们更加不安起来，恐惧不安和烦燥的气氛笼罩着整个船队。他们组织起来，一起劝说哥伦布还是回去为上策，甚至有一位主谋者凶狠地放出口风，如果三天之内看不到大陆，就把哥伦布杀了，不然就立马返航。所幸的是，三天即将结束的时候，也就是在1492年10月12日他们终于发现了陆地，哥伦布的探险成功了。当时哥伦布还以为他们到的是印度东海岸的一个岛，所以，他把这些人称为印第安人（印度人），这就是现在美国印第安人的名字的由来。哥伦布继续向前航行，陆续发现了几个岛国，但他在这次旅行中并没有感受到《马可·波罗游记》中所描写的东方景色，也没有找到遍地的黄金和香料，他感受到的除了新奇的动植物和奇怪的语言外，更多的是神秘。他返回西班牙后，受到国王的嘉奖。此后，他又向西航行了三次。

虽然哥伦布探险成功了，但是在"新大陆"所创立的殖民地，却给他带来了痛苦、失望和灾难。首先是殖民地带的人，都被印第安人杀害了，其次是殖民地的总督由于嫉妒哥伦布，故意控告他贪财失职，把各种罪名都推到他身上，把他拘捕起来送回了西班牙。当然，他一到西班牙就被释放了，但由此带给他的愤怒和伤心，足以使他灰心丧气和感叹无穷。当时曾有不怀好意的贵族嫉妒哥伦布的成功，便挑衅说："什么新大陆长新大陆短，值得大家这么谈论不休，发现新大陆也并不是多么伟大的事业，这样的事，谁都能做到，没什么大不了的。"哥伦布听后不动声色，从容地拿起餐桌上的鸡蛋问："哪一位能把这鸡蛋的尖端朝下，叫它竖立起来？"许多人都不服气地过来摆弄鸡蛋，却没有一个人能让鸡蛋竖起来的，最后，哥伦布拿起鸡蛋在桌子上轻轻一碰，鸡蛋竟动也不动地竖起来了。"原来是这样简单，那谁不会做呢？"刚才那贵族嘲笑道。"是的，我也相信谁都会做，可是，问题是因为我开头这样做了，所以你才知道这样做的。"众人为哥伦布的机智和用意所感动，都拍手称赞。

哥伦布的发现成为新大陆开发和殖民的新纪元，是历史上一个重大的转折点。15世纪欧洲人口急剧膨胀，新大陆的发现，使欧洲人有了可以移民的场所，也有了可以使欧洲经济发生改观的矿石和原材料。但同时，这一发现却导致了美洲印第安人文明的毁灭。新航路地开辟，进一步地推动了世界各地之间的文化交流。美洲的橡胶、玉米、烟叶、番薯、可可与马铃薯等物产都是通过西班牙人带回欧洲后传遍世界各地的。而欧洲移民则把大麦、黑麦、燕麦、水稻等植物以及马、牛、骡等牲畜带入美洲并生根发芽，这大大丰富了东西半球的文明交流。另一方面，从长远来看，此发现还致使西半球出现了一些与曾在该地区定居的各个印第安部落截然不同的新国家（美国），对旧大陆的各个国家带来极大的影响。可以说，哥伦布发现新大陆具有非正义基础上的客观进步性。

但是要注意到，引起欧洲资本原始积累和价格革命的大量金银，并非哥伦布一人带回，而是他与其后诸多航海殖民者共同掠夺的结果，若将促使欧洲资本主义萌芽发展的功绩归于哥伦布一人，太过牵强。

哥伦布与其他伟大的探险家一样，即使没有哥伦布，他的发现同样会被别人作出，这是历史的必然。15世纪的欧洲通商贸易四通八达，经济高速发展，此局面不可避免地产生和刺激探险活动。我们似乎可以断言欧洲人迟早都会发现新大陆，且不会与哥伦布的发现相距很长时间。但如果不是哥伦布在1492年的探险中发现新大陆，而是此后的1510年由法国人或英国人来发现，那么随后的发展就会与今天的历史截然不同。

名人名言

黄金是一切商品中最宝贵的，黄金是财富，谁占有黄金，就能获得他在世上所需要的一切，同时也就取得了把灵魂从炼狱中拯救出来并使灵魂重享天堂之乐的手段。

——哥伦布

我自年轻的时候出海以来，至今还不曾离开海上的生活。这种职业，似乎使所有干这一行的人，都产生了一种想知道世界奥秘的心情。

——哥伦布

传奇科学家富兰克林

本杰明·富兰克林（Benjamin Franklin，1706—1790），资本主义精神最完美的代表，18世纪美国最伟大的科学家和发明家，著名的政治家、外交家、哲学家、文学家和航海家以及美国独立战争的伟大领袖。他一生最真实的写照是他自己所说过的一句话：“诚实和勤勉，应该成为你永久的伴侣。”

富兰克林

富兰克林，1706年1月17日出生于北美波士顿一个制造肥皂和蜡烛为生的小手工业者的家中。他的父亲没什么学问，却很注重孩子的教育。

富兰克林从小喜欢读书，5岁就偷偷躲着家人看书了。父母盼望他长大当一位牧师，在他8岁时把他送进了文法学校。后来，因为家庭负担太重，怕将来没钱供他上大学，又转学到写算学校去学习。富兰克林写字成绩很好，算术却毫无起色。10岁时不得不退学回家帮忙。虽然他的学校生活结束了，但他的学习并没有结束，无论环境怎样困难，工作怎样繁忙，他都努力自学。退学在家期间，他把父亲的藏书读了一遍，还用自己攒的钱买书。

父亲看富兰克林爱书如命，12岁那年，就叫他到哥哥的印刷厂去当学徒。当学徒一直到21岁才合同期满，学徒期间除了膳食和衣服外没有其它报酬。富兰克林聪明好学，到那儿不久就成了哥哥的得力助手。他还认识了一些藏书人，为了在第二天就能归还从别人那里借来的书，他经常彻夜阅读。后来，为了省下钱买书，就跟哥哥把伙食费要去，自己做饭吃。

1721年，富兰克林的哥哥创办一份《新英格兰报》，并自任主编。富兰克林负责排字、校对、印刷、装订。富兰克林由于经常读报，耳濡目染，感到手痒，便偷偷地以化名“赛连丝·杜威特”去投稿，没想到他的文章很受读者的喜爱，他的哥哥觉得这位名为“赛连丝·杜威特”的女士太有才华了，便写信约她见面。谁知，几天后给退了回来，因为地址和人名都是富兰克林胡编的，当然找不到人。

富兰克林的哥哥丝毫没有骨肉情长，不仅对弟弟吹毛求疵，还时常打骂。17岁的富兰克林再也忍耐不下去，便偷偷跑到费城，在那儿的一家印刷厂里，他很快就成为一个有名的印刷工人。费城州长从富兰克林当船长的姐夫那里知道富兰克林非常能干，便答应帮助他在费城开一家像样的印刷厂，并叫他到伦敦去购买机器，谁知当富兰克林到达英国后，费城州长却收回了承诺。18岁的富兰克林只好孤身漂泊，在那里靠自己的印刷手艺寻求维持生活的出路。

1726年10月，富兰克林回到美国，为了开展民众启蒙工作，他创办了许多文教团体和公共福利事业。

1731年，他开办了自己的印刷厂，并利用自己拥有的藏书，筹办了费城图书馆，这是美国第一个公共图书馆。

1736年，富兰克林正式参与政治，他被聘为宾州议会秘书，并一直连任到1751年。此后他做出一系列的贡献：1737年富兰克林创立了第一个救火队；1751年又用募捐的办法办了一所公共医院；1753年他任美洲副邮务总长，这期间他注意减低邮费，加速邮递，使美洲邮政业大为改观。

富兰克林40岁之前，集中精力创办了一些公共福利和文化教育事业，在1754年以后政治又迫使他把科学仪器放在一边。这中间只有七八年的时间能够利用来从事科研，但在这几年内，他却做出了很大的成就。

富兰克林开始做第一次电学实验时，科学界对静电现象还了解不多。他从实验中解决了当时电学中急待解决的问题——莱顿瓶的作用原理（莱顿瓶能容电、放电，大大促进了电学实验）。他还利用充电体之间静电的吸力和斥力的作用制造了电轮，这实际上是个不断把电能转化为机械能的发明，这个发明预示着现代化电动机械的出现。

1746年，一位英国学者在波士顿利用玻璃管和莱顿瓶表演了电学实验。富兰克林怀着极大的兴趣观看了他的表演，并被电学这一刚刚兴起的科学强烈地吸引住了。随后富兰克林开始了电学的研究。富兰克林在家里做了大量实验，研究了两种电荷的性能，说明了电的来源和在物质中存在的现象。在18世纪以前，人们还不能正确地认识雷电到底是什么。当时人们普遍相信雷电是上帝发怒的说法。一些不信上帝的有识之士曾试图解释雷电的起因，但从未获得成功，学术界比较流行的是认为雷电是“气体爆炸”的观点。在一次试验中，富兰克林的妻子丽德不小心碰到了莱顿瓶，一团电火闪过，丽德被击中倒地，面色惨白，足足在家躺了一个星期才恢复健康。这虽然是试验中的一起意外事件，但思维敏捷的富兰克林却由此而想到了空中的雷电。他经过反复思考，断定雷电也是一种放电现象，它和在实验室产生的电在本质上是一样的。

于是，他写了一篇名叫《论天空闪电和我们的电气相同》的论文，并送给了英国皇家学会。但富兰克林的伟大设想竟遭到了许多人的冷嘲热讽，有人甚至嗤笑他是“想把上帝和雷电分家的狂人”。富兰克林决心用事实来证明一切。1752年7月的一天，阴云密布，电闪雷鸣，一场暴风雨就要来临了。富兰克林和他的儿子威廉一道，带着上面装有一个金属杆的风筝来到一个空旷地带。富兰克林高举起风筝，他的儿子则拉着风筝线飞跑。由于风大，风筝很快就被放上高空。刹那，雷电交加，大雨倾盆。富兰克林和他的儿子一道拉着风筝线，父子俩焦急地等待着，此时，刚好一道闪电从风筝上掠过，富兰克林用手靠近风筝上的铁丝，立即掠过一种恐怖的麻木感。他抑制不住内心的激动，大声呼喊：“威廉，我被电击了！”随后，他又将风筝线上的电引入莱顿瓶中。回到家里以后，富兰克林用雷电进行了各种电学实验，证明了天上的雷电与人工摩擦产生的电具有完全相同的性质。富兰克林关于天上和人间的电是同一种东西的假说，在他自己的这次实验中得到了光辉的证实。风筝实验的成功使富兰克林在全世界科学界的名声大振。英国皇家学会给他送来了金质奖章，聘请他担任皇家学会的会员。他的科学著作也被译成了多种语言。他的电学研究取得了初步的胜利。然而，在荣誉和胜利面前，富兰克林并没有停止对电学的进一步研究。

1753年，俄国著名电学家利赫曼为了验证富兰克林的实验，不幸被雷电击死，这是作电实验的第一个牺牲者。血的代价，使许多人对雷电试验产生了戒心和恐惧。但富兰克林在死亡的威胁面前没有退缩，经过多次试验，他制成了一根实用的避雷针。他把几米长的铁杆，用绝缘材料固定在屋顶，杆上紧拴着一根粗导线，一直通到地里。当雷电袭击房子的时候，它就沿着金属杆通过导线直达大地，房屋建筑完好无损。1754年，避雷针开始应用，但有些人认为这是个不祥的东西，违反天意会带来旱灾，于是就在夜里偷偷地把避雷针拆了。然而，科学终于将战胜愚昧。

一场挟有雷电的狂风过后，大教堂着火了；而装有避雷针的高层房屋却平安无事。事实教育了人们，使人们相信了科学。避雷针相继传到英国、德国、法国，最后普及世界各地。富兰克林对科学的贡献不仅在静电学方面，他的研究范围极其广泛。在数学方面，他创造了8次和16次幻方，这两种幻方性质特殊，变化复杂，至今尚为学者称道；在热学中，他改良了取暖的炉子，可以节省3/4的燃料，被称为“富兰克林炉”；在光学方面，他发明了老年人用的双焦距眼镜，戴上这种眼镜既可以看清近处的东西，也可看清远处的东西。他和剑桥大学的哈特莱共同利用醚的蒸发得到零下25℃的低温，创造了蒸发致冷的理论。此外，他对气象、地质、声学及海洋航行等方面都有研究，并取得了不少成就。

18世纪50年代，北美殖民地人民同英国殖民者的矛盾日益尖锐，富兰克林最先把美利坚合众国的大联合思想灌输给殖民地人民。也许，你不知道美国第一次大陆会议的提议人也是他，如果没有他的智慧，没有因为他的智慧而带给人们的信心，那么，这次会议究竟能产生什么效果还是一件很有疑问的事情。

富兰克林不仅是一位优秀的科学家，而且还是一位杰出的社会活动家。他一生用了不少时间去从事社会活动。富兰克林特别重视教育，他兴办图书馆、组织和创立多个协会都是为了提高各阶层人的文化素质。正当他在科学研究上不断取得新成果的时候，由于英国殖民者的残暴统治，北美殖民地的民族解放运动日益高涨。从1757~1775年他几次作为北美殖民地代表到英国谈判。独立战争爆发后，他参加了第二届大陆会议和《独立宣言》的起草工作。1776年，已经70高龄的富兰克林又远涉重洋出使法国，赢得了法国和欧洲人民对北美独立战争的支援。1787年，他积极参加了制定美国宪法的工作，并组织了反对奴役黑人的运动。

富兰克林说：“我们从前人的发明中享受了很大的利益，我们也应该乐于有机会以我们的任何一项发明为别人服务，而这种事我们应该自愿地和慷慨地去做。”富兰克林的最后一个冬天是在亲人环护中度过的。1790年4月17日夜里11点，富兰克林溘然逝去，那时，他的孙子谭波尔和本杰明正陪在他的身边。4月21日，费城人民为他举行了葬礼，两万多人参加了出殡队伍，为富兰克林的逝世服丧一个月以示哀悼。富兰克林就这样走完了他人生路上的84度春秋，静静地躺在教堂院子里的墓穴中，第一块墓碑立于富兰克林逝世时，碑文是：印刷工本杰明·富兰克林。第二块墓碑是群众为他后立的，碑文是：从苍天处取得闪电，从暴君处取得民权。两句碑文概括了他一生中的两件辉煌的事业。

名人名言

我有幸得知,这不是一个落下的太阳,而是升起的太阳。

——富兰克林

命运变化如月亮的阴晴圆缺,无损智者大雅。

——富兰克林

科学革命的先驱伽利略

伽利略·伽利雷（Gtalileo Galilei，1564—1642），他是科学革命的先驱，他的天文学发现打开了人类的眼界，他的物理学的贡献却更大，后人尊他为“近代科学之父”。

1564年，伽利略出生于意大利的古城比萨一个没落的贵族家庭，他8岁时开始上学，他的功课很好，同时他又表现出了绘画与音乐方面的才能。他的眼睛总是闪着好奇的光，脑子里面总是充满各种各样的奇思怪想。

12岁时伽利略全家迁到佛罗伦萨，他被送到一所古老的卡马多斯修道院学习。1581年17岁的伽利略按照父亲的意愿，走进了比萨大学医学系的课堂。

在课堂上，伽利略越来越不能忍受那沿袭了数百年的教学方法。他奇怪，为什么教授只会在讲义和黑板上为人治病，而不去临床显显身手。他多次大胆地提出疑问，但得到的回答总是：从来如此，我们不必刨根问底……伽利略终于不能安心端坐在医学课堂里，他对医学的兴趣日渐懈怠，经常缺课，有时甚至显得魂不守舍。一个偶然的机会，他从数学家里奇那里听到他关于古希腊欧几里得《几何原本》的演讲，他十分兴奋：这是多么严谨，多么富有逻辑性，总之是多么神奇的科学啊！没有因为就没有所以，没有论证就得不出结论……他再也抑制不住自己的惊喜。数学像磁石般地吸引着伽利略，他放弃了学医，而着手钻研起数学和哲学来，从此，他坚定地一步步踏上了科学殿堂的台阶。

伽利略

1583年，伽利略有一次在教堂闲坐时偶然发现了钟摆的等时性原理，然后他做了大量实验证实了这一原理。和阿基米德洗澡时发现了浮力定律、牛顿从树上掉下的苹果发现了万有引力，瓦特因蒸汽掀动壶盖而发明了蒸汽机一样，与其说这种发现是偶然的，不如说这偶然的背后有着他们长期不懈的追求和深厚的文化积累，不是吗？机遇总是偏爱有准备的头脑。可是当时社会并不接受伽利略的发现和他所谓的实验，有人惊讶，有人不屑，也有人将其视为异端，校方更是难以容忍，拒绝给他发毕业文凭。

离开大学的最初几年，伽利略来往于佛罗伦萨和锡耶间担任私人数学教师。此间，他利用杠杆原理发明了一种“比重秤”，他的名字很快在佛罗伦萨传开了。1589年在宫廷数学家里奇的帮助下，25岁的伽利略幸运地获得比萨大学数学教授职位。终于，他可以畅游在自己的数学王国了。

有一次，这位年轻的教授在研究院居然斗胆驳斥亚里士多德的学说。亚里士多德曾认为：物体的重量越大，下落的速度越快。而伽利略认为：相同材料的物体通过同一介质下落时间相同，与绝对重量无关。当时，为证明自己的观点，伽利略曾将一些有学问的教授邀请到著名的斜塔下去观看实验。

当人们亲眼看到，重一磅和重十磅的铁球几乎同时砰然落地时，斜塔边起了一阵不小的骚动，尤其是那些笃信亚里士多德理论的大学教授们被伽利略的实验惊得目瞪口呆。落体实验后，伽利略转向另一力学课题——运动与力的关系。一千多年来，人们从未怀疑过亚里士多德的观点：物体运动是外力作用的结果，作用力越大，运动速度越快，一旦外力作用消失，运动物体就趋于静止。伽利略认为单凭直觉是不可靠的，他开始着手进行物体斜面运动的实验。通过实验他发现了“惯性推理”，从而推翻了亚里士多德的观点。他指出：运动并不需要外力维持；若没有外力的影响，该物体将永远保持原有运动状态。他的结论后来由牛顿总结为第一运动定律，即惯性定律。他后来研究的抛物线运动轨迹也同样由牛顿所继承。牛顿将弹道曲线和行星运动轨迹作为惯性运动定律的佐证，伽利略的发现离“万有引力”仅一步之遥。爱因斯坦曾高度评价伽利略的贡献：“他的发现以及他所应用的科学推理方法，是人类思想史上最伟大的成就之一，它标志着物理学的真正开端。”

然而，伽利略一惯不迷信权威的个性使自己得罪了不少人，不久他不得不离开比萨大学。

1592年，通过朋友的帮助，帕多瓦大学正式聘用伽利略为数学和天文学教授，这里的薪水是原来的3倍，学术气氛也相当自由。28岁的伽利略意气风发地走向帕多瓦大学教授的讲坛。据说每逢他讲课，大厅里就挤得水泄不通，学校特意给他换了一个大课堂，以便能容纳更多的学生听讲。伽利略此时已逐渐认识到，测量与计算是探索物理学的金钥匙。1602年，伽利略重新开始思考斜面运动和落体问题。这一次，他发现了“加速度”的确切计算方法，他终于得出结论：从静止开始，距离随着所用时间的平方增长。

伽利略在帕多瓦大学工作的18年间，最初把主要精力放在他一直感兴趣的力学研究方面，他发现了物理上重要的现象——物体运动的惯性；做过有名的斜面实践，总结了物体下落的距离与所经过的时间之间的数量关系；他还研究了炮弹的运动，奠定了抛物线理论的基础；关于加速度这个概念，也是他第一个明确提出的；甚至为了测量病人发烧时体温的升高，这位著名的物理学家还在1593年发明了第一支空气温度计……但是，一个偶然的事件，使伽利略改变了研究方向，他从力学和物理学的研究转向广漠无垠的茫茫太空了。

那是1609年6月，伽利略听到一个消息，说是荷兰有个眼镜商人利帕希在一偶尔的发现中，用一种镜片看见了远处肉眼看不见的东西。“这难道不正是我需要的千里眼吗?”伽利略非常高兴。不久，伽利略的一个学生从巴黎来信，进一步证实这个消息的准确性，信中说尽管不知道利帕希是怎样做的，但是这个眼镜商人肯定是制造了一个镜管，用它可以使物体放大许多倍。

“镜管!”伽利略把来信翻来覆去看了好几遍，急忙跑进他的实验室。他找来纸和鹅管笔，开始画出一张又一张透镜成像的示意图。伽利略由镜管这个提示受到启发，看来镜管能够放大物体的秘密在于选择怎样的透镜，特别是凸透镜和凹透镜如何搭配。他找来有关透镜的资料，不停地进行计算，忘记了暮色爬上窗户，也忘记了曙光是怎样射进房间。

整整一个通宵，伽利略终于明白，把凸透镜和凹透镜放在一个适当的距离，就像那个荷兰人看见的那样，遥远的肉眼看不见的物体经过放大也能看清了。

伽利略非常高兴。他顾不上休息，立即动手磨制镜片，这是一项很费时间又需要细心的活儿。他一连干了好几天，磨制出一对对凸透镜和凹透镜，然后又制作了一个精巧的可以滑动的双层金属管。现在，该试验一下他的发明了。

伽利略小心翼翼地把一片大一点的凸透镜安在管子的一端，另一端安上一片小一点的凹透镜，然后把管子对着窗外。当他从凹透镜的一端望去时，奇迹出现了，那远处的教堂仿佛近在眼前，可以清晰地看见钟楼上的十字架，甚至连一只在十字架上落脚的鸽子也看得非常逼真。

1610年1月7日这个日子将永垂史册。当伽利略将望远镜对准木星时，发现木星附近有3颗小星，2颗在左，1颗在右，呈直线排列。1月13日夜，他又看到木星周围一共有4颗小星，1颗在左，3颗在右，他明白了，这4颗小星都是木星的卫星！这是人们迄今为止所知道的木星的12颗卫星中的4颗！

伽利略既是勤奋的科学家，又是虔诚的天主教徒，深信科学家的任务是探索自然规律，而教会的职能是管理人们的灵魂，不应互相侵犯。所以他受审之前不想逃脱，受审之时也不公开反抗，而是始终服从教廷的处置。他认为教廷在神学范围之外行使权力极不明智，但只能私下有所不满。显然，G.布鲁诺的被处火刑和T.康帕内拉的被长期打入死牢——这两位意大利杰出的哲学家的遭遇——给他精神上投下了可怕的阴影。

宗教裁判所的判决随后又改为在家软禁，指定由他的学生和故友A.皮柯罗米尼大主教在锡耶纳的私宅中看管他，规定禁止会客，每天书写材料均需上缴等。在皮柯罗米尼的精心护理和鼓励下，伽利略重行振作起来，接受皮柯罗米尼的建议继续研究无争议的物理学问题。于是他仍用《对话》中的三个对话人物，以对话体裁，和较朴素的文笔，将他最成熟的科学思想和科研成果撰写成《关于两门新科学的对话与数学证明对话集》。两门新科学是指材料力学（见弹性力学）和动力学。这部书稿1636年就已完成，由于教会禁止出版他的任何著作，他只好托一位威尼斯友人秘密携出国境，1638年在荷兰莱顿出版。

伽利略在皮柯罗米尼家中刚过了5个月，便有人写匿名信向教廷控告皮柯罗米尼厚待伽利略。教廷乃勒令伽利略于当年12月迁往佛罗伦萨附近的阿切特里他自己的故居，由他的大女儿维姬尼亚照料，禁例依旧。她对父亲照料妥贴，但4个月后竟先于父亲病故。

伽利略多次要求外出治病，均未获准。1637年伽利略双目失明。次年才获准住在其子家中。在这期间探望他的除托斯卡纳大公外，还有英国著名诗人、政论家J.弥尔顿和法国科学家、哲学家P.伽桑迪。他的学生和老友B.卡斯泰里还和他讨论过利用木卫星计算地面经度的问题。这时教廷对他的限制和监视已明显放松了。

1639年夏，伽利略获准接受聪慧好学的18岁青年V.维维安尼为他的最后一名学生，并可在他身边照料，这位青年使他非常满意。1641年10月卡斯泰里又介绍自己的学生和过去的秘书E.托里拆利前往陪伴。他们和这位双目失明的老科学家共同讨论如何应用摆的等时性设计机械钟，还讨论过碰撞理论、月球的天平动、大气压下矿井水柱高度等问题，因此，直到临终前他仍在从事科学研究。

1642年1月8日伽利略病逝，葬仪草率简陋，直到18世纪，遗骨才迁到家乡的大教堂。

为了纪念伽利略发明折射式望远镜400周年，联合国将2009年定为国际天文年。天文年上举行了“天文24小时”“百万伽利略望远镜”“路边天文年”等活动，中国的“牧夫天文论坛”、《天文爱好者》杂志社等组织了全国性的纪念活动。

名人名言

真理就具备这样的力量，你越是想要攻击它，你的攻击就愈加充实和证明了它。

——伽利略

生命有如铁砧，愈被敲打，愈能发出火花。

——伽利略

蒸汽机发明者瓦特

瓦特发明的蒸汽机，使世界进入了“蒸汽时代”，并由此引发了世界上第一次技术革命，促进了生产力的极大发展，使人类生活与世界文明完全改变。

詹姆斯·瓦特（James Watt，1736—1819）1736年出生于英国苏格兰格林诺克市镇一个造船工匠的家里。瓦特自幼身体很弱，由于先他出生的孩子一个个因身体太弱而夭折了，他的父母很为他的健康担心，生怕养不活他，因此，他们对小瓦特呵护有加。瓦特天生十分胆小，忧愁善感，不像其他孩子那样终日奔跑嬉戏。一转眼瓦特到了该上学的年龄了，考虑到他的体弱多病，父母不忍心让他冒着风雨去上学，便依旧让瓦特呆在家里，由母亲教他读书写字，父亲教他书法或算术。好在他聪明好学，爱动脑筋，没多久便认识了不少字。就这样，瓦特在家里接受了他的启蒙教育。

受家庭的影响，瓦特从小就爱摆弄机械，他常在父亲的作坊里玩耍。大人们修理东西时，他常站在一旁，摸摸这，问问那，大人们嫌他碍手脚，就让他到一边去玩。可小瓦特却没有心思去玩，他的求知欲很强，什么事都想弄明白。他常默默地一个人在房边拾些边角废料模仿着摆弄，这些便是他幼年最喜欢的玩具。

瓦特8岁时身体稍好些，被家人送到文法学校去上学。在学校他表现得沉默寡言，并不引人注意。他甚至一直被认为是一个“愚钝不聪明的孩子”，还常被其他淘气的孩子弄哭，被他的同学骂作“软蛋包”“不中用”，连女孩子也嘲笑他“像个孤独的稻草人，又在哭啦”！这可能与他孤僻的性格和不善言辞有关。直到瓦特13岁升到中学时，才渐渐显露出他的才能来，他的数学老师常对他赞不绝口：“这孩子是数学天才，头脑不凡。”瓦特在这位老师的指导下，很用功地念了两年数学。

瓦特

中学毕业后，瓦特开始在父亲的作坊劳动。对他来说，这里无疑是最好的学校，他开始尽情地发挥他童年时就有的手工操作技能。瓦特虽说生来胆小，怕见生人，可是他却具有“对一件事物一旦感兴趣，就非把它完成不可”的倔强特质。不多久，他就全掌握了作坊上上下下的工艺操作，成了一个工作熟练的正式工人。

1753年，对14岁的瓦特来说是非常不幸的一年。这年，他的母亲因病去世，父亲在商业上也不顺利，他的大学梦破灭了。瓦特只好自谋生路，单身一人前往伦敦去学习制造数学器具的技艺。幸好，虽然瓦特在伦敦吃尽苦头，经常忍饥挨饿，但是一年以后他终于掌握了制造数学器具的全部工艺。之后，他又回到故乡格林诺克，在父亲那里休养了一段时间，以恢复体力。

不久，格拉斯哥大学的迪科博士来信，建议他到那里去维修许多在海上运输中破损的天文仪器。瓦特到了那里，并很快修好了那些天文仪器，颇受迪科博士的赞赏。在迪科博士的帮助下，瓦特在格拉斯哥大学建筑物的角落里，开了一个类似大学附属数学仪器制造所的店铺，出售各种数学器具、乐器、各种玩具以及其他一些杂品，兼作一些修理工作。由于瓦特生性害羞，不善于做生意，他的店铺的生意并不太好，大都从事订货的制造。

瓦特的工作场所，不知不觉成为教授和学生的科学研究俱乐部。瓦特经常和他们交流经验，相互请教，他们也经常邀请瓦特到研究室去修理各种出毛病的机械装置。这样，不久瓦特就成为格拉斯哥大学研究所不可或缺的人物了。精于数学的瓦特，对于机械的转动时间和所注入的药品的份量，能够立刻计算出来。如果有时实验失败是基于机械装配的缘故时，瓦特就会深入最微细的地方加以检查，立即便能发现是哪个部分的毛病。遇到不懂的地方，他就很主动地请教教授或学生们，还经常跑到大学的图书馆里，查阅相关的资料。原本就被誉为有数学天才的瓦特在这种实践中慢慢掌握了先进的技术，同时也开阔了眼界。他开始一步步向着科学大道迈进。

瓦特在大学里认识了化学家约瑟夫·布莱克和约翰·鲁宾逊，瓦特从他们那儿学到不少科学理论知识。他们3人对改进蒸汽机都颇有兴趣，经常聚在一起，热烈讨论。

1764年，格拉斯哥大学的一台纽可门蒸汽机的教学模型坏了，请瓦特来修理。瓦特不但很快地修好了这台模型，而且对这台最先进的蒸汽机进行了深入研究。瓦特发现，它严重浪费了蒸汽，他还认识到这是因为损失了蒸汽的潜能，他就在机身外加了一个凝汽器，从而大大降低了蒸汽消耗量。后来，瓦特终于找到解决问题的途径：在汽缸外面，单独设置一个蒸汽冷凝器。他立即租下一间地下室，借了一笔资金来进行试制。他和几个助手夜以继日地试验，经过无数次失败后，终于在1768年制造出能够运转的蒸汽机。

1769年1月5日，瓦特取得了“降低火机的蒸汽机和燃料消耗量的新办法”的专利。这种单动作蒸汽机，采用了多种新措施，如用油来润滑活塞，在汽缸外设置绝热层等，从而使它的耗煤量大大降低，只有纽可门蒸汽机的四分之一，而动作又比纽可门蒸汽机迅速、灵活。一些本来因为排水困难快要关闭的煤矿，使用瓦特设计的“单动作蒸汽机”后，生产很快就得以恢复。

1782年，瓦特又获得“双动作蒸汽机”专利。1784年，瓦特在他的一份专利里提出“平行连杆机构”，有了它，蒸汽机具有更广泛的实用性。4年后，瓦特又发明离心调速器和节气阀。1790年，他又完成汽缸示功器的发明。至此，瓦特才算完成了对蒸汽机的整个发明过程。到19世纪三四十年代，蒸汽机已在全世界广泛应用，进入所谓的“蒸汽时代”。

在历史上，工业革命与美国革命和法国革命几乎是同一时期出现的。虽然人们当时似乎对工业革命认识不清楚，但是今天我们可以看出它对人类日常生活的作用显然要比那两场伟大政治革命都重要得多。因此，瓦特是历史上最有影响的人物之一。

瓦特在原有的纽科门蒸汽机基础上发明的新式蒸汽机结构，在这之后的50年之内几乎没有什么改变。瓦特蒸汽机发明的重要性是难以估量的，它被广泛地应用在工厂成为几乎所有机器的动力，改变了人们的工作生产方式，极大地推动了技术进步并拉开了工业革命的序幕。它使得工厂的选址不必再依赖于煤矿而可以建立在更经济更有效的地方，也不必依赖于水能从而能常年地运转。这进一步促进了规模化经济的发展，大大提高了生产率的同时也使得商业投资更有效率。蒸汽机为一系列机密加工的革新提供了可能，更高的工艺保证各种机器包括蒸汽机本身的性能提高。经过不断的努力，引入更高气压的蒸汽，蒸汽火车蒸汽轮船便很快相继问世。

瓦特除了蒸汽机的发明外，还发明一种先进的液体比重计，一种新的信件复印机，他还最先提议用螺旋桨来推进轮船，第一个采用“马力”作为功率的单位。

1790年以后，优厚的专利税终于让他脱离贫困，从此，他可以不必受事业浮沉或生活问题的困扰，纯粹是为了乐趣而进行研究了。1819年8月25日，瓦特在希思菲尔德郡的家里去世，享年84岁。后人为纪念这位伟大的发明家，把功率单位定名为“瓦特”。

名人名言

青春的光辉，理想的钥匙，生命的意义，乃至人类的生存、发展……全包含在这两个字之中……奋斗！只有奋斗，才能治愈过去的创伤；只有奋斗，才是我们民族的希望和光明所在。

——瓦特

如果人仅仅为自己劳动，也许他能够成为著名的学者，伟大的智者，卓越的诗人，但是他永远也不能成为真正完善和真正伟大的人。

——瓦特

炸药的发明者诺贝尔

诺贝尔发明了炸药，可他一生却厌恶战争，向往和平。为此，他临终前将自己920万美元的遗产作为基金存入银行，每年把利息奖给那些在物理、化学、生理或医学、文学、和平事业作出重要贡献的人，从而产生了闻名于世的诺贝尔奖。

阿尔弗雷德·伯纳德·诺贝尔（Alfred Bernhard Nobel，1833—1896）于1833年出生于瑞典首都斯德哥尔摩的一个狭小的屋子里，他一生下来就是个瘦弱的男孩。由于家境贫困，他几乎没有受到过什么正规的学校教育。

诺贝尔从小体弱多病，意志顽强，不甘落后。诺贝尔的父亲很关心小诺贝尔的兴趣爱好，常常讲科学家的故事给他听，鼓励他长大做一个有用的人。诺贝尔的母亲卡罗莱曼，是一位有文化教养的妇女，讲求实际，乐观豁达，谦虚有礼。她对孩子既严格又慈爱，经常带着诺贝尔做一些浇花、锄草、清除垃圾的劳动。

1841年，诺贝尔8岁，他终于达到了上学的年龄，诺贝尔进了当地的约台小学，这是他一生中接受正规教育的唯一的一所学校。诺贝尔由于生病，上课出勤率最低。但是在学校里，他学习努力，所以成绩经常名列前茅。当时这时候，诺贝尔的父亲因谋生困难，已经到邻国芬兰去工作了，他和母亲仍然留在斯德哥尔摩。没有多久，诺贝尔的父亲创制的一种水雷，被俄国公使知道了。公使参观了他的产品，十分赏识，盛情邀请他到俄国去工作，并且送他到彼得堡（列宁格勒）。他父亲创制的水雷，在1853年爆发的克里米亚战争中，被俄军用来阻挡英国舰队的前进。1842年，诺贝尔全家移居俄国的彼得堡。9岁的诺贝尔因不懂俄语，身体又不好，不能进当地学校。他父亲请了一位家庭教师，辅导他兄弟三人学习文化。老师经常进行成绩考核，向父亲汇报学习情况，诺贝尔进步很快。学习之余，他喜欢跟着父亲，在工厂里做些零碎活。诺贝尔跟着父亲，看父亲设计和研制水雷、水雷艇和炸药，由于经常耳闻目见，在他幼小的心灵中，便萌发了献身科学的理想。父亲也非常希望他学机械，长大后成为机械师。

诺贝尔

1850年，17岁的诺贝尔，便以工程师的名义远渡重洋，到了美国，在有名的艾利逊工程师的工场里实习。实习期满后，他又到欧美各国考察了4年，才回到家中。在考察中，他每到一处，就立即开始工作，深入了解各国工业发展的情况。诺贝尔从小体弱多病，加上他又特别勤奋，1854年的夏天，他的病越来越重，在迫不得已的情况下，只好放下工作去医治。治病期间，他给父亲去信说："我希望不久能结束这种游牧生活，开始活动内容较多的新生活。目前这种生活，消磨我的时间，实在令人讨厌。"没有等病完全好，他就投身工作和学习了。诺贝尔的父亲是1859年搬回瑞典的。当时，许多国家迫切要求发展采矿业，加快采掘速度，炸药不能适应这种需要，是一个急待解决的大问题。了解各国工业状况的诺贝尔，坚定了改进炸药生产的决心。就在这个时候，一个惊人的消息传来了：法国发明了性能优良的炸药。其实，这个消息是不确切的。原来，法国有名的军械专家皮各特将军，在研究改进子弹的射程和速度时，发现用现有的炸药，不可能有更好的结果，必须改良炸药。于是，陆军部组织力量，着手研究炸药了。这件事，促成了诺贝尔全力以赴，研究炸药。诺贝尔一天到晚关在实验室里，查阅资料，一次又一次地做着各种炸药试验。他的父母明白搞炸药的危险，对他改变专业很不高兴。

有一天，父亲对他说："孩子呀，你的职业是搞机械，应当集中精力干份内的事，别的方面还是不要分心为好。"诺贝尔说："改进炸药是很重要的，一旦用在生产上，就会给人类创造极大的财富。危险当然免不了，我尽量小心就是了。"从此，诺贝尔经常向亲戚朋友，宣传解释改进炸药的重要意义。这样，同情、赞助他的人越来越多，连反对他的父母，也被他的坚强意志所感动，只好默认了。

在诺贝尔之前，很多人研究和制造过炸药，中国的黑色火药早已传到欧洲。意大利人苏伯莱罗，在1847年发明的硝化甘油，是一种威力比黑色火药大得多的猛烈炸药。但是，这种炸药特别敏感，容易爆炸，制造、存放和运输都很危险，人们不知道该怎么使用它。1862年初，诺贝尔的哥哥试图用硝化甘油制造出更好的炸药。他想：硝化甘油是液体，不好控制，要是把它和固体的黑色火药混合在一块，按说可以做成很好的炸药。他反复试验，结果发现：这种炸药放置几小时后，爆炸力就大大减弱，没有实用价值。老诺贝尔失败了，诺贝尔继续了他的研究。过去，人们是用点燃导火索的办法，来引起黑色火药爆炸的，安全可靠。但是，这种办法却不能使硝化甘油发生爆炸。硝化甘油既容易自行爆炸，又不容易按照人的要求爆炸，所以在发明以后的十几年间，除了用来治疗心绞痛外，并没有人把它当炸药用。1862年5~6月间，诺贝尔作了一次十分重要的实验：在一个小玻璃管内盛满硝化甘油，塞紧管口；然后，把这个玻璃管放入一个稍大一点的金属管内，里面装满黑色火药，插入一只导火管后，把金属管口塞紧；点燃导火管后，把金属管扔入水沟。结果，发生了剧烈的爆炸，显然比同等数量的黑色火药的爆炸要猛烈得多。这表明所有的硝化甘油已经完全爆炸。这个情况启发了诺贝尔，使他认识到：在密封容器内，少量的黑色火药先爆炸，可以引起分隔开的硝化甘油完全爆炸。

1863年秋，诺贝尔和他的弟弟一起，在斯德哥尔摩海伦坡建立了一所实验室，从事硝化甘油的制造和研究。1864年，诺贝尔取得了这项发明的专利权。初获成功之后，接着来的，是巨大的挫折。1864年9月3日，海伦坡实验室在制造硝化甘油的时候发生了爆炸，当场炸死了5人，其中包括诺贝尔的弟弟。这个祸事发生以后，周围居民十分恐慌，强烈反对诺贝尔在那里制造硝化甘油。结果，诺贝尔只好把设备转移到斯德哥尔摩附近的马拉伦湖，在一只船上制造硝化甘油。几经波折，1865年3月，诺贝尔在温特维根找到一处新厂址，在那里建造了世界上第一个硝化甘油工厂。

诺贝尔的安全炸药比黑火药的威力大得多，又安全可靠，所以销售量直线上升，逐渐风行全世界。1867年只卖出11吨，到1874年，就卖出了3000吨。安全炸药也有缺点，缺点之一，就是爆炸力没有纯粹的硝化甘油大。正是由于这种原因，有的地方，仍然冒险使用硝化甘油做炸药。怎样找到兼有硝化甘油的爆炸力，又有安全炸药的安全性能的新炸药，一时成为许多发明家努力寻求的目标。这一回，又是诺贝尔首先获得了成功。有一天，诺贝尔在实验室工作的时候，手指被割破了，顺手用一种含氮量比较低的硝酸纤维素敷住了伤口。那天晚上，因为伤口疼痛，不能入睡，他躺在床上琢磨工作中的主要问题：如何才能使硝酸纤维素同硝化甘油混合。硝酸纤维素，是用纤维素同硝酸和硫酸的混合酸互相作用制成的，是一种很容易着火的东西。因为硝酸和硫酸的混合比例不同，作用的时间长短不同，生成的硝酸纤维素的含氮量有高有低。诺贝尔很早就想把硝化甘油和硝酸纤维素混合起来，制成炸药，一直不能成功。现在，诺贝尔从敷料能够吸收血液这件事得到了启发，忽然想到能不能用含氮量较低的硝酸纤维素，来同硝化甘油混合呢？他一骨碌爬起来，忘记了手指的疼痛，跑到实验室，一个人做起实验来了。他把大约一份重的火棉，溶于9份重的硝化甘油中，得到一种爆炸力很强的胶状物——炸胶。第二天，当诺贝尔的助手华伦巴赫上班时，一种新型的炸药——炸胶已经制成了。华伦巴赫又惊又喜，十分佩服他这种如醉如痴的干劲。经过长年累月的测试，1887年，诺贝尔把少量的樟脑，加到硝化甘油和火棉炸胶中，发明了无烟火药。直到今天，在军事工业中普遍使用的火药，都属于这一类型。无烟火药比黑色火药的爆炸力大得多，而且爆炸时燃烧充分，烟雾很少，所以人们称它为无烟火药。制造炸药，一要爆炸力强，二要安全可靠，三要按照人的要求随时爆炸。

诺贝尔制成了安全炸药、无烟火药，又制成了引爆用的雷管，很好地解决了这三大难题。人们称诺贝尔是炸药大王，他是当之无愧的。诺贝尔研究炸药，始终重视把研究成果应用到生产上去。他认为，只有在生产上取得实际效果的发明，才是有用的。所以，他的发明能很快应用在生产上，并且立即得到实在的经济收益。

诺贝尔一生共得到各种各样的专利权355项。晚年，他做过人造丝和人造橡胶的试验，虽然没有成功，但对后来的发明，却有不少帮助。一提到诺贝尔，人们都称赞他是伟大的发明家，很少有人知道他还是个诗人和文学爱好者。他喜欢阅读瑞典、英、法、德、俄文的各种文学名著，他特别喜欢英国诗人雪莱的诗。在他写的一篇抒情诗中，有过这样的句子："我只知道专心读书探索大自然，吸取渊博而浩瀚的知识宝泉。"他还写过《兄弟与姐妹》《最快乐的非洲》等小说，笔调清新，词句优美，独具一格。

诺贝尔在他生命的最后几年，曾立下3份遗嘱，并以最后一分为准，将自己积累的巨额财富用于设立奖励基金，以其利息分设物理、化学、生理或医学、文学及和平（后添加了经济奖）5个奖项，授予世界各国在这些领域对人类作出重大贡献的学者。每次诺贝尔奖的发奖仪式都在下午举行，这是因为诺贝尔是1896年12月有10日下午4:30去世的。为了纪念这位对人类进步和文明作出过重大贡献的科学家，在1901年第一次颁奖时，人们便选择了在诺贝尔逝世的时刻举行仪式。这一有特殊意义的做法一直沿袭至今。

名人名言

生命，那是自然付给人类雕琢的宝石。

——诺贝尔

人类从新发现中得到的好处总要比坏处多。

——诺贝尔

进化论奠基人达尔文

查尔斯·罗伯特·达尔文（Charles Robert Darwin，1809—1882），英国生物学家，进化论的奠基人。他曾乘贝格尔号舰作了历时5年的环球航行，对动植物和地质结构等进行了大量的观察和采集；出版《物种起源》这一划时代的著作，提出了生物进化论学说，从而摧毁了各种唯心的神造论和物种不变论。除了生物学外，他的理论对人类学、心理学及哲学的发展都有不容忽视的影响。

达尔文于1809年2月12日出生于英国塞文河畔的希鲁兹伯市。他的父亲是当地的名医，母亲是位富家小姐，但长年体弱多病。

达尔文

达尔文8岁那年，他母亲因病故去了，不过，由于姐姐们的细心照料，达尔文失去母亲的悲哀慢慢变得淡了。达尔文很喜欢独自散步，路上的一草一木、一花一果都能吸引他的注意力。此时的达尔文已对植物变异产生了好奇心，他会时常盯着它们沉思默想，地上的甲虫，天上的飞鸟都能带给他无限的欢乐。

刚过8岁的达尔文被父亲送去上学。自小生长在大自然中的达尔文非常讨厌学校硬性规定死背书的教育方式，此时的学习变得毫无乐趣可言。对于背诵诗句的事，他总是草草应付了事，因此，他的老师对他的评语是："成绩平平，智商不高。"

达尔文虽不喜欢学校的课业，但是对博物学却很感兴趣，尤其是热衷采集标本。不管是植物、动物、昆虫、或是石头、贝壳、印章等，他都收集起来，堆满了房间和庭院。

全身心沉醉于各种动、植物的达尔文学业上并不突出，转学也没见学习成绩有任何好转迹象，懂医学的父亲决定把他送进医学院去学医，但他对医学一点兴趣也没有。他的父亲看着儿子整天埋头于在他看来是"不务正业"的事情，很为他的未来担心，义正辞严地对他说："如果你实在不愿学医，你就学习做牧师吧。总之，你不能变成游手好闲的人。"1828年初，在确信自己对宗教并不怀疑之后，达尔文听从父亲的劝告，进入剑桥大学的基督学院"深造"。

在剑桥大学，他认识了通晓各门学科的亨斯罗教授，这个人对达尔文的一生起了极其重大的作用，他们一见如故，不久成为至交。亨斯罗热心地指导达尔文学习植物学、昆虫学等，达尔文也虚心地向他求教。亨斯罗教授曾建议达尔文看些地质学方面的书籍，并告诉他要成为一个博物学家，探索生物进化问题，地质学知识是不可缺少的，因为不同地层的化石往往反映了生物进化的历史，而动物化石是活着的动物的祖先。达尔文听从了亨斯罗教授的意见，努力研究地质学，并利用各种机会进行实地地质考察。从实地考察中，达尔文明白了一个道理：科学在于把事物分门别类，借此推导出一般的规律和结论。

1831年的夏天，达尔文完成了剑桥大学的学习回到家中。一天，他收到亨斯罗教授的一封信，信中说：英国海军部所属的皇家勘探船贝格尔舰准备去南美洲进行考察，船长很乐意找一位志愿自费负担航行期间的自然科学考察费用的科学家出海考察。亨斯罗认为达尔文是合适的人选，建议他参加这次航行。尽管父亲对此事表示坚决反对，但达尔文最终还是说服父亲同意了自己的这次出海考察。

1831年12月27日，达尔文开始了随贝格号为期5年的环球旅行，可以说这次环球旅行是西方科学史上最有价值的一次旅行。

在这次漫长又艰辛的旅途中，达尔文亲眼目睹了许多美丽奇异的自然景观，观察了火山和若干原始部落，经历过地震，发现了大量的动植物化石，考察了种类繁多的动植物生长及生活情况。更为重要的是，他对此作了大量的航海日记，把自己的所见所闻一一详细记录了下来。这此经历奠定了他以后研究的基础。

航海环球考察结束后，30岁的达尔文与他深爱多年的表姐爱玛结了婚。以后的20年达尔文一方面进行各种生物实验完善理论，一方面与一些科学家讨论有关生物进化的问题。同时，他出版了一系列著作，并由此成为英国最杰出的生物学家之一。

1859年他的《物种起源》一书震惊了世界，其中提出的“物竞天择，优胜劣汰”的进化论观点影响深远，是历史上第一部系统撰写生物进化规律的书。1871年他的《人类的由来》一书打破了世人“所有生物是上帝创造”的观念，提出“人是由类人猿进化而来”的观念，引起社会各界人士的广泛讨论。

尽管达尔文所提出的生物进化论的观点在科学发展史上具有极其重要的地位，但在当时，达尔文却是十分不情愿地发表这一论点。他担心一旦提出这个论点，他和他的家人将被视为异端、受人排挤迫害。他的担心是正确的，因为污蔑和嘲讽像潮水似地倾泻而来，即使在一个世纪之后，仍然有许多人不能接受他所提出的进化论。在当时，他的理论被许多人视为异端邪说看待。

但是，《物种起源》的意义是毋庸置疑的。马克思曾说，达尔文的《物种起源》非常有意义，这本书可以用来当做历史上的阶级斗争的自然科学根据。甚至也有人说，1859年成为划分科学史前后两个“世界”的界限。《物种起源》的出版使生物学发生了一场革命，这场革命如同马克思主义登上历史舞台一样，意义重大，影响深远。达尔文远离大城市的繁嚣，在他宁静的庄园里准备着一场革命，马克思自己在世界嚣嚷的中心所准备的也正是这种革命，差别只在杠杆是应用于另一点而已。

1882年4月19日，达尔文因病逝世。他的墓穴被安放在牛顿的墓穴旁边。在纪念达尔文的集会上，赫胥黎的话，贴切地反映了达尔文的丰功伟绩。他说：“世界上再没有一个比达尔文奋斗得更有效果的人，也没有一个比他更为幸运的人。他找出一个伟大的真理来，这真理一向被人践踏在脚下，一向为固执拘泥的人所咒骂，一向为全世界的人所取笑，只有他去把它发现出来。他的寿命又恰恰足够使他目睹他所发现的真理，大部分依靠着他自己的努力，使他发现的学说立足于科学之上，又紧紧联结于人们寻求答案的问题，使得那些诅骂他的人只能在心里憎恨、又畏惧他……”

名人名言

我在科学方面所作出的任何成绩，都只是由于长期思索、忍耐和勤奋而获得的。

——达尔文

不要因为长期埋头科学，而失去了对生活、对美、对待诗意的感受能力。

——达尔文

我必须承认，幸运喜欢照顾有能力的人。

——达尔文

X射线的发现者伦琴

伦琴发现了X射线，X光的出现，震动了德国、震动了全世界，引起了物理学历史上的一场伟大的变革，由此他于1901年获得了诺贝尔物理奖。除此之外，他还在物理的气体比热、毛细管作用、极光旋转电磁性等方面取得了许多重要成就。

威尔姆·康拉德·伦琴（Wilhelm Konrad Rontaen，1845—1923）于1845年出生于德国西南部的莱茵河畔的一个小镇上。他小的时候表现并不出众，3岁时，伦琴随父母从莱茵河畔迁居到风车之国荷兰的大城市乌得勒支的外祖父家，他在这里开始上学，可他并不是一个特别用功的孩子，他很喜欢野外活动和制造些机械玩具。

中学时老师从不认为伦琴是个守规矩的学生，学习成绩只是中等。一次伦琴为了袒护朋友，遭到老师的误解，被勒令退学了。这件事使伦琴很伤心，母亲知道后写信说：“你对上帝发誓做得是正确的事，就不要气馁，中途停学是令人伤心的事，但道路是人走出来。”后来伦琴在同情他的老师的调解下参加了毕业考试，他满怀希望能得到一张高中毕业证书，可由于一些固执老师的坚决反对，他没能拿到毕业合格证。

伦琴

后来经过一番周折，伦琴来到了瑞士。在这里，他终于说服苏黎士一家综合性科技学校的校长，被允许在没有中学毕业证书的情况下进行深造。伦琴在通过一次很严格的入学考试之后，得到了这个继续深造的机会。功夫不负有心人，三年之后，他终于拿到了机械工程师的大学毕业文凭。1869年，伦琴以《煤气研究》这篇论文通过答辩获得了博士学位，并作为助教跟随他的导师、著名物理学教授奥古斯特·康特来到德国维尔茨堡大学。但当时的德国规定，在大学授课的教师必须接受过正规的教育，而伦琴却因为那个该死的事件偏偏缺少了一张中学毕业文凭，维尔茨堡评议会的教授、学者们便以此为理由，拒绝破格给予伦琴讲师的职务。这对伦琴来说无疑又是一次沉重的打击，但也许是上帝的旨意，20多年后出现了一个戏剧性的结局：伦琴被邀请去当该校校长！这对于伦琴来说，可谓一种恢复名誉并且令人振奋的事情。

1895年9月8日这一天，伦琴正在做阴极射线实验。阴极射线是由一束电子流组成的，当位于几乎完全真空的封闭玻璃管两端的电极之间有高电压时，就有电子流产生。阴极射线并没有特别强的穿透力，连几厘米厚的空气都难以穿过。这一次伦琴用厚黑纸完全覆盖住阴极射线，这样即使有电流通过，也不会看到来自玻璃管的光。可是当伦琴接通阴极射线管的电路时，他惊奇地发现在附近一条长凳上的一个荧光屏（镀有一种荧光物质氰亚铂酸钡）上开始发光，恰好像受一盏灯的感应激发出来似的。他断开阴极射线管的电流，荧光屏即停止发光。由于阴极射线管完全被覆盖，伦琴很快就认识到当电流接通时，一定有某种不可见的辐射线自阴极发出。由于这种辐射线的神密性质，他称之为“X射线”——X在数学上通常用来代表一个未知数。

这一偶然发现使伦琴感到兴奋，他把其他的研究工作搁置下来，专心致志地研究X射线的性质。经过几周的紧张工作，他发现了下列事实：X射线除了能引起氰亚铂酸钡发荧光外，还能引起许多其它化学制品发荧光；X射线能穿透许多普通光所不能穿透的物质；特别是能直接穿过肌肉但却不能透过骨胳，伦琴把手放在阴极射线管和荧光屏之间，就能在荧光屏上看到他的手骨；X射线沿直线运行，与带电粒子不同，X射线不会因磁场的作用而发生偏移。

1895年12月伦琴写出了他的第一篇X射线的论文，发表后立即引起了人们极大的兴趣和振奋。在短短的几个月内就有数以百计的科学家在研究X射线，在一年之内发表的有关论文大约就有一千篇！在伦琴发明的直接感召下而进行研究的科学家当中有一位是安托万·亨利·贝克雷尔。贝克雷尔虽然是有意在做X射线的研究，但是却偶然发现了更为重要的放射现象。

在一般情况下，每当用高能电子轰击一个物体时，就会有X射线产生。X射线本身并不是由电子而是由电磁波构成的。因此这种射线与可见辐射线（即光波）基本上相似，不过其波长要短得多。

X射线发现才4天，美国医生就用它找出了病人腿上的子弹。企业家蜂拥而至，出高价购买X光射线技术。50万，100万……出价越来越高。

“哪怕是1000万，”伦琴淡淡地一笑答道，“我的发现属于全人类。但愿这一发现能被全世界科学家所利用。这样，就会更好地服务于人类……”因此，伦琴没有申请专利权。他知道，如果这项技术被一家大公司独占，穷人就出不起钱去照X光照片。爱迪生得知这个消息后深受感动，他为接收X光发明了一种极好的荧光屏，和X光射线管配合使用，也没有申请专利权。

为了奖赏伦琴在科学上的贡献，巴伐利亚贵族院准备授予他王室勋章及贵族封号。但是伦琴不愿意用贵族来玷污自己的名字，他不顾一些势利小人的恶意诽谤，拒绝接受这一贵族封号。

在诺贝尔逝世五年以后，首次颁发他所奠基的诺贝尔奖。伦琴是第一个获物理奖的人。为了表彰伦琴的这一杰出贡献，瑞典皇家科学院于1901年在斯德哥尔摩将该年度的诺贝尔物理奖授予了伦琴教授。他高兴地接收了诺贝尔奖金，但是却把数额为5万瑞典克罗纳的奖金转赠给沃兹堡大学。

当然，X射线的最著名的应用还是在医疗（包括口腔）诊断中。其另一种应用是放射性治疗，在这种治疗当中X射线被用来消灭恶性肿瘤或抑制其生长。X射线在工业上也有很多应用，例如，可以用来测量某些物质的厚度或勘测潜在的缺陷。X射线还应用于许多科研领域，从生物到天文，特别是为科学家提供了大量有关原子和分子结构的信息。

伦琴一生在物理学许多领域中进行过实验研究工作，如对电介质在充电的电容器中运动时的磁效应、气体的比热容、晶体的导热性、热释电和压电现象、光的偏振面在气体中的旋转、光与电的关系、物质的弹性、毛细现象等方面的研究都作出了一定的贡献。

名人名言

不是我发明了X射线，它千古以来就存在着，我仅仅是“发现”了它而已。因此X射线属于全人类，而非我个人的私产。

——伦琴

实验是我们揭开自然界奥秘的最有力、最可靠的手段。

——伦琴

伟大女科学家居里夫人

居里夫人，世界著名科学家，研究放射性现象，发现镭和钋两种天然放射性

居里夫人

元素，一生两度获诺贝尔奖（第一次于1903年获得诺贝尔物理奖，第二次于1911年获得诺贝尔化学奖）。在研究镭的过程中，作为杰出科学家，居里夫人有一般科学家所没有的社会影响。尤其因为是成功女性的先驱，她的典范激励了很多人。

居里夫人，原名玛丽·斯可多夫斯卡娅（Maria Sklodowska，1867—1934）出生于波兰华沙，她是家里5个子女中最小的。她的父亲是一名收入十分有限的中学数理教师，妈妈也是中学教员。玛丽的童年是不幸的，她的妈妈得了严重的传染病，是姐姐照顾她长大的。后来，妈妈和姐姐在她不满10岁时就相继病逝了，她的生活中充满了艰难。这样的生活环境不仅培养了她独立生活的能力，也使她从小就磨炼出了非常坚强的性格。

玛丽从小学习就非常勤奋刻苦，对学习有着强烈的兴趣和特殊的爱好，从不轻易放过任何学习的机会，处处表现出一种顽强的进取精神。从上小学开始，她每门功课都考第一。

一次，玛丽在做功课，她姐姐和同学在她面前唱歌、跳舞、做游戏。玛丽就像没看见一样，在一旁专心地看书。姐姐和同学想试探她一下，她们悄悄地在玛丽身后搭起几张凳子，只要玛丽一动，凳子就会倒下来。时间一分一秒地过去了，玛丽读完了一本书，凳子仍然竖在那儿。从此姐姐和同学再也不逗她了，而且像玛丽一样专心读书，认真学习。

15岁时，玛丽就以获得金奖章的优异成绩从中学毕业。她的父亲曾在圣彼得堡大学攻读过物理学，父亲对科学知识如饥似渴的精神和强烈的事业心，也深深地熏陶着玛丽。她从小就十分喜爱父亲实验室中的各种仪器，长大后她又读了许多自然科学方面的书籍，更使她充满幻想，她急切地渴望到科学世界探索。玛丽的姐姐也想到巴黎学医，但因学费无着，而不能成行。玛丽为了资助姐姐到巴黎去上学，她暂停自己的学业，整整当了6年的家庭教师。直到她的姐姐学业结束有了工作以后，她自己才来到巴黎最著名的法兰西共和国大学理学院读书。

上大学以后，玛丽更是一个节俭朴实、刻苦努力的学生，上物理课时她永远坐在第一排，全神贯注地听好每一节课，课后便跑到图书馆去，直到晚上10点图书馆关门时才离开。玛丽在巴黎求学期间的生活是极端贫困的，当她以优异的成绩获得一项600卢布的奖学金时，她却把这笔款全部退回，并请求基金委员会用于奖励其他学业优异、生活困难的同学。她带着强烈的求知欲望，全神贯注地听每一堂课，艰苦的学习使她身体变得越来越不好，但是她的学习成绩却一直名列前茅，这不仅使同学们羡慕，也使教授们惊异。入学两年后，她充满信心地参加了物理学学士学位考试，在30名应试者中，她考了第一名。第二年，她又以第二名的优异成绩，考取了数学学士学位。

经过四年的努力后，于巴黎大学取得物理及数学两个硕士学位，她成为了该校第一名女性讲师。

玛丽在索邦结识了另一名讲师——皮埃尔·居里（Cpierre Curie，1859—1906），就是她后来的丈夫。自此，玛丽成为居里夫人。他们两个经常在一起进行放射性物质的研究，以沥青铀矿石为主，因为这种矿石的总放射性比其所含有的铀的放射性还要强。1898年，居里夫妇对这种现象提出了一个逻辑的推断：沥青铀矿石中必定含有某种未知的放射成分，其放射性远远大于铀的放射性。12月26日，居里夫人公布了这种新物质存在的设想。

在此之后的几年中，居里夫妇不断地提炼沥青铀矿石中的放射成分。经过不懈的努力，他们终于成功地分离出了氯化镭并发现了两种新的化学元素：钋和镭。因为他们在放射性上的发现和研究，居里夫妇和亨利·贝克勒尔共同获得了1903年的诺贝尔物理学奖，居里夫人也因此成为了历史上第一个获得诺贝尔奖的女性。

正直的科学家总是坚决反对和阻止科学技术的滥用，反对战争，维护和平。居里夫人以身作则，站在保卫世界和平的最前列。第一次世界大战期间，她用私人捐款装备了一辆X光救护车，自己当司机，冒着炮火开往前线，做救护工作。在她的组织下，设立了220多处活动的和固定的X光设备，培训了100多位X光技师。在大战期间，她作为一名“战士”、科学家、医生，组织抢救了约一百万伤员为反对非正义战争做出了杰出贡献。

可不幸的是，1906年皮埃尔·居里被飞驰的马车夺去了生命。意志坚强的居里夫人并没有被失去丈夫的噩耗所击倒，仍然继续顽强地研究放射性元素，并于1911年独自一人完成了“镭”的分离，英国皇家科学院也因此再次向她颁发了诺贝尔化学奖。出乎意外的是，在居里夫人获得诺贝尔奖之后，她并没有为提炼纯净镭的方法申请专利，而将之公布于众，这种做法有效地推动了放射化学的发展。

几十年来，居里夫人由于长期从事放射性物质的研究工作，加上恶劣的实验环境和对身体保护的不够严格，时常受到放射性元素的侵袭，使她的血液渐渐受到了破坏，以致患上白血病。她还患有肺病、眼病、胆病、肾病，甚至患过神经错乱症。在居里夫人看来，科学研究要比她本身的健康更重要。她曾为了能参加世界物理学大会，请求医生延期施行肾脏手术；她曾带病回国参加镭研究所的开幕典礼。她曾忍受着眼睛失明的恐惧，顽强地进行科学研究。直到她生命的最后一息，由于恶性贫血、高烧不退，躺在床上的时候，仍然要求她的女儿向她报告实验室里的工作情况，替她校对她写的《放射性》著作。

1934年7月4日，居里夫人病逝了，死于恶性贫血症。她把她的一生完全献给了她所挚爱的科学事业。她一生创造、发展了放射科学，长期无畏地研究强烈放射性物质，直至最后把生命贡献给了这门科学。她一生中，共得过包括诺贝尔奖等在内的10次著名奖金，得到国际高级学术机构颁发的奖章16枚；世界各国政府和科研机构授予的各种头衔多达107多个。但是她一如既往地那样谦虚谨慎，对待名利十分淡泊。报纸上一次次的头条新闻，成千上万要求签名留念的信件，无数请求讲学的邀情，新闻记者、摄影师、以及应接不暇的新荣誉、新头衔她都避之不及。但有一次还是被一个机警的美国记者跟踪上了，她知道逃避是不可能的了，就忍耐着用很短的句子答复记者关于她的科学发明。但是，当记者问到她个人生活时，玛丽只用一句话结束了这次谈话："在科学上，我们应该注意事，不应该注意人。"伟大的科学家爱因斯坦曾评价说："在所有的著名人物里面，玛丽·居里是唯一没有被盛名宠坏的人！""她的极端的谦虚，永远不给自满留下任何余地。"

名人名言

如果能随理想而生活，本着正直自由的精神，勇敢直前的毅力，诚实不自欺的思想而行，一定能臻于至美至善的境地。

——居里夫人

在成名的道路上，流的不是汗水而是鲜血，他们的名字不是用笔，而是用生命写成的。

——居里夫人

元素周期律发现者门捷列夫

在化学教科书中，都附有一张"元素周期表"。这张表揭示了物质世界的秘密，把一些看来似乎互不相关的元素统一起来，组成了一个完整的自然体系。它的发明，是近代化学史上的一个创举，对于促进化学的发展，起了巨大的作用。看到这张表，人们便会想到它的最早发明者、俄国化学家——门捷列夫（Dmitri Ivanovich Mendeleev，1834—1907）。

门捷列夫于1834年2月7日诞生在俄国西伯利亚的托波尔斯克市。这个时代，正是欧洲资本主义迅速发展时期。生产的飞速发展，不断地对科学技术提出新的要求。化学也同其他科学一样，取得了惊人的进展。门捷列夫正是在这样一个时代，

门捷列夫

诞生到人间。他从小就热爱劳动，热爱学习。他认为只有劳动，才能使人们得到快乐、美满的生活；只有学习，才能使人变得聪明。

门捷列夫的父亲是位中学教师。在他出生后不久，父亲双目失明，一家的生活全仗着他母亲经营一个小玻璃厂而维持着。1847年，双目失明的父亲又患肺结核而死去。意志坚强而能干的母亲并没有因生活艰难而低头，她决心一定要让门捷列夫像他父亲那样接受高等教育。

门捷列夫自幼有出众的记忆力和数学才能，读小学时，对数学、物理、历史课程感兴趣，对语文、尤其是拉丁语很讨厌，因而成绩不好。他特别喜爱大自然，曾同他的中学老师一起作长途旅行，搜集了不少岩石、花卉和昆虫标本。他善于在实践中学习，中学的学习成绩有了明显的提高。

少年的门捷列夫在学校读书的时候，一位很有名的化学教师，经常给他们讲课。热情地向他们介绍当时由英国科学家道尔顿始创的新原子论。由于道尔顿新原子学说的问世，促进了化学的发展速度，一个一个的新元素被发现了。化学这一门科学正激动着人们的心。这位教师的讲授，使门捷列夫的思想更加开阔了，他决心为化学这门科学献出一生。

当门捷列夫展现出才能后，由于当地没有好的大学，母亲把家从西伯利亚先迁到莫斯科后又迁到彼得堡，在门捷列夫遭到莫斯科大学和彼得堡大学拒绝后，最终母亲把他送进了师范学院。

母亲看到门捷列夫终于实现了上大学的愿望，不久便带着对他的祝福与世长辞了。举目无亲又无财产的门捷列夫把学校当做了自己的家，为了不辜负母亲的期望，他发奋地学习，表现出了坚韧、忘我的超人精神。

由于门捷列夫学习刻苦和在学习期间进行了一些创造性的研究工作，1855年，他以优异成绩从学院毕业。然后，他先后到过辛菲罗波尔、敖德萨担任中学教师，在教师的岗位上他并没有放松自己的学习和研究。1857年他又以突出的成绩通过化学学位的答辩。他刻苦学习的态度、钻研的毅力以及渊博的知识得到老师们的赞赏，彼得堡大学破格地任命他为化学讲师，当时他仅23岁。

在大学期间，曾有一度，疾病折磨着门捷列夫，由于丧失了无数血液，他一天一天地消瘦和苍白了。可是，在他贫血的手里总是握着一本化学教科书。那里面当时有很多没有弄明白的问题，缠绕着他的头脑，似乎在召唤他快去探索。他在用生命的代价，在科学的道路上攀登着。他说，我这样做“不是为了自己的光荣，而是为了俄国名字的光荣”。可是，过了一段时间以后，门捷列夫并没有死去，反而一天天好起来了。最后，才知道是医生诊断的错误，而他得的不过是气管出血症罢了。

攀登科学高峰的路，是一条艰苦而又曲折的路，门捷列夫在这条路上，也吃尽了苦头。

当他担任化学副教授以后，负责讲授《化学基础》课。在理论化学里应该指出自然界到底有多少元素？元素之间有什么异同和存在什么内部联系？新的元素应该怎样去发现？这些问题，当时的化学界正处在探索阶段。当时各国的化学家们，为了打开这秘密的大门，进行了顽强的努力。虽然有些化学家如德贝莱纳和纽兰兹在一定深度和不同角度客观地叙述了元素间的某些联系，但由于他们没有把所有元素作为整体来概括，所以没有找到元素的正确分类原则。年轻的学者门捷列夫也毫无畏惧地冲进了这个领域，开始了艰难的探索工作。

他不分昼夜地研究着，探求元素的化学特性和它们的一般的原子特性，然后将每个元素记在一张小纸卡上。他企图在元素全部的复杂的特性里，捕捉元素的共同性。一次次的研究，一次又一次地失败了，可他不屈服，不灰心，坚持干下去。

为了彻底解决这个问题，他又走出实验室，开始出外考察和整理收集资料。1859年，他去德国海德尔堡进行科学深造。两年中，他集中精力研究了物理化学，使他探索元素间内在联系的基础更扎实了。1862年，他对巴库油田进行了考察，对液体进行了深入研究，重测了一些元素的原子量，使他对元素的特性有了深刻的了解。1867年，他借应邀参加在法国举行的世界工业展览俄罗斯陈列馆工作的机会，参观和考察了法国、德国、比利时的许多化工厂、实验室，大开眼界，丰富了知识。这些实践活动，不仅增长了他认识自然的才干，而且对他发现元素周期律，奠定了雄厚的基础。

门捷列夫又返回实验室，继续研究他的纸卡。他把重新测定过的原子量的元素，按照原子量的大小依次排列起来。他发现性质相似的元素，它们的原子量并不相近；相反，有些性质不同的元素，它们的原子量反而相近。他紧紧抓住元素的原子量与性质之间的相互关系，不停地研究着。他的脑子因过度紧张，而经常昏眩。但是，他的心血并没有白费，在1869年2月19日，他终于发现了元素周期律。他的周期律说明：简单物体的性质，以及元素化合物的形式和性质，都和元素原子量的大小有周期性的依赖关系。门捷列夫在排列元素表的过程中，又大胆指出，当时一些公认的原子量不准确。如那时金的原子量公认为169.2，按此在元素表中，金应排在锇、铂的前面，因为它们被公认的原子量分别为198.6、196.7，而门捷列夫坚定地认为金应排列在这三种元素的后面，原子量都应重新测定。大家重测的结果，锇为190.9、铂为195.2，而金是197.2。实践证实了门捷列夫的论断，也证明了周期律的正确性。

在门捷列夫编制的周期表中，还留有很多空格，这些空格应由尚未发现的元素来填满。门捷列夫从理论上计算出这些尚未发现的元素的最重要性质，断定它们介于邻近元素的性质之间。例如，在锌与砷之间的两个空格中，他预言这两个未知元素的性质分别为类铝和类硅。就在他预言后的四年，法国化学家布阿勃朗用光谱分析法，从门锌矿中发现了镓。实验证明，镓的性质非常像铝，也就是门捷列夫预言的类铝。镓的发现，具有重大的意义，它充分说明元素周期律是自然界的一条客观规律；为以后元素的研究，新元素的探索，新物资、新材料的寻找，提供了一个可遵循的规律。元素周期律像重炮一样，在世界上空轰响了，门捷列夫也因此闻名于世界！

因此，当有人将门捷列夫对元素周期律的发现看得很简单，轻松地说他是用玩扑克牌的方法得到这一伟大发现的，门捷列夫却认真地回答说，从他立志从事这项探索工作起，一直花了大约20年的工夫，才终于在1869年发表了元素周期律。他把化学元素从杂乱无章的迷宫中分门别类地理出了一个头绪。此外，因为他具有很大的勇气和信心，不怕名家指责，不怕嘲讽，勇于实践，敢于宣传自己的观点，终于得到了广泛的承认。为了纪念他的成就，人们将美国化学家希伯格在1955年发现的第101号新元素命名为Mendelevium，即“钔”。

由于门捷列夫发现了元素周期律，在世界上留下了不朽的光荣，人们给他以很高的评价。恩格斯在《自然辩证法》一书中曾经指出：“门捷列夫不自觉地应用黑格尔的量转化为质的规律，完成了科学上的一个勋业，这个勋业可以和勒维烈计算尚未知道的行星海王星的轨道的勋业居于同等地位。”

名人名言

科学不但能“给青年人以知识,给老年人以快乐”,还能使人惯于劳动和追求真理,能为人民创造真正的精神财富和物质财富,能创造出没有它就不能获得的东西。

——门捷列夫

一个人要发现卓有成效的真理，需要千百万个人在失败的探索和悲惨的错误中毁掉自己的生命。

——门捷列夫

电话发明者贝尔

当贝尔（Alexander Graham Bell，1847—1922）萌发出发明电话机的梦想时，他对电学的知识几乎还一窍不通，“掌握它！”一位科学家的鼓励从此成了他的座右铭。经历了数不清的挫折、磨难和失败后，他终于成功地发明了现代众多的通讯手段中最方便、最有效的工具——电话。

贝尔于1847年3月3日出生于英国苏格兰的爱丁堡。他的父亲和祖父都是一生致力于聋哑事业的著名的语言学家。贝尔的父亲还创造出了一套借助手势、口型来表达思想感情的“哑语”，给聋哑人带来了很大的方便。贝尔生活在这样的环境中，从小就对语音的传递产生了浓厚的兴趣。

不过，贝尔并不是神童，在学校里他的语音学学得很糟，因为年幼的贝尔太淘气了，十分贪玩。据说他的书包里常常装着麻雀、老鼠、小狗之类的小东西，以至于有一次上课的时候，他的小老鼠从书包里逃了出来，满教室的乱窜，全教室的学生你追我赶，弄得老师简直没办法上课。他的功课也因为他的贪玩好动而学得不好，到后来不得不由他的祖父接去专门教育了一段时间。

小贝尔虽然贪玩淘气，可他从小就喜欢拆装玩具或者解剖一些小动物，这对他形成良好的手工操作技能起到了良好的促进作用。据说，有一次贝尔看到附近的水磨磨谷物时十分费劲，他决心要改造一下这个水磨，以使它更省劲些。为此他开始翻阅家里的图书资料，经过一个月的反复推敲琢磨，他居然设计出一幅改良水磨的草图，按他设计的方案把水磨改良后，那台水磨操作起来果然轻松多了。他也因此受到周围人的称赞，当时竟然有许多人专门从外地赶来学习呢！这件事给了贝尔很大的自信，也培养了他对科学的兴趣。从此他开始自觉地学习了，等贝尔上到高中时，他已经是学校里的优等生了。

贝尔

1864年，17岁的贝尔进入苏格兰的爱丁堡大学学习，由于受祖父和父亲的影响，他选择了语音专业。1867年他又到伦敦大学继续攻读语音学。后来又到加拿大一所中学教语音课，贝尔在语音学方面的广博而精深的知识，很快引起了专家们的重视。

贝尔25岁时，受聘为美国波士顿大学的语音学教授，后来便定居美国。那时电报已广泛应用，成为一种新兴的通讯工具，贝尔想："既然电流可以让音叉震动，那为什么人的声音或音叉的震动，不能让电流获得相应音波而来传递声音呢?"有一天，一次偶然的实验启发了他，在实验中他发现了一个有趣的现象：电流导通或截止的时候，螺旋线圈发出了噪音。于是一个大胆的设想就在贝尔的脑海中出现了：在讲话的时候，如果能够使电流强度的变化模拟出声波的变化，那么用电流传递声音的设想不就能够实现了吗？这一设想就是日后贝尔发明电话的原始起因，不过把它变成现实对当时的贝尔来说，这几乎是不可能的事，因为当时的贝尔对于电学的知识几乎一窍不通！然而伟大的人之所以伟大，就在于他敢于在别人不敢为时而为之。

当贝尔最初把自己的想法告诉电学界的人时，许多人都说贝尔是痴心妄想，然而贝尔并没有因此灰心丧气，反而更坚定了自己制造电话的决心。他深信："世上无难事，只怕有心人。"

1875年3月，贝尔专程赶到华盛顿向当时美国威望很高的大物理学家亨利(Joseph Henry，1797—1878）请教。亨利听了贝尔的设想后，对贝尔说："你有一个很了不起的设想，小伙子努力干吧！""可是，先生，在制作方面还有很多困难，而更困难的是我不懂电学。""掌握它！"这位大科学家鼓励贝尔说。"掌握它！"这句话从此成了贝尔的座右铭，极大地鼓舞了贝尔走向成功的信心。

从此，贝尔专心致志地研究起电学来，业余时间几乎全部用在了电学的研究上，很快他便掌握了所需的电学和声学知识。1873年贝尔辞去波士顿大学语音学教授的职务，租了近郊公寓的一间破旧拥挤的小屋，开始正式地搞起实验来。两年中，他和助手进行了无数次的实验，经历了数不清的挫折、磨难和失败。

据说，终于有一天，贝尔和他的助手分别在两个房间里准备作对话实验。他不小心把桌子上的硫酸弄翻了，结果硫酸撒在了他的腿上，不仅烧坏了贝尔的裤子，同时也把他的大腿烧得火辣辣的。烧疼了的贝尔忍不住叫了起来："华特生，快过来，我遇到麻烦了！"隔壁房间正拿着听筒和对话筒的华特生清楚地听到了贝尔的喊叫，他也高兴地叫了起来："我听到了，贝尔先生！"就这样，电话终于被贝尔发明出来了。

不过早期的贝尔电话存在着一个很大的缺点，就是送话器中电流很小，受电阻的作用而衰减很快，所以无法将声音传送到很远的地方去。后来爱迪生解决了这个问题，在送话器之间加了一对线圈，从而克服了电流的迅速衰减，但贝尔电话的缺点并不影响贝尔发明电话的功绩。他还有一个重要贡献是制造了助听器，给耳聋病人带来了听到声音的可能。

为了纪念贝尔在电、声学方面的贡献，在电学中计算功率的比值用贝尔作单位，在声学中测定声强级也常用贝尔作单位。

名人名言

当一扇门关闭时，另一扇门会打开。遗憾的是我们经常苦苦死守在紧闭的门前，而看不到那扇对我们敞开的大门。

——贝尔

飞机的发明者莱特兄弟

莱特兄弟指的是奥维尔（Orwell Wright，1871—1948）和威尔伯（Wilbur Wright，1867—1912）这两位美国人。世人一般认为他们于1903年12月17日首次完成完全受控制、附机载外部动力、机体比空气重、持续滞空不落地的飞行，并因此将发明了世界上第一架实用飞机的成就归功于他们。

1877年冬天，一场大雪降在美国的代顿地区，城郊的山冈上到处是白茫茫一片。一群孩子来到堆着厚厚白雪的山坡上，乘着自制的爬犁飞快地向下滑去，山坡上顿时响起阵阵笑声。

在他们旁边，有两个男孩静静地站着，眼睁睁地看着欢快的爬犁从上而下划过。大一点的男孩叹道："嗨！要是我们也有一架爬犁该多好啊！"

另一个孩子撅着嘴说道："谁叫我们爸爸总不在家呢！"他灵机一动，又接着说道："哥哥，我们自己动手做吧！"被称做哥哥的男孩一听，顿时笑了起来，愉快地说道："对呀！我们自己也可以做。走，奥维尔，我们回去！"于是，两个孩子一蹦一跳地跑下山坡，向家里飞快地跑去。

这弟兄两个就是莱特兄弟，大的叫威尔伯，小的便是奥维尔。他们从小就喜欢摆弄一些玩意，经常在一起做各种各样的游戏。他们的爷爷是个制作车轮的工匠，屋里有各种各样的工具，弟兄两个把那里当作他们的乐园，经常跑去看爷爷干活。时间一长，他们就模仿着制作一些小玩具。因此，弟兄两个决定，这次要做架爬犁，拉到山坡上与同伴们比赛。当天晚上，弟兄俩就把这种想法告诉了妈妈。妈妈一听，非常高兴地说道："好，咱们共同来做吧！"

莱特兄弟

于是，弟兄俩个跑到爷爷的工作房里，找到很多木条和工具，不加思索就干了起来。

“不行”，妈妈阻止他们说，“干什么事情得有个计划，我们首先得画一个图样，然后才做!”

弟兄两个明白了这个道理，就同妈妈一起设计图样。妈妈首先量了兄弟俩身体的尺寸，然后画出一个很矮的爬犁。“妈妈，别人家的爬犁很高，为什么你画的爬犁这么矮？这能行吗?”弟弟奥维尔不解他问。

“孩子，要想叫爬犁跑得快，就得制成矮矮的，这样可以减少风的阻力，速度也就会快多了。”妈妈温和地解释道。弟兄两个这才明白，干任何事情都不能莽撞，应首先弄懂道理。

过了一天，莱特兄弟的矮爬犁做成了。弟兄俩把它推到小山冈上，刚放在山坡上，就跑来了一个男孩。

“快来看呀，莱特兄弟扛了一个怪物!”这个男孩大惊小怪地叫道。

不一会儿，孩子们都围了上来，指手划脚地议论着这个怪模怪样的东西。莱特兄弟不以为然，勇敢地说道：“谁和我们比赛!”

先前跑过来的男孩连忙叫道：“我来！我来与他们比赛!”说完，就把自己爬犁拉了过来。

比赛结果，当然是莱特兄弟获胜，孩子们再也不嘲弄这个爬犁，反而围起来左瞧右看，似乎想从中找到什么。

莱特兄弟非常高兴，带着胜利的喜悦回家去了。

圣诞节到了，爸爸也从外地回来。圣诞节早晨，爸爸把礼物送给了他们，兄弟俩急不可耐地打开一看，是一个不知名的玩具，样子很奇怪。

爸爸告诉他们，这是飞螺旋，能在空中高高地飞去。“鸟才能飞呢！它怎么也不会飞!”威尔伯有点怀疑。

爸爸笑了一笑，当场作了表演。只见他先把上面的橡皮筋扭好，一松手，它就发出呜呜的声音，向空中高高地飞去。兄弟这才相信，除了鸟、蝴蝶之外，人工制造的东西，也可以飞上天。于是，弟兄俩便把它拆开了，想从中探索一下，它为何能飞上天去。

从这以后，在他们的幼小心灵里，就萌发了将来一定制造出一种能飞上高高蓝天的东西，这个愿望一直影响着他们。他们一边干活挣钱，一边研究飞行的资料。三年后，他们掌握了大量有关航空方面的知识，决定仿制一架滑翔机。

1891年，德国飞行家李林塔尔（Otto Lilienthal，1848—1896）试飞滑翔机成功的消息使他们立志飞行。1896年李林塔尔试飞失事，促使他们把注意力集中在了飞机的平衡操纵上面。他们特别研究了鸟的飞行，并深入钻研了当时几乎所有关于航空理论方面的书籍。这个时期，航空事业连连受挫，飞行技师皮尔机毁人亡，重机枪发明人马克沁试飞失败，航空学家兰利连飞机带人摔入水中等等，这使大多数人认为飞机依靠自身动力的飞行完全不可能。

莱特兄弟毫不气馁，仍然坚持试飞。就在这时，一位名叫兰莱的发明家，受美国政府的委托，制造了一架带有汽油发动机的飞机，在试飞中坠入大海。

莱特兄弟得知这个消息，便前去调查，并从兰莱的失败中吸取了教训，获得了很多经验，他们对飞机的每一部件作了严格的检查，制定了严格的操作规定，于1903年12月14日，又来到吉蒂霍克，进行试飞试验。

这天下午，兄弟俩先在地面上安置两根固定在木头上的铁轨，并有一定的斜度，好让飞机方便地滑行。接着，就把他们制造的飞机，放在铁轨上面。

最后是由谁先飞的问题，兄弟俩争执不下，只好用抛硬币的方法，由威尔伯先飞。

威尔伯上机后，伏卧在飞机正中，一会儿便发动飞机，发动机传出轰鸣的声音，螺旋桨也慢慢地转了起来。

飞机在斜坡上刚滑行3米，就挣脱了结在后面的铁丝，呼啸着升到空中。

“飞起来啦！”奥维尔兴奋地叫道。

话音未落，飞机突然减慢速度，很快掉落在地上。整个飞行时间不到4分钟。

奥维尔赶忙跑上前去。威伯尔已从坠落的飞机里跳了出来，兄弟俩赶紧观察飞机，飞机也未受损。

“是什么问题呢？”兄弟俩左思右想，逐一检查。发动机没毛病，螺旋桨转动很好，技术操作也完全正确。……“哥哥，我知道原因了！”奥维尔满面笑容地说道：“咱们是利用斜坡滑行的，距离只有3米飞机就起飞了。而这时螺旋桨的转动还没有达到高速，所以一会儿就栽了下来。”“对呀！”威尔伯点头称是，接着说道：“咱们不能利用斜坡滑行起飞，而要靠螺旋桨的力量飞上去。这样吧，把铁轨装在平整的地方再试验一下。”

他们连续工作了三天，把铁轨又重新安置在一片平坦的地面上。

1903年12月17日上午10点钟，“飞行者”1号进行第4次试飞，地点在美国北卡罗来纳州小鹰镇基蒂霍克的一片沙丘上。天空低云密布，寒风刺骨。被兄弟俩邀来观看飞行的农民冻得直打寒颤，一再催促兄弟俩快点飞行。

这次由奥维尔试飞，只见他爬上飞机，伏卧在驾驶位上。一会儿，发动机开始轰鸣，螺旋桨也开始转动。

突然，飞机滑动起来，一下子升到3米多高，随即水平地向前飞去。

“飞起来啦！飞起来啦！”几个农民高兴地呼唤起来，并且随着威尔伯，在飞机后面追赶着。

飞机飞行了30米后，稳稳地着陆了。威尔伯冲上前去，激动地扑到刚从飞机里爬出来的弟弟身上，热泪盈眶地喊道："我们成功了！我们成功了！"

45分钟后，威尔伯又飞了一次，飞行距离达到52米，又过了一段时间，奥维尔又一次飞行，这次飞行了59秒，距离达到255米。

这是人类历史上第一次驾驶飞机飞行成功，莱特兄弟把这个消息告诉报社，可报社不相信有这种事，拒不发布消息，莱特兄弟并不在乎，继续改进他们的飞机。不久，兄弟俩又制造出能乘坐两人的飞机，并且，在空中飞了一个多小时。

1904年，莱特兄弟制造了装配有新型发动机的第二架"飞行者"，"飞行者"号是一驾普通双翼机，它的两个推进式螺旋桨分别安装在驾驶员位置的两侧，由单台发动机链式传动。在代顿附近的霍夫曼草原进行试飞，最长的持续飞行时间超过了5分钟，飞行距离达4.4千米；1905年又试验了第三架"飞行者"，由威尔伯驾驶，持续飞行38分钟，飞行38.6千米。第一次试飞的那一天，天气寒冷，刮着大风，首先由弟弟奥维尔驾驶"飞行者"飞机进行飞行，留空时间12秒钟，飞行36.5米。在同一天内，飞机又进行了3次飞行，其中成绩最好的是哥哥威尔伯。他驾驶飞机在空中持续飞行260米。

消息传开后，人们奔走相告。美国政府非常重视，1906年，他们的飞机在美国获得专利发明权，并决定让莱特做一次试飞表演。

1908年9月10日这天，天气异常晴朗，飞机飞行的场地上围满了观看的人们。人家兴致勃勃，等待着莱特兄弟的飞行。

10点左右，弟弟奥维尔驾驶着他们的飞机，在一片欢呼声中，自由自在地飞向天空，两支长长的机翼从空中划过，恰似一只展翅飞翔的雄鹰。

人们再也抑制不住他们的激动心情，昂首天空，呼唤着莱特兄弟的名字，多少人的梦想终于变为现实。

飞机在76米的高度飞行了1小时14分，并且运载了一名勇敢的乘客。当它着陆之后，人们从四面八方围了起来。1908年，莱特兄弟在政府的支持下，他们创办了"莱特飞机公司"，同时开办了飞行学校，从这以后，飞机成了人们又一项先进的运输工具。

莱特兄弟飞行的成功，从一开始的不受重视与承认，直到1907年还为人们所怀疑；反而是法国于1908年首先给他们的成就以正确的评价，从此掀起了席卷世界的航空热潮。他们也因此终于在1909年获得美国国会荣誉奖。1912年5月29日威尔伯逝世，年仅45岁。此后，奥维尔奋斗30年，使莱特飞机公司成为世界著名飞机制造商，资金高达百亿美元。1948年1月3日奥维尔逝世。

名人名言

没有追求的人，必然是怠惰的。

——莱特兄弟

只有鹦鹉才喋喋不休，但它永远也飞不高。

——莱特兄弟

法国数学家笛卡尔

笛卡尔（Rene Descartes，1596—1650），法国数学家、科学家和哲学家，西方近代资产阶级哲学奠基人之一。他的哲学与数学思想对历史的影响深远。人们在他的墓碑上刻下了这样一句话："笛卡尔，欧洲文艺复兴以来，第一个为人类争取并保证理性权利的人。"

笛卡尔出生于法国，父亲是法国一个地方法院的评议员，相当于现在的律师和法官。笛卡尔1岁时，母亲去世，给笛卡尔留下了一笔遗产，为日后他从事自己喜爱的工作提供了可靠的经济保障。

8岁时笛卡尔进入一所耶稣会学校，在校学习8年，接受了传统的文化教育，读了古典文学、历史、神学、哲学、法学、医学、数学及其他自然科学，但最使他感兴趣的是数学。在结束学业时他暗下决心：不再死钻书本学问，而要向世界这本大书讨教，于是他决定避开战争，远离社交活动频繁的都市，寻找一处适于研究的环境。

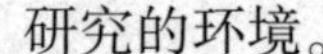

笛卡尔

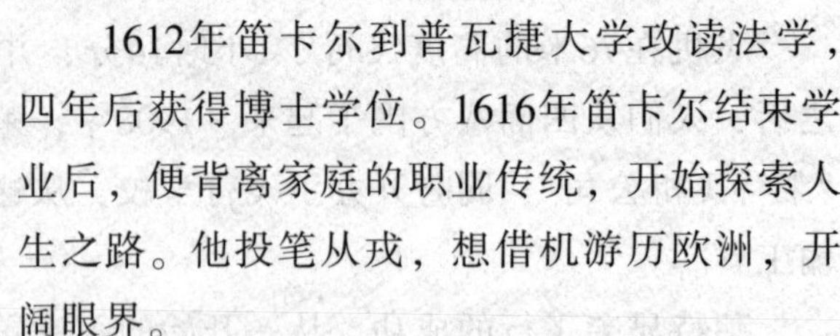

1612年笛卡尔到普瓦捷大学攻读法学，四年后获得博士学位。1616年笛卡尔结束学业后，便背离家庭的职业传统，开始探索人生之路。他投笔从戎，想借机游历欧洲，开阔眼界。

这期间有几次经历对他产生了重大的影响。一次，笛卡尔在街上散步，偶然间看到了一张数学题悬赏的启事。两天后，笛卡尔竟然把那个问题解答出来了，引起了著名学者伊萨克·皮克曼的注意。皮克曼向笛卡尔介绍了数学的最新发展，给了他许多有待研究的问题。与皮克曼的交往，使笛卡尔对自己的数学和科学能力有了较充分的认识，他开始认真探寻是否存在一种类似于数学的、具有普遍使用性的方法，以期获取真正的知识。

据说，笛卡尔曾在一个晚上做了三个奇特的梦。第一个梦是，笛卡尔被风暴吹到一个风力吹不到的地方；第二个梦是他得到了打开自然宝库的钥匙；第三个梦是他开辟了通向真正知识的道路。这三个奇特的梦增强了他创立新学说的信心。这一天是笛卡尔思想上的一个转折点，也有些学者把这一天定为解析几何的诞生日。

然而长期的军旅生活使笛卡尔感到疲惫，他于1621年回国，时值法国内乱，于是他去荷兰、瑞士、意大利等地旅行。1625年返回巴黎。1628年，他从巴黎移居荷兰，开始了长达20年的潜心研究和写作生涯，先后发表了许多在数学和哲学上有重大影响的论著。在荷兰长达20年的时间里，他集中精力做了大量的研究工作，在1634年写了《论世界》，书中总结了他在哲学、数学和许多自然科学问题上的看法。1641年出版了《行而上学的沉思》，1644年又出版了《哲学原理》等。他的著作在生前就遭到教会指责，死后又被梵蒂冈教皇列为禁书，但这并没有阻止他的思想的传播。

笛卡尔不仅在哲学领域里开辟了一条新的道路，同时他又是勇于探索的科学家，在物理学、生理学等领域都有值得称道的创见，特别是在数学上他创立了解析几何，从而打开了近代数学的大门，在科学史上具有划时代的意义。

笛卡尔的主要数学成果集中在他的“几何学”中。

当时，代数还是一门新兴科学，几何学的思维还在数学家的头脑中占有统治地位。在笛卡尔之前，几何与代数是数学中两个不同的研究领域。笛卡尔站在方法论的自然哲学的高度，认为希腊人的几何学过于依赖于图形，束缚了人的想象力。对于当时流行的代数学，他觉得它完全从属于法则和公式，不能成为一门改进智力的科学。因此他提出必须把几何与代数的优点结合起来，建立一种“真正的数学”。笛卡尔的思想核心是：把几何学的问题归结成代数形式的问题，用代数学的方法进行计算、证明，从而达到最终解决几何问题的目的，依照这种思想他创立了我们现在称之为的“解析几何学”。

1637年，笛卡尔发表了《几何学》，创立了平面直角坐标系。他用平面上的一点到两条固定直线的距离来确定点的位置，用坐标来描述空间上的点。他进而又创立了解析几何学，表明了几何问题不仅可以归结成为代数形式，而且可以通过代数变换来实现发现几何性质，证明几何性质。解析几何的出现，改变了自古希腊以来代数和几何分离的趋向，把相互对立着的“数”与“形”统一了起来，使几何曲线与代数方程相结合。

笛卡尔的这一天才创见，更为微积分的创立奠定了基础，从而开拓了变量数学的广阔领域。最为可贵的是，笛卡尔用运动的观点，把曲线看成点的运动的轨迹，不仅建立了点与实数的对应关系，而且把形（包括点、线、面）和“数”两个对立的对象统一起来，建立了曲线和方程的对应关系。这种对应关系的建立，不仅标志着函数概念的萌芽，而且标明变数进入了数学，使数学在思想方法上发生了伟大的转折——由常量数学进入变量数学的时期。正如恩格斯所说：“数学中的转折点是笛卡尔的变数。有了变数，运动进入了数学，有了变数，辩证法进入了数学，有了变数，微分和积分也就立刻成为必要了。”笛卡尔的这些成就，为后来牛顿、莱布尼兹发现微积分，为一大批数学家的新发现开辟了道路。

笛卡尔把他的机械论观点应用到天体，发展了宇宙演化论，形成了他关于宇宙发生与构造的学说。他认为，从发展的观点来看而不只是从已有的形态来观察，对事物更易于理解。他创立了旋涡说。他认为太阳的周围有巨大的旋涡，带动着行星不断运转。物质的质点处于统一的旋涡之中，在运动中分化出土、空气和火三种元素，土形成行星，火则形成太阳和恒星。

他认为天体的运动来源于惯性和某种宇宙物质旋涡对天体的压力，在各种大小不同的旋涡的中心必有某一天体，以这种假说来解释天体间的相互作用。笛卡尔的太阳起源的以太旋涡模型第一次依靠力学而不是神学，解释了天体、太阳、行星、卫星、彗星等的形成过程，比康德的星云说早一个世纪，是17世纪中最权威的宇宙论。

笛卡尔的天体演化说、旋涡模型和近距作用观点，正如他的整个思想体系一样，一方面以丰富的物理思想和严密的科学方法为特色，起着反对经院哲学，启发科学思维，推动当时自然科学前进的作用，对许多自然科学家的思想产生深远的影响；而另一方面又经常停留在直观和定性阶段，不是从定量的实验事实出发，因而一些具体结论往往有很多缺陷，成为后来牛顿物理学的主要对立面，导致了广泛的争论。

笛卡尔是欧洲近代哲学的奠基人之一，黑格尔称他为“现代哲学之父”。同时，他又是一位勇于探索的科学家，他所建立的解析几何在数学史上具有划时代的意义。他堪称17世纪的欧洲哲学界和科学界最有影响的巨匠之一，被誉为“近代科学的始祖”。

笛卡尔在其他科学领域的成就同样硕果累累。笛卡尔靠着天才的直觉和严密的数学推理，在物理学方面做出了有益的贡献。从1619年读了开普勒的光学著作后，笛卡尔就一直关注着透镜理论，并从理论和实践两方面参与了对光的本质、反射与折射率以及磨制透镜的研究。他把光的理论视为整个知识体系中最重要的部分。笛卡尔坚信光是“即时”传播的，他在著作《论人》和《哲学原理》中，完整地阐发了关于光的本性的概念。他还从理论上推导了折射定律，与荷兰的斯涅耳共同分享发现光的折射定律的荣誉。他还对人眼进行光学分析，解释了视力失常的原因是晶状体变形，设计了矫正视力的透镜。在力学方面，他提出了宇宙间运动量总和是常数的观点，创造了运动量守恒定律，为能量守恒定律奠定了基础。他还指出，一个物体若不受外力作用，将沿直线匀速运动。

笛卡尔在其他的科学领域还有不少值得称道的创见。他发展了宇宙演化论，创立了旋涡说。他认为太阳的周围有巨大的旋涡，带动着行星不断运转。物质的质点处于统一的旋涡之中，在运动中分化出土、空气和火三种元素，土形成行星，火则形成太阳和恒星。笛卡尔的这一太阳起源的旋涡说，比康德的星云说早一个世纪，是17世纪中最有权威的宇宙论。他还提出了刺激反应说，为生理学作出了一定的贡献。

1649年冬，笛卡尔应瑞典女王克里斯蒂安的邀请，来到了斯德哥尔摩，任宫廷哲学家，为瑞典女王授课。由于他身体孱弱，不能适应那里的气候，1650年初便患肺炎抱病不起，同年2月病逝，终年54岁。笛卡尔的婚姻与斯宾诺莎、莱布尼茨一样，他终身未婚，没有享受到家庭生活所带来的快乐。他有一私生女，但不幸夭折，为其终生憾事。1799年法国大革命后，笛卡尔的骨灰被送到了法国历史博物馆。

名人名言

时间应分配得精密，使每年、每月、每天和每小时都有它的任务。

——笛卡尔

读一切好的书，就是和许多高尚的人说话。

——笛卡尔

生理学之父巴甫洛夫

巴甫洛夫·伊凡·彼德罗维奇（I.P.Pavlovian，1849—1936），俄国生理学家、心理学家、医师、高级神经活动学说的创始人，高级神经活动生理学的奠基人。条件反射理论的建构者，也是传统心理学领域之外而对心理学发展影响最大的人物之一，曾荣获诺贝尔奖。他是第一个用生理学实验方法来研究高等动物和人的大脑活动，并创立了大脑两半球生理学和条件反射学说的人。临终前的病中，他还时刻不忘观察和记录自己的病情，正如他所说：就是死，也死得像一个真正的科学家。

1849年9月26日，巴甫洛夫诞生在俄国中部小城梁赞，他的父亲是位乡村牧师，母亲替人家做饭补贴家用。

巴甫洛夫自幼学习勤奋、兴趣广泛。由于他父亲喜欢看书，家中有许多像赫尔

巴甫洛夫

岑、车尔尼雪夫斯基等人的进步著作，在父亲的影响下，巴甫洛夫一有空就爬到阁楼上，读父亲的藏书。尽管巴甫洛夫出身于宗教家庭，但他不想像父亲那样一辈子当牧师。21岁时他和弟弟德米特里一起考入彼得堡大学自然科学系。

尽管在大学里巴甫洛夫和弟弟学习优异并年年获奖学金，但生活还是比较清贫，需要给别人做家庭教师才能维持日常生活。为了节省车费，他们每天都要步行走好远的路。巴甫洛夫在大学里以生物生理学为主修课，学习十分刻苦，为了使实验做得得心应手，他不断练习用双手操作，渐渐地，相当精细的手术他也能迅速准确地完成，导师很赏识他的实验才能，常叫他当自己的助手。巴甫洛夫不懂就问，每次手术都做得既快又好，渐渐有了名气。巴甫洛夫四年级时在导师指导下和另一同学合作，完成了关于胰腺的神经支配的第一篇科学论文，获得了校方的金质奖章。

1875年，巴甫洛夫获得生理学学士学位，成为自己导师的助教，同年他又考上了圣彼得堡大学医学院。1878年，他应俄国著名临床医师波特金教授之邀，到他的医院主持生理实验室工作。实验室听起来好听，其实只是一间非常陈旧狭小的屋子，它既像看门人的住房，又像一间澡堂，巴甫洛夫却在这里工作了10余年。

巴甫洛夫31岁那年的除夕，许多朋友聚在他家等他回来。夜已经深了却不见他的踪影，同学们渐渐散去，教育系的女学生赛拉非玛跑到实验室门口等他。新年钟声敲过，巴甫洛夫从实验室出来，看到赛拉非玛很感动，他挽着她的手说："你有一颗健康的心脏。"姑娘很奇怪："这是什么意思？""要是心脏不好就不能做科学家的妻子，她们要非常操心。"这一年他们结婚了，婚后，赛拉非玛把生活安排得井然有序。巴甫洛夫不仅能全心全意地工作，而且回家后还能得到很好的休息，妻子的关怀和体贴伴随了他的一生。

巴甫洛夫后来开始研究血液循环和神经系统对心脏的影响。1883年写成《心脏的传出神经支配》的博士论文，获得帝国医学科学院医学博士学位、讲师职务和金质奖章。

虽然巴甫洛夫的科研成果十分出色，但他的生活却没有任何改观，依然贫穷不堪，他没钱给妻儿租房避暑，他的孩子不久就因病夭折在荒僻的乡村，夫妻俩都悲恸至极却无可奈何。曾有一段时期，巴甫洛夫手头连一分钱都没有。学生们好心地请他讲授心脏神经支配的课程，然后凑一笔讲课费给他，却被他拿去买了讲课用的狗，自己分文未留。

从1888年开始，巴甫洛夫对消化生理进行研究。他在狗的身上接上篓管来观察消化液在胃里的成份和作用，并取得了一些功效。他将3个篓管接在狗的食管和胃道，然后进行假饲，几分钟后无数细小的胃腺中便分泌出清澈的胃液。一只狗每次可分泌1公斤左右的胃液，经过加工，可对胃酸低的病人进行治疗。

巴甫洛夫还发现分布在胃壁上的第10对脑神经迷走神经与胃液分泌有关。用同样的办法分泌胃液，迷走神经切断，胃液分泌就停止。但如果不假饲，只刺激迷走神经，也能引起胃液分泌。是什么东西对迷走神经产生刺激呢？原来味觉器官感受到了食物刺激，便会通过神经传给大脑，由大脑通过迷走神经对胃液发布命令，胃液开始分泌，这就是“条件反射”学说。为此他领取了“诺贝尔奖”的生理学医学奖。他是俄国第一个享受这个荣誉的科学家。

巴甫洛夫第一个用生理学实验方法来研究高等动物和人的大脑活动，并创立了大脑两半球生理学和反射学说。巴甫洛夫在科尔吐什研究所里，提出关于高级神经活动类型的学说。巴甫洛夫认为人有两个信号系统，小孩吃糖时，只要见到糖就会分泌口水，当他们懂得语言后，只要听到大人们说到糖，也会流口水，这是人类特有的机能。

巴甫洛夫还在一次医学会上宣布：“睡眠能使大脑细胞得到休息。对因神经中枢过度紧张而神经异常的病人，用人工引导沉睡，可使患者恢复正常。”这一理论得到了临床验证。

十月革命初期，人们生活极端困苦。巴甫洛夫一天也没中断研究，在缺粮的情况下，他经常把自己的那份粮食喂给做实验的狗。1919年冬天，列宁委托高尔基看望巴甫洛夫，了解他的生活和需要，他说：“需要狗，干草、燕麦，需要马制造血清。”当高尔基提出给他补助一份口粮时，他却拒绝了。后来，颁布了一道列宁签署的命令，责成以高尔基为首的特别委员会，力争在短时间内为巴甫洛夫及同事们的研究工作创造最优越的条件，出版巴甫洛夫20年来的著作……

85岁那年，巴甫洛夫得了肺炎，在病中还不忘观察和记录自己的病情，正如他所说：“就是死，也死得像一个真正的科学家。”1936年2月17日，在他最后失去知觉前的两小时，他喃喃说道：“我脑子里出现了一些执拗的思想和不由自主的运动，显然是神经系统开始混乱，快去请神经病理学家。”

巴甫洛夫逝世后，国家在他的故乡梁赞城建造巴甫洛夫陈列馆，并树立了纪念碑，巴甫洛夫及其学说将永远留在全世界人民的心中。

名人名言

天才就是把注意力集中在所研究的那门学问上的最高能力。

——巴甫洛夫

我愿用我全部的生命从事科学研究，来贡献给生育我、栽培我的祖国和人民。

——巴甫洛夫

神秘旅行家马可·波罗

马可·波罗（Marco Polo，1254—1324）是意大利威尼斯商人、旅行家、探险家。在中国元朝时随从他的父亲和叔叔通过丝绸之路来到中国。回到意大利之后，马可·波罗在一次威尼斯和热那亚之间的海战中被俘，在监狱里口述旅行经历，由鲁斯蒂谦写出《马可·波罗游记》。

马可·波罗于1254年出生于意大利的水上城市威尼斯，当时的威尼斯是欧洲贸易的中心。马可·波罗家族是威尼斯有名望的人家，几代都经营贸易，在君士坦丁堡设有分店，一面把从东方运来的珍奇货物运往欧洲，一面又把西方的产品运到东方去。

马可·波罗的父亲和叔叔长年在外航海，就在马可·波罗还未出生的时候，他们已经乘船出海了。小时候的马可·波罗，只要见到有出海的大船回港，便积极地向船上的海员打听父亲的消息。母亲对迟迟不归的父亲感到失望，终于，有一天病倒后她再没有醒来。马可·波罗15岁时，他日思夜想的父亲终于归来了。

马可·波罗

马可·波罗整天缠着父亲给他讲旅游中的故事。那个关于中国元朝忽必烈皇帝的故事，使马可·波罗十分好奇，他暗暗下定决心，自己有机会一定要到那个神秘的东方去看一看。

幸运的是，1271年夏天，马可·波罗的父亲和叔叔又要启程到中国去了，因为他们来的时候已答应元朝忽必烈皇帝，他们再回中国时，要请罗马教皇在欧洲选派有学问的贤人100名，并由他们带往中国。忽必烈要求这些贤人不仅要精通基督教教义，还要精通礼、乐、射、御、书、数等六艺，以便和中国的贤人互相辩论，以论证基督教是否是正确的信仰。已经16岁的马可·波罗也参加了这次东方之行。

因为马可·波罗的父亲手中有一块忽必烈皇帝赠送的雕刻有大雕符号的金牌，所以，他们的旅行相对比较安全。但是遇到天灾人祸，暴动战乱，他们仍然没办法避免，他们带去的教皇选出的两位传教士因受不了旅行的辛苦和恐惧，中途退缩又回去了，只把教皇的信和礼物交给马可·波罗一家来处理。

聪明好学的马可·波罗对所经各地都热心地进行研究和考察，他每在夜晚休息的时候，都跑到商队里边去，打听各国的故事。每到一个城市，马可·波罗就会跑到寺院和大会堂，询问有关它们的故事和来历。他详细调查所到之处的风土人情，生长什么动植物，出产什么特产以及买卖、居民的生活和宗教信仰等等情况，而且还把它们都记录在笔记本上。于是马可·波罗一路下来，听到了许多有趣的故事，像诺亚方舟、会移动的山岳和城市、蒙古王爷偏爱肥胖且鼻子扁平的王妃、热死大队人马的城市、夜里活动的豺狼、血色红宝石的故事、暴风雪和沙漠的幽灵等一系列稀奇古怪的故事，远比探险小说刺激得多。当马可·波罗看到元朝每隔40公里就设有一个驿站的制度时，他非常佩服，也把这种驿传方法详细地记了下来。

他们历尽千难万险，经过长途跋涉，终于在1275年来到大蒙古高原上的上都，拜见了忽必烈皇帝。

这时的马可·波罗已经是一个彬彬有礼、聪明且见多识广的年轻小伙子了，忽必烈很喜欢他，当即就要他在元朝宫廷里当了自己的侍从。聪明好学的马可·波罗，很快便掌握了汉语、蒙古语等多种语言文字，并逐渐熟悉了当地的风俗礼仪。忽必烈知道马可·波罗喜欢旅行，便委派他出访南方各地，调查民俗，回来时便高兴地听马可·波罗讲述所见或听说的有趣的故事，他还曾让马可·波罗当了三年的扬州总管。马可·波罗在元朝大都期间，正好赶上忽必烈准备征讨日本，他了解到日本国内积蓄有很多黄金，连宫殿的屋顶、石基、房间的地板、门窗，都铺着厚厚的黄金，他还听说日本生产很多桃红色的美丽大珍珠，日本人在死了以后，习惯在火葬前，让死人嘴里含着一颗珍珠和其他很多稀奇的宝石，马可·波罗对此感到十分吃惊，便把这事也记录下来。由此，后来欧洲人都认为在中国的东方，有个叫日本的黄金国。哥伦布探险的目的之一，也是在寻找这个黄金国。

马可·波罗在中国住了17年，经过深入调查了解，写了大量笔记。后来，由于思乡心切，又加上父亲身患重病，希望落叶归根，他们便以护送阔阔真公主西嫁波斯为由，向忽必烈辞行。忽必烈对马可·波罗的离去感到十分惋惜和不舍，但最后还是同意了他的请求，临走的时候赐了他很多的金银财宝，并吩咐他和故乡的人们会面后，赶快再回来。马可·波罗一路护送阔阔真公主到波斯后，辗转回到威尼斯。

马可·波罗成了威尼斯甚至意大利全国闻名的百万富翁，他所讲述的神奇的东方故事吸引了许多人去听。他在威尼斯娶妻生子，幸福地过了三年，后来却发生了威尼斯和另一个城市争夺世界海上霸权的战争。由于时局动荡不安，所有商船都必须改为军舰参战，马可·波罗作为威尼斯的富商，也不能幸免。可是这场战争却以威尼斯的失败而告终，马可·波罗不幸被俘。不过，这也促成了他的《马可·波罗游记》的诞生。

当时和马可·波罗同一牢房的囚犯中有一个名叫鲁斯齐开罗的人，他是东罗马帝国传奇故事《圆桌武士传奇》《特立斯丹传奇》等名著的作者。他对马可·波罗的冒险故事极感兴趣，建议两人合作，把马可·波罗的经历写成一本书，马可·波罗同意了，便写信叫家人把自己以前的笔记本都寄来。于是由马可·波罗讲述，鲁斯齐开罗根据他所讲的内容，加以润色著述下来，半年以后，终于完成这部闻名于世的巨著《马可·波罗游记》。不久，交战的双方讲和，交换俘虏，马可·波罗又回到了故乡威尼斯。

据说，欧洲的地理学家，根据这本书绘制了早期的“世界地图”。后来，这本书记载的事件更成为促成哥伦布去探险的一大动力。还有人曾经拿着《马可·波罗游记》这本书，一一查对核实，认为这本书的记载非常正确。

马可·波罗的中国之行及其游记，在中世纪时期的欧洲被认为是神话，被当作“天方夜谭”。但《马可·波罗游记》却大大丰富了欧洲人的地理知识，同时《马可·波罗游记》对15世纪欧洲的航海事业起到了巨大的推动作用。意大利的哥伦布，葡萄牙的达·加马、鄂本笃，英国的卡勃特、安东尼·詹金森和约翰逊、马丁·罗比歇等众多的航海家、旅行家、探险家读了《马可·波罗游记》以后，纷纷东来，寻访中国，打破了中世纪西方神权统治的禁锢，大大促进了中西交通和文化交流。因此，可以说是马可·波罗和他的《马可·波罗游记》给欧洲开辟了一个新时代。

同时，在《马可·波罗游记》以前，更准确地说是在13世纪以前，中西方在政治、经济、文化等方面的交流都是通过中亚这座桥梁间接地联系着。在这种中西交往中，中国一直是以积极的态度，努力去了解和认识中国以外的地方，特别是西方文明世界。最早可以追述到周穆王西巡，尽管周穆王西巡的故事充满了荒诞和神话色彩，但至少反映了中国人已开始去了解和认识西方。西汉武帝时期张骞通西域之后，一条从中国经中亚抵达欧洲的“丝绸之路”出现了，中国对西方世界有了更进一步的认识和了解。唐朝是中国封建社会的鼎盛时期，经济、文化等都达到了空前的繁荣，一大批西方的商人来到中国，中国对西方世界的认识更深入了。但直到13世纪以前，中西交往只停留在以贸易为主的经济联系上，缺乏直接的接触和了解。而欧洲对中国的认识，在13世纪以前，一直停留在道听途说的间接接触上，他们对中国的认识和了解非常肤浅。因而欧洲人对东方世界充满了神秘和好奇的心理。《马可·波罗游记》对东方世界进行了夸大甚至神话般的描述，更激起了欧洲人对东方世界的好奇心。这又有意或者无意地促进了中西方之间的直接交往。从此，中西方之间直接的政治、经济、文化的交流的新时代开始了。马可·波罗是一个时代的象征。

但从《马可·波罗游记》一书问世以来，700年来关于他的争议就没有停止过，一直不断有人怀疑他是否到过中国？《马可·波罗游记》是否伪作？并形成了马可·波罗学的两种观点：怀疑论者和肯定论者。

早在马可·波罗活着的时候，由于书中充满了人所未知的奇闻异事，《马可·波罗游记》遭到人们的怀疑和讽刺。关心他的朋友甚至在他临终前劝他把书中背离事实的叙述删掉。之后，随着地理大发现，欧洲人对东方的知识越来越丰富，《马可·波罗游记》中讲的许多事物逐渐被证实，不再被目为荒诞不经的神话了。但还有人对《马可·波罗游记》的真实性发生怀疑。

直到19世纪初，学术界开始有人站在学者的角度批判此书，并质疑马可·波罗。德国学者徐而曼是最早提出马可·波罗根本没有到过中国的论证，认为所谓他在元朝17年的历史完全是荒诞的捏造，是为了传教士和商人的利益，借以激发感化蒙古人的热情以便到中国通商而创作的。19世纪90年代，英国的马可·波罗研究专家亨利·玉尔在他的《马可·波罗游记——导言》中一一列举了《马可·波罗游记》中存在的缺陷和失误。他认为《马可·波罗游记》中对中国的记载有多处缺陷，如根本没有记载任何关于长城、茶叶、妇女缠足、用鸬鹚捕鱼、人工孵卵、印刷书籍、中国汉字及其它奇技巧术和怪异风俗等等，还有许多不确定的地方等等。到了20世纪中后期，1965年，德国汉史学家福赫伯则列举了许多疑点，如扬州做官、襄阳献炮等疑点加以印证。1979年，美国学者海格尔翻检《马可·波罗游记》全文，撰成《马可·波罗到过中国吗——从内证中看到问题》一文提出质疑。1982年，英国《泰晤士报》发表了英国学者克雷格·克鲁纳斯《探险家的足迹》的一文，提出四条疑问对波罗到过中国一说提出质疑。与此同时，中国国内学者也有不少人质疑马可·波罗。不过都是写些短文或在其他论文中附带提及。1995年，英国学者吴芳思博士经过多年研究，把所有的疑问写成了一本书《马可·波罗到过中国吗?》，从而成为“怀疑论者”的代表。

法国的东方学家伯希和虽然花费了很多时间为《马可·波罗游记》作了大量的注释，但对马可·波罗书中的疏失也是表示谅解的，基本承认马可·波罗到过中国。无论如何，这些争议本身就已经让《马可·波罗游记》直接或间接地开辟了中西方直接联系和接触的新时代，也给中世纪的欧洲带来了新世纪的曙光。事实已经证实，《马可·波罗游记》给这个世界带来了巨大的影响，其积极的作用是不可抹杀的。

《马可·波罗游记》打开了欧洲的地理和心灵视野，掀起了一股东方热、中国流，激发了欧洲人此后几个世纪的东方情结。许多人开始涌向东方，学习东方，以致欧洲经历了翻天覆地的变革。许多中世纪很有价值的地图，是参考游记制作的。许多伟大的航海家，扬帆远航，探索世界，是受到马可·波罗的鼓舞和启发。事实上，美洲大陆的发现纯属意外，因为游记的忠实读者哥伦布原本的目的地是富庶的中国。当时欧洲人相信，中国东面是一片广阔的大洋，而大洋彼岸，便是欧洲老家了。

马可·波罗东方之旅已经过去700多年了，但他的精神依然震撼着人们心灵，激励着人们不断作出新的探索，取得新的进展。未来将会有越来越多的人，走在由他所开辟的这条东西方交流之路上，并使之不断延伸拓展，越走越宽广，越走越平坦，超越时间、空间的局限，走向一个和谐的世界。

名人名言

《马可·波罗游记》给这个世界带来了巨大的影响，其积极的作用是不可抹杀的。

——评论家

他在欧洲人的心目中创造了亚洲。

——梅斯菲德

护士之神南丁格尔

南丁格尔（Florence Nightingale，1820—1910），英国女护士，基督教徒，欧美近代护理学和护士教育创始人。

南丁格尔受过高等教育，曾就读于法国巴黎大学。她学识渊博，读遍文学名著，通晓历史、哲学、数学、信仰宗教，擅长音乐与绘画，精通英、法、德、意四门语言却为从事什么职业而犯愁。

在我们完成学业、走上社会的时候，我们该如何作出关系一生命运的选择呢？在这一点上，南丁格尔与今天的我们在心灵上的距离更近。

1837年，南丁格尔17岁了。摆在她面前的问题是，如何定位自己的一生？这可是个大难题。因为，她的学识、智慧及优越的家庭环境可以让她有多种选择。

她的父母希望她在文学、音乐方面发展。她为自己列出方向并在日记中写道："摆在我面前的道路有三条：一是成为文学家，二是结婚当主妇，三是当护士。"

她选择前两条路的可能性似乎更大些。毕竟，在一个受过高等教育的青春女孩身上，谁没有那种成家立业、事业与爱情双丰收的渴望呢？而护士可不意味着这些。在19世纪上旬，护理工作“肮脏而低贱”，护士身份等同于仆妇，为上流社会所鄙视。

于是，从1837年开始，他们全家用一年半的时间，到法国、意大利、瑞士等地旅行。

南丁格尔

只是，父母没有想到，这次旅行反而令家里这位千金小姐对贵妇人生活更加厌恶了。她甚至觉得这种不工作、不劳作的生活是一种“无所事事的寄生生活”，于是在旅途当中她总是不停地发牢骚，抨击当时的社会道德观念，主张男女平等，提倡妇女参加劳动，而且她经常跑出去，去验证自己第三条路的可能性。在英国，她偷偷进入医院里，她看到医院的护理状况极为恶劣，大部分医院的病房多半都是大统房，病床紧紧相连，十分拥挤，墙壁和地板上沾满了血迹和污渍，空气中弥漫着一股难闻的气味，这种情景给她留下了深刻印象。她感到，这种情况必须改变。于是，她做护士的念头更加强烈了！

于是，她开始为终生从事这一职业做准备。她一面潜心研读，吸取医疗卫生方面的新知识；一面参加一些社交活动，有意结识那些赏识她的理想与抱负的人。她很幸运，结识了两位对她以后的事业有重要影响的男友。一位是她的表亲亨利·倪柯逊，另一位是查理·麦恩斯。麦恩斯后来成为国会议员，终生支持南丁格尔的事业。

我们今日没有具体的文献资料来记录南丁格尔的学习过程，只知道从她17岁开始，一直到她24岁，她花了7年的时间来完成这个“读万卷书”的过程。然后，在1844年，她从英国出发开始“行万里路”，足迹遍及法、德、比、意等国，对各国的医院进行了考察。1848年初，她在罗马会晤了另一位重要人物——希德厄·海伯特。海伯特与南丁格尔一见如故，他后来当选英国作战部长，对南丁格尔的事业给予了有力支持。

1849年10月，南丁格尔与友人再次远游埃及，次年4月到达雅典。南丁格尔每到一地，必定参观当地的养老院、孤儿院等慈善机构。

然后，在1850年，她又不顾家人的反对，毅然前往德国的凯撒斯韦特接受护理训练。此时，她已经是30岁的老姑娘了，她没有考虑过自己是否需要一个爱人，是否需要和某个人结婚，过甜甜蜜蜜的小日子。

如同世上众多伟人一样，对她来说20岁到30岁之间也是个充满暴风雨的时期，是为她以后飞跃前进作准备，并对她进行考验的年代。她自30岁以后，开始向自己的人生课题挑战。构筑具有自己特色的人生是与年龄无关的。而且伟大的人生没有男女之别。一旦发现并认识到深藏于自己内心的伟大使命，即便是30岁开始新的挑战也决不为迟，南丁格尔就是最好的例证。她在日记中说："我脑海中充满有关人间痛苦的思索……。"

在理智与情感交锋中，她靠信仰超脱了这种人类永恒的困境。她在日记中写道——"我今年刚好30岁，正和耶稣开始出来传教，奉行他的使命那一年的年纪相同。从今以后，我不能再作儿戏的事，不能再有无谓的思想，不能再谈恋爱和婚姻。主啊！求你使我从今以后，常能想到你的旨意。"

第二年，南丁格尔写信给父亲说："我高兴我的青年时期，已经过去，更喜欢它永不再回来。这完全是无知和受束缚的时期，准备着不能成功和幼稚的思想，希望今后我真正能占领我自己。"

在她的日记上她写了这几句：

"这是旧年最后的一日，我高兴这一年已经过去，可是我确定这一年，并不是虚度的。我把我的宗教信仰，从头到尾检讨了一番，我已渐渐能认识上帝了。……我今日的思想和希望，是从6岁起就种下了因，这并不是我强装出来的。我以为我在世上，所最不可缺的，乃是一种职业，一种专门事业。这事业必须是社会上，所最需要的，而且能使我将全身的精力，都用在上面，这是我日夜希望的。有一时期，我曾热切想受大学教育，得高深的学问，可是这不过是暂时的。我毕生的唯一志愿，就是看护事业。万一这志愿不能成功，就专心办教育事业。我所想办的教育，是对堕落的人，并不是普通的青年。"

此时，医疗护理在她心中已不仅仅是一种职业，而是一种值得为其奋斗终身的神圣事业，为此她决定独身，将自己的一生奉献给医疗护理业。

按照现代社会的逻辑，当你选择一种生活，就意味着同时牺牲另一种生活。南丁格尔知道，未来的漫长岁月中，没有婚纱与钻戒，没有亲爱的丈夫相伴，没有可爱的孩子围绕，她只能和疾病、寒冷、哀号和痛苦为伍。一个没有受过苦的富家小姐，做出这样的决定，需要怎样的胸襟！

南丁格尔的一生，非常谦卑，不喜欢人们的尊崇颂扬，她愿意顺着天主的意旨，做她所应做的事。

克里米亚战争结束以后，英国全国上下，准备热烈欢迎南丁格尔的归来，政府还派了一艘战舰去迎接她，她委婉拒绝了。1856年8月的一天，南丁格尔悄悄的一个人回到了伦敦。

她在想，光靠她一个人的力量还不行，必须让更多的人加入到这一行业来。她的这一创举性想法一诞生，就立刻开始了行动。

1855年11月29日，伦敦社会名流共同发起成立南丁格尔基金会，一经呼吁，国人捐款源源而来，单是在克里米亚的军人，一天中就捐助了9000英镑。英国女王捐了一幅威灵顿公爵的画像，并且特地送给南丁格尔一个金质钻石胸针。这一切，决非是一个大家闺秀的无聊消遣或一时冲动，而是真正开创了一项神圣的事业。

1860年，南丁格尔用公众捐助的4400英镑南丁格尔基金，在英国圣·托马斯医院内创建了世界上第一所正规护士学校——南丁格尔护士学校。随后又着手助产士及济贫院护士的培训工作。

这所被后人认为是世界上第一所正规护校的办学宗旨是将护理作为一门科学的职业，试验一种非宗教性质的新型学校。她对学校管理、精选学员、安排课程、实习和评审成绩都有明确规定并正式建立了护理教育制度。她深感培育护理人才极不容易，遂订立两项原则：其一，护士不可只做“刷洗工”的工作；其二，除非受过训练，否则，不可做护士长并教导他人。

南丁格尔对学校的计划及基本原则有：“护士必须在专门组织的医院中，接受技术训练，护士必须住在适应提高道德和遵守纪律的学校宿舍中。”她拟定了“学生操行和学业成绩日报表”。1871年，圣多马斯医院新的建筑落成，南丁格尔护士学校也随之扩充，她主张学校应成为护士之家，是一个道德、宗教与实务的训练场所。学生一律住校，由修女任舍监，鼓励她们读书，参加圣经班聆听音乐以发展她们的兴趣，她希望她的学生们绝对忠诚并热心于专业护理工作、勤勉而符合道德规范。这所学校第一届有15名学员，到1890年，经过30余年的护理教育培养学员1005名，大多优秀者均被英、美、亚洲各国医院聘请去开办护士学校。南丁格尔的学生们遍布英国各大医院并且远及英国本土以外。

她完全没有意识到自己做了多么伟大的事情，她开创了现代护理专业这一伟大事业。这对整个人类是一项空前的贡献，为此，她当之无愧被后人誉为护理事业的先驱。

后来，欧美各国南丁格尔式的护士学校相继成立。“南丁格尔护士训练学校”的课程和组织管理成为欧亚大陆上许多护士学校的模式。随着受过训练的护士大量增加，护理事业得到迅速发展，国际上称之为南丁格尔时代。

1863年时，英国的疾病命名与分类混淆不清，各地医院各自为政。南丁格尔制定了医疗统计标准模式，被英国各医院相继采用，被公认为一件了不起的贡献。

即使如此，她依然没有停止自己前进的脚步。她开始著书立说，她的主要著作《医院笔记》《护理笔记》等成为医院管理、护士教育的基础教材。她撰写的著作和100多篇论文多年来一直被认为是护理教育和医院管理方面的重要贡献。

1859年12月，她在《护理札记》中写道：“我们没有更好的语言，来表示护理这一词语，所以就使用了‘护理’这二字。”这本书一出版就被医疗卫生界的著名人物认为是“头等重要的著作”和“划时代的稀有著作”。

《护理札记》成为护士必读的经典之作。不但英国本土大为风行，在美国也深受欢迎。后来，作为护士学校教科书被译成多种外国语本发行。

书中精辟指出护理工作的社会性、生物性和精神对自体的影响等。她以事实、数据和观察为根据，总结了工作的原则、经验、规则和培养方法等，为护理学趋于科学做出了重要的贡献。她指出“护士要做的就是把病人置于一个最好的条件下，让身体自己去恢复”，在南丁格尔任伦敦妇女医院院长时，她明确提出：护士除救治病人外，还要求做好下列护理工作，如使病房空气新鲜、环境舒适、整洁安静，做好生活护理、饮食护理、增加营养等等。对病人的饮食的营养问题、阳光、病房空气、环境的绝对安静等都提出了具体要求和标准。

她强调护士应由品德优良，有献身精神和高尚的人担任，要求护生做到“服从、节制、整洁、恪守信用”。她不但重视护理教育，而且重视护士的品德教育。每年从1000~2000名入学申请中挑选15~30名学生入学，大多数学员由她亲自挑选，条件是有教养、进取心、思想敏捷、灵巧、判断力强并有一定的教育水平和宗教信仰。她认为，具有这些品质和条件才适合成为护士。她要求妇女“正真、诚实、庄重”，并说“没有这三条，则将一事无成”。

1859年，南丁格尔完成一本《医院摘要》，对医院建筑与医院管理，提出革命性理论。

南丁格尔指出许多医院在建筑上的缺点，认为医院的建筑设计首要条件是不能给病人带来危害，强调医院的建筑不在于它的豪华，而首先应考虑病人的舒适、安全、福利和卫生。她根据调查的资料对医院的环境卫生管理，病房的建设，陈设、床位的数量，清洁设备和便于工作和管理布局等，均提出了较详尽的论据。她强调良好的建设、卫生与管理可使病人获得更好的护理。她提出新的病房管理意见，改变了护理观念。

这本书对当时的影响与冲击很大，被视为医院改革的权威言论与范本，国内外许多护士纷纷求购。自南丁格尔办学以后的一百多年来，护理事业不断发展，二十世纪的护理学与南丁格尔创立的护理学已大不相同，在护理学的知识结构、护理的目的、护理的对象、护士的作用各方面发生了极大的变化，但是，南丁格尔对护理工作的认识和改进以及颇有见地的独到见解在当时和现在，仍有深远的影响与指导作用。

1910年的一个晚上，南丁格尔这位90岁的疲惫老人，在睡梦中安然长逝。为了永远纪念她，国际护士协会和国际红十字会，把她的诞生日5月12日定为“国际护士节”，并决定以南丁格尔的名字命名最高护士名誉奖，即“南丁格尔奖”。自1912年以来，每两年对各国卓有成就的护士颁发“南丁格尔奖”一次。中国做出卓越贡献的优秀护士有许多获得了“南丁格尔奖”。

护士必须要有同情心和一双愿意工作的手。

——南丁格尔

我高兴我的青年时期，已经过去，更喜欢它永不再回来。这完全是无知和受束缚的时期，准备着不能成功和幼稚的思想，希望今后我真正能占领我自己。

——南丁格尔

心理大师弗洛伊德

西格蒙德·弗洛伊德（Sigmund Freud，1856—1939）奥地利医生，精神病学家，心理学领域的新学派——精神分析学的创始人。弗洛伊德在人类行为学方面提出了不少革命性的、颇有争议的观点。他还为治疗行为方面的疾病建立了一套新的体系。

1856年5月6日，弗洛伊德出生在摩拉维亚洲弗赖堡的一个中产阶级家庭，父母都是犹太人。他起初的名字是西吉斯蒙德，再加上一个犹太字所罗门，但是17岁那年，他把第一个字改为西格蒙德。

弗洛伊德

弗洛伊德3岁时全家迁居维也纳。父亲雅各布·弗洛伊德的前妻生的两个孩子比西格蒙德大20岁左右，他们没有去维也纳，而是移居到英国的曼彻斯特。西格蒙德是他父亲与后妻生的长子，下面还有两个弟弟和五个妹妹。它的早年生活是在极度贫困中度过的。

青年时代，弗洛伊德对一般的哲学和人道主义问题很感兴趣，但是，他觉得必须有一种严格的科学训练来约束自己丰富的想象力。17岁时，弗洛伊德考入维也纳大学医学院，1876年到1881年在著名生理学家艾内斯特·布吕克的指导下进行研究工作。1881年开始私人开业，担任临床神经专科医生，1886年与马莎·伯莱斯结婚，育有三男三女，女儿A.弗洛伊德后来也成为著名的心理学家。

弗洛伊德对精神分析的兴趣是在1884年与J.布洛伊尔合作期间产生的，他们合作治疗一名叫安娜·欧的21岁癔症患者，他先从布洛伊尔那里学了宣泄疗法，后又师从J.沙可学习催眠术，继而他提出了自由联想疗法，1897年创立了自我分析法。他一生中对心理学的最重大贡献是对人类无意识过程的揭示，提出了人格结构理论，人类的性本能理论以及心理防御机制理论。

在心理治疗法上，弗洛伊德运用自由联想疗法、释梦、移情。他认为浮现在脑海中的任何东西都不是无缘无故的，都是具有一定因果关系的，借此可挖掘出潜意识中的症结。自由联想就是让病人自由诉说心中想到的任何东西，鼓励病人尽量回忆童年时期所遭受的精神创伤；而释梦，弗洛伊德又将梦境分为两层次：当事人所记忆者称为显性梦境，显性梦境并非梦的真正内容。另一为当事人所不能记忆者为隐性梦境，隐性梦境中隐含更重要的意义。心理治疗的目的，即在根据患者显性梦去解析其隐性梦的涵义，从而找出当事人潜意识中的问题；移情则是患者对心理医生的情感反应。正移情是患者将积极的情感转移到医生身上，负移情是患者将消极的情感转移到医生身上。借助移情，把病人早年形成的病理情结加以重现，重新经历往日的情感，进而帮助他解决这些心理冲突。

在精神层次理论上，弗洛伊德的认为人的精神活动在不同的意识层次里发生和进行。不同的意识层次主要包括意识、前意识和潜意识三个层次。意识，是能察觉的心理活动，它属于人的心理结构的表层，感知外界现实环境和刺激，用语言来反映和概括事物的理性内容；前意识又称下意识，是调节意识和无意识的中介机制，可以被回忆起来的、能被召唤到清醒意识中的潜意识，因此，它既联系着意识，又联系着潜意识，使潜意识向意识转化成为可能。但它的作用更体现在阻止潜意识进入意识，它起着“检查”作用，绝大部分充满本能冲动的潜意识被它控制，不可能变成前意识，更不可能进入意识；潜意识又称无意识，则是在意识和前意识之下受到压抑的没有被意识到的心理活动，代表着人类更深层、更隐秘、更原始、更根本的心理能量。包括人的原始冲动和各种本能（主要是性本能）以及同本能有关的各种欲望。由于潜意识具有原始性、动物性和野蛮性，不见容于社会理性，所以被压抑在意识阈下，但并未被消灭。它无时不在暗中活动，要求直接或间接的满足。正是这些东西从深层支配着人的整个心理和行为，成为人的一切动机和意图的源泉。

在人格结构理论上，弗洛伊德认为人格结构的最基本的层次是本我（id），它处于心灵最底层，是一种与生俱来的动物性的本能冲动。它是毫无理性的，只知按照快乐原则行事，盲目地追求满足；中间一层是自我（ego），充当本我与外部世界的联络者与仲裁者，并且在超我的指导下监管本我的活动，它按照“现实原则”行动，既要获得满足，又要避免痛苦，代表的就是通常所说的理性或正确的判断；最上面一层是超我（superego），即能进行自我批判和道德控制的理想化了的自我，超我的主要职责是指导自我以道德良心自居，去限制、压抑本我的本能冲动，而按至善原则活动。

弗洛伊德对心理学作出了很大贡献，用简短的文字很难加以概括。他强调人的行为中的无意识思维过程极为重要。他证明了这样的过程如何影响梦的内容，如何造成常见的不幸，如口误、忘记人名、致伤的事故、甚至疾病。

弗洛伊德一生博学多才，有着很高的文化素养，他精通古典文学，对本国和别国的文学名著事业的涉猎甚广。他对希腊神话极为熟悉，不但经常随口应用，在他的著作中也比比皆是。他有非凡的文学才能，因而被公认为德语的散文大师。在艺术方面他最为欣赏的是诗歌与雕塑，对绘画与建筑也有兴趣，但对音乐的爱好相对小些。

从1890年到1914年，他通常每年要到意大利去消磨，潜心研究那里的艺术杰作。凡这类的旅行，同去的不是他的弟弟就是他的朋友，因为他的妻子不喜欢旅行，宁愿和孩子们一起守在家里。弗洛伊德在外出旅游之前，总是先携全家去某个宁静的山林胜地都度上一个半月的假期，那时他的生活中最幸福美满的时光。弗洛伊德非常喜欢孩子，总爱和他们呆在一起。

1891年，弗洛伊德全家搬到贝尔加泽街19号（仍在维也纳市），他在那儿一直住到1938年。1908年，弗洛伊德在他住的那一层又得到一套房间，共有三室，后来，他把这套房间与原来的连通起来。弗洛伊德有几个房间，里面摆满了——或者不妨说到处摊着他收集的文物古器，特别是那些希腊、埃及的古董，这是他唯一的嗜好，他从中得到了莫大的快乐。他对考古发掘工作同样有着浓厚的兴趣。

在这期间，他潜心研究，1900年，弗洛伊德发表《梦的解析》，这被认为是一本巨著。书中有关隐蔽的愿望满足的理论，是弗洛伊德对心理学最有价值的贡献之一。在《梦的解析》中，弗洛伊德认为，不论是简单还是复杂的梦，本质上都是愿望的达成。

有一位夫人梦见上衣沾满了乳汁，弗洛伊德解释她已有了一个孩子。这个孩子并非是第一胎，年轻的妈妈希望即将诞生的孩子比上一个孩子有更多的奶水吃。一位年轻女人因终年在隔离病房里，照顾患传染病的小孩，许久没有参加社交活动。她告诉弗洛伊德，她梦见一大群人欢娱。弗洛伊德解释说，她希望孩子的病早日康复，满足她参加社交活动的愿望。

儿童的心理较之成人的单纯，所做的梦也就单纯，是通俗的白话文而不是深奥的象形文字。他说，就像我们研究低等动物的构造发育，以了解高等动物的构造一样，我们应该可以多多探讨儿童心理学，以了解成人心理。小孩的梦，是简单明显的愿望达成，虽然它比起成人的梦显得枯燥，但却提供了梦的本质是愿望的达成；虽然它比成人的梦简单，但却证明了人的梦的本质。因为儿童的梦简单、明白、易懂，它未曾化装或很少化装，有摄人灵魂的自然美，分析儿童的梦不需要任何技术。

1933年，纳粹党人开始对犹太人进行迫害，这对弗洛伊德的研究工作是一个重大打击。当时弗洛伊德在德国的许多支持者被迫逃离自己的国家，他的著作在柏林被当众焚烧。此后不久，他的出版公司的大部分存书又在莱比锡被没收。

尽管压力重重，弗洛伊德坚决不同意离开早已成为故乡的维也纳。但是，1938年3月纳粹入侵奥地利以后，局势已经很明显了，如果还不走的话，要不了多久，他就会像别的犹太人一样厄运临头。在这关键时刻，英国心理学家欧内斯特·琼斯飞抵维也纳，劝他移居英国，英国内务大臣亦为他、他的家庭以及他的学生提供了最充分的帮助。6月，弗洛伊德克服了纳粹分子设置的重重障碍，终于飞抵伦敦。9月，他又搬到马兹费尔德花园，这是他最后一次搬家。9月间，弗洛伊德接受了最后的手术治病，这也是最大的一次手术。到了次年2月他癌症复发，医生认为已无法再动手术了。然而在他逝世前的一个月，弗洛伊德还在忙于他的本职工作，还在接待来访者，撰写文章。弗洛伊德作为一名心理学家，精神分析学派的创始人，影响了心理学研究的进程与方向。他的著作有《性学三论》《梦的解析》《图腾与禁忌》《日常生活的心理病理学》《精神分析引论》《精神分析引论新编》等。

1939年9月23日，弗洛伊德在伦敦与世长辞。

名人名言

人什么都能忘却，只有自己，自己的本质，是永远也忘不掉的。

——弗洛伊德

笑话给予我们快感，是通过把一个充满能量和紧张度的有意识过程转化为一个轻松的无意识过程。

——弗洛伊德

第七篇

经济英才

现代经济学之父亚当·斯密

亚当·斯密（Adam Smith，1723—1790）是经济学的主要创立者，因其著作《国富论》被称为经济学鼻祖。

1723年，亚当·斯密出生在苏格兰法夫郡的寇克卡迪。亚当·斯密的父亲也叫亚当·斯密，是律师、也是苏格兰的军法官和寇克卡迪的海关监督，在亚当斯密出生前几个月去世；母亲玛格丽特是法夫郡斯特拉森德利大地主约翰·道格拉斯的女儿，亚当斯密一生与母亲相依为命，终身未娶。

亚当斯密常想事情想得出神，丝毫不受外物干扰，有时也因此发生尴尬的事情。有一次，亚当斯密担任海关专员时，有次因独自出神而将自己公文上的签名不自觉写成前一个签名者的名字。亚当斯密在陌生环境发表文章或演说时，刚开始会因害羞频频口吃，一旦熟悉后便恢复辩才无碍的气势，侃侃而谈，而且亚当斯密对喜爱的学问研究起来相当专注、热情，甚至废寝忘食。

1723~1740年间，亚当·斯密在家乡苏格兰求学，在格拉斯哥大学期间，他完成了拉丁语、希腊语、数学和伦理学等课程；1740~1746年间，亚当·斯密赴牛津大学求学，但在牛津并未获得良好的教育，唯一收获是大量阅读许多格拉斯哥大学缺乏的书籍。

亚当·斯密

1750年后，亚当·斯密在格拉斯哥大学不仅担任过逻辑学和道德哲学教授，还兼负着学校行政事务，一直到1764年离开为止。这时期中，亚当·斯密于1759年出版的《道德情操论》获得学术界极高评价。而后于1768年开始着手著述《国民财富的性质和原因的研究》（简称《国富论》）。1773年，《国富论》已基本完成，但亚当·斯密多花3年时间润饰此书，1776年3月此书出版后引起大众广泛的讨论，影响所及除了英国本地，连欧洲大陆和美洲也为之疯狂，因此世人尊称亚当·斯密为“现代经济学之父”和“自由企业的守护神”。

1778~1790年间，亚当·斯密与母亲和阿姨在爱丁堡定居，1787年被选为格拉斯哥大学荣誉校长，也被任命为苏格兰的海关和盐税专员。1784年亚当·斯密出席格拉斯哥大学校长任命仪式，因亚当·斯密之母于1784年5月去世，所以迟未上任，直到1787年才担任校长职位至1789年。亚当·斯密在去世前将自己的手稿全数销毁，并于1790年7月17日与世长辞，享年67岁。

亚当·斯密并不是经济学说的最早开拓者，他最著名的思想中有许多也并非新颖独特。但是他首次提出了全面系统的经济学说，为该领域的发展打下了良好的基础，因此完全可以说《国富论》是现代政治经济学研究的起点。该书的伟大成就之一是摒弃了许多过去的错误概念。亚当斯密驳斥了旧的重商主义学说，这种学说片面强调国家贮备大量金币的重要性。他否决了重农主义者的土地是价值的主要来源的观点，提出了劳动的基本重要性。亚当·斯密的分工理论重点强调劳动分工会引起生产的大量增长，抨击了阻碍工业发展的一整套腐朽的、武断的政治限制。

18世纪结束以前，《国富论》就已出了9个英文版本。人们以“一鸣惊人”来形容《国富论》的出版，并一致公认亚当·斯密是一门新学科——政治经济学的创始者。亚当·斯密因此而声名显赫，被誉为“知识渊博的苏格兰才子”。当时英国政府的许多要人都以当“斯密的弟子”为荣。国会进行辩论或讨论法律草案时，议员们常常征引《国富论》的文句，而且一经引证，反对者大多不再反驳。《国富论》发表之后，被译为多国文字，传到国外，一些国家制定政策时都将《国富论》的基本观点作为依据。这本书不仅流传于学术界和政界，而且一度成为不少国家社交场合的热门话题。

《国富论》远远不是一部通常所认为的学术论文。虽然斯密也劝说放任自由，但他的论证却更多地是反对政府干预和反对垄断；虽然他赞扬贪欲的结果，却又几乎总是鄙视商人的行为和策略。他也不认为商业制度本身是完全值得赞美的。

在亚当·斯密那里，政治经济学已发展为某种整体，它所包括的范围在一定程度上已经形成。亚当·斯密第一次对政治经济学的基本问题做出了系统的研究，创立了一个完整的理论体系，把英国资产阶级古典政治经济学提高到一个新的水平。

名人名言

如果一个社会经济发展成果不能真正分流到大众手里，那么它在道义上是不得人心的，而且是有风险的，因为它注定要威胁社会。

——亚当·斯密

战后繁荣之父凯恩斯

约翰·梅纳德·凯恩斯（John Maynard Keynes，1883—1946），现代西方经济学最有影响的经济学家之一，他创立的宏观经济学与弗洛伊德所创的精神分析法和爱因斯坦发现的相对论一起并称为二十世纪人类知识界的三大革命。

1883年6月5日，凯恩斯生于英格兰的剑桥，14岁时以奖学金入伊顿公学主修数学，曾获托姆林奖金。凯恩斯的祖上是英国的贵族，父母在剑桥大学任教。凯恩斯是他们的第一个孩子，他们在他身上付出了很多，也对小凯恩斯寄予了很高期望。凯恩斯果然不负所望，从伊顿公学毕业，就取得了国王学院数学和经典著作的奖学金。1905年毕业于英国剑桥大学，并获得数学学士学位。1906年凯恩斯通过公务员考试，到外交部的印度办公室工作。两年后，申请国王学院的数学研究员职位，但没有成功。

不久，剑桥大学向他提供一个教学一般经济学的研究员职位，这个职位一直保留到他去世。凯恩斯主讲的众多课程中有一门是每周一次的关于印度货币和金融方面的课程。后来，凯恩斯专门研究货币、信用和价值。这段时间，他也写了一些书，主要是在概率论方面，他的经济学方面的第一部著作是《印度的货币和金融》。

1909年，凯恩斯创立政治经济学俱乐部并因其最初著作《指数编制方法》而获“亚当·斯密奖”。1911~1944年凯恩斯任《经济学杂志》主编，1913~1914年任皇家印度通货与财政委员会委员，兼任皇家经济学会秘书，1919年任财政部巴黎和会代表，1929~1933年主持英国财政经济顾问委员会工作，1942年被进封为勋爵，1944年出席布雷顿森林联合国货币金融会议，并担任了国际货币基金组织和国际复兴开发银行的董事。

凯恩斯

凯恩斯是一个真正拥有胆识的卓越学者。第一次世界大战结束后他作为英国代表团成员出席凡尔赛会议时，抗议协约国对于德国的经济制裁过于苛刻而中途辞职。1919年凯恩斯发表了《和平的经济后果》，预见了日后德国民族主义情绪的暴涨和因此导致的灾难。他于1921年所作的博士论文《概率论》成为统计学的经典之作。针对当时席卷西方的经济大萧条，凯恩斯于1930发表了《货币论》，于1936发表了《就业、利息和货币总论》，尤其是后者提出了“诊治”大萧条的处方，并创立了研究国民经济的宏观经济学，并与研究个体消费行为和生产行为的微观经济学和对经济现象作统计分析的计量经济学构成了经济学完整的三位一体。

面对大萧条时需求不足和严重的失业现象，凯恩斯在《总论》中提出了政府干预的必要性和重要性。政府可以通过建设桥梁、大坝等公共项目，雇用失业人员。这批人就业后用领取的工资购买食品等货物，从而刺激了对这些货物的需求，生产这些货物的厂家又会雇用更多的人。这些就业人员又刺激了另一轮的需求，增加了另一些人的就业。

凯恩斯原是一个自由贸易论者，直至20世纪20年代末仍信奉传统的自由贸易理论，认为保护主义对于国内的经济繁荣与就业增长一无可取。1936年其代表作《就业、利息和货币通论》（简称《通论》）出版时，凯恩斯一反过去的立场，转而强调贸易差额对国民收入的影响，相信保护政策如能带来贸易顺差，必将有利于提高投资水平和扩大就业，最终导致经济繁荣。

在《通论》中，凯恩斯由投资乘数原理出发，对贸易差额与国民经济盛衰的关系作了进一步阐述。他认为投资的乘数作用表现为一个部门的新增投资，不仅会使该部门的收入增加，而且会通过连锁反应，引起其他有关部门的收入增加，而且会通过连锁反应，引起其他有关部门追加新投资获得新收入，致使国民收入总量的增长若干倍于最初那笔投资。而一国的总投资既包括国内投资也包括国外投资，“增加顺差，乃是政府可以增加国外投资之唯一直接办法；同时若贸易为顺差，则贵金属内流，故又是政府可以减低国内利率，增加国内投资动机之唯一间接办法。”除此之外，凯恩斯还强调贸易顺差本身对国民经济的作用亦犹如投资。

凯恩斯还有另外两部重要的经济理论著作，是《论货币改革》和《货币论》。这两部著作是其研究货币理论的代表作，但均未能脱出古典货币数量论的窠臼。

很多年来，关于凯恩斯的学术思想及其影响的争论一直没有偃旗息鼓，关于他的赚钱技巧和艺术修为如何高妙的传言可谓神乎其神，就是关于他与芭蕾舞演员莉迪娅的爱情甚至他早年的同性恋问题也会引起很多人的关注。

1946年4月21日，凯恩斯猝死于心脏病，享年63岁。凯恩斯一生对经济学作出了极大的贡献，一度被誉为资本主义的“救星”“战后繁荣之父”等美称。

习惯形成性格，性格决定命运。

——凯恩斯

经济学家的思想无论对错,都比人们想象的有力量。那些自认为自己不受任何一种经济学思想支配的人,其实可能就是某个已蹩脚经济学家的思想俘虏。

——凯恩斯

钢铁大王卡内基

钢铁大王安德鲁·卡内基(Andrew Carnegie,1835—1919)的墓碑上刻着一行字"这里躺着一位善用比自己能力更强者的人"。然而,使他在200年之内深入人心的并不是他的这句话,而是那一句影响了整个西方人财富观的不朽之言:"在巨富中死去是一种耻辱。"

卡内基生于苏格兰邓弗姆林,幼时家贫,11岁随父迁至美国宾夕法尼亚洲阿勒格尼。13岁起打工,进过棉纺厂,当过邮电员。卡内基的伟人之旅是从捡起一分额外的业务开始。因为家庭贫寒,中学都没有读完的卡内基不得不走上社会。他的第一份工作是在匹兹堡负责递送电报。由于工资很低,他渴望能成为一名接线员,但是做接线员要求懂电报业务,为此,他晚上自学电报,每天早晨提前跑到公司,在机器上练习。有一天,公司忽然收到一份从费城发来的电报。电报异常紧急,但是当时接线员都还没有上班,于是,卡内基立刻跑去代为收了下来,并赶紧将其送到了收报人的手中。之后,他被提升为接线员,薪水也增加了一倍。由于接线员的工作相对轻松,卡内基有更多的精力用于学习商业知识,这为他后来走上商业道路,并成为钢铁大王奠定了良好的基础。

卡内基

1865年,卡内基创办了匹兹堡铁轨公司、火车头制造厂以及铁桥制造厂,并开办了炼铁厂,开始涉足钢铁企业。卡内基建立了一个面目全新的、囊括整个生产过程的供——产——销一体化的现代钢铁公司,改变了当时美国的钢铁生产经营极为分散,从采矿、炼铁到最终制成铁轨、铁板等中间环节层层加码,产品成本居高不下的局面,一扫传统钢铁企业的弊病。

1872年,卡内基引进成本低廉的酸性转炉炼钢法。到1873年底，他与人合伙创办了卡内基—麦坎德里斯钢铁公司。卡内基投资25万美元，在随后的20多年间，卡内基使自己的财富增加了几十倍。1881年，卡内基实现了童年的梦想，与弟弟汤姆一起成立了卡内基兄弟公司，其钢铁产量占美国的1/37。1892年，卡内基把卡内基兄弟公司与另两家公司合并，组成了以自己的名字命名的钢铁帝国——卡内基钢铁公司。他终于攀上了自己事业的顶峰，成了名副其实的钢铁大亨。他与洛克菲勒、摩根并立，是当时美国经济界的三大巨头之一。

19世纪末20世纪初，卡内基钢铁公司已成为世界上最大的钢铁企业。它拥有2万多员工以及世界上最先进的设备，它的年产量超过了英国全国的钢铁产量，它的年收益额达4000万美元。卡内基是公司的最大股东，但他并不担任董事长、总经理之类的职务。他的成功在很大程度上取决于他任用了一批懂技术、懂管理的人才。时至今日，人们还常常引用他的一句名言："如果把我的厂房设备、材料全部烧毁，但只要保住我的全班人马，几年以后，我仍将是一个钢铁大王。"

卡内基一生受教育不多，几乎是自学成才，并靠个人奋斗兴办铁路，开采石油，建造钢铁厂，终于成为亿万富翁。

卡内基发迹后，俨然成为美国人心目中的英雄和个人奋斗的楷模。

卡内基之所以受到世人的尊敬，不仅因为他是一位成功的企业家，更重要的是因为他在事业成功之后，毫不犹豫地将赚得的庞大财富，几乎全部捐献给了社会公益事业。他的后半生，主要致力于慈善事业与世界和平。

卡内基早在33岁的那一年，就在日记上写了下面的一段话："对金钱执迷的人，是品格卑贱的人。如果我一直追求能赚钱的事业，有一天自己也一定会堕落下去。假使将来我能够获得某种程度的财富，就要把它用在社会福利上面。"

1900年，年逾花甲的卡内基已经功成名就，卡内基踌躇满志，决定心安理得地退休，用自己的巨额财富去做他早已想做的事情。这一年，他在《财富的福音》一书中宣布："我不再努力挣更多的财富。"于是，他毅然从他那蓬勃发展的钢铁事业中引退，以5亿美元的价格将卡内基钢铁公司卖给金融大王摩根。然后，他就开始实施他的把财富奉献给社会的伟大计划。

1901年，即他引退后的第一年，他首先拿出500万美元为炼钢工人设立了救济和养老基金，以向帮助他取得事业成功的员工们表示感谢。接着，为帮助有志上进而家境贫穷的年轻人，他当年在纽约市捐款建立了68座图书馆。这个图书馆建设事业持续了16年，他总共捐资1200万美元，兴办图书馆3500座。

第二年，他捐款2500万美元，在华盛顿创立"卡内基协会"，由美国国务卿约翰任会长，主要用来发展科学、文学和美术事业。该协会曾建造一艘"卡内基号"海洋调查船，修正了世界航海图。此外，还在加州山顶上建造威尔逊天文台来观察太空。对这个协会，卡内基在随后的一些年里一再追加资金，累计捐款达7300万美元。

与此同时，卡内基在他的第二故乡匹兹堡创办了“卡内基大学”。后来，又在美、英各地捐资创办了各种学校和教育机构。这类用于建造教育设施的捐款，达9000万美元之巨。

在随后的几年中，卡内基又设立了若干项基金。他捐资500万美元，设立“舍己救人者基金”，对在突发事件中为救助他人而牺牲或负伤的英雄及其家属予以奖励或救济。他捐资3900万美元，设立“大学教授退休基金”，以保障教育家的晚年生活。他还设立了“总统退休基金”和“作家基金”，对美国总统或作家的晚年给予资助。此外，他向11个国家提供了“卡内基名人基金”，并以1000万美元设立“卡内基国际和平财团”，专门资助为世界和平做出贡献的人们。

1911年，年迈的卡内基夫妇由于10年来一直直接参与捐献工作，身心都深感疲惫，因而，卡内基决定再以仅余的1亿5千万美元设立了“卡内基公司”，让公司人员代理他们的捐献工作。

直至生命结束之前，卡内基都在为社会奉献着他的财富，其捐献总额高达3亿3千多万美元。当然，在他身后，“卡内基公司”及各项卡内基基金依然在实施他的捐献计划，况且这笔巨款还会不断地增加利息，或赚进红利，实际上他在世界上捐献的数额远大于这个数字。

名人名言

在巨富中死去是一种耻辱。

——卡内基

如果把我的厂房设备、材料全部烧毁，但只要保住我的全班人马，几年以后，我仍将是一个钢铁大王。

——卡内基

世界汽车之父卡尔·本茨

几乎是在每一个国家，人们一看到带有三叉星标志的汽车，便知道它叫“奔驰”，同时报以倾慕而赞叹的目光。因为在大众的眼里，“奔驰”就是高品质和权势的象征。

戴姆勒·奔驰公司有今天这么辉煌的成就，是与它的创始人在汽车业所作的杰出贡献分不开的。他就是被誉为“世界汽车之父”的卡尔·本茨（Karl Benz，1844—1929）。

卡尔·本茨

卡尔·本茨，1844年11月25日出生于德国巴登。他的父亲是一位火车司机，也许是受父亲职业的熏陶，本茨打小就在机械方面表现出浓厚的兴趣，他不但喜欢动脑筋，而且勤于动手，常常自己捣鼓些小玩艺。从少年时代开始，他就在家乡喀鲁斯的一所综合技术学校学习数学和机械学。

1877年，本茨33岁那年。有一天，他看见一个朋友骑着一辆时髦的自行车，他立即被这辆车吸引住了。经他的再三要求，朋友终于同意把这辆自行车转卖给他。

得到这辆车子后，一连几天，本茨对它爱不释手，天天摆弄。很快，他发现了这车的缺点。但如何来改进它呢？一天，正当他在琢磨这辆车的时候，他灵机一动，突然有了一个大胆的设想："要是把引擎装置安装在自行车的前轮上，不是就可以既消除了骑车人脚部的疲劳，又加快了自行车的行驶速度，而且其速度将会大大超过马车速度。"

想到这里，本茨感到万分激动，他决定来一次勇敢的尝试，将内燃机与车轮结合在一起，制造出一辆前所未有的用引擎带动的自行车。这样的想法，在今天看来是完全可行、轻而易举的事情。但在当时却是一件很不容易的事。值得一提的是，在欧洲，自瓦特发明蒸汽机以来，不少工程师在内燃机的运用方面已做出了很大的创举。例如，英国、法国早已开始用蒸汽内燃机来驱动船舶和火车，英国的斯蒂文逊发明了火车，但是他们所用的内燃机装置体积都非常庞大，不可能安装在自行车或马车等轻便车上。

本茨为了能找到一种既体积小，又有极大牵引力的引擎，决定进行一次详细的调查。他将自己的工厂交给一位亲友暂为代管，收拾行囊，离别了妻子，独自一人走访全国各地，以便获取引擎研制的第一手资料。很是幸运，本茨的寻找很快就有了结果。在1876年，在德国还出现了另一件重要发明，那就是德国工程师奥格斯特·奥托研制成功出世界上第一台四冲程循环系统的无声燃气发动机，其最大的特点就是体积小。

本茨得知这一情况后，立即设法买来一台这样的新型内燃机。他带着机器匆忙赶回家，全身心地投入了对这一新型内燃机的研究中。这种内燃机的工作原理是将汽缸中易燃气体点火引爆，然后利用气体膨胀所产生的力量来推动汽缸中的活塞运动。如果把这种引擎装在车上，一经发动，活塞的运动就可通过连杆来带动车轮的传动轴，传动轴又可驱动车轮运转。经过将近一年的研究摸索，本茨在1878年成功地改进了这一新型内燃机，实验结果表明改进后的这一引擎功能不错，不但体积小，其动力也增大了。本茨很想将这一成果推广起来，然而，要生产这种引擎，需要大量的投资。但本茨的小机械厂一向经营不佳，年年亏损，一直靠为别人加工物品和妻子贝尔塔变卖嫁妆、首饰来维持他的研究和一家四口人的生活，根本无法进行这种引擎的生产。于是，他设法找到了一个合伙人，帮助他生产销售这种引擎。

在1879年，他终于成功了，研制出了世界上最早的空气压缩点火发动机。这种发动机被取名为“本茨发动机”，这是一台二冲程发动机，利用电火花塞点火，使由汽油等组成的压缩混合空气与火花接触爆炸，产生动力。它不但体积小，而且力量相当大。他的这一发明是意义深远的，至今，他的“火花塞点火”原理仍被世界上的许多汽车所采用。

1886年1月29日，这是一个不但在汽车史上也是在人类文明史上具划时代意义的日子，在这一天本茨获得了“汽车制造专利权”。他经过长达两年之久的时间，进行了反复多次的试验、失败、再试验，终于研制成功世界上第一辆由汽油发动机驱动的三轮汽车。因此1月29日被认为是世界汽车诞生日，1886年为世界汽车诞生年。

在这世界上第一辆汽车进行试车表演的那一天，清晨，天刚刚亮，远近闻讯而来的人们，黑压压的一大片，将试车场围了个水泄不通。谁都想看看这第一辆既不用马拉，也不用人费劲的车是何等风采。在人们的翘首以待中，本茨终于携带妻子出现在试车场上。他满面春风，很有绅士风度地向大家点头致意。半小时后，由本茨亲自上车开动了他多年梦寐以求的而今终于由他亲手研制出的第一辆由引擎驱动的三轮车。车子启动了，全场的人们情不自禁地欢呼起来。在这一片欢腾气氛中，第一辆汽车的试车表演获得了完全的成功。

1888年9月12日，在慕尼黑“发动机和机械加工展览会”上，第一辆奔驰车公开亮相了，当人们目睹一辆无马的三轮马车以每小时15公里的速度奔驰于广场、大街上时，所有的人都感到万分惊喜。而今，这世界上出现的第一辆汽车仍然陈列在德国慕尼黑德意志博物馆内，成为德国人民的骄傲。本茨的汽车发明让世人领略了未来世界的新奇，不但如此，他和他太太还为把汽车推向了市场，促成汽车商业化方面作出很大贡献。他的第一辆汽车刚开始出现在大众面前时，人们对这辆汽车的“可行性”还多少持一点儿怀疑，它甚至被一些人讥讽为无用的怪物。然而，本茨太太，这位勇敢的女性，为让人们了解她丈夫的发明的伟大意义——它将给人类交通带来极大的方便，并将在世界交通工具发展史上写下全新的一页——在1888年8月，她带上两个孩子，驾驶这辆车，从曼海姆镇出发，中途在维斯洛赫添油加水，最后成功地把车开到普福尔茨海姆镇上去拜访亲戚，全程144公里。

在发明汽车的过程中，本茨的勇气令人十分钦佩。首先，他甘心清苦，埋头于自己的发明工作。其次，他果敢地摒弃了在技术上已十分成熟的蒸汽机而选用了自己并不被人看好的内燃机作动力，反映了他在观念上的巨大转变。再次，他既能开发生产反映汽车技术最高水平的“高档车”，又能及时调整产品结构，组织生产适销对路的“普通车”，为公司赢得可观的利润，说明他既有工程师的基本素质，又有企业家的经营技巧。

我们现在所提到的奔驰汽车公司并不是由本茨先生一人创办的，它是两大汽车巨人的合作，他们就是汽车发明的鼻祖卡尔·费利特里奇·本茨（Karl Friedrich Benz，1844—1923）和戈特利布·戴姆勒（Gottieb Daimler，1834—1900）。1926年这两大汽车公司合并为一家形成了戴姆勒·本茨公司。此时戴姆勒早已去逝，而本茨也已经是82岁高龄了。然而造化弄人，这两位汽车发明巨匠不知什么原因，虽然两人分别在仅距80km的两座小城内，却从未见过一次面，成为汽车史上的一大憾事。但他们的继承人不负众望，使两位伟人所开创的事业得以发扬光大，使奔驰汽车公司成了世界上第一流的汽车公司。

名人名言

与政府修好，是最大的公关。把握政策，是最大的效益。这是企业保证自己生存环境的必然。

——卡尔·本茨

发明的过程比发明的结果美好千倍。

——卡尔·本茨

汽车大王亨利·福特

在全世界，“汽车之父”只有卡尔·本茨一人，同样，享有“汽车大王”之美誉的也只有亨利·福特（Henry Ford，1863—1947）一人，可谓是前无古人，后无来者，是他将人类社会带入了汽车时代。

福特出生于1863年7月30日，父母是来自爱尔兰的移民，拥有一座农庄，他是6个孩子之长。福特从小就对机械感兴趣，12岁时他花了很多时间建立了一个自己的机械坊，15岁时他亲手造了一台内燃机。他自小就对从事农事颇有怨言，反而对鼓

亨利·福特

捣机械充满了浓厚的兴趣，并因此而闯过不少次祸，幸运的是，父母对他的“胡闹”从来没有任何埋怨。

1879年，福特离开家乡去底特律做机械师学徒工，17岁那年，他独自一人到位于底特律的密西根汽车制造公司上班去了。但在这家拥有2000人的底特律最大的工厂，福特只工作六天就辞职不干了，原因是“该公司优秀的的员工需要花费好几个小时才能修复的机器，我只要30分钟就可以修好，因而其他员工对我十分不满”。后来，他又先后从事过机械修理、手表修理、船舶修理等工作，并且还一边工作一边参加夜校学习，以便将来能够“不屈居于人下被别人利用而过一生，自己开一家制造机械的工厂”。为了实现这一目标，他还告别了富庶而温馨的家，到爱迪生电气公司边工作边学习电气知识。

1893年冬天，福特先生对内燃机的兴趣驱使他开始组装一个小型单管汽油机模型。从那时起，他开始踏上成为汽车发明者的旅程。第一个福特牌的发动机诞生在位于底特律巴格雷大街58号福特家厨房中的一张木桌上，这辆第一款福特汽车在1896年6月完成，在为汽车做了最后的润色，并在深夜进行了成功的试驾。

在此时期，福特同时还设计和制造了一些赛车。这些赛车中的其中一辆在1901年10月10日举行的世界锦标赛中击败了被人们看好的对手，夺得第一场汽车比赛的胜利。

1903年，福特参与组建了福特汽车公司，开始在麦克大道一间改建的四轮马车工厂生产A型车。并于1906年成为公司的董事长。

1903年到1908年之间，福特和他的工程师们狂热地研制了19款不同的汽车，并按字母顺序将它们命名为A型车到S型车，其中有一些只是试验性车型，从未向公众推出。有的有两个或四个气缸，有一辆拥有六个；有的使用链式传动装置，有的则是轴式传动装置，这些汽车最终成了T型车的技术基础。

1920年中T型车的销售量开始减小。原因之一是其他汽车商引入了贷款购车的体系，而且其他车中的新型的机械系统是T型车所不具有的。尽管他的儿子埃兹尔·福特一再企图说服他，但福特倔强地拒绝在T型车中加入新的系统（因为新系统使车价上涨，这样一来顾客就买不起车了），也拒绝引入贷款的体系（因为福特认为这个做法对经济不利）。

1926年T型的出售量剧减使福特认识到他儿子一直在坚持的主意是对的：他们

需要一个新的车型。福特主要从事发动机、车体和其他机械装置的设计，在这些方面他有丰富的技术经验，他的儿子主要进行外形的设计。埃兹尔·福特也克服了他父亲一开始的反对引入了液压刹车系统。这个合作的结果是非常成功的福特A型车。1927年12月被引入，到1931年就已生产了400万辆A型车。

福特汽车公司的T型车不仅改变了世界，而且代表着至今仍推动福特汽车公司前进的，不断创新和客户至上的理念。福特希望T型车能够让人们买得起，操作简单，结实耐用。福特的目标是生产“全球车”。不论从哪方面讲，他都成功了。自1908年10月1日第一辆T型车交货以来，直至1927年夏天T型车成为历史，共售出1500多万辆。

T型车的许多创新永远地改变了汽车制造业。流水组装线是福特于1913年在福特海兰公园工厂首创的。这不仅仅为汽车制造业，乃至整个工业界带来了伟大的变革，以此带来的生产效率促使福特公司还利于客户。

T型车所固有的价值和随后的一些技术改进，使它在世界进一步趋于城市化之际成为最佳的个人交通工具。在生产期内及其后将近十年间，T型车通过好莱坞载入史册。T型车成了著名影星最青睐的汽车，也是好莱坞一些最棒的无声电影中的汽车明星。

T型车据说是“舒服得像坐在家里，好用得像一双鞋子”。尽管“廉价小汽车”快成了T型车的代名词，但是人们说起它来还是满怀深情。因为它相对较小、价格低廉、简单轻便，于是就成了许多歌曲和笑话的主题。一本笑话集写道，T型车车主们总是拍拍钱包，心情平静地上路，对其正确选择充满自信。有一句话说得好，“努力超过一辆福特车没有用，因为前面总还会有一辆福特车。”

作为领导者，雇主的目标应该是比同行业的任何一家企业都能给工人更高的工资。福特的工资观念体现了“开明的利已思想”：工人得到每天6美元的最低工资；工作时间率先由9小时缩短为8小时。他不主张雇佣“双职工”，因为母亲出去工作是“对小孩作孽”。“高工资”还有一个含义。经过分析，7882项工作中有4034项并不需要完全的身体能力，这成了福特工厂雇佣残疾人士的理论基础。上万名残疾人士平等地获取正常工资。

除了工资，还有福利。享有福利的条件是：负担家庭生活的已婚男人，以及“生活节俭”的单身男人和抚养亲戚的妇女。

高工资结合福利有助于实现低成本。工人对工厂有深厚的感情，提高效率、增产节约的创造性办法层出不穷。

好的建议往往来自于认真工作的工人们。用高架传送装置把铸铁从铸造厂运送到机器车间，这为运输部节省了70个人。据估计，福特公司在节约上得到的收益超过四千万美元：如果每个零件都节省一分钱，一年的总数可达上百万美元。从清扫的垃圾中一年可以获取60万美元；采用一种特殊螺丝一年可节省50万美元……

“工资解决了十分之九的精神问题。”福特总结道。“就像我们并不知道工资要高到什么程度一样，价格要低到什么程度我们也不知道。”

福利的享有者甚至包括了客户。福特公司的利润由于资金周转快而长期保持在很高的水平。有一年的利润远比期望得多，于是公司自愿返还每一辆车的车主50美元。

亨利·福特曾经说过：成功的秘诀，在于把自己的脚放入他人的鞋子里，进而用他人的角度来考虑事物，服务就是这样的精神，站在客人的立场去看整个世界。

福特的成功并不是偶然的，这都是建立在他积年累月对汽车的热爱和对汽车技术的钻研之上的。

1946年，“汽车金色50年”因为福特先生对汽车工业的贡献而授予他荣誉奖励。同年7月，有5000人参加了他83岁的生日聚会，为他欢呼。同年，美国石油学会将他们第一枚人类福利杰出贡献年度金奖授予了福特先生。

福特先生是汽车工程师社团、美国汽车俱乐部以及底特律商务委员会的成员。他还著有《我的人生和工作》《今天和明天》以及《前进》三本著作，并被密歇根大学和密歇根州立大学授予工程博士学位。

1947年4月7日，福特逝世于家中，享年83岁。他临终时有福特夫人和家中的服务人员在场。在他逝世的时候，当地正在发河水，河水漫过大地，导致了停电。在那一时刻，人们只能用老式的煤油灯烛照明，而这种景象与多年前他出生的一幕非常相似。

名人名言

要把为顾客服务的思想置于利润之上，利润不是目的，只不过是为顾客服务的结果而已。

——亨利·福特

真正的产业理念不是为了赚钱，产业理念是一种服务性的观念，重复着一个有用的观念，满足成千上万人的需要。

——亨利·福特

米老鼠之父华特·迪士尼

有人说华特·迪士尼（Walter Elias Disney，1901—1966）靠一只老鼠而享誉全球，这的确不假。他创造的米老鼠形象几乎给世界上的每一个孩子都带来了欢乐。其他一些艺术形象，如唐老鸭、白雪公主、小鹿斑比等也都是孩子们心中的朋友。所以说，他是一位艺术家，也是一位伟大的动画制作家。但你也许不知道，这位制造欢乐的人，他自己的一生却充满了坎坷和艰辛及令人意想不到的另一面。

迪士尼

1901年12月5日，迪士尼生于美国芝加哥的一个农民家庭，迪士尼在全家5个孩子中排行第四。他性情温和乖巧，比3个哥哥都漂亮，得到了母亲特别的宠爱，哥哥和妹妹也都很喜欢他。

迪士尼的童年是在美国中西部大草原上的密苏里州堪萨斯马瑟琳镇仙鹤农场度过的，这里风景优美，景色宜人，在郊外常常可以看到生活在草原上的各种小动物。在这里，他最好的伙伴便是这些小动物。他还自己养了鸡鸭鹅等家禽，其中一只小猪是他最好的朋友，他给它取名为“波克”。“它特别爱恶作剧，在它想闹的时候，就跟一只小狗一样调皮，跟芭蕾舞演员一样灵活。它喜欢悄悄从背后顶我一下，然后高兴地哼哼着大摇大摆地走开；如果我被顶倒了，那它就更得意了。你记得《三只小猪》里的那只蠢猪吗？波克就是它的原型，我拍它的时候实际上是流着泪怀旧的。”多年后迪士尼回忆这段童年生活时这样说。

童年的美好生活给迪士尼留下了深刻的印象，极大地丰富了他的艺术想象，为其以后从事大量的艺术创作和设计艺术构图提供了丰富的素材。

1910年9月，迪士尼迁居堪萨斯市，开始了长达6年的卖报生涯。少年迪士尼靠当报童赚来的钱进了艺术学院读书，工作之余，他最喜欢的活动是画漫画。

1917年9月，16岁的迪士尼进入芝加哥麦金莱中学读艺术函授班。后来担任他人的商品经纪人，之后便开始为动物卡通做广告，成为一名商业艺术家。1922年，迪斯尼成立了自己的动画创作室，其动画设计优美的造型以及迪士尼本人杰出的绘画能力、丰富的想象力，都使其动画事业获得了相当的成功。

1925年7月，迪士尼和哥哥罗伊建立了赫伯龙制片厂，在这以前他拍摄的《爱丽丝漫游奇境记》系列喜剧深受好评，这使他小有名气了。这时罗伊同艾迪娜结婚，这使本不着急的迪士尼再也按捺不住了。他看中了自己厂里的一位漂亮小姐莉莲·彭德丝。莉莲小姐出生于一个拓荒者的家庭，1923年从刘易斯顿的商业学校毕业，随后进了迪士尼的制片厂。她开始进厂的时候别人告诉她，切莫把自己嫁给迪士尼两兄弟中的任何一人，因为他们决心要当光棍。但莉莲却发现迪士尼是一个极富诱惑力与个性的青年。他总是留着小胡子，想使自己显得大一些，平时也总是胡乱地穿几件破旧而不合身的衣服，同一家电影制片厂的头头身份极不相称。当罗伊结婚后，迪士尼开始对莉莲展开追求，并经常开着他那辆破福特车送她回家。此后不久，当只有莉莲一个人工作的一个晚上，他走进描绘车间，第一次吻了她。

1925年7月13日，他们在爱达荷州刘易斯顿结婚了。他们的婚礼之夜是在刘易斯顿开往西雅图的快车上。

1926年迪斯尼将“迪士尼兄弟公司”的名称改为“华特·迪士尼公司”。第二年5月，他制作的《幸运兔子奥斯华》大受欢迎。1928年，迪士尼创造了著名的卡通形象米老鼠，而且亲自为其配音。此卡通系列拍成电影一经播出，在美国立刻引起了轰动。

1928年5月，“米老鼠系列”第一集《疯狂的飞机》上映，这次创作使他获得了“米老鼠之父”的头衔。米老鼠使迪士尼比中国的孔子、英国的莎士比亚、法国的伏尔泰和巨大的人猿泰山还要出名。然而他也有自己的苦恼，两个最好的朋友在事业上背叛了他，他又得知无法生育，这些几乎使他想去自杀。这种状况一直持续到1952年底。这年11月，他的第一部彩色卡通片《花儿与树》和“米老鼠系列”分别获得奥斯卡金像奖。这些为他带来了巨大的声誉和财富。

栩栩如生的造型，再加上迪士尼诙谐幽默的配音，令该片大获成功，迪士尼也因此名声大震，他的动画制作公司从而成为全美最受欢迎的公司。此后，迪士尼再接再厉，好戏连台，不断推出精品之作。1929年，他创作了《无聊交响曲》；1937年，出品了世界第一部彩色动画片《白雪公主和七个小矮人》；1940年，出品《木偶奇遇记》；1941年出品《邓博》和《幻想曲》，而且还第一次为这些动画画面配上了音乐，使卡通艺术达到了一个新的境界。迪士尼开创了美国好莱坞电影史上的一个新时代，极大地丰富了这所艺术殿堂的内容。他的卡通电影已经传遍世界，影响着一代又一代的少年儿童。

关于米老鼠形象的诞生颇有几分传奇色彩。年轻时的迪士尼孤独清苦，据说曾有一只四处觅食的老鼠成了他的宠物，迪士尼给他取名为莫提墨。1928年迪士尼在纽约的经纪商迫使他放弃原来的工作室而另起炉灶，焦急万分的迪士尼在乘火车回家的路上苦思，再创造一个新的卡通形象来重新开创他的事业。经过一番斟酌推敲，他决定以小老鼠莫提墨为主角。经过再三思考，他给这个卡通老鼠定名为米奇，这就是后来轰动全世界的米老鼠。

在米老鼠诞生以前，迪士尼曾经创作过一只叫奥斯瓦尔德的长耳朵卡通兔形象，很受观众欢迎。1928年，就是米老鼠诞生的这一年，迪士尼和设计师们一起讨论，如何创作一个更可爱的卡通形象。他们把奥爱瓦尔特画在纸上，然后开始修改：把耳朵变圆，给短裤加上纽扣，给大脚穿上鞋子，双手戴上手套，再加上一条可爱的尾巴……不一会儿，一个可爱的老鼠形象就跃然纸上了！迪士尼眼前一亮，就是这只小老鼠！他的夫人莉连马上给它起了个响亮的名字“Mickey Mouse”（米奇老鼠）这就是米老鼠的诞生过程。但也有人说，米老鼠的最初造型是由华特的伙伴伍培·艾沃尔斯执笔设计的。

1957年6月18日，迪士尼创建了迪士尼乐园。一经推出，迪士尼乐园马上成为全美最受欢迎的娱乐公园。截止1966年，据统计，到迪士尼乐园观光旅游的人数达到了创记录的6700万。之后，继加利福尼亚的迪斯尼乐园外，奥兰多、东京、巴黎都建立了迪士尼乐园。迪士尼公司所带给人们的娱乐越出美国，走向世界。另外，迪斯尼还赞助成立了加利福尼亚艺术研究所，以不同的艺术风格去创造未来的艺术形式。

在迪士尼色彩斑斓的一生中，他曾多次由于其创造性的艺术形式而获奖。1939年，迪士尼获得美国电影学会颁发的“学院奖”。此后，迪士尼又先后4次获得该项奖励。1965年，美国总统约翰逊授予迪士尼“总统自由勋章”，以表彰他对世界艺术的特殊贡献。

名人名言

我们不断前进，开拓新的视野，做新的创作，因为我们有好奇心，是好奇心不断将我们领向新的旅途。

——迪士尼

如果不继续成长，就会开始走向死亡。

——迪士尼

服装天才皮尔·卡丹

皮尔·卡丹（Pierre Cardin，1922—）绝对是一个传奇人物。他的传奇首先在于他的奋斗历程——从赤手空拳几乎是一无所有到世界顶级服装设计大师；他的传奇还在于让高档时装走下高贵的T型台，让服装艺术直接服务于老百姓；他曾三次获得法国服装设计的最高奖赏顶尖奖，在时尚界凤毛麟角，直到今天，还没有人能超越他。

1992年，皮尔·卡丹作为唯一的服装设计师入选精英荟萃的法兰西学院，从而奠定了卡丹先生作为世界顶级服装设计大师的地位。他的传奇在许多人看来是他的商业成就，因为世界上几乎没有像皮尔·卡丹那样的先例，集服装设计大师与商

皮尔·卡丹

业巨头于一身，他的商业帝国遍布世界各地，他是一个具有前瞻性的时尚领导者。他近年来的成就就在于他的社会活动，他完成了许多职业外交家所无法完成的功绩，为世界各国人民的相互了解与和解作出了巨大的贡献。最后，对于中国人民来说，他又是一个久经考验的老朋友，二十多年来，他以他独特的热情和充沛的精力在欧亚大陆之间架起了友谊的桥梁。

皮尔·卡丹出生在意大利，小学都没毕业，就随父母来到法国。18岁时，皮尔·卡丹独自来到巴黎闯天下，当时他身无分文。他最先在一家服装店当学徒，从此，皮尔·卡丹便与服装结下了不解之缘，也由此改变了他一生的命运。皮尔·卡丹虚心好学，尤其他在服装设计上具有特殊的天赋，可以说是一个天生的服装天才。他很快便掌握了服装的设计技巧，在具有“世界时装之都”之称的巴黎服装界有了一点儿名气，一些达官贵人、太太小姐都知道了这个名不见经传的年轻人，都愿意请他设计加工服装，他也敢想敢做，在设计上大胆创新，赢得了很好的口碑。

皮尔·卡丹还很有自知之明，他知道自己文化水平不高，所以一方面努力工作，另一方面利用一切时间学习。他有幸接触到了一些著名作家、艺术家，使他大开眼界，更大的收获是使他对服装有了新的认识和理解。他站在新的高度上为别人设计服装，使自己设计的服装更加“高尚、大方、优雅”。

20世纪50年代以前，皮尔·卡丹先后在巴黎两家较有名气的服装店工作，把自己原来学到的知识充分地应用到实践中。他的悟性以及在服装上的天赋，在这两家服装店得到了充分的体现。穿着讲究、挑剔的巴黎人逐步接受了皮尔·卡丹，他的名气也一天天大起来。尤其是在著名的服装店工作，接触的人和物、接触的思想与普通的服装店自然不同，使皮尔·卡丹获益匪浅。

但这一时期的皮尔·卡丹仍然受雇于别人。在他的设计技术和思想日趋成熟的时候，他决定自己闯天下，自己干一番事业。1950年，28岁的皮尔·卡丹创建了自己的服装公司，当皮尔·卡丹只身一人闯荡巴黎服装界时，面临的困难也是相当大的。首先是来自竞争的压力：当时的巴黎服装店、服装公司比较多，可是真正称得上高级时装的公司只有三十几家，皮尔·卡丹的小公司不仅名不见经传，而且也没有雄厚的资金实力。任何一种事业的成功都离不开创新性和创造性，创新性、创造性不断为事业的发展注入活力。尤其服装行业更是一个充满挑战性的行业，日新月异，几乎每时每刻都在发生变化，如果没有创新性和创造性，不仅难以生存发展，而且很快将被淘汰。皮尔·卡丹在创业初期的经历更能说明这一点。他的创造性和他那天才的商业天赋，逐步使他站稳了脚跟。

从1953年开始，皮尔·卡丹便大胆地向女性服装领域进军，皮尔·卡丹专门为女性设计生产了一系列风格高雅、质料价格适中的女式成衣，受到占人口绝大多数的社会中下层女性的欢迎。他的这种营销策略再一次为他赢得了更大的市场和声誉，一时间他的产品供不应求。皮尔·卡丹将高级时装平民化，在法国社会引起了各种非议。多少年来，服装是身份的标志，是地位和等级的象征，尤其是那些贵夫人、小姐、太太们，只希望时装成为她们的专利，不希望成为更多的社会中下层女性的日用品。此外，那些一直甘愿为所谓上层社会女士服务的服装设计师也对皮尔·卡丹的做法非常反感，认为他是离经叛道，甚至认为他的举动伤风败俗。巴黎服装业的保护组织因为这件事，把皮尔·卡丹开除了这个组织。当然，这种“惩罚”多少给皮尔·卡丹带来了一定的损失，但这仅仅是他前进道路上的一个小小的挫折，可是对皮尔·卡丹来说，他是决不会屈服的。他的进取与开拓性格不但没有改变损伤，反而使他进一步思考，准备进军更加新颖的领域。很多的成功者都具备这种性格，只不过在皮尔·卡丹身上表现得更加明显而已。

皮尔·卡丹不仅没有“痛改前非”，而且在“离经叛道”上越走越远。他在女式服装领域制造的这场风波尚未平息的时候，他把目光转向男式服装领域。应该说，这一举措比他在女装的举措更大胆，更具有开创性。因为传统法国人始终认为，服装是女人的领地，传统的观念一直认为，服装是女人体现价值、体现美丽和魅力、取悦于男人的“外包装”。男人也有自己的服装，但与女装不可同日而语，更不能和女装相提并论。在服装世界里，没有“半边天”的概念。这虽然不是戒条，但也很少有人愿意涉足男装领域。所以，涉足男装领域要冒“天下之大不韪”的风险，同时，也从一个侧面说明，这也是一个前景广阔的领域。皮尔·卡丹生性不怕冒险，敢于开拓进取，把一切陈规陋习抛在脑后，原本设计女性时装的皮尔·卡丹大胆的推出了与女装一同争奇斗艳，同样五彩缤纷的男式服装系列。

皮尔·卡丹又一次在法国时装界制造了前所未有的轰动效应。在那些往昔曾经是女性时装一统天下的服装橱窗里，男式服装也取得了一席之地，而且影响越来越大。男式服装的风潮迅速在法国乃至欧洲蔓延开来。皮尔·卡丹不满足现状，不断思考，寻找新的商机，也在不断地挑战现实和传统，挑战自我。由此可见，皮尔·卡丹的发家史、奋斗史实际上也是他的不断开拓、不断进取、不断创新的历史。

继女装、男装走向大众化之后，皮尔·卡丹又把广大儿童选择为服务对象，生产了儿童服装。在不断创新过程中，皮尔·卡丹逐渐形成了自己的时装风格，即色彩明快，线条简洁，具有强烈的雕塑感。1961年，皮尔·卡丹首次推出了“流行装”，又一次轰动时装界。皮尔·卡丹不断开拓，从未停滞不前，他的事业规模在他的开拓下不断扩大。皮尔·卡丹的商业帝国名副其实地建立起来了。

在皮尔·卡丹的事业蒸蒸日上的时候，他毅然斥资150万法郎，买下了位于巴黎闹市区有着悠久历史的马克西姆餐厅。他的这一举动在世界范围内引起了巨大的轰动。

法兰西民族向来以讲究吃穿而闻名，因此马克西姆餐厅则以自己的豪华与贵族气派赢得了声誉。但是，随着时间的推移，人们生活节奏加快，人们没有更多的时间，花费更大的精力，坐在高档的餐厅里悠闲自在地品尝一顿颇有“贵族情调”的法国大餐。况且，这家餐厅价格昂贵，根本不是饮食最大消费对象——平民百姓光顾的地方，所以“门前冷落车马稀”，昔日的尊贵在今天彻底失去了意义。

皮尔·卡丹在时装设计、生产、经营获得经验和启迪，采取了与经营服装几乎如出一辙的策略：卸去捆在餐厅身上的贵族枷锁，变阳春白雪为下里巴人。他和经营服装一样，让餐厅“放下架子”，成为平民百姓都有能力光顾的场所。已经归属皮尔·卡丹名下的马克西姆餐厅没有改名换姓，但其服务、饭菜口味、价格体系等等，却发生了脱胎换骨式的变化。餐厅的局面大为改观，冷冷清清的店面变得红火热闹起来。皮尔·卡丹很懂得消费者的心理，因此他在接管马克西姆餐厅后毫不犹豫地转向大众化，又在服务质量上严格要求，通过服务，赢得消费者。比如，在所有的马克西姆餐厅里，都摆放着一些类似打火机、香烟盒、小饰物等，上面印有马克西姆（MAXIM' S）的标志，分别赠送给不同身份和爱好的消费者，这种做法不仅体现了一种温馨，而且还使消费者不知不觉为餐厅作了广告宣传。

敢想敢做的皮尔·卡丹准确把握着自己的命运，敢为型的性格促使他创建了自己的庞大的商业帝国，也决定着他一生的成功。

皮尔·卡丹不但是服装业的巨子，而且还是餐饮业巨子。他曾经自信地宣称：“我将把法兰西的两大文明——服装与饮食，都操纵在自己手中。”皮尔·卡丹没有吹牛，他名下的马克西姆餐厅和皮尔·卡丹时装一样遍及世界各地，一样名扬天下。

如果有一天不工作了，那就是我的末日。

——皮尔·卡丹

商业奇才比尔·盖茨

比尔·盖茨（Bill Gates，1955—）拥有好多个“世界之最”，例如：他是有史以来最年轻的世界第一富翁；他是第一个从一无所有白手起家，在短短20年内创造财产达139亿美元的奇才；他是人类历史上第一个靠电脑软件积累亿万财富的先行者；

他是首先开发利用高科技和高智商来创造巨大财富的典范……因此，在20世纪90年代的地球上刮起了一阵强劲的“比尔·盖茨旋风”。那么盖茨是怎样的一个人呢？

比尔·盖茨

盖茨小时候最喜欢反复看个没完的是那套《世界图书百科全书》。他经常几个小时地连续阅读这本几乎有他体重三分之一的大书，一字一句地从头到尾地看。而且常常陷入沉思，冥冥之中似乎强烈地感觉到，小小的文字和巨大的书本里面藏着多么神奇和魔幻般的一个世界啊！文字的符号竟能把前人和世界各地的人们无数有趣的事情，记录下来，又传播出去。他又想，人类历史将越来越长，那么以后的百科全书不是越来越大而又笨重了吗！能有什么好办法造出一个魔盒来，只要小小的一个香烟盒那么大，就能包罗万象地把一大本大百科全书都收进去，该有多方便。

这个奇妙的思想火花，后来竟给他实现了，而且比香烟盒还要小，只要一块小小的芯片就行了。盖茨看的书越来越多，想的问题也越来越多。小学四年级的时候他就说“与其做一棵草坪里的小草，还不于成为一株耸立于秃丘上的橡树。小草千遍一律，毫无个性，而橡树则高大挺拔，昂首苍穹”。

他坚持写日记，随时记下自己的想法，小小的年纪常常如大人般深思熟虑。他很早就感悟到人的生命来之不易，要十分珍惜来到人世的宝贵机会：“人生是一次盛大的赴约，对于一个人来说，一生中最重要的事情莫过于信守由人类积累起来的理智所提出的至高无上的诺言……”那么“诺言”是什么呢？就是要干一番惊天动地的大事。“也许，人的生命是一场正在焚烧的‘火灾’，一个人所能去做的，就是竭尽全力要从这场‘火灾’中去抢救点什么东西出来。”

这种“追赶生命”的意识，在同龄的孩子中是极少有的。

盖茨所想的“诺言”也好，追赶生命中要抢救的“东西”也好，表现在盖茨的日常行动中，就是学校的任何功课和老师布置的作业，无论是演奏乐器、还是写作文，或者体育竞赛，他都会全心全意花上所有时间去最出色地完成。

一次，老师给他所在的四年级学生布置了一篇有关人体特殊作用的作文，要求四五页的篇幅。结果盖茨利用他爸爸书房里的百科全书和其他医学、生理、心理方面的书籍，洋洋洒洒地一口气写了30多页。又有一次，老师布置同学写一篇不超过

20页的故事，盖茨浮想联翩，竟写出长达100页的神奇而又曲折无比的故事，使老师和同学都十分惊讶！大家说他：“不管盖茨做什么事，他总喜欢来个登峰造极，不鸣则已，一鸣惊人，不然他是不会甘心的。”

盖茨在体育和社会活动方面也表现出这种不落人后的精神。有一次暑假童子军的80公里徒步行军，时间是一个星期，他穿了一双崭新的高筒靴，显然新鞋不大合脚，每天13公里的徒步行军，又是爬山，又是穿越森林，使他吃尽了苦头。第一天晚上，他的脚后跟磨破了皮，脚趾上起了许多水泡。他咬紧牙关，坚持走下去。第二天晚上，他的脚红肿得非常厉害，开裂的皮肤还流了血。同伴们都劝他停止前进，他却摇摇头，只是向随队医生要点药棉和纱布包扎一下，又要了些止痛片服用，继续上路了。就这样他一直坚持到一个途中侦查站，当领队发现他的脚发炎严重，下令医治，才中止了这次行军。盖茨的母亲从西雅图赶来，看到他双脚溃烂的样子时，难过地哭了，直埋怨儿子为什么不早点停止行军。盖茨却淡淡地说：“可惜我这次没有到达目的地。”

在数学和自然方面比尔比同班同学也更胜一筹。他就读的是一所充满挑战的学校，湖畔中学——一所专门招收超常男生的学校，它以严格的课程要求而著称，是个“连哑童都变得聪明的”地方。这里允许学生们按自己兴趣自由发挥，去通达他们希望的极至。令校方骄傲的是他们所创造的环境及设施使学生们能充分发挥各自的潜能。这是像比尔·盖茨这样学生的理想环境，正是这里给了他成功的机会和道路。

1969年，盖茨所在的西雅图湖滨中学是美国最早开设电脑课程的学校。当时还没有PC机，学校只搞到一台终端机，还是从社会和家长那里集了大批资金才买来的。这台终端机连接其他单位所拥有的小型电子计算机PDP—10，每天只能使用很短时间，每小时的费用也很高。盖茨像发现了新大陆一样，只要一有时间，便钻进计算机房去操作那台终端机，几乎到了废寝忘食的地步。13岁时，他便独立编出了第一个电脑程序，可以在电脑屏幕上玩月球软着陆的游戏。这一年的7月20日正好是美国宇航员阿姆斯特朗和奥尔德林乘登月舱，代表人类第一次踏上了月球表面的日子。盖茨心里想，我不能坐宇宙飞船去月球，那么让我用电脑来实现我的登月梦吧！

可是好景不长，只过了半年，湖滨中学就再也没有钱支付昂贵的PDP—10小型计算机的使用租金了。这件事使盖茨像失去了上学机会那么痛苦，因为这时候他对电脑已经入迷到神魂颠倒的地步。于是他和同学四处奔走，终于找到一个机会，就是帮助一家名为CCC的电脑公司抓臭虫（Bug），用除虫的报酬来支付他们操作电脑的费用。什么叫臭虫，这是电脑行业里人们称呼软件中的错误的代名词，即讨厌的臭虫。因为一旦有了这种臭虫，就会使电脑导出错误结果或死机，美国发往金星的水手号火箭和法国职权利亚娜火箭，就曾因为电脑软件的故障（臭虫）而使发射失败，损失几亿美元。盖茨兴冲冲地约了同学中的几个电脑爱好者，每天晚上6点左右，CCC公司员工下班之后，他们便骑自行车来到那里上班了。那里有许多台电传打字终端机可用，有各种电脑软件可尽情研究，真是如鱼得水。盖茨对电脑软件太着迷了，几乎整晚都呆在那里，就像他在小学时就立志要搞出新名堂一样地执著，每个晚上，他都要在CCC公司的记录本上写满了他和伙伴们发现的电脑臭虫。通过这一段时间的抓臭虫，盖茨使自己在电脑硬件和软件方面学到了许多书本上和学校里学不到的知识和技能，为日后的研究开发，打下了精深的功底。

1973年，盖茨考进了哈佛大学。在和现在微软的首席执行官史蒂夫·鲍尔默结成了好朋友。在哈佛的时候，盖茨为第一台微型计算机MITS Altair开发了BASIC编程语言的一个版本。

在大学三年级的时候，盖茨离开了哈佛并把全部精力投入到他与孩提时代的好友保罗·艾伦在1975年创建的微软公司中。在计算机将成为每个家庭、每个办公室中最重要的工具这样信念的引导下，他们开始为个人计算机开发软件。盖茨的远见卓识以及他对个人计算机的先见之明成为微软和软件产业成功的关键。在盖茨的领导下，微软持续地发展改进软件技术，使软件更加易用，更省钱和更富于乐趣。公司致力于长期的发展，从目前每年超过50亿美元的研究开发经费就可看出这一点。

作为微软总裁，比尔比公司里的任何人都要辛苦地工作，为了设计软件，他经常彻夜工作。他有一个很高的理想，要让计算机进入每一个家庭，成为每个人的有用工具。他实现了他的梦想，他让计算机进入了我们生活的每个领域，他改变了我们生活的世界，他让我们跳出了工业经济时代，进入了信息经济时代。他是一个商业奇才，独特的眼光使他总是能准确看到IT业的未来，独特的管理手段，使得不断壮大的微软能够保持活力。他的财富更是一个神话，39岁便成为世界首富，并连续13年登上福布斯榜首的位置，这个神话就像夜空中耀眼的烟花，刺痛了亿万人的眼睛。他是微软公司主席和首席软件设计师，是微软公司为个人计算和商业计算提供软件、服务和因特网技术的世界范围内的领导者。在截止于2008财年，微软公司收入近620亿美元，在60个国家与地区的雇员总数超过了50000人。

1999年，盖茨撰写了《未来时速：数字神经系统和商务新思维》一书，向人们展示了计算机技术是如何以崭新的方式来解决商业问题的。这本书在超过60个国家以25种语言出版。该书赢得了广泛的赞誉，并被《纽约时报》《今日美国》《华尔街日报》和卓越网列为畅销书。盖茨的上一本书，于1995年出版的《未来之路》，曾经连续七周名列《纽约时报》畅销书排行榜的榜首。

盖茨把两本书的全部收入捐献给了非赢利组织以支持利用科技进行教育和技能培训。

除了对计算机和软件的热爱之外，盖茨对生物技术也很有兴趣。他是ICOS公司董事会的一员，这是一家专注于蛋白质基体及小分子疗法的公司。他也是很多其他生物技术公司的投资人。盖茨还成立了一家公司，用来研究开发世界最大的可视信息资源之一——来自于全球公共收藏和私人收藏的艺术及摄影作品综合数字档案。此外，盖茨还和蜂窝电话的先驱克莱格·麦科考一起投资了空中因特网公司。用于提供覆盖全世界的双向宽带电讯服务。

对于盖茨来说，慈善事业也是非常重要的。他和他的妻子梅琳达已经捐赠了34.6亿美元建立了一个基金，支持在全球医疗健康和教育领域的慈善事业，希望随着人类进入21世纪，这些关键领域的科技进步能使全人类都受益。到今天为止，盖茨和他的妻子梅琳达建立的基金已经将17.3亿美元用于了全球的健康事业，将9亿多美元用于改善人们的学习条件，其中包括为盖茨图书馆购置计算机设备、为美国和加拿大的低收入社区的公共图书馆提供互联网培训和互联网访问服务。此外将超过2.6亿美元用于西北太平洋地区的社区项目建设，将超过3.8亿美元用在一些特殊项目和每年的礼物发放活动上。

2008年6月27日，比尔·盖茨退休了，他在微软同事的心目中是一个什么形象呢？这个当属与他一起共同执掌了微软28年之久的总裁鲍尔默最有话语权了。“他是一个比较内向的小伙子，不太爱说话，但浑身充满了活力，尤其是一到晚上就活跃起来。当时的情况是，经常在我早上醒来时，他才准备睡觉。”鲍尔默在接受《华尔街日报》采访时，曾如此形容比尔·盖茨。鲍尔默说得对，也许只有活力才是成功的最关键因素，这是比尔·盖茨留给大家最好的礼物！

名人名言

刚从学校走出来时你不可能一个月挣4万美元，更不会成为哪家公司的副总裁，还拥有一部汽车，直到你将这些都挣到手的那一天。

——比尔·盖茨

卖汉堡包并不会有损于你的尊严。你的祖父母对卖汉堡包有着不同的理解，他们称之为“机遇”。

——比尔·盖茨

“奥玛哈的先知”巴菲特

沃伦·巴菲特（Warren Buffelt，1930—），美国投资家、企业家及慈善家，被称为股神，尊称为“奥玛哈的先知”或“奥玛哈的圣贤”，拥有约620亿美元的净资产，根据《福布斯》杂志公布的2008年度全球富豪榜，他已经超过卡洛斯·斯利姆·埃卢和比尔·盖茨成为全球首富。

巴菲特

1930年8月30日，巴菲特出生于美国内布拉斯加州的奥马哈市，巴菲特从小就极具投资意识，他钟情于股票和数字的程度远远超过了家族中的任何人。他满肚子都是挣钱的道儿，5岁时就在家中摆地摊兜售口香糖。稍大后他带领小伙伴到球场捡大款用过的高尔夫球，然后转手倒卖，生意颇为红火。上中学时，除利用课余做报童外，他还与伙伴合伙将弹子球游戏机出租给理发店老板，挣取外快。

1941年，刚刚跨入11周岁，巴菲特便跃身股海，购买了平生第一张股票。

1947年，巴菲特进入宾夕法尼亚大学攻读财务和商业管理。但他觉得教授们的空头理论不过瘾，两年后转学到尼布拉斯加大学林肯分校，一年内获得了经济学士学位。

1950年巴菲特申请哈佛大学被拒之门外，考入哥伦比亚大学商学院，拜师于著名投资学理论学家本杰明·格雷厄姆。在格雷厄姆门下，巴菲特如鱼得水。格雷厄姆反对投机，主张通过分析企业的赢利情况、资产情况及未来前景等因素来评价股票。他传授给巴菲特丰富的知识和诀窍。

1951年，21周岁的巴菲特获得了哥伦比亚大学经济硕士学位。

1962年，巴菲特合伙人公司的资本达到了720万美元，其中有100万是属于巴菲特个人的。当时他将几个合伙人企业合并成一个“巴菲特合伙人有限公司”。最小投资额扩大到10万美元。情况有点像现在中国的私募基金或私人投资公司。

1965年，35岁的巴菲特收购了一家名为伯克希尔·哈撒韦的纺织企业，1994年底已发展成拥有230亿美元的伯克希尔工业王国，由一家纺纱厂变成巴菲特庞大的投资金融集团。他的股票在30年间上涨了2000倍，而标准普尔500家指数内的股票平均才上涨了近50倍。多年来，在《福布斯》一年一度的全球富豪榜上，巴菲特曾一度一直稳居前三名。

1972年，巴菲特又盯上了报刊业，因为他发现拥有一家名牌报刊，就好似拥有一座收费桥梁，任何过客都必须留下买路钱。1973年开始，他偷偷地在股市上蚕食

《波士顿环球》和《华盛顿邮报》，他的介入使《华盛顿邮报》利润大增，每年平均增长35%。10年之后，巴菲特投入的1000万美元升值为两个亿。

1980年，巴菲特用1.2亿美元，以每股10.96美元的单价，买进可口可乐7%的股份。到1985年，可口可乐改变了经营策略，开始抽回资金，投入饮料生产。其股票单价已长至51.5美元，翻了5倍。至于赚了多少，其数目可以让全世界的投资家咋舌。

1992年，巴菲特以74美元一股购下435万股美国高技术国防工业公司——通用动力公司的股票，到年底股价上升到113元。巴菲特在半年前拥有的32 200万美元的股票已值49 100万美元了。

有人曾做过统计，巴菲特对每一只股票的投资没有少于8年的。巴菲特曾说："短期股市的预测是毒药，应该把它摆在最安全的地方，远离儿童以及那些在股市中的行为像小孩般幼稚的投资人。"

2006年6月25日，巴菲特在纽约公共图书馆签署捐款意向书，正式决定向5个慈善基金会捐出其财富的85%，约合375亿美元。这是美国和世界历史上最大一笔慈善捐款。巴菲特准备将捐款中的绝大部分、约300亿美元捐给世界首富比尔·盖茨及其妻子建立的"比尔与梅琳达·盖茨基金会"。巴菲特的慷慨捐赠一夜之间使盖茨基金会可支配的慈善基金翻了一番，达到了600多亿美元，比全球第二大基金会福特基金的资金多5倍。自2006年开始，比尔与梅琳达·盖茨基金会在每年的7月，收到全部款项的5%。

微软联合创始人比尔·盖茨对外称将终生供职于好友沃伦·巴菲特旗下伯克希尔哈撒韦公司，盖茨已应巴菲特之邀加盟该公司董事会成员。盖茨在接受外媒采访时称，他在伯克希尔哈撒韦所扮演的角色就是在巴菲特离职后保护该公司的文化和价值，或许这也是盖茨对巴菲特的一种回报形式。

名人名言

我是个现实主义者，我喜欢目前自己所从事的一切，并对此始终深信不疑。作为一个彻底的实用现实主义者，我只对现实感兴趣，从不抱任何幻想，尤其是对自己。

——巴菲特

投资对于我来说，既是一种运动，也是一种娱乐。我喜欢通过寻找好的猎物来"捕获稀有的快速移动的大象"。

——巴菲特